企业财务管理

主　编　邱　锋　王子国　王树君
副主编　石玉杰　杨昕杰　陈　驰

中国财富出版社有限公司

图书在版编目（CIP）数据

企业财务管理 / 邱锋，王子国，王树君主编．--北京：中国财富出版社有限公司，2025. 3. -- ISBN 978 - 7 - 5047 - 8268 - 7

Ⅰ. F275

中国国家版本馆 CIP 数据核字第 2024PR3784 号

策划编辑	张　婷	**责任编辑**	贾浩然　杨白雪	**版权编辑**	武　玥
责任印制	尚立业	**责任校对**	孙丽丽	**责任发行**	董　倩

出版发行	中国财富出版社有限公司		
社　　址	北京市丰台区南四环西路 188 号 5 区 20 楼	**邮政编码**	100070
电　　话	010 - 52227588 转 2098（发行部）		010 - 52227588 转 321（总编室）
	010 - 52227566（24 小时读者服务）		010 - 52227588 转 305（质检部）
网　　址	http://www.cfpress.com.cn	**排　　版**	义春秋
经　　销	新华书店	**印　　刷**	宝蕾元仁浩（天津）印刷有限公司
书　　号	ISBN 978 - 7 - 5047 - 8268 - 7/F · 3821		
开　　本	787mm×1092mm　1/16	**版　　次**	2025 年 6 月第 1 版
印　　张	19. 75	**印　　次**	2025 年 6 月第 1 次印刷
字　　数	492 千字	**定　　价**	78. 00 元

前　言

本书以培养学生成才为目标，以课程内在逻辑为主线，系统介绍了企业财务管理的基本理论和理财岗位实务。全书分为财务基础理论、预算管理、财务活动管理和财务分析管理四个模块，共包含十个项目，凸显“岗位认知、任务驱动”的特色。为企业培养既具有一定财务管理知识，又拥有较强的财务管理实践操作能力的专业人才是高等职业教育财务管理这门课程所追求的目标。

财务管理是财经类的专业理论课，着重讲授财务管理的基本理论和基本方法，培养高职学生分析、解决现实财务问题的能力。具体地说，就是要求学生在充分理解企业资金运动的形式和特征的基础上，掌握并选择最优筹资方式、建立最佳资金结构、防范投资风险、加速资金周转以及增强企业偿债、营运、获利能力的理论与方法，提高学生对财务管理的综合分析和实际操作能力，为学生毕业后能够较好地适应财务管理工作打下基础。

《企业财务管理》这本书有以下几个方面的特点。

(1) 适应高职学生特点，有较强的实用性和可操作性。本书概念阐述比较直观，更注重方法应用，公式方面摒弃了不必要的推导和理论证明，案例丰富、实用性强。突出了财务管理的基本理论、基本技能以及现代企业所要求的理财新思维与新观念。

(2) 注重管理方法与企业财务现实问题的有机结合，着力培养学生思考、分析、解决问题的能力。

(3) 立足教学，遵循财务管理教学规律的要求，以财务活动为主线安排篇章和体系。

(4) 本书注重实例分析，并于每章后附有技能训练模块供学生习作，以巩固知识。此外，本书虽是高职院校的专业教材，但本书也适用于其他同层次本专业教学用书，以及教学辅助用书、教师教学参考用书。

本书在编写过程中，参考了有关作者的一些科研成果，在此表示衷心的感谢。由于编者水平有限，书中难免有疏漏、不当之处，恳请广大读者批评指正。

本书由辽宁职业学院邱锋、王子国、王树君担任主编；石玉杰、杨昕杰、陈驰担任副主编。具体分工如下：邱锋编写项目一、项目二，王子国编写项目三、项目七，王树君编写项目四、项目五，陈驰编写项目六，杨昕杰编写项目八和项目九，石玉杰编写项目十。

编　者
2025 年 1 月

目　录

第一篇　财务基础理论

项目一
财务管理认知 …… 3

任务一　财务管理概述 …… 5
任务二　财务管理目标 …… 13
任务三　财务管理环境 …… 22

项目二
资金时间价值 …… 33

任务一　资金时间价值 …… 35
任务二　风险价值 …… 52

第二篇　预算管理

项目三
预算管理 …… 65

任务一　预算认知 …… 67
任务二　预算编制方法与程序 …… 69
任务三　预算编制 …… 73

第三篇　财务活动管理

项目四
筹资管理 …… 89

任务一　筹资概述 …… 91

任务二　权益筹资 ………… 100
任务三　债务筹资 ………… 106

项目五
资本成本与资本结构 ………… 120

任务一　资本成本 ………… 122
任务二　杠杆效应 ………… 127
任务三　资本结构 ………… 133

项目六
投资管理 ………… 145

任务一　投资管理概述 ………… 147
任务二　投资项目财务评价指标 ………… 152
任务三　项目投资管理 ………… 163
任务四　证券投资管理 ………… 166

项目七
营运资金管理 ………… 181

任务一　营运资金管理概述 ………… 183
任务二　现金管理 ………… 187
任务三　应收账款管理 ………… 194
任务四　存货管理 ………… 197
任务五　流动负债管理 ………… 204

项目八
成本管理 ………… 215

任务一　成本管理概述 ………… 218
任务二　本量利分析与应用 ………… 222
任务三　标准成本控制与分析 ………… 230
任务四　作业成本与责任成本 ………… 231

项目九
收入与分配管理 ………… 244

任务一　收入与分配管理概述 ………… 246

任务二 收入管理 …… 249
任务三 分配管理 …… 254

第四篇 财务分析管理

项目十
财务分析与评价 …… 273

任务一 财务分析概述 …… 275
任务二 财务报表分析 …… 281
任务三 上市公司财务分析 …… 295
任务四 财务评价与考核 …… 300

参考文献 …… 308

第一篇

财务基础理论

项目一
财务管理认知

【教学目标】

◎ 知识目标

1. 熟悉财务管理的相关概念和理论。
2. 了解财务管理的环境和原则。
3. 掌握财务管理的对象、目标、环节。

◎ 技能目标

1. 能分析公司在不同阶段采取的财务管理目标。
2. 能分析不同利益主体产生矛盾的原因，并帮助其找出具体解决办法。
3. 能基本把握具体公司的财务管理环境，形成初始印象。

◎ 素质目标

1. 培养财务管理的基本业务素质，提升分析判断能力。
2. 坚定信心、锐意进取，主动识变、应变、求变，主动防范、化解风险。

【扫码获取教学资料】

课件

微课

思政引领

【项目框架】

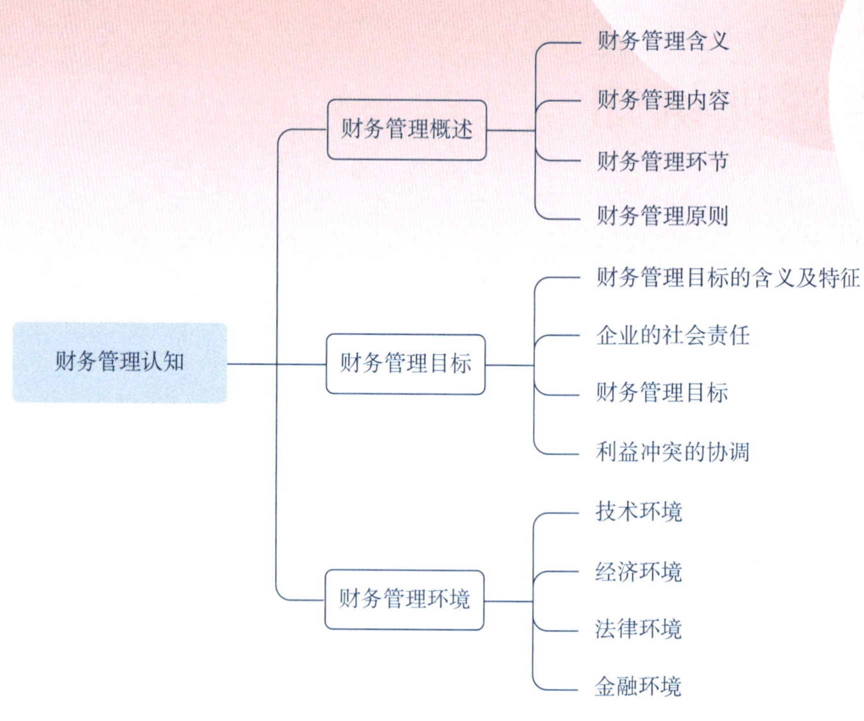
财务管理认知
财务管理概述
财务管理含义
财务管理内容
财务管理环节
财务管理原则
财务管理目标
财务管理目标的含义及特征
企业的社会责任
财务管理目标
利益冲突的协调
财务管理环境
技术环境
经济环境
法律环境
金融环境

重点难点

各种财务管理目标对企业理财的指导意义和优缺点，金融环境对企业财务管理的影响。

工作任务

认知财务活动与财务关系；确立财务管理目标；协调不同利益主体的财务目标矛盾。

项目引例

李华是刚刚大学毕业的兽医专业学生，机缘巧合之下，她决定自主创业。李华根据在大学中所学到的知识，以及利用假期参与各类实习所积累的一些工作经验，在反复进行可行性论证后，准备在华夏新都开设一家诚信达宠物医院，主营业务为动物医疗美容，兼营动物食品销售。

李华曾考察过几家宠物医院，并对其经营有一定的了解。但万事开头难，李华要考虑很多事情，如宠物医院选址和场地租借、场地设计与装修、工商税务登记与银行开户、员工招聘与培训等。李华请了学财务管理专业的好朋友帮助她梳理出相关的财务管理问题，认为最需要解决的管理问题有：①开业时要花多少钱？钱从哪儿来？②开办宠物医院必须得有本金投入，这部分钱从何而来？当本金不足以满足全部投资所需的缺口时，该如何筹措？③宠物医院该如何经营？④宠物医院未来发展规划与预期收益分配该如何协调？李华需要制定周全的商业计划书，以对经营策略、收入来源及其方式、成本控制等进行全面经营规划；她还需要考虑未来收益该如何合理规划及分配。

要想更好地解决以上问题，必须学好“企业财务管理”。

任务一　财务管理概述

一、财务管理含义

（一）财务管理定义

“财”从字面上讲是“贝+才”，其寓意是说在“钱”方面的“才能”。财务简单的定义就是资金方面的事务。企业经营过程中有业务管理、商务管理、财务管理、法务管理等，其中企业的财务管理就是对资金运动的管理。

企业的经济活动主要体现在供应、生产、销售三个过程。供应过程主要是将货币转化为储备资金；生产过程主要是将储备资金、部分货币资金和固定资产的价值转化为生产资金，在产品加工完成后验收入库，生产资金转化为成品资金；销售过程主要是将成品资金转化为货币资金，这时收到的货款扣除发生的成本后形成了企业的利润，一部分利润以所得税等形式上缴国家，一部分用于偿还债权人，一部分分配给投资者。以上过程的资金周转可以理解为：企业的资金随着供、产、销活动，从货币资金开始，依次转化为储备资金、生产资金、成品资金，再到货币资金，这种周而复始的周转过程，也称为资金运动。而企业的财务活动就是企业再生产过程中的资金运动。就财务管理而言，需要对各种资金形态的增减变化加强监督和管理，发挥资金的使用效果，为最终提高企业的经济效益服务。企业资金运动过程如图 1－1 所示。

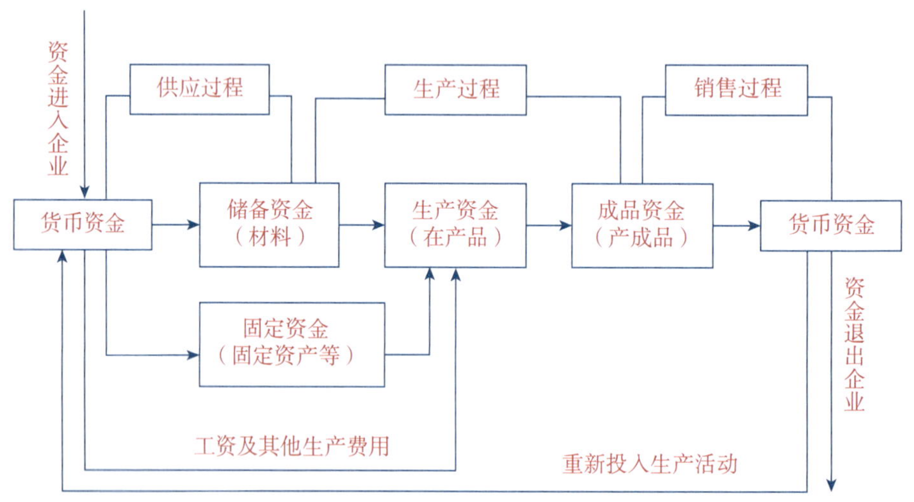

图 1－1　企业资金运动过程

（二）财务活动

如前所述，企业资金运动过程是资金形态的不断转化及增值的过程，这一过程是通过一系列的财务活动实现的。所谓财务活动是指资金的筹集、投放、耗费、收回及分配等一系列行为。财务活动具体由筹资活动、投资活动、营运资金活动和分配活动四部分组成。

1. 筹资活动

资金是财产物资的货币表现，是企业从事生产经营活动、投资活动以及其他活动的前提和物质保障。筹资是资金运动的起点，通过筹资才能满足创办新企业、维持企业正常经营、扩大企业经营规模、到期偿还债务本息、支付股息和红利等各种需要。在筹资过程中，企业一方面要预测筹资的总规模，以保证投资所需的资金；另一方面要通过筹资渠道和筹资方式确定合理的筹资结构，降低筹资成本和风险。这种因资金筹集而产生的现金收支，就是由企业筹资引起的财务活动，即筹资活动。

2. 投资活动

企业筹资的目的是投资，投资是为了实现企业的经营目标，追求企业价值最大化。投资有广义和狭义之分。广义的投资是指企业将筹集的资金投入使用的过程，包括企业内部使用资金的过程以及企业对外投放资金的过程。狭义的投资是指企业采取一定的方式以现金、实物或无形资产对外或向其他单位进行投资。企业内部使用资金的过程构成企业内部投资，具体由流动资产投资、固定资产投资、无形资产投资、递延资产投资等组成。

3. 营运资金活动

在日常生产经营过程中，企业要采购材料或商品、支付工资和其他营业费用，而出售商品便可取得收入。如果生产经营资金短缺，还要采用短期借款来筹集所需资金。这就是因企业经营而引起的财务活动，也称营运资金活动。

企业的营运资金，主要是为了满足企业日常营业活动的需要而垫支的资金，营运资金的周转与生产经营周期具有一致性。资金的周转速度越快，资金的利用效率就越高，因而，如何加速资金周转，提高资金的利用效率，也是财务管理的主要内容之一。

4. 分配活动

企业通过资金的投放和使用，必然会取得各种收入，各种收入抵补各种支出、缴纳税金后形成利润。企业必须在国家分配政策的指导下，根据公司章程确定的分配原则，合理分配企业利润，以使企业获得更大的长期利益。

（三）财务关系

企业组织资金运动，进行资金筹集、资金运用和资金分配等财务活动，必将与有关各方发生广泛的经济联系，这种联系的核心是经济利益，是由企业的财务活动而引起的，因此，将企业在财务活动中与有关各方发生的一定经济利益关系称为财务关系，它体现了人与人之间的关系。根据契约理论，现代企业是一系列契约的总和。每一种财务关系实际上就是企业与某相关者签订的一份契约。企业的财务关系主要表现如下。

1. 企业与所有者之间的财务关系

任何一个企业都是由所有者出资投入才得以成立的，企业的所有者与企业之间是所有权关系。根据出资主体不同，企业的所有者可以是国家，也可以是其他法人单位或个人。所有者按投资章程或合同的规定，向企业投入资金，形成企业的资本金；企业在经营获利以后，也必须按合同、章程的规定向所有者分配利润。企业所有者按投入资金比例的不同，分为拥有控制权的所有者与不拥有控制权的所有者。拥有控制权的所有者直接影响企业的重大经营决策，不拥有控制权的所有者一般只获得投资收益。所有者的资金一旦进入企业，在企业正常经营期间不能抽回，但可以按规定的程序转让。企业经营获利的最大受益者是所有者，企业经营亏损的最大承担者也是所有者。企业财富的增加意味着所有者财富的增加；反之，企业财富的减少也意味着所有者财富的减少。因此，企业与所有者之间的财务关系，体现着所有权的性质及所有者在企业中的利益。

2. 企业与债权人之间的财务关系

企业与债权人之间的财务关系，主要是指企业向债权人借入资金，并按债务合同的规定向债权人按期支付利息和偿还本金的合同关系。负债经营是现代企业的一种普遍经营方式。企业通过借入资金，可以扩大经营规模，相应地还可以降低企业的筹资成本，提高主权资本的收益率。企业可以向银行或其他非银行金融机构借入资金，也可以通过发行债券向社会筹措债务资金。另外，企业在经营中由于与其他单位在结算往来（购进商品或劳务）中利用商业信用也会形成一定的债务资金。企业借入的资金，必须按债务合同的规定定期向债权人支付利息，并按约定的期限归还债权人本金。企业与债权人之间的财务关系性质上属于债务与债权关系。

3. 企业与债务人之间的财务关系

企业与债务人之间的财务关系，主要是指企业将资金以购买债券或商业信用等形式出借给其他单位并要求债务人按期交付利息和偿还本金的合同关系。企业资金在保证正常经营需要的情况下，为了增大投资收益，可适当地购进部分债券，形成企业的对外投资。进行债券投资，企业有权要求债务人按合同的规定定期支付利息和到期偿还本金。企业在日常经营中，与其他单位销售商品或劳务的结算常利用商业信用形式，使企业资金被其他单位所占用，企业有权要求购货方在合同规定的期限内偿还货款。企业与债务人之间的财务关系体现的是债权与债务关系。

4. 企业与被投资单位的财务关系

企业与被投资单位的财务关系，主要是指企业将资金以购买股票或直接投资的方式向其他单位投资所形成的财务关系。企业以股权的方式进行对外投资，可以实现企业的多元化经营，降低企业的经营风险，增加企业收益。如果企业对被投资单位拥有控制权，不仅可获得投资收益，还可以控制被投资单位的重大经营决策，实现企业的经营目标。即便是没有控制权的投资，也可按出资金额的大小分配被投资单位的税后利润。因此，企业与被投资单位的财务关系体现的是企业投资的所有权性质与被投资单位的利益关系。

5. 企业与职工之间的财务关系

企业职工以自身提供的劳动作为参加企业分配的依据，企业应根据劳动者的劳动情况，用其收入向职工支付工资、津贴、奖金等，这体现着职工个人和集体在劳动成果上的分配关系。在处理这种财务关系时，要正确地执行有关的分配政策。

6. 企业内部各单位之间的财务关系

企业作为一个独立的经营实体，其内部既有基本生产经营部门，又有非生产经营部门。这些部门之间既有分工又有合作，在实行内部经济核算和经济责任制的条件下，企业内部各单位之间、各单位与财务部门之间都要发生领款、报销、代收、代付等一系列收支结算关系。企业财务部门同其他各部门、各单位之间，以及各部门、各单位之间，均会发生资金结算业务，这体现了企业内部各单位或部门之间的经济利益关系。

7. 企业与国家之间的财务关系

企业与国家之间的财务关系，主要是指由企业向国家纳税所形成的国家与企业之间的财务关系。国家政权机关承担对全社会的管理工作，为维持国家机器的正常运转，必须向各类纳税人（包括企业）征收税款。任何企业在其正常的经营过程中，都要依法向国家缴纳各种税金，包括所得税、流转税和计入成本的税金等。向国家缴纳各种税金是每个企业必须履行的责任和义务。这种由企业向国家纳税所形成的国家与企业之间的财务关系，是自企业成立便形成的。这种关系体现的是一种强制和无偿的分配关系。

综上所述可以看出，企业的财务活动引起了企业与各方面的财务关系，这就要求企业在组织财务活动的过程中，必须正确处理与各方面的经济关系，遵守国家的法律法规，履行有关合同，保护各方面的利益，协调与各方面的关系，以提高企业生产经营活动的效率。

财务管理，简言之，就是对企业财务的管理。财务一般是指与钱物有关的事务，即理财的事务，是财务活动和财务关系的统一。企业财务是指企业在生产经营过程中的财务活动及其与有关各方发生的财务关系。因而，企业财务管理是组织企业财务活动，处理企业财务关系的经济管理工作，是关于资金的筹集、运用和分配的管理工作。具体来说，财务管理是以价值形式对企业的生产经营活动进行综合管理，利用资金、成本、费用、收入、利润等价值形式来反映企业经济活动中的劳动占用量、劳动消耗量和劳动成果，进而反映出企业经济效益的好坏。财务管理的内容就是财务管理对象的具体化，财务管理的对象是企业再生产过程中的资金活动。就一般状态下的企业而言，财务管理的主要内容是筹资管理、投资管理、营运资金管理、成本管理和收入与分配管理。

二、财务管理内容

公司的基本活动可以分为筹资、投资、营运资金和分配四个方面。从财务管理角度看，筹资可以分为长期筹资和短期筹资，投资也可以分为长期投资和短期投资，由于短期筹资、短期投资和营业现金管理有着密切的关系，通常合并在一起讨论，称为营运资金管理。因此，本书把财务管理的内容分为筹资管理、投资管理、营运资金管理、成本管理和收入与分配管理五个部分。

（一）筹资管理

企业要根据其生产经营、发展战略、投资和资本结构等的需要，通过筹资渠道和资本市场，运用筹资方式，依法、经济、有效地筹集企业所需资金，进行筹资管理。无论是建立新企业，还是经营现有企业，都需要筹措一定数量的资金。在进行筹资活动时，企业一方面要科学预测筹资的总规模，以保证所需资金；另一方面要通过筹资渠道和筹资方式的选择，确定合理的筹资结构，降低资本成本，增加企业的利益，控制相关的风险。筹集资金管理是企业财务管理的一项重要内容。

（二）投资管理

投资是企业生存、发展及进一步获取利润的基本前提。企业取得资金后，必须将其投入使用，以谋求良好的经济效益。在进行投资管理活动时，企业必须考虑投资规模，同时还必须通过投资方向和投资方式的选择来确定合适的投资结构，提高投资效益，降低投资风险。不同的投资项目，对企业价值和财务风险的影响程度不同。企业的投资，有对内投资和对外投资之分。对内投资是指企业把筹集到的资金用于本企业的资产上，如购置固定资产、无形资产等；企业把筹集到的资金用于购买股票、债券、出资组建新公司或与其他企业联营等，便形成对外投资。如果投资决策不科学、投资结构不合理，那么投资项目往往不能达到预期效益，影响企业盈利水平和偿债能力，从而产生财务风险，对待投资管理要慎重。投资决策的正确与否，直接关系到企业的兴衰成败，要科学做好投资管理。

（三）营运资金管理

企业在日常的生产经营活动中，会发生一系列流动资产和流动负债资金的收付。企业的营运资金在全部资金中占有较大的比重，是企业财务管理工作的一项重要内容，主要涉及现金持有计划的确定，应收账款的信用标准、信用条件和收款政策的确定，存货周期、存货数量、订货计划的确定，短期借款计划、商业信用筹资计划的确定等。如何节约资金成本，提高资金使用效率，进行流动资产的投融资以及如何管理流动负债都需要企业提前做好规划。

（四）成本管理

成本管理是企业日常经营管理的一项中心工作。企业在竞争中需要努力开源节流，控制成本耗费，从而增加企业收益。通过本量利分析，运用于经营决策；通过标准成本控制与分析，满足有效经营条件下所能达到的目标成本；通过作业成本管理，对传统成本管理模式进行变革，应用到价值链领域，为企业战略管理提供基础；责任成本管理，则是通过责任中心，明确责任成本，从而界定责、权、利关系考核工作业绩。成本管理涉及从成本预测、成本决策、成本计划、成本控制、成本核算、成本分析到成本考核的全部过程。

（五）收入与分配管理

收入与分配管理是对企业收入与分配活动及其形成的财务关系的组织与调节，是企业进行销售预测和定价管理，并将一定时期内所创造的经营成果合理地在企业内部、外部各利益相关者之间进行有效分配的过程。收入反映的是企业经济利益的来源，而分配反映的是企业经济利益的去向，两者共同构成企业经济利益流动的完整链条。收入的初次分配是对成本费用的弥补，这一过程随着再生产的进行自然完成，而利润分配则是对收入初次分配的结果进行再分配。根据投资者的意愿和企业生产经营的需要，企业实现的净利润可以作为投资收益分配给投资者，也可以暂时留存企业形成未分配利润，或者作为投资者的追加投资。企业的财务人员要合理确定分配的规模和结构，确保企业取得最大的长期利益。

企业财务管理的上述五部分内容是相互联系、相互制约的。筹资是基础，离开企业生产经营所需的资金筹措，企业就不能生存与发展；而且公司筹资数量还制约着公司投资的规模。企业所筹措的资金只有有效地投放出去，才能实现筹资的目的，并不断增值与发展；而且投资反过来又决定了企业需要筹资的规模和时间。投资和筹资的成果都需要依赖资金的营运才能实现，筹资和投资在一定程度上决定了公司日常经营活动的特点和方式；但企业日常活动还需要对营运资金进行合理的管理与控制，努力提高营运资金的使用效率与效果。成本管理则贯穿投资、筹资和营运活动的全过程，渗透在财务管理的每个环节之中。收入与分配影响着筹资、投资、营运资金和成本管理的各个方面，收入与分配的来源是企业上述各方面共同作用的结果，同时又会对上述各方面产生反作用。因此，筹资管理、投资管理、营运资金管理、成本管理和收入与分配管理都是企业价值创造的必要环节，是保障企业健康发展、实现可持续增长的重要内容。

三、财务管理环节

财务管理环节是企业财务管理的工作步骤与一般工作程序。一般而言，企业财务管理包括如下环节。

（一）计划与预算

1. 财务预测

财务预测是企业根据财务活动的历史资料，考虑现实条件与要求，对企业未来的财务活动作出较为具体的科学的预计或测算的过程。财务预测可以测算各项生产经营方案的经济效益，为决策提供可靠的依据；可以预计财务收支的发展变化情况，以确定经营目标；可以测算各项定额和标准，为编制计划、分解计划指标服务。

财务预测所采用的方法主要有两种：一是定性预测，指利用直观材料，依靠个人的主观判断和综合分析能力，对事物未来的状况和趋势作出预测的一种方法；二是定量预测，指企业根据比较完备的资料，运用数学方法，建立数学模型，对事物的未来进行的预测。在实际工作中，通常将两者结合起来进行财务预测。

2. 财务计划

财务计划是根据企业整体战略目标和规划，结合财务预测的结果，对财务活动进行规划，并以指标形式落实到每一项计划期间的过程。财务计划主要通过指标和表格，以货币形式反映在一定的计划期内，企业生产经营活动所需要的资金及其来源、财务收入和支出、财务成果及其分配的情况。

确定财务计划指标的方法一般有平衡法、因素法、比例法和定额法等。

3. 财务预算

财务预算是根据财务战略、财务计划和各种预测信息，确定预算期内各种预算指标的过程。它是财务战略的具体化，是财务计划的分解和落实。

财务预算的方法通常包括固定预算与弹性预算、增量预算与零基预算、定期预算和滚动预算等。

（二）决策与控制

1. 财务决策

财务决策是指财务人员按照财务目标的总体要求，利用专门方法对各种备选方案进行分析比较，并从中选出最佳方案的过程。在市场经济条件下，财务管理的核心是财务决策，财务预测是为财务决策服务的，财务决策的成功与否直接关系到企业的兴衰成败。财务决策环节的工作主要步骤包括：①确定决策目标；②提出备选方案；③选择最优方案。

财务决策的方法主要有两类：一类是经验判断法，通常根据决策者的经验进行判断选择，常用的方法有淘汰法、排队法、归类法等；另一类是定量分析方法，常用的方法有优选对比法、数学微分法、线性规划法、概率决策法等。

2. 财务控制

财务控制是指在财务管理过程中，利用有关信息和特定手段，对企业财务活动所施加的影响和进行的调节。实行财务控制是落实财务预算、保证预算实现的有效措施，也是绩效考评与奖惩的重要依据。

财务控制的方法通常有前馈控制、过程控制、反馈控制三种。财务控制措施一般包括：预算控制、运营分析控制和绩效考评控制等。

（三）分析与考核

1. 财务分析

财务分析是根据企业核算资料，运用特定方法，对企业财务活动过程及其结果进行分析和评价的一项工作。财务分析既是本期财务活动的总结，也是下期财务预测的前提，具有承上启下的作用。通过财务分析，可以掌握企业财务预算的完成情况，评价财务状况，研究和掌握企业财务活动的规律，改善财务预测、财务决策、财务预算和财务控制，提高企业财务管理水平。

财务分析的方法通常有比较分析法、比率分析法和因素分析法等。

2. 财务考核

财务考核是指将报告期实际完成数与规定的考核指标进行对比，确定有关责任单位和个人完成任务的过程。财务考核与奖惩紧密联系，既要贯彻责任制原则的要求，也要构建激励与约束机制的关键环节。

财务考核的形式多种多样，可以用绝对指标、相对指标完成百分比考核，也可采用多种财务指标进行综合评价考核。

四、财务管理原则

在市场经济条件下，企业面临着日益广泛的资金运动和复杂的财务关系，这就需要企业财务管理人员正确、科学地加以组织和处理。财务管理原则就是组织调节资金运动和协调处理财务关系的基本准则。在企业财务管理工作中应遵循以下原则。

（一）资本金保全原则

资本金保全原则是指企业要确保投资者投入企业资本金的完整，确保所有者的权益。从国际惯例来看，各国在企业财务管理中，一般都实行资本金保全原则。其原因在于，企业资本金是企业进行生产经营活动的本钱，是所有者权益的基本部分，也是企业向投资者分配利润的依据。企业的经营者可以自主使用投资者依法投资的任何财产，并有责任使这些财产在生产经营中得到充分利用，实现其保值和增值。投资者在生产经营期间，除在相应条件和程序下依法转让资本金外，一般不得抽回投资。

（二）价值最大化原则

企业财务管理的目标是使企业价值最大化。价值最大化原则应贯彻到财务管理工作的各个环节中。在筹资决策阶段，要根据这一原则，对各种筹资渠道进行分析、比较，选择资金成本最低、风险最小的筹资方案。在进行投资决策时，也要贯彻这一原则，在长期投资和短期投资之间进行合理选择。短期投资有利于提高企业的变现能力和偿债能力，能降低风险；长期投资会给企业带来高于短期投资的回报，但风险较大。通过对不同投资项目进行可行性研究，选择一个收益最大的方案。

（三）风险收益均衡原则

在市场经济条件下，企业的生产经营活动具有不确定性，企业的生产量、销售量都将随着市场需求的变化而变化。因此，企业生产经营的风险是不可避免的，其资金的筹措、运用和分配的风险也是客观存在的，所以财务管理人员应意识到风险，并通过科学的方法预测各种生产经营活动及资金筹集运用和分配方案风险的大小。风险越大，其预期收益越高；风险越小，其预期收益越低，要做到风险与收益的平衡。

（四）资金合理配置原则

资金合理配置就是要通过资金运动的组织和调节功能来保证各项物质资源具有最优化的结构比例关系。

企业物质资源的配置情况是通过资源结构表现出来的。在某一时点上，企业有各种各样的资金结构。在资金占用方面，有对外投资和对内投资的构成比例；有固定资产和流动资产的构成比例；有有形资产与无形资产的构成比例；有货币性资产和非货币性资产的构成比例；有原材料、在产品和产成品的构成比例等。在财务活动中，资金配置合理，资源构成比例适当，就能保证生产经营活动顺畅运行，并由此取得最佳经济效益。因此，资金合理配置是实现企业持续、高效经营目标的不可缺少的条件。

（五）成本效益原则

成本效益原则，就是要对经济活动中的所费与所得进行分析比较，对经济行为的得失进行衡量，使成本与收益得到最优的结合以实现最多的盈利。

企业在生产经营活动中，成本、效益必然与收入相联系。当收入一定时，成本越低则效益越高；反之，成本越高，则效益越少。但企业的收入，一般来说随着成本的增加而增长，随着成本的减少而降低，这时按成本效益原则，在充分考虑成本的基础上，如收入的增量大于成本的增量，则企业的效益会提升；反之，会使企业的效益下降。

任务二 财务管理目标

一、财务管理目标的含义及特征

（一）账务管理目标

财务管理目标是指在特定的环境和条件下，通过组织财务活动，处理财务关系所要达到的目的，是评价财务活动是否合理的标准，它决定着财务管理的基本方向。从根本上说，财务管理目标取决于企业生存目的或企业目标，取决于特定的社会经济模式。

（二）财务目标特征

1. 整体性

企业财务目标必须服从企业整体发展战略和发展规划。

2. 多元化

财务目标的多元化是指财务目标不是单一的。由于企业财务涉及财务活动的各个方面和财务管理的各个环节，并都有其特定的目标，这些目标又反映了不同的财务活动处于不同的财务关系之中，这就形成了目标的多样性。例如，企业财务管理在努力实现经济效益最大化这一主导目标的同时，还必须达到履行社会责任、加速企业成长、提高企业信誉等一系列的辅助目标。

3. 层次性

财务目标的层次性是指财务目标按照一定的标准可划分为若干层次。财务目标之所以具有层次性，主要是因为财务管理的内容可以划分为若干层次，财务管理内容的层次性和细分化使财务目标由整体目标、具体目标两个层次构成。整体目标是指一般财务目标，它处于支配地位，决定着整个财务管理过程的发展方向，是企业财务活动的出发点和归宿；具体目标是指在整体目标的制约下，从事某一部分财务活动所要达到的目标，它是对整体目标的实现起配合作用的目标。

4. 定量性

财务目标的提出，既要有定性的分析判断，又要有定量的指标。定量的指标就是要把达到的目标数量化，用具体的数字予以表达。

二、企业的社会责任

企业的社会责任是指企业在谋求所有者或股东权益最大化之外所应承担的维护和增进社会利益的义务。具体来说，企业社会责任主要包括以下内容。

（一）对员工的责任

企业除了有向员工支付报酬的法律责任，还负有为员工提供安全工作环境、职业教育等保障员工利益的责任。企业对员工承担的社会责任有：①按时足额发放劳动报酬，并根据社会发展逐步提高工资水平。②提供安全健康的工作环境，加强劳动保护，实现安全生产，积极预防职业病。③加强公司职工的职业教育和岗位培训，提高职工素质。④完善工会、职工董事和职工监事制度，培育良好的企业文化。

（二）对债权人的责任

债权人是企业的重要利益相关者，企业应依据合同的约定以及法律的规定对债权人承担相应的义务，保障债权人的合法权益。这种义务既是公司的民事义务，也可视为公司应承担的社会责任。公司对债权人承担的社会责任主要有：①按照法律法规和公司章程的规定，真实、准确、完整、及时地披露公司信息。②诚实守信，不滥用公司人格。③主动偿债，不无故拖欠。④确保交易安全，切实履行合法订立的合同。

（三）对消费者的责任

公司的价值实现，很大程度上取决于消费者的选择，企业理应重视对消费者承担的社会责任。企业对消费者承担的社会责任主要有：①确保产品质量，保障消费安全。②诚实守信，确保消费者的知情权。③提供完善的售后服务，及时为消费者排忧解难。

（四）对社会公益的责任

企业对社会公益的责任主要涉及慈善、社区等。企业对慈善事业的社会责任是指承担扶贫济困和发展慈善事业的责任，表现为企业对不确定的社会群体（尤指弱势群体）进行帮助。捐赠是其最主要的表现形式，受捐赠的对象主要有社会福利院、医疗服务机构、教育机构、贫困地区人群、特殊困难人群等。此外，还包括招聘残疾人、生活困难的人、缺乏就业竞争力的人到企业工作，以及举办与公司营业范围有关的各种公益性的社会教育宣传活动等。

（五）对环境和资源的责任

企业对环境和资源的社会责任可以概括为两大方面：一是承担可持续发展与节约资源的责任；二是承担保护环境和维护自然和谐的责任。

（六）对政府的责任

企业还有义务和责任遵从政府的管理，接受政府的监督。企业要在政府的指引下合法经营、自觉履行法律规定的义务，同时尽可能地为政府献计献策、分担社会压力、支持政府的各项事业。

一般而言，对一个利润或投资收益率处于较低水平的公司，在激烈竞争的环境下，是难以承担额外增加其成本的社会责任的。而对于那些利润超常的公司，它们可以适当地承担而且有的也确已承担一定的社会责任。因为对利润超常的公司来说，适当地从事一些社会公益活动，有助于提高公司的知名度，促进其业务活动的开展，进而使股价升高。但不管怎样，任何企业都无法长期单独地负担因承担社会责任而增加的成本。过分地强调社会责任而使企业价值减少，就可能导致整个社会资金运用的次优化，从而使社会经济发展步伐减缓。事实上，大多数社会责任都必须通过立法以强制的方式让每一个企业平均负担。然而，企业是社会的经济细胞，理应关注并自觉改善自身的生态环境，重视履行对员工、消费者、社会、环境和资源等利益相关方的责任，重视其生产行为可能对未来环境的影响，特别是在员工健康与安全、废弃物处理、污染等方面应尽早采取相应的措施，减少企业在这些方面可能会遭遇的各种困扰，从而有助于企业可持续发展。

三、财务管理目标

前已述及，企业的目标就是创造财富（或价值）。一般而言，企业财务管理的目标就是为实现企业创造财富（或价值）这一目标服务。鉴于财务活动直接从价值方面反映企业的商品或者服务的提供过程，因而财务管理可以在企业的价值创造方面发挥重要作用。

根据现代企业财务管理理论和实践，目前我国企业财务管理的目标有以下几种提法。

（一）利润最大化

利润最大化就是假定企业财务管理以实现利润最大化为目标。以利润最大化作为财务管理目标，其主要原因有：①人类从事生产经营活动的目的是创造更多的剩余产品，在市场经济条件下，剩余产品的多少可以用利润这个指标来衡量；②在自由竞争的资本市场中，资本的使用权最终属于获利最多的企业；③只有每个企业都最大限度地创造利润，整个社会的财富才可能实现最大化，从而带来社会的进步和发展。

利润最大化目标的主要优点是，企业追求利润最大化，就必须讲求经济核算，加强管理，改进技术，提高劳动生产率，降低产品成本。这些措施都有利于企业资源的合理配置，有利于企业整体经济效益的提高。

但是，以利润最大化作为财务管理目标存在以下缺陷：

（1）没有考虑利润实现时间和资金时间价值。比如，今年 100 万元的利润和 10 年以后同等数量的利润其实际价值是不一样的，10 年间还会有时间价值的增加，而且这一数值会随着贴现率的不同而有所不同。

（2）没有考虑风险问题。不同行业具有不同的风险，同等利润值在不同行业中的意义也不相同，比如，风险比较高的高科技企业和风险相对较小的制造业企业无法简单比较。

（3）没有反映创造的利润与投入资本之间的关系。

（4）可能导致企业短期行为倾向，影响企业长远发展。由于利润指标通常按年计算，因此，企业决策也往往会服务于年度指标的完成或实现。

利润最大化的另一种表现方式是每股收益最大化。每股收益最大化的观点认为，应当把企业的利润和股东投入的资本联系起来考察，用每股收益来反映企业的财务目标。

除反映所创造利润与投入资本之间的关系外，每股收益最大化与利润最大化目标的缺陷基本相同。但如果假设风险相同、每股收益时间相同，每股收益的最大化也是衡量公司业绩的一个重要指标。事实上，许多投资人都把每股收益作为评价公司业绩的重要标准之一。

（二）股东财富最大化

股东财富最大化是指企业财务管理以实现股东财富最大化为目标。在上市公司，股东财富是由其所拥有的股票数量和股票市场价格两个方面决定的。在股票数量一定时，股票价格达到最高，股东财富也就达到最大。

总之，把股东财富最大化作为企业目标，全面考虑了企业在既定的外部环境下进行决策的多种因素，符合企业所有者的最大利益，应该作为企业的首要目标。图 1－2 展示了公司股票市场价格的影响因素。

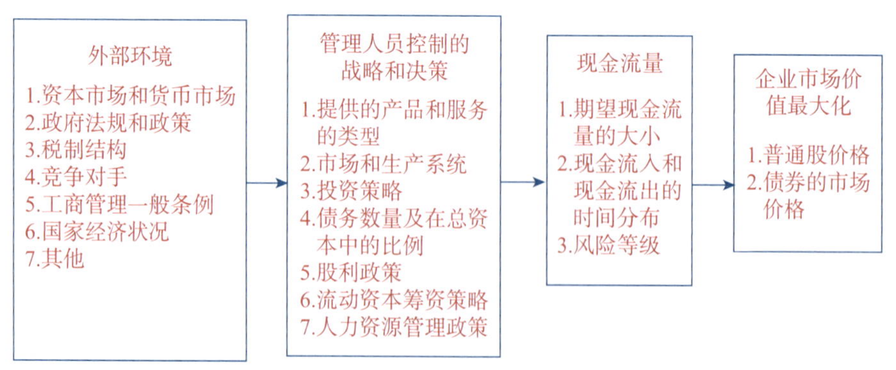

图 1－2　公司股票市场价格的影响因素

企业的外部环境影响着企业的内部决策。为企业提供资金的金融市场、政府的法规和税收制度是影响企业的管理决策的重要因素，它们是企业财务决策的依据，虽然不直接影响企业的现金流量，但是影响管理人员的决策，可对现金流量产生间接作用。企业很难改变自己所处的外部环境，但通过人大代表和政府主管部门可以提出关于宏观经济控制和政策法规的建议。在相当长的一段时间内，企业的外部环境应是稳定的。

企业的战略和决策，直接决定了未来现金流量的大小、发生的时间及风险。企业对生产的产品和提供的服务类型的选择直接影响到企业的销售收入。生产系统和管理的安全又与生产的成本支出有关。企业的投资、筹资决策和股利政策决定了企业的规模、资产和收益的增长，对企业未来现金流量影响极大。如果上述的决策是正确的，则企业净现金流量增加，其时间分布更合理而风险更小，从而可实现使企业普通股股票价格达到高点的目的。

与利润最大化相比，股东财富最大化的主要优点有：

（1）考虑了风险因素，因为通常股价会对风险作出较敏感的反应。

（2）在一定程度上能避免企业短期行为，因为不仅目前的利润会影响股票价格，预期未来的利润同样会对股价产生重要影响。

（3）对上市公司而言，股东财富最大化目标比较容易量化，便于考核和奖惩。

以股东财富最大化作为财务管理目标也存在以下缺点：

（1）通常只适用于上市公司，非上市公司难以应用，因为非上市公司无法像上市公司一样随时准确获得公司股价。

（2）股价受众多因素影响，特别是企业外部的因素，有些还可能是非正常因素。股价不能完全准确反映企业财务管理状况，如有的上市公司处于破产的边缘，但由于可能存在某些机会，其股票市价可能还在走高。

（3）它强调的是股东利益，而对其他相关者的利益重视不够。

（三）企业价值最大化

企业价值最大化是指企业财务管理行为以实现企业的价值最大化为目标。企业价值可以理解为企业所有者权益和债权人权益的市场价值，或者是企业所能创造的预计未来现金流量的现值。未来现金流量这一概念，包含了资金的时间价值和风险价值两个方面的因素。因为未来现金流量的预测包含了不确定性和风险因素，而现金流量的现值是以资金的时间价值为基础对现金流量进行折现计算得出的。

企业价值最大化目标要求企业通过采用最优的财务政策，充分考虑资金的时间价值和风险与收益的关系，在保证企业长期稳定发展的基础上使企业总价值达到最大。

以企业价值最大化作为财务管理目标，具有以下优点：

（1）考虑了取得收益的时间，并用时间价值的原理进行了计量。

（2）考虑了风险与收益的关系。

（3）将企业长期、稳定的发展和持续的获利能力放在首位，能克服企业在追求利润上的短期行为，因为不仅目前利润会影响企业的价值，预期未来的利润对企业价值增加也会产生重大影响。

（4）用价值代替价格，避免了外界市场因素的干扰，有效地规避了企业的短期行为。

但是，以企业价值最大化作为财务管理目标过于理论化，不易操作。对于非上市公司而言，只有对企业进行专门的评估才能确定其价值，而在评估企业的资产时，由于受评估标准和评估方式的影响，很难做到客观和准确。

（四）相关者利益最大化

在现代企业是多边契约关系的总和的前提下，要确立科学的财务管理目标，需要考虑哪些利益关系会对企业发展产生影响。在市场经济中，企业的理财主体更加细化和多元化。股东作为企业所有者，在企业中拥有最高的权利，并承担着最大的义务和风险，但是债权人、员工、企业经营者、客户、供应商和政府也为企业承担着风险。因此，企业的利益相关者不仅包括股东，还包括债权人、企业经营者、客户、供应商、员工、政府等。在确定企业财务管理目标时，不能忽视这些相关利益群体的利益。

1. 相关者利益最大化目标的具体内容

（1）强调风险与收益的均衡，将风险限制在企业可以承受的范围内。

（2）强调股东的首要地位，并强调企业与股东之间的协调关系。

（3）强调对代理人即企业经营者的监督和控制，建立有效的激励机制以便企业战略目标的顺利实现。

（4）关心本企业普通职工的利益，创造优美和谐的工作环境和提供合理恰当的福利待遇，使职工长期努力为企业工作。

（5）不断加强与债权人的关系，培养可靠的资金供应者。

（6）关心客户的长期利益，以便保持销售收入的长期稳定增长。

（7）加强与供应商的协作，共同面对市场竞争，并注重企业形象的宣传，遵守承诺，讲究信誉。

（8）保持与政府部门的良好关系。

2. 以相关者利益最大化作为财务管理目标的优点

（1）有利于企业长期稳定发展。这一目标注重企业在发展过程中考虑并满足各利益相关者的利益关系。在追求长期稳定发展的过程中，站在企业的角度上进行投资研究，避免只站在股东的角度进行投资可能导致的一系列问题。

（2）体现了合作共赢的价值理念，有利于实现企业经济效益和社会效益的统一。由于兼顾了企业、股东、政府、客户等的利益，企业就不仅仅是一个单纯牟利的组织，还承担了一定的社会责任。企业在寻求其自身的发展和利益最大化过程中，由于需维护客户及其他利益相关者的利益，就会依法经营、依法管理，正确处理各种财务关系，自觉维护和切实保障国家、集体和社会公众的合法权益。

（3）这一目标本身是一个多元化、多层次的目标体系，较好地兼顾了各利益主体的利益。这一目标可使企业各利益主体相互作用、相互协调，并在使企业利益、股东利益达到最大化的同时，也使其他利益相关者利益达到最大化。也就是将企业财富这块“蛋糕”做到最大的同时，保证每个利益主体所得的“蛋糕”更多。

（4）体现了前瞻性和现实性的统一。比如，企业作为利益相关者之一，有其一套评价指标，如未来企业收益贴现值；股东的评价指标可以使用股票市价；债权人可以寻求风险最小、利息最大；工人可以确保工资福利；政府可考虑社会效益等。不同的利益相关者有各自的指标，只要合理合法、互利互惠、相互协调，就可以实现所有相关者利益最大化。

（五）各种财务管理目标之间的关系

上述各种财务管理目标，都以股东财富最大化为基础。因为，企业是市场经济的主要参与者，企业的创立和发展都必须以股东的投入为基础，离开了股东的投入，企业就不复存在；并且在企业的日常经营过程中，作为所有者的股东在企业中承担着最大的义务和风险，相应也需享有最高的收益，即股东财富最大化，否则就难以为市场经济的持续发展提供动力。

当然，以股东财富最大化为核心和基础，还应该考虑利益相关者的利益。各国公司法都规定，股东权益是剩余权益，只有满足了其他方面的利益之后才会有股东的利益。企业必须缴税、给职工发工资、给顾客提供他们满意的产品和服务，然后才能获得税后收益。可见，其他利益相关者的要求先于股东被满足，因此这种满足必须是有限度的。如果对其他利益相关者的要求不加限制，股东就不会有“剩余”了。除非股东确信投资会带来满意的回报，否则股东不会出资。没有股东财富最大化目标，利润最大化、企业价值最大化以及相关者利益最大化的目标也就无法实现。因此，在强调公司承担应尽的社会责任的前提下，应当允许企业以股东财富最大化为目标。

四、利益冲突的协调

协调相关者的利益冲突，要把握的原则：尽可能使企业相关者的利益分配在数量上和时间上达到动态的协调平衡。而在所有的利益冲突协调中，所有者与经营者、所有者与债权人的利益冲突与协调至关重要。

（一）所有者和经营者利益冲突与协调

在现代企业中，经营者一般不拥有占支配地位的股权，他们只是所有者的代理人。所有者期望经营者代表他们的利益工作，实现所有者财富最大化，而经营者则有其自身的利益考虑，二者的目标经常会不一致。通常而言，所有者支付给经营者报酬的多少，取决于经营者能够为所有者创造多少财富。经营者和所有者的主要利益冲突是经营者希望在创造财富的同时，能够获取更多的报酬、更多的享受，并避免各种风险；而所有者则希望以较小的代价（支付较少报酬）实现更多的财富。

为了协调这一利益冲突，通常可采取以下方式解决。

1. 解聘

这是一种通过所有者约束经营者的办法。所有者对经营者予以监督，如果经营者绩效不佳，就解聘经营者；经营者为了不被解聘就需要努力工作，为实现财务管理目标服务。

2. 接收

这是一种通过市场约束经营者的办法。如果经营者决策失误、经营不力、绩效不佳，该企业就可能被其他企业强行接收或吞并，相应经营者也会被解聘。经营者为了避免这种接收，就必须努力实现财务管理目标。

3. 激励

激励就是将经营者的报酬与其绩效直接挂钩，以使经营者自觉采取能提高所有者财富的措施。激励通常有两种方式。

(1) 股票期权。它是允许经营者以预先确定的条件购买本企业一定数量股份的权利，当股票的市场价格高于约定价格，经营者就会因此获取收益。经营者为了获得更大的股票涨价益处，就必然主动采取能够提高股价的行动，从而增加所有者财富。

(2) 绩效股。它是企业运用每股收益、资产收益率等指标来评价经营者绩效，并视其绩效大小给予经营者数量不等的股票作为报酬。如果经营者绩效未能达到规定目标，经营者将丧失原先持有的部分绩效股。这种方式使经营者不仅为了多得绩效股而不断采取措施提高经营绩效，而且为了使每股市价最大化，也会采取各种措施使股票市价稳定上升，从而增加所有者财富。即使由于客观原因股价并未提高，经营者也会因为获取绩效股而获利。

（二）所有者和债权人的利益冲突与协调

所有者的目标可能与债权人期望实现的目标发生矛盾。首先，所有者可能要求经营者改变举债资金的原定用途，将其用于风险更高的项目，这会增大偿债风险，债权人的负债价值也必然会降低，造成债权人风险与收益的不对称。因为高风险的项目一旦成功，额外的利润就会被所有者独享；但若失败，债权人却要与所有者共同负担由此而造成的损失。其次，所有者可能在未征得现有债权人同意的情况下，要求经营者举借新债，因为偿债风险相应增大，从而致使原有债权的价值降低。

所有者与债权人的上述利益冲突，可通过以下方式解决。

1. 限制性借债

债权人通过事先规定借债用途限制、借债担保条款和借债信用条件，使所有者不能通过以上两种方式削弱债权人的债权价值。

2. 收回借款或停止借款

当债权人发现企业有侵蚀其债权价值的意图时，采取收回债权或不再给予新的借款的措施，从而保护自身权益。

（三）股东与其他利益相关者的冲突与协调

其他利益相关者是指除股东、债权人和经营者之外的，对企业现金流量有潜在索偿权的人，如产品市场利益相关者（主要是顾客、供应商、所在社区和工会组织）、企业内部利益相关者（其他员工）等。

利益相关者主要包括合同利益相关者和非合同利益相关者。合同利益相关者，包括主要客户，供应商和员工，他们和企业之间存在法律关系，受到合同的约束；非合同利益相关者，包括一般消费者、社区居民以及其他与企业有间接利益关系的群体。

对于合同利益相关者，股东可能为自己的利益伤害合同利益相关者，合同利益相关者也可能伤害股东利益。因此，要通过立法调节他们之间的关系，保障双方合法权益。一般说来，企业只要遵守合同就可以基本满足合同利益相关者的要求，在此基础上股东追求自身利益最大化也会有利于合同利益相关者。当然，仅有法律是不够的，还需要道德规范的约束，以缓和双方的矛盾。

对于非合同利益相关者，法律关注较少，享受到的法律保护低于合同利益相关者。而公司的社会责任政策，对非合同利益相关者影响很大。

思政讲堂

财务管理目标的实现是否与企业履行社会责任相冲突

企业的社会责任是指企业在谋求所有者或股东权益最大化之外所负有的维护和增进社会利益的义务，主要包括对员工、债权人、消费者、社会公益、环境和资源以及政府的责任，具体如图 1－3 所示。

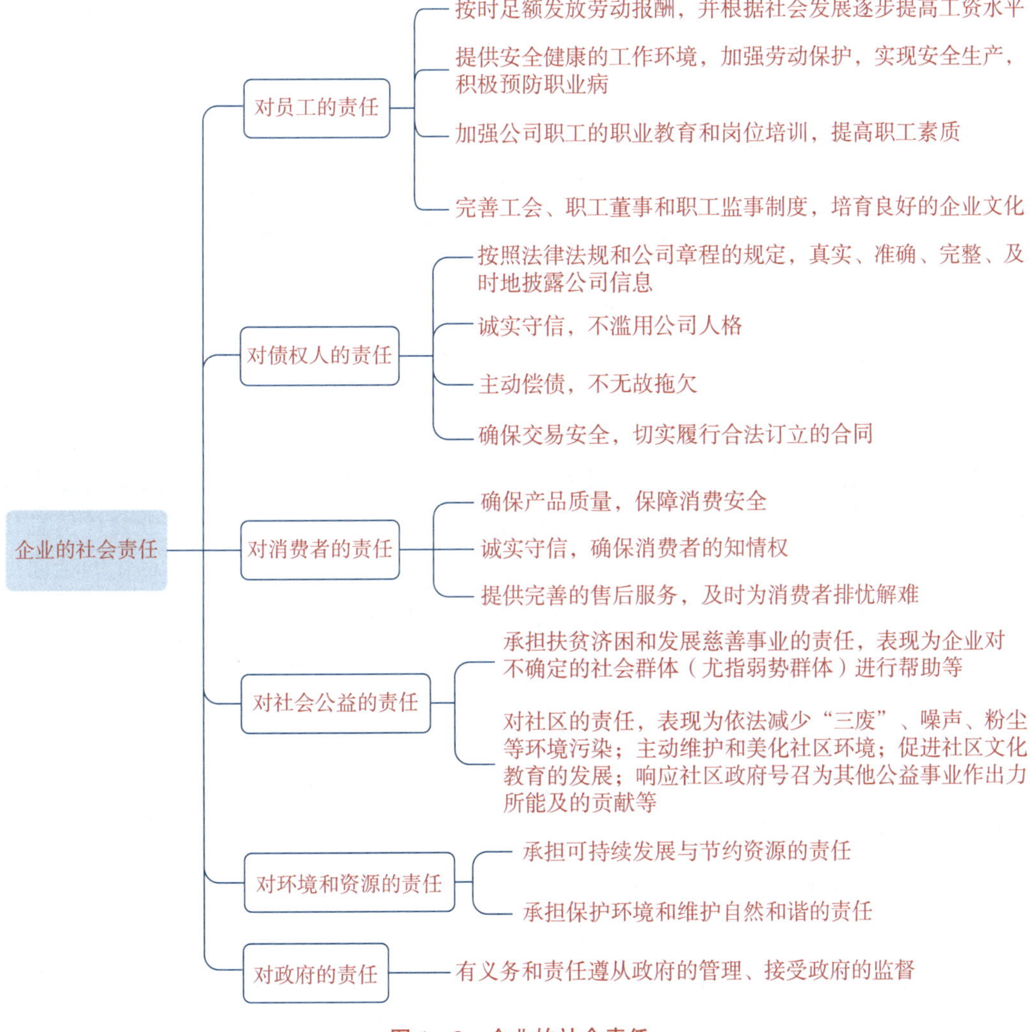

图 1－3　企业的社会责任

企业财务管理目标的实现应该有助于企业社会责任的履行；反过来，社会责任的履行应有助于企业利润目标的实现，两者在一定程度上是统一的。福特汽车公司董事长比尔·福特曾说，“我认为追求商业目标与追求社会与环保需求并不矛盾。我相信一个好的企业与一个伟大的企业是有区别的：一个好的企业能为顾客提供优秀的产品和服务，而一个伟大的企业不仅能为顾客提供优秀的产品和服务，还竭尽全力使这个世界变得更美好。”社会经济学者也认为，企业在制定决策时，应该遵守法律法规，关注道德价值，服务社区并保护环境。企业从事管理活动时，在赚取利润及维护股东权益以外，应该承担更广泛利益相关者的社会责任，包括员工健康与安全，废弃物处理、污染，支持弱势群体等，从而实现企业收益与回报社会的统一，更有助于企业可持续发展。

任务三　财务管理环境

财务管理环境是指对企业财务管理活动和财务管理产生影响作用的企业内外各种条件的统称，主要包括技术环境、经济环境、法律环境、金融环境。

一、技术环境

财务管理的技术环境，是指财务管理得以实现的技术手段和技术条件，它决定着财务管理的效率和效果。在企业内部，会计信息主要供管理层决策使用，而在企业外部，会计信息则主要为企业投资者、债权人等提供服务。

目前，我国正全面推进会计信息化工作，全力打造会计信息化人才队伍，基本实现了大型企事业单位会计信息化与经营管理信息化的融合，企事业单位的管理水平和风险防范能力进一步提升，做到数出一门、资源共享，便于不同信息使用者获取、分析和利用，进行投资和相关决策；基本实现了大型会计师事务所采用信息化手段对客户的财务报告和内部控制进行审计，社会审计质量和效率进一步提升；基本实现了政府会计管理和会计监督的信息化，会计管理水平和监管效能进一步提升。通过全面推进会计信息化工作，将使我国的会计信息化达到或接近世界先进水平。我国企业会计信息化的全面推进，必将促使企业财务管理的技术环境进一步完善和优化。

二、经济环境

在影响财务管理的各种外部环境中，经济环境是最为重要的。

经济环境内容十分广泛，包括经济体制、经济周期、经济发展水平、宏观经济政策及通货膨胀水平。

（一）经济体制

在计划经济体制下，国家统筹企业资本、统一投资、统负盈亏，企业利润统一上缴、亏损全部由国家补贴，企业虽然是一个独立的核算单位但无独立的理财权利。财务管理活动的内容比较单一，财务管理方法比较简单。在市场经济体制下，企业成为“自主经营、自负盈亏”的经济实体，有独立的经营权，同时也有独立的理财权。企业可以从其自身需要出发，合理确定资本需要量，然后到市场上筹集资本，再把筹集到的资本投放到高效益的项目上获取更大的收益，最后将收益根据需要进行分配，保证企业财务活动自始至终根据自身条件和外部环境进行组织实施。因此，财务管理活动的内容比较丰富，方法也复杂多样。

（二）经济周期

市场经济条件下，经济发展与运行带有一定的波动性。大体上经历复苏、繁荣、衰退和萧条四个阶段的循环，这种循环便叫作经济周期。

在经济周期的不同阶段，企业应采用不同的财务管理战略。西方财务学者探讨了经济周期中不同阶段的财务管理战略，现择其要点归纳如表 1-1 所示。

表 1-1　经济周期中不同阶段的财务管理战略

经济周期	复苏	繁荣	衰退	萧条
财务管理战略	1. 增加厂房设备 2. 实行长期租赁 3. 建立存货储备 4. 开发新产品 5. 增加劳动力	1. 扩充厂房和设备 2. 继续增加存货 3. 提高产品价格 4. 开展营销规划 5. 增加劳动力	1. 停止扩张 2. 出售多余设备 3. 停产不利产品 4. 停止长期采购 5. 削减存货 6. 停止扩招雇员	1. 建立投资标准 2. 保持市场份额 3. 压缩管理费用 4. 放弃次要利益 5. 削减存货 6. 裁减雇员

（三）经济发展水平

财务管理的发展水平和经济发展水平密切相关，经济发展水平越高，财务管理水平也越高。财务管理水平的提高，将推动企业降低成本、改进效率、提高效益，从而促进经济发展水平的提高；而经济发展水平的提高，将改变企业的财务战略、财务理念、财务管理模式和财务管理的方法手段，从而促进企业财务管理水平的提高。财务管理应当以经济发展水平为基础，以宏观经济发展目标为导向，从业务工作角度保证企业经营目标和经营战略的实现。

（四）宏观经济政策

不同的宏观经济政策，对企业财务管理影响不同。金融政策中的货币发行量、信贷规模会影响企业投资的资金来源和投资的预期收益；财税政策会影响企业的资金结构和投资项目的选择等；价格政策会影响资金的投向和投资的回收期及预期收益；会计制度的改革会影响会计要素的确认和计量，进而对企业财务活动的事前预测、决策及事后的评价产生影响。

（五）通货膨胀水平

通货膨胀对企业财务活动的影响是多方面的。主要表现如下：

（1）引起资金占用的大量增加，从而增加企业的资金需求。

（2）引起企业利润虚增，造成企业资金由于利润分配而流失。

（3）引起利率上升，加大企业筹资成本。

（4）引起有价证券价格下降，增加企业的筹资难度。

（5）引起资金供应紧张，增加企业的筹资难度。

为了减轻通货膨胀对企业造成的不利影响，企业应当采取措施予以防范。在通货膨胀初期，货币面临贬值的风险，这时企业进行投资可以避免风险，实现资本保值；与客户应签订长期购货合同，以减少物价上涨造成的损失；取得长期负债，保持资本成本的稳定。在通货膨胀持续期，企业可以采用比较严格的信用条件，减少企业债权；调整财务政策，防止和减少企业资本流失等。

三、法律环境

（一）法律环境的范畴

法律环境是指企业与外部发生经济关系时应遵守的有关法律法规和规章制度，主要包括公司法、证券法、金融法、经济合同法、税法、企业财务通则、企业内部控制基本规范等。市场经济是法制经济，企业的一些经济活动总是在一定法律规范内进行的。法律既约束企业的非法经济行为，也为企业从事各种合法经济活动提供保护。

国家相关法律法规按照对财务管理内容的影响情况可分为以下几类：

（1）影响企业筹资的各种法规主要有：公司法、证券法、金融法、经济合同法等。这些法规可以从不同方面规范或制约企业的筹资活动。

（2）影响企业投资的各种法规主要有：公司法、企业财务通则等。这些法规从不同角度规范企业的投资活动。

（3）影响企业收益分配的各种法规主要有：税法、公司法、企业财务通则等。这些法规从不同方面对企业收益分配进行了规范。

（二）法律环境对企业财务管理的影响

法律环境对企业的影响是多方面的，影响范围包括企业组织形式、公司治理结构、投融资活动、日常经营、收益分配等。比如企业可以采用独资、合伙、公司制等企业组织形式。企业组织形式不同，业主（股东）权利责任、企业投融资、收益分配、纳税、信息披露等不同，公司治理结构也不同。上述不同种类的法律、法规，分别从不同方面约束企业的经济行为，对企业财务管理产生影响。

四、金融环境

（一）金融机构、金融工具与金融市场

1. 金融机构

金融机构主要是指银行和非银行金融机构。银行是指经营存款、放款、汇兑、储蓄等金融业务，承担信用中介的金融机构，包括各种商业银行和政策性银行，如中国工商银行、中国农业银行、中国银行、中国建设银行、国家开发银行、中国农业发展银行。非银行金融机构主要包括保险公司、信托投资公司、证券公司、财务公司、金融资产管理公司、金融租赁公司等机构。

2. 金融工具

金融工具是指融通资金双方在金融市场上进行资金交易、转让的工具，借助金融工

具，资金从供给方转移到需求方。金融工具分为基本金融工具和衍生金融工具两大类。常见的基本金融工具有货币、票据、债券、股票等。衍生金融工具又称派生金融工具，是在基本金融工具的基础上通过特定技术设计形成的新的融资工具，如各种远期合约、互换、掉期、资产支持证券等，种类非常复杂、繁多，具有高风险、高杠杆效应的特点。

一般认为，金融工具具有流动性、风险性和收益性的特征。

（1）流动性。流动性是指金融工具在必要时迅速转变为现金而不致遭受损失的能力。

（2）风险性。风险性是购买金融工具的本金和预期收益遭受损失的可能性。一般包括信用风险和市场风险。

（3）收益性。收益性是指金融工具能定期或不定期给持有人带来收益。

3. 金融市场

金融市场是指资金供应者和资金需求者双方通过一定的金融工具进行交易而融通资金的场所。金融市场的构成要素包括资金供应者（或称资金剩余者）和资金需求者（或称资金不足者）、金融工具、交易价格、组织方式等。金融市场的主要功能就是把社会各个单位和个人的剩余资金有条件地转让给社会各个缺乏资金的单位和个人，使财尽其用，促进社会发展。资金供应者，为了取得利息和利润，期望在最高利率条件下贷出；资金需求者则期望在最低利率条件下借入。因利率、时间、安全性等条件不会使借贷双方都十分满意，于是就出现了金融机构和金融市场。

在金融市场上，资金的转移方式有以下两种。

（1）直接转移：它是需要资金的企业或其他资金不足者直接将股票或债券出售给资金供应者，从而实现资金转移的一种方式。

（2）间接转移：它是需要资金的企业或其他资金不足者，通过金融中介机构，将股票或债券出售给资金供应者；或者以他们自身所发行的证券来交换资金供应者手中的资金，再将资金转移到各种股票或债券的发行者（即资金需求者）手中，从而实现资金转移的一种方式。

金融市场不仅为企业融资和投资提供了场所，而且还可以帮助企业实现长短期资金转换、引导资本流动，提高资金转移效率。

（二）金融市场的分类

金融市场可按照不同的标准进行分类。

1. 货币市场和资本市场

以期限为标准，金融市场可分为货币市场和资本市场。货币市场又称短期金融市场，是指以期限在1年以内的金融工具为媒介，进行短期资金融通的市场，包括同业拆借市场、票据市场、大额定期存单市场和短期债券市场；资本市场又称长期金融市场，是指以期限在1年以上的金融工具为媒介，进行长期资金交易活动的市场，包括股票市场、债券市场和融资租赁市场等。

2. 发行市场和流通市场

以功能为标准，金融市场可分为发行市场和流通市场。发行市场又称为一级市场，它主要处理金融工具的发行与最初购买者之间的交易；流通市场又称为二级市场，它主要处理现有金融工具转让和变现的交易。

3. 资本市场、外汇市场和黄金市场

以融资对象为标准，金融市场可分为资本市场、外汇市场和黄金市场。资本市场以货币和资本为交易对象；外汇市场以各种外汇金融工具为交易对象；黄金市场则是集中进行黄金买卖和金币兑换的交易市场。

4. 基础性金融市场和金融衍生品市场

按所交易金融工具的属性，金融市场可分为基础性金融市场与金融衍生品市场。基础性金融市场是指以基础性金融产品为交易对象的金融市场，如商业票据、企业债券、企业股票的交易市场；金融衍生品市场是指以金融衍生品为交易对象的金融市场，如远期、期货、掉期（交换）、期权，以及具有远期、期货、掉期（交换）、期权中一种或多种特征的结构化金融工具的交易市场。

5. 地方性金融市场、全国性金融市场和国际性金融市场

以地理范围为标准，金融市场可分为地方性金融市场、全国性金融市场和国际性金融市场。

（三）货币市场

1. 货币市场主要功能

货币市场的主要功能是调节短期资金融通。其主要特点如下。

（1）期限短。一般为 3～6 个月，最长不超过 1 年。

（2）交易目的是解决短期资金周转。它的资金来源主要是资金所有者暂时闲置的资金，融通资金的用途一般是弥补短期资金的不足。

（3）货币市场上的金融工具有较强的“货币性”，具有流动性强、价格平稳、风险较小等特性。

2. 货币市场分类

货币市场主要有拆借市场、票据市场、大额定期存单市场和短期债券市场等。

（1）拆借市场是指银行（包括非银行金融机构）同业之间短期性资本的借贷活动。这种交易一般没有固定的场所，主要通过电讯手段成交，期限按日计算，一般不超过 1 个月。

（2）票据市场包括票据承兑市场和票据贴现市场。票据承兑市场是票据流通转让的基础；票据贴现市场是对未到期票据进行贴现，为客户提供短期资本融通，包括贴现、再贴现和转贴现。

（3）大额定期存单市场是一种买卖银行发行的可转让大额定期存单的市场。

（4）短期债券市场主要买卖 1 年期以内的短期企业债券和政府债券，尤其是国债。短期债券的转让可以通过贴现或买卖的方式进行。短期债券以其信誉好、期限短、利率优惠等优点，成为货币市场中的重要金融工具之一。

（四）资本市场

1. 资本市场主要功能及特点

资本市场的主要功能是实现长期资本融通。其主要特点如下。

（1）融资期限长。至少1年，最长可达10年甚至10年以上。

（2）融资目的是解决长期投资性资本的需要，用于补充长期资本，扩大生产能力。

（3）资本借贷量大。

（4）收益较高但风险也较大。

2. 资本市场分类

资本市场主要包括债券市场、股票市场和融资租赁市场等。

债券市场和股票市场由证券（债券和股票）发行和证券流通构成。有价证券的发行是一项复杂的金融活动，一般要经过以下几个重要环节：①证券种类的选择；②偿还期限的确定；③发售方式的选择。在证券流通中，参与者除了买卖双方外，中介非常活跃。这些中介主要有证券经纪人、证券商，他们在流通市场中起着不同的作用。

融资租赁市场是通过资产租赁实现长期资金融通的市场，它具有融资与融物相结合的特点，融资期限一般与资产租赁期限一致。

（五）利息率

利息率简称利率，是利息占本金的百分比指标。从资金的借贷关系看，利率是一定时期运用资金资源的交易价格。在金融市场上，资金可以看作一种特殊的商品，以利率为价格标准的融资，实际上是资源通过利率实行再分配。因此，利率在资金分配及企业财务决策中起着重要作用。

1. 利率的类型

利率有多种表现形式，如银行储蓄存款利息率、银行贷款利率、市场利率、法定利率等。通常利率可按照以下标准进行分类。

（1）按照利率之间的变动关系，利率可分为基准利率和套算利率。

基准利率又称基本利率，是指在多种利率并存的条件下起决定作用的利率。西方国家的中央银行再贴现率、我国中国人民银行对商业银行贷款的利率都属于基准利率。基准利率在利率变动中起决定作用，其他利率要随基准利率的变动而变动。所以，了解利率的变动趋势，应当主要了解基准利率的变动情况。

套算利率是指在基准利率确定之后，各金融机构根据基准利率和借贷款项的特点而换算出的利率。一般来说，风险较大的贷款项目套算利率要高一些，风险较小的贷款项目套算利率低一些。例如，某金融机构规定，AAA级、AA级、A级企业的贷款利率，应分别在基准利率基础上加0.5%、1%和1.5%，加总计算所得的利率就是套算利率。

（2）按照利率与市场资金供求情况的关系，利率可分为固定利率和浮动利率。

固定利率是指在借贷期内固定不变的利率。这种利率在整个借贷期内都是不需要调整的。所以，对借贷双方准确地计算成本与收益都十分方便。但是，在通货膨胀比较严重的情况下，实行固定利率对债权人，尤其是对于长期款项的债权人，会造成较大的损失。因此，目前越来越多的借贷都开始采用浮动利率。

浮动利率是指在借贷期限内可以调整的利率。根据借贷双方的协定，通常由一方在规定的时间依据某种市场利率进行调整。浮动利率可以为债权人减少通货膨胀所带来的损失，但是，手续比较繁杂，工作量较大。因此，多用于3年以上的借贷及国际金融市场。如美国的房地产贷款期限多为3年以上，最长可达几十年，为了减少通货膨胀带来的损失，一般都采用浮动利率。我国的房地产信贷期限一般都较长，最长可以达30年，这种贷款一般都采用浮动利率。

（3）按利率形成机制不同，分为市场利率和法定利率。

市场利率是指根据资金市场上的供求关系，随市场而自由变动的利率。在市场经济发达的西方国家，利率一般以市场利率为主，根据金融市场上资金的供需变化，利率随之变动。

法定利率又称官方利率，是指由政府金融管理部门或者中央银行确定的利率。官方利率是国家进行宏观调控的一种手段。我国的利率属于官方利率，利率由国务院统一制定，由中国人民银行统一管理。

（4）按照债权人取得的报酬情况，利率可分为实际利率和名义利率。

实际利率是指物价不变而货币购买力不变条件下的利息率，或者是在物价变化时，扣除通货膨胀补偿后的利息率。例如，假定某年物价没有变化，企业从某金融机构借款100万元，年利息额为5万元，则实际利率就是年利率5%。而如果当年通货膨胀率为2%，则实际利率就是3%。

名义利率是指包括对通货膨胀风险补偿后的利息率。市场上所见到的利率，几乎全是名义利率。名义利率与实际利率之间的关系：名义利率＝实际利率＋通货膨胀补偿率。根据这两者之间的关系，如果物价上涨，则名义利率必然大于实际利率；反之，如果物价下跌，则名义利率必然小于实际利率。由于在现实经济生活中，物价不断上涨似乎是一种普遍的趋势，所以，通常情况下的名义利率要高于实际利率。

2. 金融市场上利率的决定因素

在金融市场上，利率是资金这种特殊商品的交易价格，利率是不断变动的。影响利率变动的因素很多，归纳起来大致有平均资金利润率、借贷市场资金供求状况、经济周期和国家宏观经济政策等。

（1）平均资金利润率。利息是利润的一部分，一般情况下，利率要随平均利润率的提高而提高，随平均利润率的降低而降低。当工商企业从金融机构借入资金从事生产经营活动后，所得利润一部分以利息形式支付给银行或其他金融机构，作为使用借贷资金的代价；另一部分作为企业的利润。显然，利率不能高于利润率，否则，企业就会因运用借入资金所产生的利润等于零或小于零而不再从金融机构借入资金。此外，利息是提供贷款的债权人的收益，所以利息的最低界限是大于零，不能等于零或小于零，否则债权人不会拿出资金。至于利息究竟占利润的多大比重，则取决于金融机构与工商企业之间的竞争结果。

（2）借贷市场资金供求状况。借贷资金作为一种特殊商品出现，在市场经济条件下，同样要受到市场供求法则的制约，即作为借贷资金价格的利率要由资金的市场供求状况来决定。通常情况下，借贷资金供过于求时，利率则要下降；反之，利率则会上升。

（3）经济周期。社会经济形势的变化也会对金融市场的利率水平产生影响。在经济过热时，尤其是出现通货膨胀时，资金需求增加，会使利率水平上升；反之，在经济衰退时，尤其是出现通货紧缩时，利率水平会随之下降。

（4）国家宏观经济政策。国家的经济政策，尤其是货币政策和财政政策对金融市场上的利率有较大的影响。政府为防止经济过热，通过中央银行减少货币供应量，则资金供应减少，利率上升；政府为刺激经济发展，增加货币发行量，则情况相反。

3. 利率的组成

在金融市场上，利率是资金使用权的价格。一般来说，资金的利率由纯利率、通货膨胀补偿率和风险收益率组成，其计算公式如下：

利率＝纯利率＋通货膨胀补偿率＋风险收益率

（1）纯利率。纯利率是指无风险和无通货膨胀情况下的社会平均资金利润率。例如，在没有通货膨胀时，国库券利率可以视为纯利率。纯利率的高低，受平均利润率、资金供求关系和国家调节的影响。

（2）通货膨胀补偿率。通货膨胀补偿率是指由于持续的通货膨胀会不断降低货币实际购买力，为补偿其购买力损失而要求提高的利率。由于通货膨胀使货币贬值，投资者的实际报酬下降。他们在把资金交给借款人时，会在纯利率的水平上再加上通货膨胀补偿率，以弥补通货膨胀造成的购买力损失。因此，每次发行国库券的利息率随预期的通货膨胀率变化而变化，它等于纯利率加预期通货膨胀率。

（3）风险收益率。投资者实际报酬除了受通货膨胀影响以外，还受投资风险的影响。投资风险越大，所要求的收益率也越高。一般而言，投资风险包括违约风险、流动性风险和期限风险。所以风险收益率也就等于违约风险收益率、流动性风险收益率与期限风险收益率之和。

违约风险收益率是指为了弥补因债务人无法按时还本付息而带来的风险，由投资者因承担这种风险而要求提高的利率。违约风险越大，投资者要求的利率报酬越高。债券评级，实际上就是评定违约风险的大小。信用等级越低，违约风险越大，要求的利率越高。国库券因几乎不存在违约风险，所以国库券利率要远远低于其他债券。

流动性风险收益率是指为了弥补因债务人资产流动性不好而带来的风险，由投资者要求提高的利率。资产的流动性是指该资产的变现能力。各种有价证券的变现能力是不同的。政府债券和大公司的股票容易被人接受，投资者可以随时出售以收回投资，变现能力很强，流动性好，因此这些有价证券的流动性风险小，其流动性风险附加率也低。与此相反，一些小公司的债券鲜为人知，不易变现，流动性差，投资者将要求较高的流动性风险收益率作为补偿。

期限风险收益率是指为了弥补因偿债期长而带来的风险，由债权人要求提高的利率。例如，5 年期国库券利率比 3 年期国库券利率高。两者的流动性风险和违约风险相同，差别在于到期时间不同。到期时间越长，在此期间由于市场利率上升，而长期债券按固定利率计息，使投资者遭受损失的风险越大。期限风险收益率，是对投资者承担利率变动风险的一种补偿。

项目小结

◇ 财务管理是企业管理的一个组成部分。它是依据国家的政策和法令，遵循资金运动的特点和规律性，为实现企业财务管理目标，有效地组织企业的财务活动，正确处理相应财务关系的一项经济管理工作。

◇ 企业财务活动是指企业资金的筹集、投放、耗费、收回及分配等一系列行为，它构成企业经济活动的一个独立方面。企业财务关系是指企业在组织财务活动过程中与有关各方面发生的经济关系。企业财务活动及其所体现的财务关系构成了财务管理的基本内容，具体包括以下几个方面：筹资管理、投资管理、营运资金管理、成本管理和收入与分配管理等。

◇ 财务管理环节是指财务管理工作的各个阶段，即完成财务管理工作的步骤和程序。财务管理的基本环节有：财务预测、财务计划、财务决策、财务控制、财务分析。它们相互配合，紧密联系，形成完整的财务管理工作体系。与财务管理的环节相适应，财务管理的方法也分为财务预测方法、财务计划方法、财务决策方法、财务控制方法和财务分析方法等。

◇ 财务管理目标是企业进行财务管理所要达到的目的，是评价企业财务活动是否合理的标准，股东财富最大化是现代企业财务管理的整体目标。不同利益主体的目标之间有时是存在矛盾和冲突的，企业在理财时必须对各利益相关者财务目标之间的矛盾进行协调，只有通过对各种矛盾的协调，才能最终实现企业价值最大化。

◇ 财务管理的环境，又称理财环境，是指对企业财务活动产生影响的各种条件和因素，它是企业进行财务决策、制定财务规划、实施有效理财的依据。理财环境主要包括技术环境、经济环境、法律环境、金融环境。

技能训练

一、单项选择题

1. 以下几类影响财务管理的因素中，哪一类起决定性作用？（　　）

A. 政治和法律环境　　B. 经济环境

C. 社会文化环境　　D. 技术环境

2. 财务管理的基本环节是指（　　）。

A. 筹资、投资与用资　　B. 预测、决策、预算、控制与分析

C. 资产、负债与所有者权益　　D. 筹资活动、投资活动和分配活动

3. 在市场经济条件下，财务管理的核心是（　　）。

A. 财务预测　　B. 财务决策

C. 财务控制　　D. 财务分析

4. 财务管理的特点是侧重于（　　）管理。

A. 使用价值　　B. 价值

C. 劳动要素　　D. 实务量

5. (　　) 是我国企业财务管理的总体目标。

A. 利润最大化　　B. 资本利润率最大化

C. 企业价值最大化　　D. 经济效益最大化

6. (　　) 是财务决策的基础，是编制财务计划的前提。

A. 财务预算　　B. 财务控制

C. 财务预测　　D. 财务分析

7. (　　) 是财务预测和财务决策的具体化，是控制和分析财务活动的依据。

A. 财务预测　　B. 财务决策

C. 财务控制　　D. 财务预算

8. 以企业价值最大化作为财务管理目标存在的问题有 (　　)。

A. 没有考虑资金的时间价值　　B. 没有考虑资金的风险价值

C. 企业的价值难以评定　　D. 容易引起企业的短期行为

9. 没有风险和通货膨胀情况下的利率是指 (　　)。

A. 浮动利率　　B. 市场利率

C. 纯利率　　D. 法定利率

10. 公司与政府之间的财务关系体现为 (　　)。

A. 债权债务关系　　B. 资金和无偿分配的关系

C. 风险收益对等关系　　D. 资金结算关系

二、多项选择题

1. 企业财务活动包括 (　　)。

A. 筹资活动　　B. 投资活动

C. 资金营运活动　　D. 分配活动

2. 企业财务关系包括 (　　)。

A. 企业与税务部门之间的财务关系　　B. 企业与投资者之间的财务关系

C. 企业内部各部门之间的财务关系　　D. 企业与职工之间的财务关系

3. 企业价值最大化目标的优点有 (　　)。

A. 考虑了资金的时间价值　　B. 考虑了投资的风险价值

C. 反映了对企业资产保值增值的要求　　D. 直接揭示了企业的获利能力

4. 财务活动从总体上主要包括 (　　) 内容。

A. 资金的筹集　　B. 资金的投放与使用

C. 资金的收回与分配　　D. 人才与技术引进

5. 财务管理目标具有层次性，它分为 (　　)。

A. 投资目标　　B. 总体目标

C. 分部目标　　D. 具体目标

三、判断题

1. 企业与政府之间的财务关系体现为一种投资与受资关系。(　　)

2. 以企业价值最大化作为财务管理目标，有利于社会资源的合理配置。(　　)
3. 财务是指企业生产经营过程中的资金运动。(　　)
4. 财务管理区别于其他管理的特点是侧重于价值管理，而排除实物管理。(　　)
5. 财务活动的内容同时也是企业财务管理的基本内容。(　　)

项目实训

一、实训目的

1. 了解公司财务管理的职能。
2. 了解公司健全的财务管理制度的内容。
3. 掌握公司财务管理的目标。
4. 掌握企业内控管理的内容。

二、实训资料

华宏公司财务管理目标与利益冲突案例

华宏公司是一家从事IT产品开发的企业，由三位志同道合的朋友共同出资300万元，三人平分股权比例共同创立。企业发展初期，创始股东都以企业的长远发展为目标，关注企业的持续增长能力，所以，他们注重加大研发投入，不断开发新产品，这些措施有力地提高了企业的竞争力，使企业实现了营业收入的高速增长，三位创始股东在收益分配上产生了分歧。股东李宏、张华倾向于分红，股东赵亮则认为应将企业取得的收益用于扩大再生产，以提高企业的持续发展能力，实现长远利益的最大化。这一矛盾不断升级，最终导致坚持企业长期发展的赵亮被迫出让其持有的1/3股份而离开企业。

但是，此结果引起了与企业有密切联系的广大供应商和分销商的不满，因为他们中许多人的业务发展壮大都与华宏公司密切相关，深信华宏公司的持续增长将给他们带来更多的机会，于是他们声称，如果赵亮离开企业，将断绝与企业的业务往来。面对这一情况，其他两位股东提出自己可以离开，条件是赵亮必须收购他们的股份。赵亮的长期发展战略需要较多的投资，这样做将导致企业陷入没有资金维持生产的困境。这时，众多供应商和分销商伸出了援助之手，他们或主动延长应收账款的期限，或预付货款，最终赵亮重新回到企业，成为企业的掌门人。经历了股权变更后，华宏公司在赵亮的领导下不断加大投入，实现了企业规模化发展，在同行业中处于领先地位，企业的竞争力和价值不断提升。

案例思考：

1. 赵亮坚持企业长远发展，而其他股东要求更多分红，你认为赵亮的目标是否与股东财富最大化的目标相矛盾？

2. 拥有控制权的大股东与供应商和客户等相关者之间的利益是否存在冲突？如何协调？

项目二
资金时间价值

【教学目标】

◎ 知识目标

1. 熟悉资金时间价值的相关概念。
2. 了解风险的相关概念及其类型。
3. 掌握终值、现值的计算，风险报酬及其衡量方法。

◎ 技能目标

1. 通过学习资金时间价值的相关理论知识，能够计算终值、现值。
2. 通过学习风险分析，能够准确理解风险与报酬的关系。

◎ 素质目标

1. 培养正确的投资理财观念和风险意识，强化职业道德素质。
2. 提升用逻辑思维分析和解决问题的能力。

【扫码获取教学资料】

课件

微课

思政引领

财务管理系数表

【项目框架】

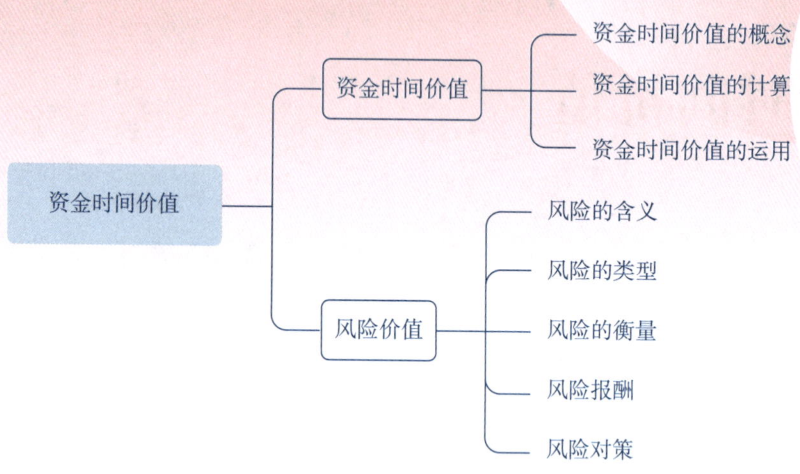
资金时间价值
资金时间价值
资金时间价值的概念
资金时间价值的计算
资金时间价值的运用
风险价值
风险的含义
风险的类型
风险的衡量
风险报酬
风险对策

重点难点

资金时间价值的运用，风险衡量的方法。

工作任务

认知资金时间价值与风险价值；处理财务管理中的不同风险。

项目引例

中国人民以自己的勤劳勇敢和坚韧不拔的精神，保持了高速的经济增长速度，创造了令世界瞩目的东方奇迹。2019 年和 1999 年相比，中国国内生产总值增长近 10 倍，综合国力显著增强，人民生活实现了从摆脱贫困、解决温饱到基本实现小康的几大历史性跨越。“中国因素”的影响不断扩大，中国已是一个名副其实的经济大国，中国经济已经成为推动世界经济增长的重要力量。中国经济实力、科技实力、国防实力、综合国力进入世界前列，国际地位实现前所未有的提升。截至 2019 年，中国已成为世界经济第二大国、科研人员第一大国、货物贸易第一大国、外汇储备第一大国、服务贸易第二大国、使用外资第二大国、对外投资第二大国。

2019 年是中华人民共和国成立七十周年。从经济角度讲，中国强起来的基础就是成为世界经济强国。而从目前的各项经济指标来看，我国正处于从经济大国迈向经济强国的伟大征程中。从另一维度说明，中华人民共和国成立七十年的突出成就，是我党带领中国人民在积弱积贫、一穷二白的基础上，将这个国家建设成一个名副其实的世界经济大国。经济基础决定上层建筑。可以说，没有七十年来中国经济的快速发展和全面崛起，就不可能有中国今天在世界舞台上的地位。（资料来源：中国手机网）

问题：请大家查询 1999 年、2019 年和我国建国时的 GDP，从资金的时间价值角度来看，剔除通货膨胀因素后，实际年平均增长率大概是多少？（请从国家统计局网站搜集数据）

任务一　资金时间价值

一、资金时间价值的概念

为了有效地组织财务管理工作，实现财务管理目标，企业各级财务管理人员必须树立一些基本的财务管理观念。资金时间价值和风险价值是现代财务管理的两个基本观念。无论是资金筹集、资金投放，还是收益分配，都必须考虑资金时间价值和风险收益问题。

资金时间价值是客观存在的经济范畴，因为任何企业的财务活动都是在特定的时空中进行的。离开了资金时间价值因素，就无法正确计算不同时期的财务收支。资金时间价值原理正确揭示了不同时点上的资金之间的换算关系，是进行财务决策的基本依据。

（一）资金时间价值概念与产生

1. 资金时间价值的概念

资金的时间价值是指一定量资金在不同时点上价值量的差额，也称为货币的时间价值。资金在周转过程中会随着时间的推移而发生增值，使资金在投入、收回的不同时点上价值不同，形成价值差额。

日常生活中，经常会遇到这样一种现象，一定量的资金在不同时点上具有不同价值，现在的 1 元钱比将来的 1 元钱更值钱。例如我们现在有 1000 元，存入银行，银行的年利率为 5%，1 年后可得到 1050 元，于是现在 1000 元的价值与 1 年后的 1050 元的价值相等。因为这 1000 元经过 1 年的时间增值了 50 元，这增值的 50 元就是资金经过 1 年时间所增加的价值。同样，企业的资金投到生产经营中，经过生产过程的不断运行及资金的不断运动，随着时间的推移，会创造新的价值，使资金得以增值。因此，一定量的资金投入生产经营或存入银行，会取得一定利润和利息，从而产生资金的时间价值。

2. 资金时间价值产生的条件

资金时间价值产生的前提条件，是由于商品经济的高度发展和借贷关系的普遍存在，出现了资金使用权与所有权的分离，资金的所有者把资金使用权转让给使用者，使用者必须把资金增值的一部分支付给资金的所有者作为报酬，资金占用的金额越大，使用的时间越长，所有者所要求的报酬就越高。而资金在周转过程中的价值增值是资金时间价值产生的根本源泉。

（二）两种形式

资金的时间价值可用绝对数（利息）和相对数（利息率）两种形式表示，通常用相对数表示。资金时间价值是没有风险和没有通货膨胀条件下的社会平均资金利润率，是企业资金利润率的最低限度，也是使用资金的最低成本率。由于时间价值的计算方法和有关利息的计算方法类似，因此时间价值和利率容易被混为一谈，它们的关系如图 2－1 所示。利率不但包括时间价值，而且包括风险价值和通货膨胀的因素。一般说来，在通货膨胀率很低的情况下，由于购买政府债券几乎没有风险，可以用其利率表示时间价值。

由于资金在不同时点上具有不同的价值，不同时点上的资金就不能直接比较，必须换算到相同的时点上才能比较。因此掌握资金时间价值的计算就很重要。资金时间价值的计算包括一次性收付款项和非一次性收付款项（年金）的终值、现值。

小提示

以下讲述的资金时间价值的计算都采用抽象分析法，即假设没有风险和通货膨胀，以利率代表时间价值率，本章也以此假设为基础。

推荐阅读

纯利率是否可以理解为资金的时间价值

资金的时间价值是货币在经营过程中带来的增值额；纯利率是在无通货膨胀、无风

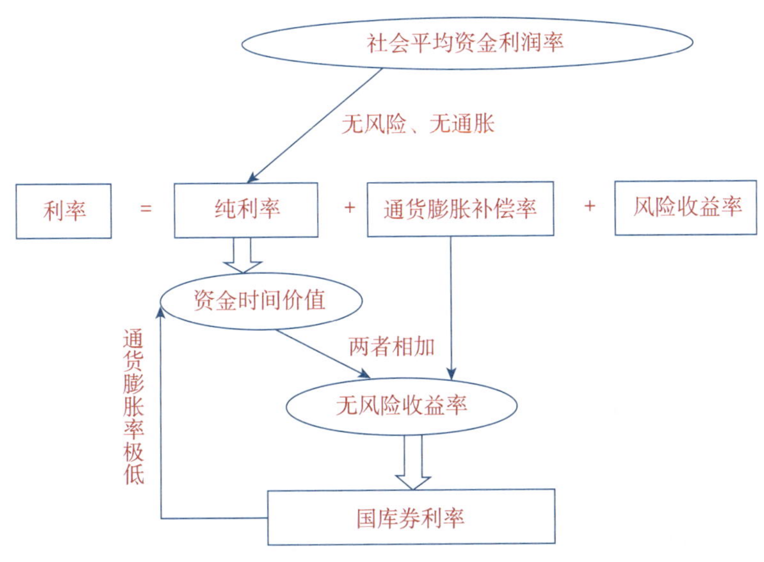

图 2-1　利率与资金时间价值关系

险情况下的平均利润率，它受到资金供求关系和国家调节的影响，是资金使用的价格。

这两个概念源自不同的理论领域，不可混淆。但是从量的计算上看，资金时间价值是在没有通货膨胀和风险条件下的社会平均资金利润率，这与纯利率的结果是相等的。

二、资金时间价值的计算

资金时间价值的计算涉及两个重要的概念：现值和终值。现值又称本金，是指未来某一时点上的一定量现金折算到现在所对应的价值。终值又称将来值或本利和，是指现在一定量的现金在将来某一时点上的价值。由于终值与现值的计算与利息的计算方法有关，而利息的计算有复利和单利两种，因此终值与现值的计算也有复利和单利之分。在财务管理中，一般按复利来计算。

（一）基本要素

（1）现值（Present Value）是指本金或者起始点的价值，通常用 PV 或者 P 表示，如图 2-2 所示。

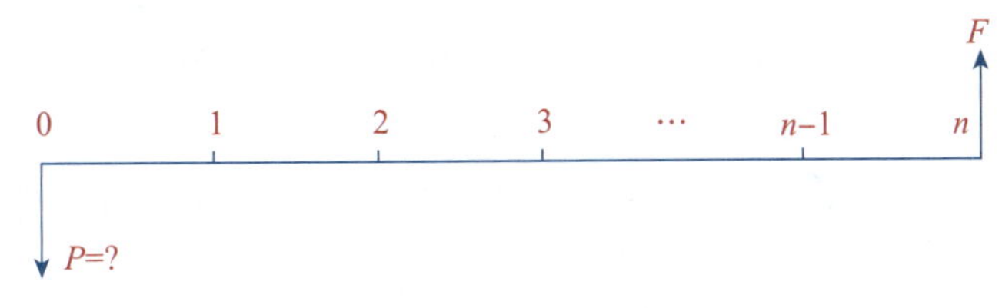

图 2-2　现值

（2）终值（Future Value）是指现在一定量资金在未来某一时点上的价值，俗称本利之和。通常用 FV 或者 F 表示，如图 2-3 所示。

（3）价值率：年利率、折现率，用 i 来表示。

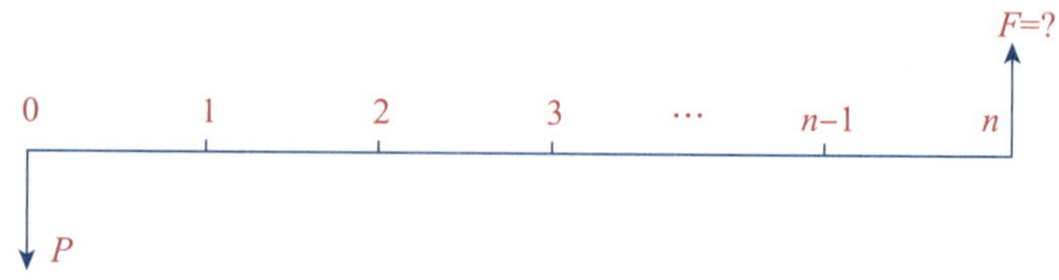

图 2-3 终值

(4) 计息期数(年数):用 n 来表示。

(5) 增值额(利息):用 I 来表示。

(二) 一笔款项的终值和现值

一笔款项是指在某一特定时点上一次性支出或收入,经过一段时间后再一次性收回或支出的款项。例如,现在将一笔 10000 元的现金存入银行,5 年后一次性取出的本利和。

1. 单利的计算

每期都按初始本金计算利息,当期利息不计入下期本金,计算基础不变。

(1) 单利终值,如图 2-4 所示。

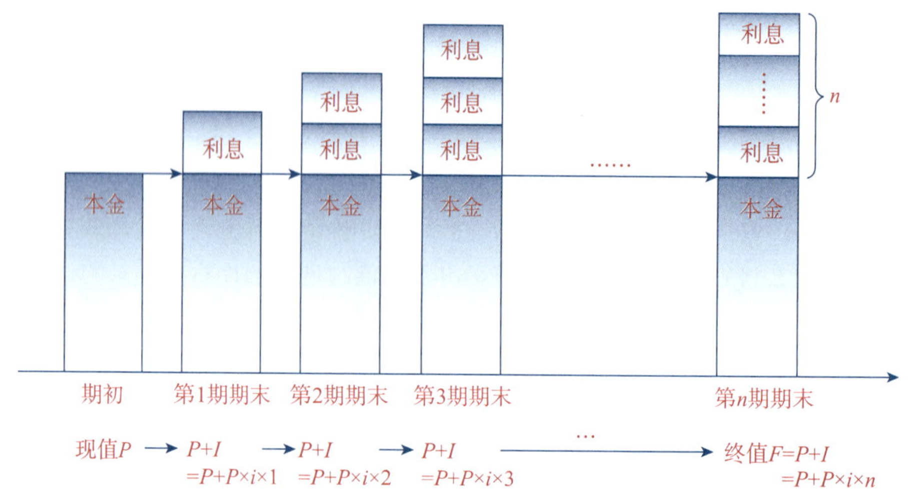

图 2-4 单利终值

$$单利终值=现值\times(1+各期利率\times期数)$$

$$F=P\times(1+i\times n)$$

【例 2-1】王强同学现在通过助学贷款申请借款 8000 元,假定年利率为 5%,那么 5 年后王强需偿还多少钱,才能把本利还清?(采用单利)

$$
\begin{aligned}
五年后的终值\ F &= P\times(1+i\times n)\\
&=8000\times(1+5\%\times5)\\
&=10000(元)
\end{aligned}
$$

(2) 单利现值,是指未来某一时点上的一定量的资金,按照单利折合到现在的价值,也可以叫本金,如图 2-5 所示。

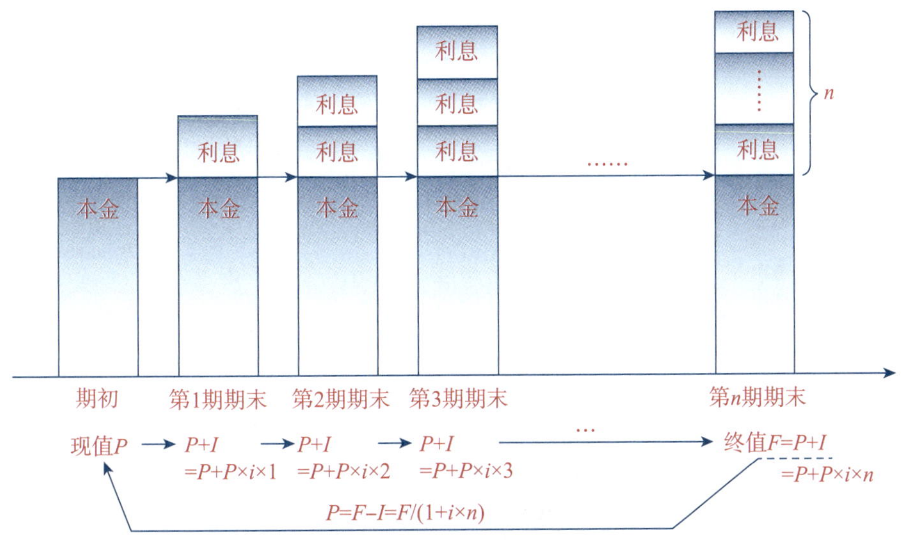

图 2-5　单利现值

$$单利现值=终值-利息=终值/(1+各期利息\times 期数)$$

$$P=F/(1+i\times n)$$

【例 2-2】诚信达公司准备 5 年后进行技术改造，需要资金 200 万元，在银行利率为 5%，单利计息的条件下，诚信达公司现在存入多少资金才能在 5 年后满足技术改造的需要？

诚信达公司现在应存入的资金：

$$\begin{aligned}P&=F/(1+i\times n)\\&=200/(1+5\%\times 5)=160(万元)\end{aligned}$$

5 年的利息为

$$\begin{aligned}利息&=终值-现值=200-160=40(万元)\\&=P\times i\times n=160\times 5\%\times 5=40(万元)\end{aligned}$$

2. 复利计算

每经过一个计息期，要将所生利息加入本金再计利息，逐期滚算，俗称“利滚利”。

(1) 复利终值，如图 2-6 所示。

复利终值公式如下：

$$F=P(1+i)^n=P(F/P,i,n)$$

式中，$(1+i)^n$ 称为“复利终值系数”或“1 元复利终值系数”，用符号 $(F/P,i,n)$ 表示，其数值可查阅 1 元复利终值系数表。

【例 2-3】诚信达公司有闲余资金 100 万元，拟购买复利计息的企业债券，年利息率为 6%，每年计息一次，请问债券 5 年末和 8 年末的终值和利息为多少？

计算 5 年末的终值和利息：

$$F=100\times(1+6\%)^5=100\times(F/P,6\%,5)=100\times 1.3382=133.82(万元)$$

$$5年末利息=133.82-100=33.82(万元)$$

计算 8 年末的终值和利息：

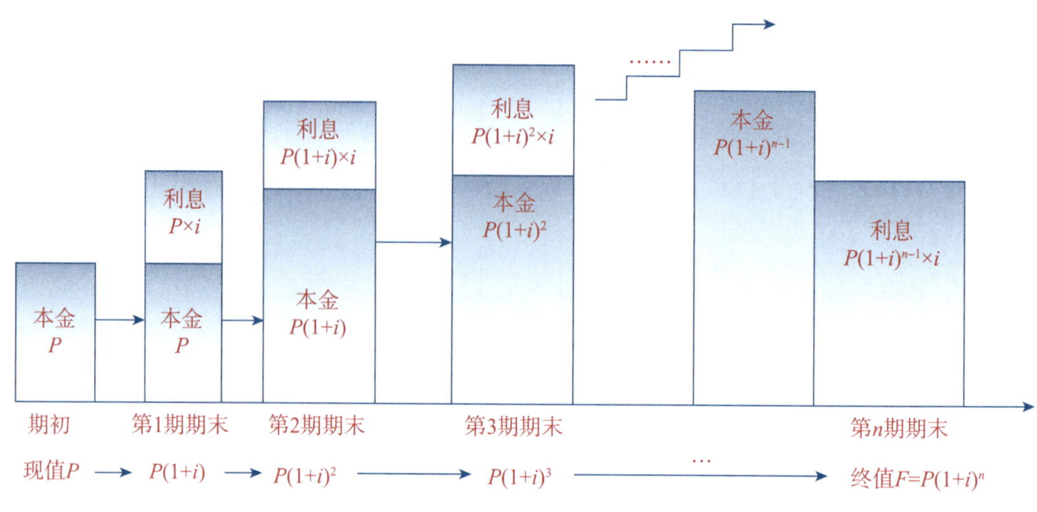

图 2-6 复利终值

$$F = 100 \times (1+6\%)^8 = 100 \times (F/P, 6\%, 8)$$
$$= 100 \times 1.5938 = 159.38(\text{万元})$$
$$8\text{ 年末利息} = 159.38 - 100 = 59.38(\text{元})$$

（2）复利现值，是指在将来某一特定时间取得或支出一定数额的资金，按复利折算到现在的价值，如图 2-7 所示。

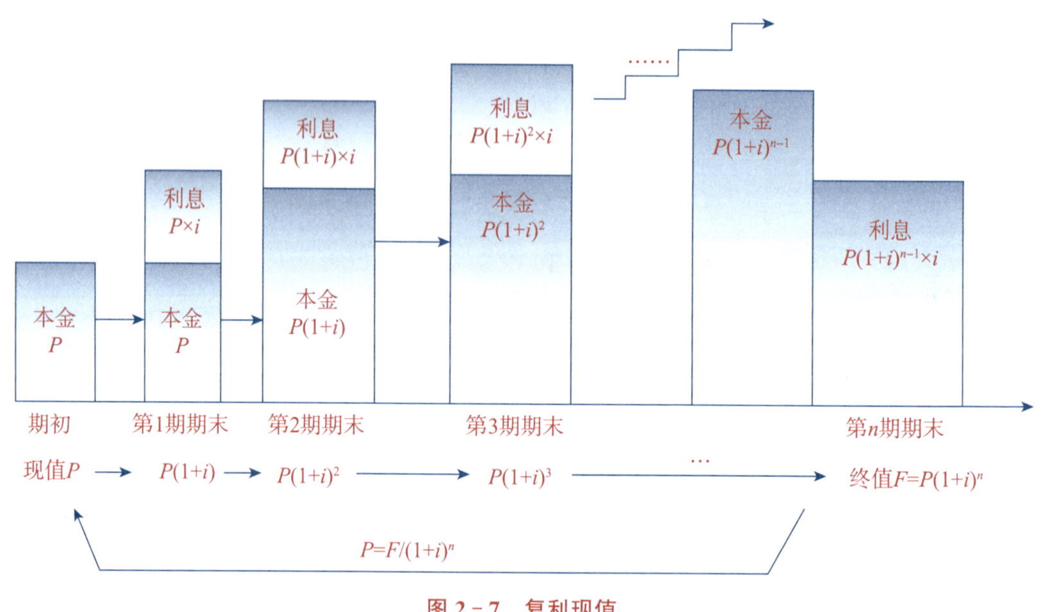

图 2-7 复利现值

复利现值公式如下：

$$P = F/(1+i)^n = F(1+i)^{-n} = F \times (P/F, i, n)$$

式中，$(1+i)^{-n}$称为“复利现值系数”或“1 元复利现值系数”，用符号（P/F，i，n）表示，它与复利终值系数是互为倒数的关系，其数值可查阅 1 元复利现值系数表。

【例 2－4】诚信达公司准备 5 年后偿还一笔到期债券，需要资金 100 万元，在银行存款利率为 4%，复利计息情况下，现在应存入多少钱？

诚信达公司现在存入的资金：

$$
\begin{aligned}
P &= F\times(1+i)^{-n} \\
&= F\times(P/F,4\%,5) \\
&= 100\times0.8219 \\
&= 82.19(\text{万元})
\end{aligned}
$$

推荐阅读

把每 1 美元都看成一粒会长成大树的种子

大家都知道“复利”这个词语，“复利”是银行计算利息的一种方法，即把前一期的利息和本金加在一起算作本金，再计算下一期的利息。换句话说，就是当你把钱存入银行时，利息和原来的本金一起留在了银行，随着时间的流逝，不仅你的本金会产生利息，你的利息也会产生利息。这就像一粒树种长成大树，而大树又结出新的种子，新的种子再长成新的大树……这样不断地累加起来，一粒树种变成了一片森林。这就是“累积”的力量。但是，由于风险低，储蓄提供的利息是回报率很低的一种投资。那么这样的一粒“种子”如果放到回报率较高的投资上，到底会有多大的价值呢？如果你以 20% 的年利率每天存入 1 美元，在 32 年后你就可以回收你的第一个 100 万美元。而若以 10% 的年利率每天存入 10 美元，只要不到 35 年就可以得到 100 万美元。这就是“累积”的力量！爱因斯坦曾说过：“复利”是人类最具威力的发明。美国开国之父之一——本·富兰克林则称“复利”能把铅块变成金块。

（资料来源：《哈佛商学院启示录》，2004 年）

（三）年金的终值和现值（非一次性收付款项的终值和现值）

年金是指一定时期内，每隔相同的时间，收入或支出相同金额的系列款项。例如直线法计提的折旧、租金、等额分期付款、养老金、保险费、零存整取等都属于年金。年金具有连续性、等额性等特点。连续性要求在一定时间内，间隔相等时间就要发生一次收支业务，中间不得中断，必须形成系列。等额性要求每期收、付款项的金额必须相等。

根据每次收付发生的时点不同，年金可分为普通年金、预付年金、递延年金和永续年金四种。

需要注意的是，在财务管理中，讲到年金一般是指普通年金。

1. 普通年金

普通年金是指在每期的期末，间隔相等时间，收入或支出相等金额的系列款项。每一间隔期，有期初和期末两个时点，由于普通年金是在期末这个时点上发生收付，故又称后付年金。常用 A 表示。

（1）普通年金的终值。普通年金的终值是指每期期末收入或支出的相等款项，按复利计算，在最后一期所得的本利和。每期期末收入或支出的款项用 A 表示，利率用 i 表示，期数用 n 表示，那么每期期末收入或支出的款项，折算到第 n 年的终值如图 2－8 所示。

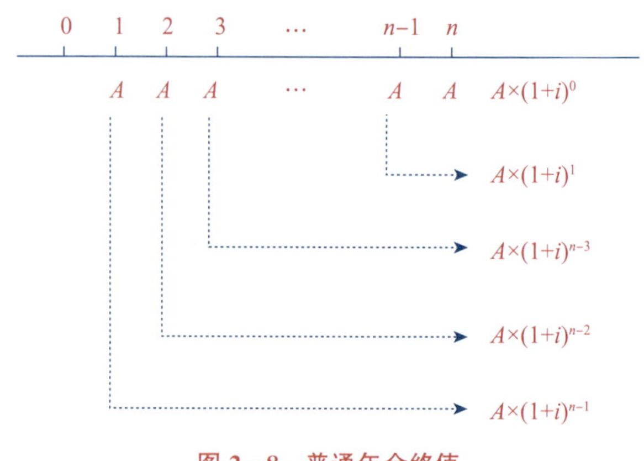

图 2－8　普通年金终值

第 n 年支付或收入的款项 A 折算到最后一期（第 n 年），其终值为 $A\times(1+i)^0$。

第 $n-1$ 年支付或收入的款项 A 折算到最后一期（第 n 年），其终值为 $A\times(1+i)^1$。

……

第 3 年支付或收入的款项 A 折算到最后一期（第 n 年），其终值为 $A\times(1+i)^{n-3}$。

第 2 年支付或收入的款项 A 折算到最后一期（第 n 年），其终值为 $A\times(1+i)^{n-2}$。

第 1 年支付或收入的款项 A 折算到最后一期（第 n 年），其终值为 $A\times(1+i)^{n-1}$。

那么，n 年的年金终值和：

$$F=A\times(1+i)^0+A\times(1+i)^1+\cdots+A\times(1+i)^{n-3}+A\times(1+i)^{n-2}+A\times(1+i)^{n-1}$$

经整理：

$$F=A\times\frac{(1+i)^n-1}{i}$$

式中，$\frac{(1+i)^n-1}{i}$称为“年金终值系数”或“1 元年金终值系数”，记为 $(F/A,i,n)$，表示年金为 1 元，利率为 i，经过 n 期的年金终值是多少，可直接查 1 元年金终值系数表。

【例 2－5】王强连续 5 年每年年末存入银行 100000 元，利率为 5%。计算第 5 年年末的本利和。

$$\begin{aligned}F&=A\times(F/A,5\%,5)\\&=100000\times5.5256\\&=552560(\text{元})\end{aligned}$$

上面的计算表明，每年年末存 100000 元，连续存 5 年，到第 5 年年末可得 552560 元。

（2）年偿债基金。计算普通年金终值，一般是已知年金，然后求终值。有时我们会碰到已知普通年金终值，反过来求每年支付的年金数额，这是年金终值的逆运算，我们把它称作年偿债基金的计算，其计算如图 2－9 所示。

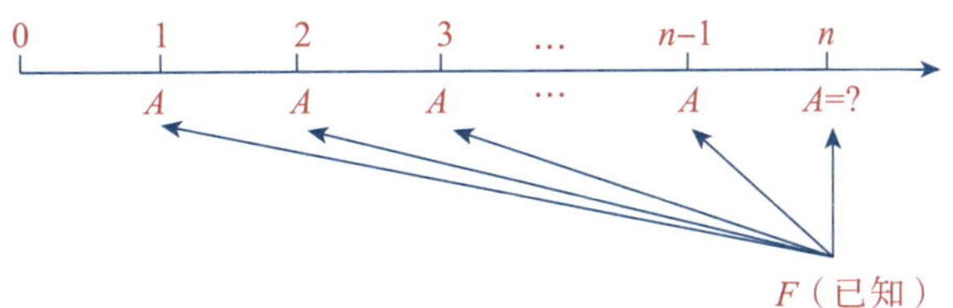

图 2-9　年偿债基金

$$A=F\times\frac{i}{(1+i)^n-1}$$

式中，$\frac{i}{(1+i)^n-1}$称为“偿债基金系数”，记为（A/F，i，n），它与普通年金终值系数是互为倒数的关系，可根据年金终值系数的倒数来得到。即：

$$(A/F,i,n)=1/(F/A,i,n)$$

利用偿债基金系数可把普通年金终值折算为每年需要支付的年金数额。

【例 2-6】王强在 5 年后要偿还一笔 60000 元的债务，银行利率为 5%。请问为归还这笔债务，每年年末应存入银行多少元?

$$\begin{aligned}A&=F\times(A/F,i,n)\\&=60000\times(A/F,5\%,5)\\&=60000\times[1/(F/A,5\%,5)]\\&=60000\times1/5.5256\\&=10858.55(\text{元})\end{aligned}$$

在银行利率为 5%时，每年年末存入银行 10858.55 元，5 年后才能还清债务 60000 元。

(3) 普通年金的现值。普通年金的现值是指一定时期每期期末等额收支款项的复利现值之和。实际上就是指为了在每期期末取得或支出相等金额的款项，现在需要一次投入或借入多少金额，年金现值用 P 表示，其计算如图 2-10 所示。

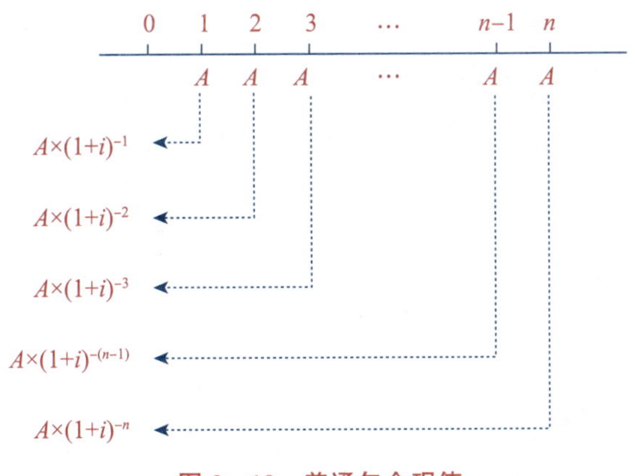

图 2-10　普通年金现值

要将每期期末的收支款项全部折算到时点 0，则：

第 1 年年末的年金 A 折算到时点 0 的现值为 $A\times(1+i)^{-1}$

第 2 年年末的年金 A 折算到时点 0 的现值为 $A\times(1+i)^{-2}$

第 3 年年末的年金 A 折算到时点 0 的现值为 $A\times(1+i)^{-3}$

……

第（$n-1$）年年末的年金 A 折算到时点 0 的现值为 $A\times(1+i)^{-(n-1)}$

第 n 年年末的年金 A 折算到时点 0 的现值为 $A\times(1+i)^{-n}$

那么，n 年的年金现值之和：

$$P=A\times(1+i)^{-1}+A\times(1+i)^{-2}+A\times(1+i)^{-3}+\cdots+A\times(1+i)^{-(n-1)}+A\times(1+i)^{-n}$$

经整理：

$$P=A\times\frac{1-(1+i)^{-n}}{i}$$

式中，$\frac{1-(1+i)^{-n}}{i}$称为“年金现值系数”或“1 元年金现值系数”，记作（$P/A,i,n$），表示年金 1 元，利率为 i，经过 n 期的年金现值是多少，可查 1 元年金现值系数表。

【例 2－7】王强希望每年年末取得 10000 元，连续取 5 年，银行利率为 5%。请问第一年年初应一次性存入多少元？

$$\begin{aligned}P&=A\times(P/A,i,n)\\&=10000\times(P/A,5\%,5)\\&=10000\times4.3295\\&=43295(\text{元})\end{aligned}$$

为了每年年末取得 10000 元，第一年年初应一次存入 43295 元。

（4）年资本回收额。年资本回收额是在指定的一定年限内等额回收初始投入资本或等额偿还初始借入的债务。求年资本回收额实质上是年金现值的逆运算，其计算如图 2－11 所示。

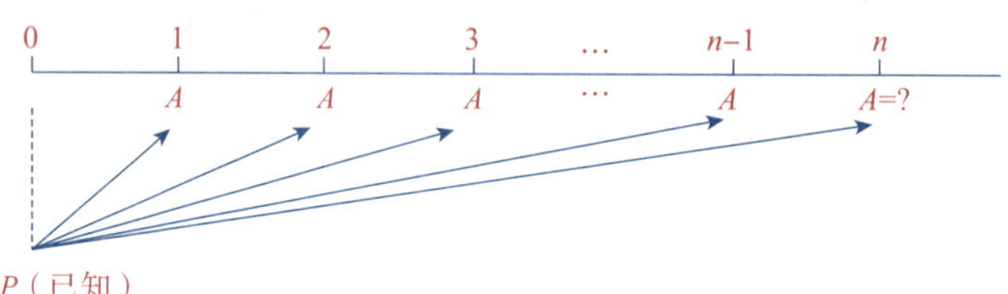

图 2－11　年资本回收额

$$A=P\times\frac{i}{1-(1+i)^{-n}}$$

式中，$\frac{i}{1-(1+i)^{-n}}$称为“资本回收系数”，记作（$A/P,i,n$），是普通年金现值系数的倒数，可利用普通年金现值系数的倒数来求得。

【例 2－8】假设王强准备买一套公寓住房，房款总计 80 万元，如果首期付款 20%，其余款项请银行提供 10 年按揭贷款，年利率为 6%，则每年还贷多少？如果年内每月不计复利，每月付款额是多少？

按年资本回收额计算，该项贷款的每年还贷额为：

购房贷款总额$=80\times(1-20\%)=64$(万元)

每年还贷额 $A=P\times(A/P,i,n)$

$=64\times(A/P,6\%,10)$

$=64\times[1/(P/A,6\%,10)]$

$=64/(P/A,6\%,10)$

$=64/7.3601$

$=8.70$(万元)

每月还贷额$=8.70/12=0.725$(万元)

2. 预付年金

预付年金是指每期收入或支出相等金额的款项是发生在每期的期初，而不是期末，也称先付年金或即付年金。

预付年金与普通年金的区别在于收付款的时点不同，普通年金在每期的期末收付款项，预付年金在每期的期初收付款项，收付时间如图 2－12 所示。

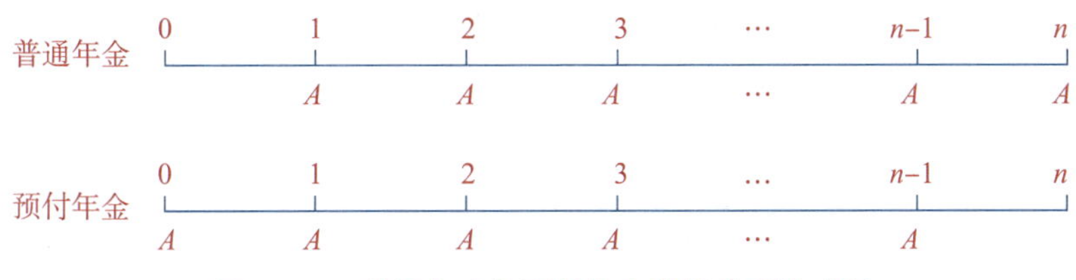

图 2－12　普通年金与预付年金收付款项的时间

从图 2－12 可见，n 期的预付年金与 n 期的普通年金，其收付款次数是一样的，只是收付款时点不一样。如果计算年金终值，预付年金要比普通年金多计一年的利息；如计算年金现值，则预付年金要比普通年金少折现一年，因此，在普通年金的现值、终值的基础上，乘以（$1+i$）便可计算出预付年金的现值与终值。

（1）预付年金的终值。对于等额收付 n 次的预付年金而言，其终值指的是各期等额收付金额在第 n 期期末的复利终值之和。等额收付 n 次的预付年金终值的计算如图 2－13 所示。

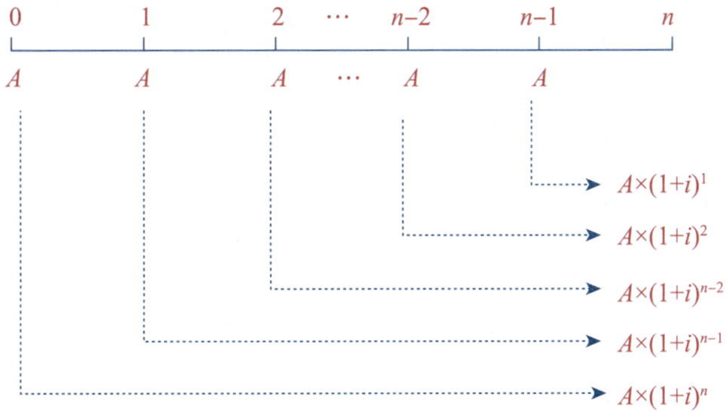

图 2－13　预付年金终值

$$\begin{aligned}F&=A(1+i)^1+A(1+i)^2+\cdots+A(1+i)^{n-1}+A(1+i)^n\\&=A\times\frac{(1+i)^n-1}{i}\times(1+i)\\&=A\times\left[\frac{(1+i)^{n+1}-1}{i}-1\right]\end{aligned}$$

式中，$\frac{(1+i)^{n+1}-1}{i}-1$ 称为“预付年金系数”，记作（$F/A,i,n+1$）-1，可利用普通年金终值表查得第（$n+1$）期的年金终值系数，然后减去 1，就可得到 1 元预付年金终值系数。

【例 2-9】将【例 2-5】中收付款的时间改为每年年初，其余条件不变。求第 5 年年末的本利和。

解析一：

$$\begin{aligned}F&=A\times(F/A,i,n)\times(1+i)\\&=A\times(F/A,5\%,5)\times(1+5\%)\\&=100000\times5.5256\times1.05\\&=580188(\text{元})\end{aligned}$$

解析二：

$$\begin{aligned}F&=A\times[(F/A,i,n+1)-1]\\&=100000\times[(F/A,5\%,5+1)-1]\\&=100000\times(6.8019-1)\\&=580190(\text{元})\end{aligned}$$

（2）预付年金的现值。预付年金现值是指预付年金中各期等额收付金额在第一期期初（0 时点）的复利现值之和。预付年金现值的计算如图 2-14 所示。

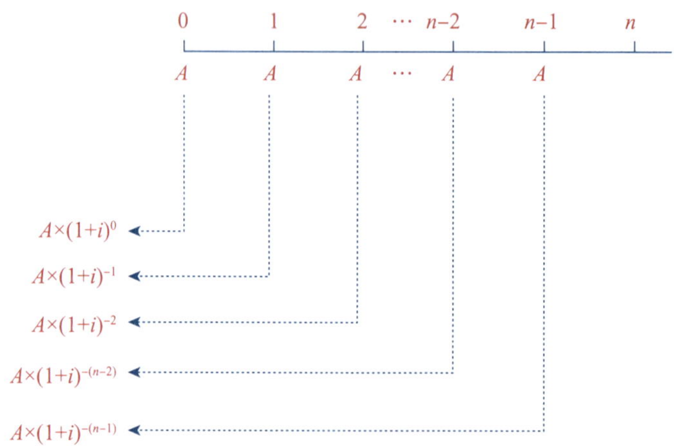

图 2-14　预付年金现值

$$
\begin{aligned}
P &= A(1+i)^{0}+A(1+i)^{-1}+\cdots+A(1+i)^{-(n-2)}+A(1+i)^{-(n-1)} \\
&= A\times\frac{1-(1+i)^{-n}}{i}\times(1+i) \\
&= A\times(P/A,i,n)\times(1+i) \\
&= A\times\left[\frac{1-(1+i)^{-(n-1)}}{i}+1\right]
\end{aligned}
$$

式中，$\frac{1-(1+i)^{-(n-1)}}{i}+1$ 称为“预付年金现值系数”，记作（$P/A,i,n-1$）+1，可利用普通年金现值表查得第（$n-1$）期的年金现值系数，然后加上 1，就可得到 1 元预付年金现值系数。

【例 2-10】将【例 2-7】中收付款的时间改在每年年初，其余条件不变。请问第一年年初应一次性存入多少钱？

解析一：

$$
\begin{aligned}
P &= A\times(P/A,i,n)\times(1+i) \\
&= 10000\times(P/A,5\%,5)\times(1+5\%) \\
&= 10000\times4.3295\times1.05 \\
&= 45459.75(\text{元})
\end{aligned}
$$

解析二：

$$
\begin{aligned}
P &= A\times[(P/A,i,n-1)+1] \\
&= 10000\times[(P/A,5\%,5-1)+1] \\
&= 10000\times(3.5460+1) \\
&= 45460(\text{元})
\end{aligned}
$$

3. 递延年金

前两种年金的第一次收付时间都发生在整个收付期的第一期，要么在第一期期末，要么在第一期期初。但有时会遇到第一次收付不发生在第一期，而是隔了几期后才在以后的每期期末发生一系列的收支款项，这种年金形式就是递延年金，它是普通年金的特殊形式。因此，凡是不在第一期开始收付的年金，称为递延年金。图 2-15 可说明递延年金的支付特点。

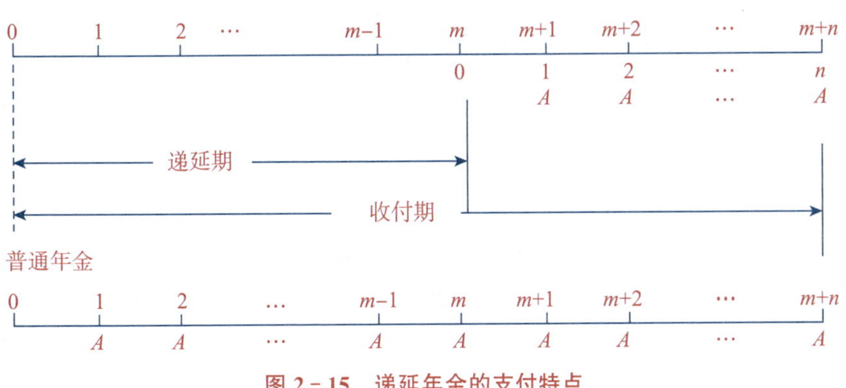

图 2-15　递延年金的支付特点

从图 2－15 中可知，递延年金的第一次年金收付没有发生在第一期，而是隔了 m 期（这 m 期就是递延期），在第（$m+1$）期的期末才发生第一次收付，并且在以后的 n 期内，每期期末均发生等额的现金收支。与普通年金相比，尽管期限一样，都是（$m+n$）期，但普通年金在（$m+n$）期内，每个期末都要发生收支，而递延年金在（$m+n$）期内，只在后 n 期发生收支，前 m 期无收支发生。

（1）递延年金的终值。在图 2－15 中，先不看递延期，年金一共支付了 n 期。只要将这 n 期年金折算到期末，即可得到递延年金终值。所以，递延年金终值的大小，与递延期无关，只与年金共支付了多少期有关，它的计算方法与普通年金相同。

$$F=A\times(F/A,i,n)$$

【例 2－11】诚信达公司于年初投资一项目，估计从第 5 年开始至第 10 年，每年年末可得收益 10 万元，假定年利率为 5%。请计算投资项目年收益的终值。

$$\begin{aligned}F&=A\times(F/A,i,n)\\&=10\times(F/A,5\%,6)\\&=10\times6.8019\\&=68.019(\text{万元})\end{aligned}$$

（2）递延年金的现值。递延年金的现值常用两种方法来计算。

①两次折现——把递延年金视为 n 期的普通年金，求年金在递延期期末 m 点的现值，再将 m 点的现值调整到第一期期初（见图 2－16）。

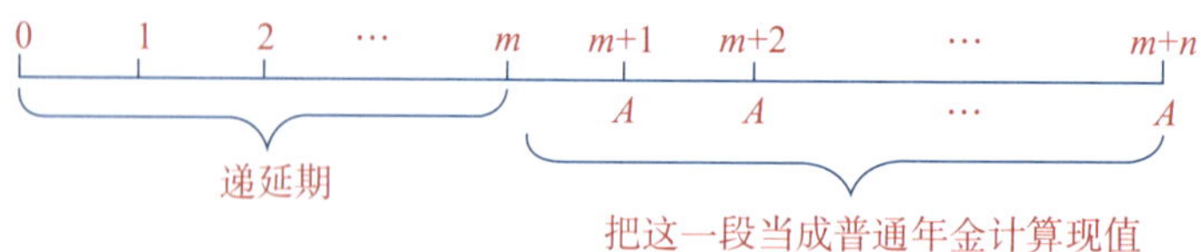

图 2－16　递延年金现值

$$P=A\times(P/A,i,n)\times(P/F,i,m)$$

②先加后减——先假设递延期也发生收支，则变成一个（$m+n$）期的普通年金，算出（$m+n$）期的年金现值，再扣除并未发生年金收支的 m 期递延期的年金现值，即可求得递延年金现值（见图 2－17）。

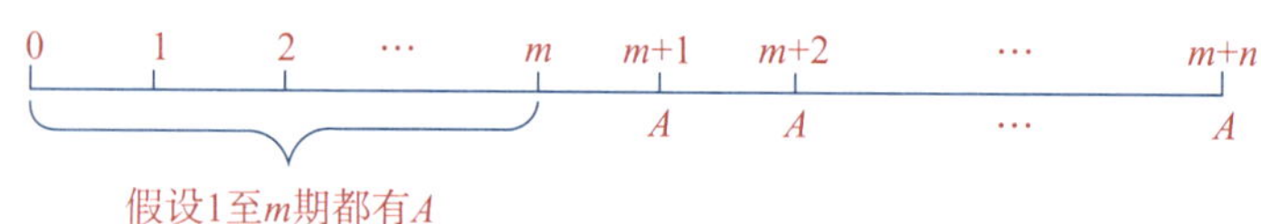

图 2－17　递延年金现值

$$P=A\times[(P/A,i,m+n)-(P/A,i,m)]$$

【例 2－12】诚信达公司年初投资一项目，希望从第 5 年开始每年年末取得 10 万元收益，投资期限为 10 年，假定年利率为 5%。请问该企业年初最多投资多少元才有利？

解析一：

$$
\begin{aligned}
P &= A\times(P/A,i,n)\times(P/F,i,m)\\
&=10\times(P/A,5\%,6)\times(P/F,5\%,4)\\
&=10\times5.0757\times0.8227\\
&=41.76(\text{万元})
\end{aligned}
$$

解析二：

$$
\begin{aligned}
P &= A\times[(P/A,i,m+n)-(P/A,i,m)]\\
&=10\times[(P/A,5\%,10)-(P/A,5\%,4)]\\
&=10\times(7.7217-3.5460)\\
&=41.76(\text{万元})
\end{aligned}
$$

从计算中可知，该企业年初的投资额不超过41.76万元才有利。

4. 永续年金

永续年金是指无限期的收入或支出相等金额的年金，也称永久年金。它也是普通年金的一种特殊形式，由于永续年金的期限趋于无限，没有终止时间，因而没有终值，只有现值。永续年金的现值计算公式如下：

$$P=A\times\frac{1-(1+i)^{-n}}{i}$$

当 $n\rightarrow\infty$ 时，$(1+i)^{-n}$ 的极限为0，故上式可写成：

$$P=A/i$$

【例2-13】诚信达公司要建立一项永久性帮困基金，计划每年拿出10万元帮助失学儿童，年利率为5%。请问现应筹集多少资金？

$$P=A/i=10/5\%=200(\text{万元})$$

现应筹集到200万元资金，就可每年拿出10万元帮助失学的儿童。

思政讲堂

个人消费观与资金时间价值

某高校的王同学迷恋网络游戏需充值装备，从某借贷平台上借10000元，借款时对方要求“1周10个点”，王同学心中无明确的还款额概念，一个月后，王同学需要还款多少呢？

利息是资金时间价值的一种重要表现形式，其计算方法与复利计算相同。计算可得：1周10个点，1个月4个星期，相当于复利4次，代入公式，即 $F=P\times(F/P,i,n)=10000\times(F/P,10\%,4)=10000\times1.4641=14641$ 元。也就是说，在校园贷平台借款10000元，1个月后需偿还14641元。

通过计算结果来看，同学们应树立正确的消费观念，切勿盲目攀比、追求奢靡，需增强信用意识、提高金融理财素养和学生个人理财分析能力。校园贷平台属于非正规渠道，高风险、套路多，同学们应时刻警惕，科学理财，合理评估风险，拒绝各种高风险网贷，谨防上当受骗。

三、资金时间价值的运用

（一）名义利率与实际利率

1. 名义利率与实际利率的概念

在经济分析中，复利计算通常以年为计息周期。但在实际经济活动中，计息周期有半年、季、月、周、日等多种。当利率的时间单位与计息期不一致时，就出现了名义利率和实际利率的概念。

实际利率指计算利息时实际采用的有效利率，名义利率指计息周期的利率乘以每年计息周期数。

按月计算利息，且其月利率为1%，通常也称为“年利率12%，每月计息一次”。则1%是月实际利率；1%×12=12%，12%即为年名义利率；$(1+1\%)^{12}-1=12.68\%$，12.68%为年实际利率。

注：通常所说的年利率都是名义利率，如果不对计息期加以说明，则表示1年计息1次。

2. 名义利率和实际利率的关系

设 r 为年名义利率，i 表示年实际利率，m 表示一年中的计息次数，P 为本金。

（1）计算实际利率法：

$$i=(1+r/m)^m-1$$

当 $m=1$ 时，$i=r$，实际利率等于名义利率；当 $m>1$ 时，$i>r$，实际利率大于名义利率。

（2）计算每期利率法。先不计算实际利率，而是调整相关指标，先计算每期利率（即 r/m），再按每期利率和复利总期数（期数相应变为 $m\times n$），直接计算出时间价值。

【例2-14】诚信达公司取得银行贷款10000元，年利率为5%，若每季度复利一次。请问2年后能取得多少本利和？

解析一：

先根据名义利率与实际利率的关系，将名义利率折算成实际利率：

$$\begin{aligned} i &=(1+r/m)^m-1 \\ &=(1+5\%/4)^4-1 \\ &=5.09\% \end{aligned}$$

再按实际利率计算资金的时间价值：

$$\begin{aligned} F &=P\times(1+i)^n \\ &=10000\times(1+5.09\%)^2 \\ &=11043.91(\text{元}) \end{aligned}$$

解析二：

将已知的年利率 r 折算成期利率 r/m，期数变为 $m\times n$。

$$
\begin{aligned}
F &= P \times (1+r/m)^{m \times n} \\
&= 10000 \times (1+5\%/4)^{2 \times 4} \\
&= 10000 \times (1+0.0125)^{8} \\
&= 11044.86(\text{元})
\end{aligned}
$$

（二）不等额现金流量现值与终值的计算

1. 不等额现金流量现值的计算

计算不等额现金流量的现值，不可以运用年金现值公式计算，可以用复利现值计算，分两步处理：

（1）将各年现金流量分别按给定的折现率折现到期初零时点。

（2）将各年现金流量的折现值加总，即得到各年不等额现金流量的现值。

【例 2－15】王强每年年末都将节省下来的工资存入银行，其存款额如表 2－1 所示，贴现率为 5%，求这笔不等额存款的现值。

表 2－1　　**现金流量**

期数	0	1	2	3	4
现金流量（元）	1000	2000	100	3000	4000

这笔不等额现金流量的现值可按下列公式求得：

$$
\begin{aligned}
P &= 1000 + 2000 \times (P/F, 5\%, 1) + 100 \times (P/F, 5\%, 2) + \\
&\quad 3000 \times (P/F, 5\%, 3) + 4000 \times (P/F, 5\%, 4) \\
&= 1000 + 2000 \times 0.952 + 100 \times 0.907 + 3000 \times 0.864 + \\
&\quad 4000 \times 0.823 = 8878.7(\text{元})
\end{aligned}
$$

2. 年金和不等额现金流量混合情况下的现值

能用年金计算的用年金现值计算，不能用年金计算的用复利现值计算。

【例 2－16】王强每年都将节省下来的工资存入银行，其存款额如表 2－2 所示，贴现率为 5%，求这笔存款的现值。

表 2－2　　**现金流量**

期数	0	1	2	3	4
现金流量（元）	1000	1000	2000	3000	3000

这笔现金流量的现值可按下列公式求得：

$$
\begin{aligned}
P &= 1000 \times [(P/A, 5\%, 2-1) + 1] + 2000 \times (P/F, 5\%, 2) + \\
&\quad 3000 \times [(P/A, 5\%, 4) - (P/A, 5\%, 2)] \\
&= 1000 \times 1.9524 + 2000 \times 0.907 + 3000 \times (3.5460 - 1.8594) \\
&= 8826.2(\text{元})
\end{aligned}
$$

任务二　风险价值

一、风险的含义

（一）概念

风险是指在一定条件下、一定时期内，某一项行动具有多种可能但结果不确定。风险产生的原因是缺乏信息和决策者不能控制未来事物的发展过程。风险具有多样性和不确定性，可以事先估计采取某种行动可能导致的各种结果，以及每种结果出现的可能性大小，但无法确定最终结果是什么。例如，掷一枚硬币，我们可事先知道硬币落地时有正面朝上和反面朝上两种结果，并且每种结果出现的可能性各为50%，但谁也无法事先知道硬币落地时是正面朝上还是反面朝上。

（二）阐述

（1）风险是事件本身的不确定性，具有客观性。如股票比国库券收益的不确定性要大。

（2）风险是一定条件下的风险，如你在什么时间，买一种或哪几种股票，各买多少，风险是不一样的，这些问题一旦确定下来，风险大小就无法改变了。

（3）风险的大小随着时间延续而变化，是“一定时期内”的风险。

（4）风险和不确定性有区别。风险是指事前可以知道所有可能的后果，以及每种后果出现的概率。不确定性是指事前不知道所有可能的后果，或虽知道可能后果但不知它们出现的概率。但在面对实际问题时，两者很难区分。风险问题的概率往往不能准确知道，不确定性问题也可以估计一个概率，因此在实务领域对风险和不确定性不作区分。

（5）风险可能给投资人带来超出预期的收益，也可能带来超出预期的损失。一般而言，投资人对意外损失的关切，比对意外收益要强烈得多，因此人们研究风险时侧重减少损失，主要从不利的方面来考察风险，经常把风险看成不利事件发生的可能性。从财务的角度来说，风险主要指无法达到预期报酬的可能性。

二、风险的类型

企业面临的风险主要有两种：市场风险和企业特有风险。

（一）市场风险

市场风险是指影响所有企业的风险。它由企业的外部因素引起，企业无法控制、无法分散，涉及所有的投资对象，又称系统风险或不可分散风险，如战争、自然灾害、利率的变化、经济周期的变化等。

（二）企业特有风险

企业特有风险是指个别企业的特有事件造成的风险。它是随机发生的，只与个别企业和个别投资项目有关，不涉及所有企业和所有项目，可以分散，又称非系统风险和可分散风险，如产品开发失败、销售份额减少、工人罢工等。非系统风险根据风险形成的原因不同，又可分为经营风险和财务风险。

1. 经营风险

经营风险是指由于企业生产经营条件变化给企业收益带来的不确定性，又称商业风险。这些导致生产经营条件变化的原因可能来自企业内部，也可能来自企业外部，如顾客购买力发生变化、竞争对手增加、政策变化、产品生产方向不对路、生产组织不合理等。这些内外因素，使企业的生产经营产生不确定性，最终引起收益变化。

2. 财务风险

财务风险是指由于企业举债而给财务成果带来的不确定性，又称筹资风险。企业借款，虽可以解决企业资金短缺的困难、提高自有资金的盈利能力，但也改变了企业的资金结构和自有资金利润率，还需还本付息，并且借入资金所获得的利润是否大于支付的利息额，具有不确定性，因此借款就有风险。在全部资金来源中，借入资金所占的比重大，企业的负担就重，风险程度也就增加；借入资金所占的比重小，企业的负担就轻，风险程度也就减轻。因此，必须确定合理的资金结构，既提高资金盈利能力，又防止财务风险加大，风险关系如图 2－18 所示。

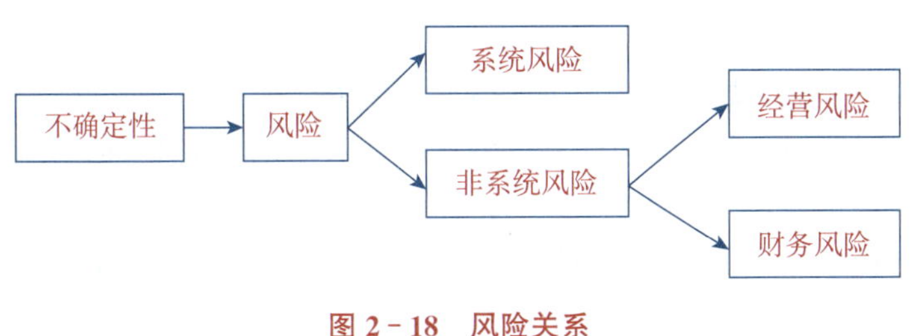

图 2－18　风险关系

三、风险的衡量

风险具有普遍性和广泛性，正确地衡量风险十分重要。既然风险是可能值对期望值的偏离，因此利用概率分布、期望值和标准差来计算与衡量风险的大小，是一种最常用的方法。

（一）概率

在完全相同的条件下，某一事件可能发生也可能不发生，可能出现这种结果也可能出现另外一种结果，这类事件称为随机事件。概率就是用来反映随机事件发生的可能性大小的数值，一般用 X 表示随机事件，X_i 表示随机事件的第 i 种结果，P_i 表示第 i 种结果出现的概率。一般随机事件的概率在 0 与 1 之间，即 $0\leqslant P_i\leqslant 1$，$P_i$ 越大，表示该事件发生的可能性越大，反之，P_i 越小，表示该事件发生的可能性越小。所有可能的结果出现的概率之和一定为 1，即 $\sum P_i=1$，肯定发生的事件概率为 1，肯定不发生的事件概率为 0。

（二）期望值

期望值是指可能发生的结果与各自概率之积的加权平均值，反映投资者的合理预期，用 $\bar{E}$ 表示，根据概率统计知识，一个随机变量的期望值如下：

$$\bar{E}=\sum_{i=1}^{n} X_i P_i$$

（三）标准差

标准差是用来衡量概率分布中各种可能值对期望值的偏离程度，反映风险的大小，标准差用 σ 表示。

标准差的计算公式为如下：

$$\sigma=\sqrt{\sum_{i=1}^{n}(X_i-\bar{E})^2\times P_i}$$

标准差用来反映决策方案的风险，是一个绝对数。在 n 个方案的情况下，若期望值相同，标准差越大，表明各种可能值偏离期望值的幅度越大，结果的不确定性越大，风险也越大；反之，标准差越小，表明各种可能值偏离期望值的幅度越小，结果的不确定性越小，则风险也越小。

（四）标准离差率

标准差作为一个绝对数，反映了可能值与期望值的偏离程度，可用来衡量风险，但它只适用于在期望值相同条件下风险程度的比较，对于期望值不同的决策方案，则不适用，为此，我们需要引入标准离差率这一指标。

标准离差率是指标准差与期望值的比值，也称离散系数，用 V 表示，计算公式如下：

$$V=\frac{\sigma}{\bar{E}}$$

标准离差率是一个相对数，标准离差率越大，表明可能值与期望值偏离程度越大，结果的不确定性越大，风险也越大；反之，标准离差率越小，表明可能值与期望值偏离程度越小，结果的不确定性越小，风险也越小。

有了标准离差率，我们就可以确定不同方案风险的大小，选择决策方案。

1. 对于单个方案

决策者可根据其标准离差率的大小，并将其同设定的可接受的此项指标最高限值对比，看前者是否低于后者，然后做出取舍。

2. 对于多方案择优

（1）决策者的行动准则应是选择低风险、高收益的方案，即选择标准离差率最低、期望收益最高的方案。

（2）然而高收益往往伴有高风险，低收益方案其风险程度往往也较低，究竟选择何种方案，就要权衡期望收益与风险，而且还要视决策者对风险的态度而定。

对风险比较反感的人可能会选择期望收益较低同时风险也较低的方案，喜欢冒风险的人则可能选择风险虽高但同时收益也高的方案。

四、风险报酬

企业的财务活动和经营管理活动总是在有风险的状态下进行的，只不过风险有大有小。投资者冒着风险投资，是为了获得更多的报酬，冒的风险越大，要求的报酬就越高。风险和报酬之间存在密切的对应关系，高风险的项目必然有高报酬，低风险项目的报酬也低，因此，风险报酬是投资报酬的组成部分。

（一）风险报酬的含义

风险报酬是投资者因承担风险而要求得到的超过无风险收益的额外收益。风险报酬衡量了投资者将资金从无风险资产转移到风险资产而要求得到的“额外补偿”，它的大小取决于两个因素：一是风险的大小；二是投资者对风险的偏好。

（二）投资报酬率的计量

投资报酬率由无风险报酬率和风险报酬率组成，其中无风险报酬率是加上通货膨胀补偿率的资金时间价值。如果不考虑通货膨胀，投资者冒着风险进行投资所希望得到的投资报酬率是无风险报酬率与风险报酬率之和。即

$$投资报酬率=无风险报酬率+风险报酬率$$

无风险报酬率就是资金的时间价值，是在没有风险状态下的投资报酬率，是投资者投资某一项目，能够肯定得到的报酬，具有预期报酬的确定性，并且与投资时间的长短有关，可用政府债券利率或存款利率表示。投资报酬率如图 2－19 所示。

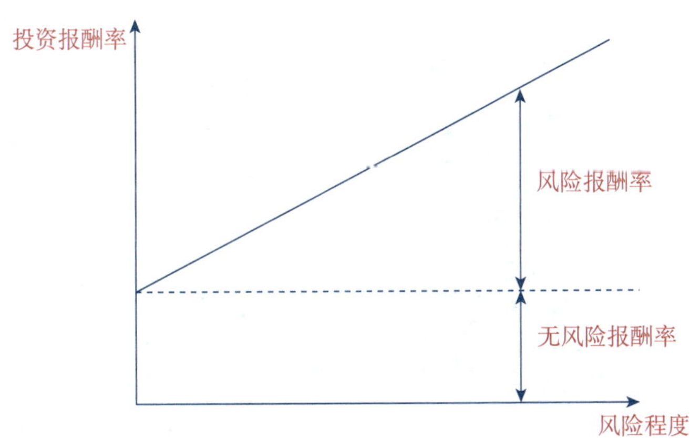

图 2－19　投资报酬率

（三）预测风险报酬率

预测风险报酬率指标可以为投资决策提供参考，如果预测风险报酬率大于应得风险报酬率，则项目具有投资可行性。反之，不具有投资可行性。具体计算公式如下：

$$预测投资报酬率=\frac{收益期望值}{投资额}\times 100\%$$

$$预测风险报酬率=预测投资报酬率-无风险报酬率$$

五、风险对策

风险对策就是对已经识别的风险进行定性分析、定量分析和进行风险排序，制定相应的应对措施和整体策略（见表 2-3）。

表 2-3　　　　风险对策举例

项目阶段	风险对策	含义	方法举例
项目采纳前	规避风险	含义：放弃该项目，以规避风险 条件：当风险所造成的损失不能由该项目可能获得的收益予以抵消时	（1）拒绝与不守信用的厂商开展业务往来 （2）放弃可能明显导致亏损的投资项目 （3）新产品在试制阶段发现诸多问题而果断停止试制
项目实施中，防范风险	减少风险	表现形式： （1）控制风险因素，减少风险的发生 （2）控制风险发生的频率和降低风险损害程度	（1）进行准确的预测 （2）对决策进行多方案优选和替代 （3）及时与政府部门沟通，获取政策信息 （4）在发展新产品前，充分进行市场调研 （5）实行设备预防检修制度以减少设备事故 （6）选有弹性的、抗风险能力强的技术方案 （7）采用多领域、多地域、多项目、多品种的经营或投资以分散风险
	转移风险	含义：以一定代价，采取某种方式转移风险 条件：对可能给企业带来灾难性损失的资产	（1）向专业性保险公司投保 （2）采取合资、联营、增发新股、发行债券、联合开发等措施实现风险共担 （3）通过技术转让、特许经营、战略联盟、租赁经营和业务外包等实现风险转移
准备承受风险损失	接受风险	风险自担：指风险损失发生时，直接将损失摊入成本或费用，或冲减利润	—
		风险自保：指企业预留一笔风险金或随着生产经营的进行，有计划地计提资产减值准备等	—

思政讲堂

数学与诺贝尔经济学奖

“不是诺奖”的诺奖

与物理学奖、文学奖等“元老”级诺贝尔奖相比，经济学奖最为“年轻”，它的“诞生”足足晚了半个多世纪。

诺贝尔经济学奖设立于1968年，是瑞典国家银行为了纪念诺贝尔奖设立者阿尔弗雷德·诺贝尔增设的经济学奖项。尽管诞生日期不同，这一奖项的地位与物理学奖、化学奖等奖项并无差别，均由瑞典皇家科学院颁发。

虽然诺贝尔经济学奖年龄“最小”，但是奖项得主年龄普遍偏高，平均达约67岁。2007年获奖的美国经济学家赫维茨，是年纪最大的获奖者，获奖时年龄为90岁。最年轻得主为2019年获奖的美籍法裔经济学家迪弗洛，获奖时为46岁。

迪弗洛不仅是最年轻得主，也是第二位女性得主。诺贝尔经济学奖自颁发至今，女性获奖者仅有三名。首位女性得奖者是2009年获奖的美国经济学家奥斯特罗姆。

项目小结

◇ 资金时间价值是财务管理中最基础的概念，是指在无风险和无通货膨胀因素条件下，资金在使用过程中随着时间的推移发生的增值，资金时间价值一般用相对数表示。资金时间价值的计算一般包括两大类：一次性发生额资金时间价值计算和多次发生额资金时间价值计算。其中，一次性发生额的资金时间价值计算包括单利和复利；多次发生额的资金时间价值计算包括年金计算和不等额时间价值计算。而与时间价值相对应的风险报酬是指由于客观世界存在各种各样的风险，投资者面临风险时所需要的额外补偿。

◇ 风险是指一定条件下和一定时期内可能发生的各种结果的变动程度。风险和不确定性是两个不同的概念。风险与报酬的关系：高风险，高报酬；低风险，低报酬。风险的大小可用概率分布、期望值、标准离差等来衡量。风险和收益是相互依存的，风险的控制策略有规避风险、减少风险、转移风险和接受风险等。

技能训练

一、单项选择题

1. 某项永久性奖学金，每年计划颁发50000元，若年利率为10%，采用复利方式计息，该奖学金的本金应为（　　）元。

A. 625000　　B. 500000

C. 700000　　D. 725000

2. 某项存款年利率为6%，每半年复利一次，其实际利率为（　　）。

A. 12.36%　　B. 6.09%

C. 6%　　D. 6.6%

3. 投资者因冒风险而进行投资，所获得超过资金时间价值的那部分额外报酬称为（　　）。

A. 无风险报酬　　B. 风险报酬

C. 平均报酬　　D. 投资报酬

4. 一定时期内每期期初等额收付的系列款项称为（　　）。

A. 永续年金　　B. 预付年金

C. 普通年金　　D. 递延年金

5. 甲、乙两方投资方案的期望值不同，甲投资方案的标准离差率为10%，乙投资方案的标准离差率为8%，则下列判断正确的是（　　）。

A. 甲方案比乙方案风险大　　B. 甲方案比乙方案风险小

C. 甲、乙两方案风险相同　　D. 无法判断

6. 在计算预付年金时，应采用下列哪个公式（　　）。

A. $F=A(F/A, i, n)$　　B. $F=A[(F/A, i, n+1)-1]$

C. $F=A[(F/A, i, n-1)+1]$　　D. $F=A(F/A, i, n+1)(1+i)$

7. 下列哪种是年金终值的逆运算（　　）。

A. 年偿债基金的计算　　B. 年金现值的计算

C. 等额资本年回收额的计算　　D. 复利终值的计算

8. 比较期望报酬率不同的两个方案的风险程度应采用（　　）来衡量。

A. 标准离差　　B. 标准离差率

C. 概率　　D. 风险报酬率

9. 将100元钱存入银行，利息率为10%，计算5年后的终值时应用（　　）。

A. 复利终值系数　　B. 复利现值系数

C. 年金终值系数　　D. 年金现值系数

10. 分期付款购物，每年年初付款500元，一共付5年，如果年利率为10%，相当于现在一次性付款（　　）。

A. 1895.5元　　B. 2085元

C. 1677.5元　　D. 1585元

二、多项选择题

1. 考虑风险因素后，影响投资报酬率变动的因素有（　　）。

A. 通货膨胀率　　B. 资金时间价值

C. 投资年限　　D. 风险报酬率

2. 风险按形成的原因可分为（　　）。

A. 财务风险　　B. 市场风险

C. 经营风险　　D. 公司特有风险

3. 企业因借款而增加的风险称为（　　）。

A. 经营风险　　B. 财务风险

C. 市场风险　　D. 筹资风险

4. 按投资主体不同，风险可分为（　　）。

A. 市场风险　　B. 公司特有风险

C. 财务风险　　D. 经营风险

5. 可用来衡量风险大小的指标有（　　）。

A. 无风险报酬率　　B. 期望值

C. 标准离差 D. 标准离差率

6. 下列项目中，属于年金的是（ ）。

A. 定期发放的固定养老金 B. 每年的固定工资

C. 按直线法计算的折旧额 D. 每年的固定租金

7. 下列各项中，互为逆运算的是（ ）。

A. 年金终值与年金现值 B. 年金终值与年偿债基金

C. 年金现值与年等额资本回收额 D. 复利终值与复利现值

8. 年金具有下列哪些特点？（ ）

A. 等额性 B. 时间间隔相等

C. 连续发生 D. 以上三项必须同时具备

9. 风险报酬包括（ ）。

A. 纯利率 B. 通货膨胀补偿

C. 违约风险报酬 D. 流动性风险报酬

10. 关于风险报酬，下列表述中正确的有（ ）。

A. 风险报酬有风险报酬额和风险报酬率两种表示方法

B. 风险越大，获得的风险报酬应该越高

C. 风险报酬额是指投资者因冒风险进行投资所获得的超过时间价值的那部分额外报酬

D. 风险报酬率是风险报酬额与原投资额的比率

三、计算题

1. 某公司希望在三年后能有 200000 元的款项用以购买一台机床，假定目前银行存款利率年利率为 8%。要求：计算该公司现在应存入多少钱？

2. 某企业现存入 800000 元，准备 2 年后用于建一新车间，年存款利率为 8%。要求：确定该车间的投资额？

3. 某人存入银行 20000 元，银行存款年利率为 12%，存款期限为 5 年。

要求：

（1）计算若每年复利 1 次，5 年后的本利和为多少？

（2）计算若每季度复利 1 次，5 年后的本利和为多少？

4. 某公司拟购置一台设备，有两个方案可供选择：

方案一：从现在起，每年年初支付 10 万元，连续支付 10 次，共 100 万元。

方案二：从第五年开始，每年年末支付 20 万元，连续支付 10 次，共 200 万元。

假定该公司的资金成本率为 10%。请计算以上两个方案的现值，并为该公司做出选择。

5. 某公司准备投资开发新产品，现有三个方案可供选择。根据市场预测，三种不同市场状况的预计年净收益如表 2-4 所示。请计算投资开发各种新产品的风险大小。

表 2-4　　某公司预测资料

市场状况	发生概率	预计年净收益（万元）		
		A 产品	B 产品	C 产品
繁荣	0.3	600	500	600
一般	0.5	300	400	400
衰退	0.2	100	200	300

6. 某企业准备投资开发新产品，现有甲、乙两个方案可供选择，经预测，甲、乙两个方案的收益率及其概率分布如表 2-5 所示：

表 2-5　　甲、乙方案

市场状况	概率	收益率	
		甲方案	乙方案
繁荣	0.4	32%	40%
一般	0.4	17%	15%
衰退	0.2	−3%	−15%

（1）计算甲、乙两个方案的期望报酬率。

（2）计算甲、乙两个方案收益率的标准差。

（3）计算甲、乙两个方案收益率的标准离差率。

（4）比较两个方案风险的大小。

项目实训

一、实训目的

1. 理解并掌握资金时间价值。
2. 理解并掌握风险价值理论。
3. 正确运用价值观念，解决实际问题。

二、实训资料

华教授是一位知名医学专家，一天接到一家三甲医院的邀请函，邀请他担任医院的技术顾问，指导开发新药品，邀请函的具体条件有如下几点：

1. 每个月来医院指导工作一天。
2. 每年报酬为现金 10 万元。
3. 提供医院所在该市住房一套，价值 100 万元。
4. 在医院至少工作五年。

华教授对上述工作待遇很感兴趣，对医院开发的新药品也很有研究，决定接受这份工作。但他不想接受住房，因为每月工作一天，只需要住医院公寓就可以了，因此，他向医院提出，能否将住房改为住房补贴。公司研究了华教授的请求，决定可以每年年初给华教授补贴 25 万元住房补贴。

收到医院的通知后，华教授又犹豫起来。如果向医院要住房，可以将其出售，扣除售价 5%的契税和手续费，他可以获得 95 万元，而若接受住房补贴，则可于每年年初获得 25 万元。

三、实训要求

假设每年存款利率为 2%，则华教授应如何选择呢?

第 二 篇

预算管理

项目三
预算管理

【教学目标】

◎ 知识目标

1. 了解预算的概念、经营计划与预算的关系、预算的实质和预算的效果。
2. 掌握业务预算的编制。
3. 掌握全面预算编制程序和方法。
4. 掌握财务预算的编制。

◎ 技能目标

1. 能为具体企业选用恰当的预算模式，选择合适的预算编制方法。
2. 能准确编制现金预算和预计财务报表等汇总预算。

◎ 素质目标

培养战略思维和业财融合意识，培养撰写预算报告的能力。

【扫码获取教学资料】

课件

思政引领

【项目框架】

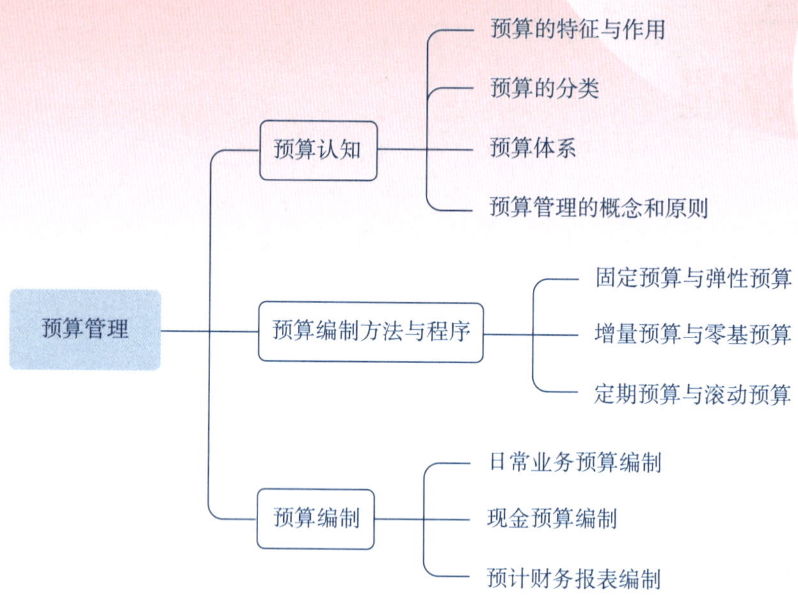
预算管理
预算认知
预算的特征与作用
预算的分类
预算体系
预算管理的概念和原则
预算编制方法与程序
固定预算与弹性预算
增量预算与零基预算
定期预算与滚动预算
预算编制
日常业务预算编制
现金预算编制
预计财务报表编制

重点难点

业务预算和财务预算的编制。

工作任务

掌握预计财务报表的编制。

项目引例

《鹖冠子》中记载：魏文王问扁鹊曰："子昆弟三人其孰最善为医？"扁鹊曰："长兄最善，中兄次之，扁鹊最为下。"魏文王曰："可得闻邪？"扁鹊曰："长兄于病视神，未有形而除之，故名不出于家。中兄治病，其在毫毛，故名不出于闾。若扁鹊者，镵血脉，投毒药，副肌肤，闲而名出闻于诸侯。"

思考：上述中医理论材料中揭示了哪些预算管理的知识？

任务一　预算认知

一、预算的特征与作用

（一）预算的特征

预算是企业在预测、决策的基础上，用数量和金额以表格的形式反映企业未来一定时期内经营、投资、筹资等活动的具体计划，是为实现企业目标而对各种资源和企业活动所做的详细安排。预算是一种可据以执行和控制经济活动的、最为具体的计划，是对目标的具体化，是实现企业战略导向预定目标的有力工具。

预算具有两个特征：首先，预算与企业的战略目标保持一致，因为预算是为实现企业目标而对各种资源和企业活动所做的详细安排；其次，预算是数量化的并具有可执行性，因为预算作为一种数量化的详细计划，它是对未来活动的细致、周密安排，是未来经营活动的依据。数量化和可执行性是预算的主要特征。

（二）预算的作用

预算的作用主要表现在以下三个方面。

1. 预算通过规划、控制和引导经济活动，使企业经营达到预期目标

通过预算指标可以控制实际活动过程，随时发现问题，采取必要措施，纠正不良偏差，避免经营活动漫无目的、随心所欲，通过有效的方式实现预期目标。因此，预算具有规划、控制、引导企业经济活动有序进行、以最经济有效的方式实现预期目标的功能。

2. 预算可以实现企业内部各个部门之间的协调

从系统论的观点来看，局部计划的最优化，对全局来说不一定是最合理的。为了使

各个职能部门向着共同的战略目标前进，它们的经济活动必须密切配合，相互协调，统筹兼顾，全面安排，搞好综合平衡。各部门预算的综合平衡，能促使各部门管理人员清楚地了解本部门在全局中的地位和作用，尽可能地做好部门之间的协调工作。各部门因其职责不同，往往会出现相互冲突的现象。各部门之间只有协调一致，才能最大限度地实现企业整体目标。例如，企业的销售、生产、财务等各部门可以分别编制出对自己来说最好的计划，但该计划在其他部门却不一定能行得通。销售部门根据市场预测提出了一个庞大的销售计划，生产部门可能没有那么大的生产能力；生产部门可能编制了一个充分利用现有生产能力的计划，但销售部门可能无力将这些产品销售出去；销售部门和生产部门都认为应该扩大生产能力，财务部门却认为无法筹到需要的资金。全面预算经过综合平衡后可以提供解决各部门冲突的最佳办法，代表企业的最优方案，可以使各部门的工作在此基础上协调地进行。

3. 预算是业绩考核的重要标准

预算作为企业财务活动的行为标准，使各项活动的实际执行有章可循。各部门责任考核必须以预算标准为基础。经过分解落实的预算规划目标能与部门、责任人的业绩考评结合起来，成为奖勤罚懒、评估优劣的重要依据。

二、预算的分类

（一）根据内容分类

根据内容不同，企业预算可分为业务预算、专门决策预算和财务预算。

业务预算是指与企业日常业务直接相关的一系列预算，包括销售预算、生产预算、采购预算、费用预算、人力资源预算等。

专门决策预算是指企业重大的或不经常发生的、需要根据特定决策编制的预算，包括投融资决策预算等。例如，企业对一切固定资产的购置必须在事先做好可行性分析的基础上来编制预算，具体反映投资额需要多少、何时进行投资、资金从何筹得、投资期限多长、何时可以投产、未来每年的现金流量是多少。

财务预算是指与企业资金收支、财务状况或经营成果等有关的预算，包括资金预算、预计资产负债表、预计利润表等。财务预算作为全面预算体系的最后环节，它是从价值方面总括地反映企业经营预算与专门决策预算的结果，故亦称为总预算，其他预算则相应称为辅助预算或分预算。显然，财务预算在全面预算中占有举足轻重的地位。

（二）按预算指标覆盖时间分类

按预算指标覆盖的时间长短，企业预算可分为短期预算和长期预算。

通常将预算期在 1 年以内（含 1 年）的预算称为短期预算，预算期在 1 年以上的预算称为长期预算。预算的编制时间可以视预算的内容和实际需要而定，可以是 1 周、1 月、1 季度、1 年或若干年等。在预算编制过程中，往往应结合各项预算的特点，将长期预算和短期预算结合使用。一般情况下，企业的经营预算和财务预算多为 1 年期的短期预算，年内再按季度或月细分，而且预算期间往往与会计期间保持一致。

三、预算体系

各种预算是一个有机联系的整体。一般将由业务预算、专门决策预算和财务预算组成的预算体系，称为全面预算体系。其结构如图 3 - 1 所示。

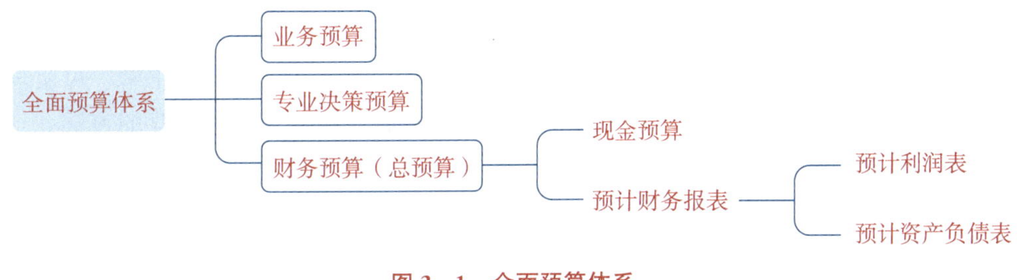

图 3 - 1　全面预算体系

四、预算管理的概念和原则

预算管理，是指企业以战略目标为导向，通过对未来一定期间内的经营活动和相应的财务结果进行全面预测和筹划，科学、合理配置企业各项财务和非财务资源，并对执行过程进行监督和分析，对执行结果进行评价和反馈，指导经营活动的改善和调整，进而推动实现企业战略目标的管理活动。

企业进行预算管理，一般应遵循以下原则。

（1）战略导向原则。预算管理应围绕企业的战略目标和业务计划有序开展，引导各预算责任主体聚焦战略、专注执行、达成绩效。

（2）过程控制原则。预算管理应通过及时监控、分析等把握预算目标的实现进度并实施有效评价，为企业经营决策提供有效支撑。

（3）融合性原则。预算管理应以业务为先导、以财务为协同，将预算管理嵌入企业经营管理活动的各个领域、层次、环节。

（4）平衡管理原则。预算管理应平衡长期目标与短期目标、整体利益与局部利益、收入与支出、结果与动因等关系，促进企业可持续发展。

（5）权变性原则。预算管理方式应以刚性与柔性相结合为主，强调预算对经营管理的刚性约束，又可根据内外环境的重大变化调整预算，并针对例外事项进行特殊处理。

任务二　预算编制方法与程序

企业一般按照分级编制、逐级汇总的方式，采用自上而下、自下而上、上下结合或多维度相协调的流程编制预算。预算编制流程与编制方法的选择应与企业现有管理模式相适应。常见的预算编制方法主要包括固定预算法与弹性预算法、增量预算法与零基预算法、定期预算法与滚动预算法。

一、固定预算与弹性预算

编制预算的方法按其业务量基础的数量特征不同，可分为固定预算法和弹性预算法。

（一）固定预算法

固定预算法又称静态预算法，是指在编制预算时，只根据预算期内正常、可实现的某一固定的业务量（如生产量、销售量等）水平作为唯一基础来编制预算的方法。这种预算没有考虑预算期内生产经营可能发生的变动，而只是以预算期内计划预定的某一共同的活动水平为基础确定相应的数据。执行中将实际结果与预算数进行比较，并据以进行业绩评价、考核。

固定预算法的缺点如下。

（1）适应性差。因为编制预算的业务量基础是事先假定的某个业务量。在这种方法下，不论预算期内业务量水平实际可能发生哪些变动，都只按事先确定的某一个业务量水平作为编制预算的基础。

（2）可比性差。当实际的业务量与编制预算所依据的业务量发生较大差异时，有关预算指标的实际数与预算数就会因业务量基础不同而失去可比性。例如，某企业预计业务量为销售 100000 件产品，按此业务量给销售部门的预算费用为 50000 元。如果该销售部门实际销售量达到 120000 件，超出了预算业务量，固定预算下的费用预算仍为 50000 元。

以未来固定不变的业务水平所编制的预算赖以存在的前提条件，必须是预计业务量与实际业务量相一致（或相差很小）。因此，固定预算法只适用于业务量水平较为稳定的企业或者非营利组织。

（二）弹性预算法

弹性预算法，又称动态预算法或变动预算法，是按照预算期内可预见的不同的业务量水平，编制出不同业务量水平下的预算。弹性预算法按照成本与业务量的依存关系区分变动成本与固定成本，变动成本的计算随着业务量的变动而弹性变动，而固定成本则不予变动。对于混合成本进一步按照固定和变动的习性进行划分。

弹性预算法考虑了业务量的不同水平，因此更有效地应对了预算期的业务量的不确定性，从而使预算控制和差异分析更有意义和说服力，也便于更好地对经营业绩进行评价。当各项消耗标准和价格等依据不变时，弹性预算可以连续使用，大大减少预算编制的工作量。在弹性预算中，业务量的选择水平以及业务量的计量单位非常重要。

由于未来业务量的变动会影响成本费用和利润各个方面，因此，弹性预算从理论上讲适用于全面预算中与业务量有关的各种预算。但从实用角度看，主要用于编制制造费用、销售及管理费用等半变动成本（费用）的预算和利润预算。

编制弹性预算的基本程序：

（1）选择业务量的计量单位。生产量、机器工作小时、销售量、销售收入等都可以作为业务量的计量单位，具体应根据企业和编制内容来选择，同时还要注意计量单位的易取得性和准确性。

（2）确定业务量的范围。即确定预期业务量可能变动的幅度范围。

（3）确定预算期内各业务活动水平。

（4）按成本性态将成本分为固定成本、变动成本。

（5）编制弹性预算。费用的弹性预算＝固定成本预算数＋∑（单位变动成本预算数×预计业务量）

（6）当获得实际的业务量水平后，就可以与预算相比较，编制预算执行报告，分析差异所在，从而找到成本改进的途径。

二、增量预算与零基预算

按其出发点的特征不同，编制预算的方法可分为增量预算法和零基预算法两大类。

（一）增量预算

增量预算法是指以基期成本费用水平为基础，结合预算期业务量水平及有关降低成本的措施，通过调整有关费用项目而编制预算的方法。增量预算法以过去的费用发生水平为基础，主张不需在预算内容上做较大的调整，它的编制遵循如下假定：

（1）企业现有业务活动是合理的，不需要进行调整。

（2）企业现有各项业务的开支水平是合理的，在预算期予以保持。

（3）以现有业务活动和各项活动的开支水平，确定预算期各项活动的预算数。

增量预算法以过去值为基础，可能导致无效费用开支项目无法得到有效控制，因为不加分析地保留或接受原有的成本费用项目，可能使原来不合理的费用继续开支而得不到控制，形成不必要开支合理化，从而造成预算上的浪费。

（二）零基预算

零基预算法，是指企业不以历史期经济活动及其预算为基础，以零为起点，从实际需要出发分析预算期经济活动的合理性，经综合平衡，形成预算的预算编制方法。零基预算法适用于企业各项预算的编制，特别是不经常发生的预算项目或预算编制基础变化较大的预算项目。零基预算法的应用程序如下：

（1）明确预算编制标准。企业应搜集和分析对标单位、行业等外部信息，结合内部管理需要形成企业各预算项目的编制标准，并在预算管理过程中根据实际情况不断分析评价、修订完善预算编制标准。

（2）制订业务计划。预算编制责任部门应依据企业战略、年度经营目标和内外环境变化等安排预算期经济活动，在分析预算期各项经济活动合理性的基础上制订详细、具体的业务计划，作为预算编制的基础。

（3）编制预算草案。预算编制责任部门应以相关业务计划为基础，根据预算编制标准编制本部门相关预算项目，并报预算管理责任部门审核。

（4）审定预算方案。预算管理责任部门应在审核相关业务计划合理性的基础上，逐项评价各预算项目的目标、作用、标准和金额等，按战略相关性、资源限额和效益性等进行综合分析和平衡，汇总形成企业预算草案，上报企业预算管理委员会等专门机构审议后报董事会等机构审批。

零基预算法的优点表现在：一是以零为起点编制预算，不受历史期经济活动中的不合理因素影响，能够灵活应对内外环境的变化，预算的编制更贴近预算期企业经济活动需要；二是有助于增加预算编制透明度，有利于进行预算控制。

其缺点主要体现在：一是预算编制工作量较大、成本较高；二是预算编制的准确性受企业管理水平和相关数据标准的准确性影响较大。

推荐阅读

零基预算法的由来

零基预算法是 20 世纪 60 年代末由美国得州仪器公司担任财务预算工作的彼得·派尔首先提出的一种预算方法。美国前总统卡特在担任佐治亚州州长时，曾在该州极力推广此法。卡特当选总统后，曾于 1979 年指示要求联邦政府全面实行零基预算法，因此，零基预算法在当时的美国风靡一时。现在零基预算法在西方发达资本主义国家中是公认的一种有效方法。在信息时代，竞争尤为激烈，用零基预算法编制预算能使管理人员打破陈规，从一个全新的视角来审视各项工作。

三、定期预算与滚动预算

以预算期与会计年度的是否相同分为定期预算与滚动预算。

（一）定期预算

定期预算是指以某个特定的会计期间（如公历年度）作为预算期而编制的预算。优点是编制简单，易于操作，便于考核和评价预算的执行结果。缺点是忽视了预算期内可能发生的变动，无法随情况的变化及时调整，当预算中所规划的各种经营活动在预算期内发生重大变化时，预算就会滞后过时，从而成为虚假预算。更重要的是由于预算期固定，割裂了经营活动的连续性，形成人为预算中断，使得管理者的视野局限于本期，而不考虑下一期。

（二）滚动预算

滚动预算法又称连续预算法或永续预算法，是指在编制预算时，将预算期与会计期间脱离，随着预算的执行不断地延伸补充预算，逐期向后滚动，使预算期始终保持为一个固定长度（一般为 12 个月）的一种预算方法。滚动预算的基本做法是使预算期始终保持 12 个月，每过 1 个月或 1 个季度，立即在期末增列 1 个月或 1 个季度的预算，逐期往后滚动，因而在任何一个时期都使预算保持为 12 个月的时间长度。

以 2024 年的生产成本预算为例，如图 3－2 所示。定期预算是以 2024 年整个会计年度为预算期进行编制，而滚动预算则是以 12 个月为预算期，逐月向后滚动，始终保持 12 个月的预算期，而且每个月的预算都会进行调整，因此更加符合外部环境的变化，预算的效果也更好。

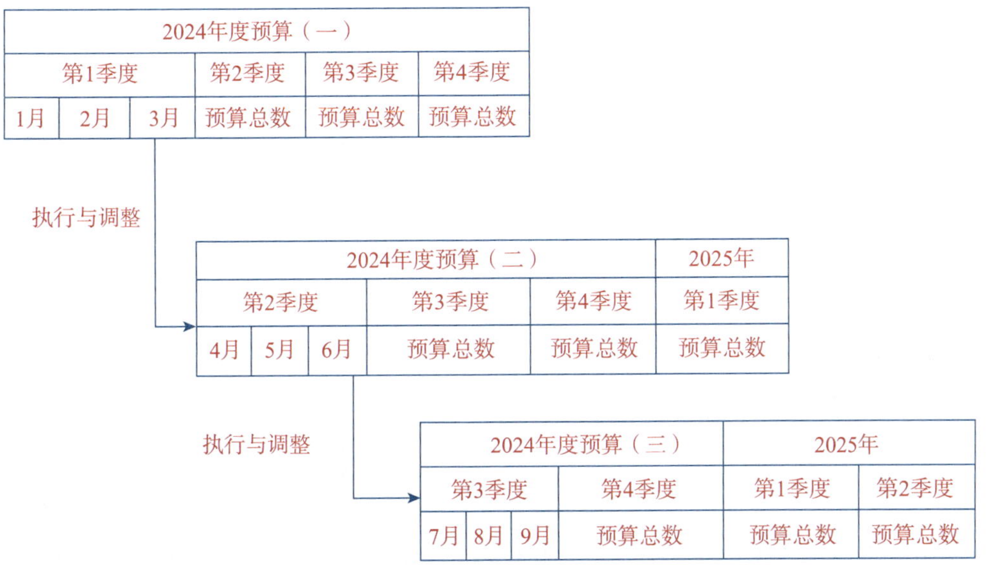

图 3－2　2024 年的滚动预算

滚动预算不受日历年度的限制，能够连续不断地规划企业未来的经营活动，不会造成预算的人为间断。同时，滚动预算可以顺应环境的变化和一些不确定性因素的影响，能使企业各级管理人员对未来始终保持整整 12 个月时间的考虑和规划，及时调整和修订近期预算，从而保证企业的经营管理工作能够稳定而有序地进行，预算更加切合实际。

任务三　预算编制

一、日常业务预算编制

日常业务预算具体包括销售预算、生产预算、直接材料预算、直接人工预算、制造费用预算、产品生产成本预算、销售及管理费用预算、财务费用预算等。

（一）销售预算

销售预算是整个预算的编制起点，以销售预测为基础，预测的主要依据是产品历史销售量以及销售价格的分析，结合产品市场的发展前景等资料，预测未来期间的销售量和销售单价，然后求出预计的销售收入：

预计销售收入＝预计销售量×预计销售单价

【例 3－1】诚信达公司 2024 年的销售预算如表 3－1 所示（假设不考虑增值税）。

表 3-1　　销售预算　　金额单位：元

季度	一	二	三	四	全年
预计销售量（件）	100	150	200	180	630
预计单位售价	200	200	200	200	200
销售收入	20000	30000	40000	36000	126000
预计现金收入					
上年应收账款	6200				6200
第一季度（销售收入 20000）	12000	8000			20000
第二季度（销售收入 30000）		18000	12000		30000
第三季度（销售收入 40000）			24000	16000	40000
第四季度（销售收入 36000）				21600	21600
现金收入合计	18200	26000	36000	37600	117800

销售预算通常要分品种、月份、销售区域、推销员来编制。为了简化，本例只列出了季度销售数据。

销售预算中通常还包括预计现金收入的计算，以便为编制现金预算提供必要的资料。第一季度的现金收入包括两部分，即上半年应收账款在本年第一季度收到的货款以及本季度销售中可能收到的货款。本例中，假设每季度销售收入中，本季度收到现金的60%，另外的40%现金要到下季度才能收到。

在编制完销售预算后，根据销售预算及应收账款的回收周期可以编制应收账款预算。应收账款预算包括预算年度里各季度应收账款的应收数和实收数，为现金收入预算的编制提供依据。

（二）生产预算

生产预算是以销售预算为基础，结合企业预计产成品的存货，编制生产预算。通常，企业的生产和销售不能做到“同步同量”，生产数量除了满足销售数量外，还需要设置一定的存货，以保证能在发生意外需求时按时供货，并可均衡生产，节省赶工的额外开支。具体的产品预计生产量可根据预计销售量和期初、期末的预计库存量确定：

预计生产量＝预计销售量＋预计期末产成品存货量－预计期初存货量

式中，预计销售量来源于销售预算数据，预计期初存货量为上季期末存货量，预计期末产成品存货量则需要根据公司的长期销售趋势来确定。

【例 3-2】诚信达公司 2024 年年初有产成品存货 10 件，年末留存 20 件，按 10%安排期末产成品存货。2024 年的生产预算如表 3-2 所示。

表 3-2　　生产预算　　单位：件

季度	一	二	三	四	全年
预计销售量	100	150	200	180	630
加：预计期末产成品存货	15	20	18	20	20
合计	115	170	218	200	650

续 表

季度	一	二	三	四	全年
减：预计期初产成品存货	10	15	20	18	10
预计生产量	105	155	198	182	640

注：预计期末产成品存货＝下季度销售量×10％

预计期初产成品存货＝上季度期末产成品存货

生产预算在实际编制时是比较复杂的，产量受到生产能力的限制，产成品存货数量受到仓库容量的限制，只能在此范围内来安排产成品存货数量和各期生产量。此外，有的季度可能销量很大，可以用赶工方法增产，为此要多付加班费。如果提前在淡季生产，会因增加产成品存货而多付资金利息。因此，要权衡两者得失，选择成本最低的方案。

（三）直接材料预算

直接材料预算是为了规划预算期直接材料采购金额的一种业务预算。以生产预算为基础，并结合企业原材料期初库存以及期末预计库存量进行编制。预计期末材料存货既要保证生产的连续均衡和生产效率，又要避免材料存货过多占用资金。同时针对单位产品的材料定额的预计也是非常重要的。

预计材料采购量＝生产预计需要量＋预计期末材料存货－预计期初材料存货

生产预计需要量＝预计生产量×单位产品的材料需用量

预计材料采购金额＝预计材料采购量×单价

根据预计材料采购量以及企业对应付账款的支付方式编制应付账款预算。应付账款预算包括预算年内各季度应付账款的应付数和实付数。应付账款预算的现金部分为编制现金预算中的现金支出部分提供依据。

【例3－3】诚信达公司2024年的直接材料预算如表3－3所示。其主要内容有材料的单位产品用量、生产需用量、期初和期末存量等。“预计生产量”的数据来自生产预算，“单位产品材料用量”的数据来自标准成本资料或消耗定额资料，“生产需用量”是上述两项的乘积。期初和期末的材料存货量，是根据当前情况和长期销售预测估计的。各季度“期末材料存量”根据下季度生产需用量的一定百分比确定，本例按20％计算。各季度“期初材料存量”等于上季度的期末材料存量。预计各季度“采购量”根据下式计算确定：

预计采购量＝生产需用量＋期末存量－期初存量

表3－3 直接材料预算

季度	一	二	三	四	全年
预计生产量（件）	105	155	198	182	640
单位产品材料用量（千件）	10	10	10	10	10
生产需用量（千克）	1050	1550	1980	1820	6400
加：预计期末存量（千克）	310	396	364	400	400
减：预计期初存量（千克）	300	310	396	364	300

续　表

季度	一	二	三	四	全年
预计材料采购量（千克）	1060	1636	1948	1856	6500
单价（元/千克）	5	5	5	5	5
预计采购金额（元）	5300	8180	9740	9280	32500
预计现金支出					
上年应付账款	2350				2350
第一季度（采购 5300 元）	2650	2650			5300
第二季度（采购 8180 元）		4090	4090		8180
第三季度（采购 9740 元）			4870	4870	9740
第四季度（采购 4640 元）	4640			4640	4640
合计（元）	5000	6740	8960	9510	30210

为了便于以后编制资金预算，通常要预计材料采购在各季度的现金支出。每个季度的现金支出包括偿还上期应付账款和本期应支付的采购货款。本例假设材料采购的货款有 50%在本季度内付清，另外 50%在下季度付清。这个百分比一般是根据经验确定的。如果材料品种很多，需要单独编制材料存货预算。

（四）直接人工预算

直接人工预算是一种既反映预算期内人工工时消耗水平，又规划人工成本开支的业务预算。直接人工预算也是以生产预算为基础编制的。其主要内容有预计产量、单位产品工时、人工总工时、每小时人工成本和人工总成本。“预计产量”数据来自生产预算，单位产品人工工时和每小时人工成本数据来自标准成本资料，人工总工时和人工总成本是在直接人工预算中计算出来的。由于人工工资都需要使用现金支付，所以，不需要另外预计现金支出，可直接参加现金预算的汇总。

【例 3 - 4】诚信达公司 2024 年的直接人工预算如表 3 - 4 所示。

表 3 - 4　　直接人工预算

季度	一	二	三	四	全年
预计产量（件）	105	155	198	182	640
单位产品工时（小时/件）	10	10	10	10	10
人工总工时（小时）	1050	1550	1980	1820	6400
每小时人工成本（元/小时）	2	2	2	2	2
人工总成本（元）	2100	3100	3960	3640	12800

（五）制造费用预算

制造费用预算是指为规划生产成本中除直接材料和直接人工以外的其他一切费用而编制的一种日常业务预算，通常分为变动制造费用预算和固定制造费用预算两部分。

变动制造费用预算以生产预算为基础来编制。如果有完善的标准成本资料，将单位产品的标准成本与产量相乘，即可得到相应的预算金额；如果没有标准成本资料，就需要逐项预计计划产量需要的各项制造费用。固定制造费用预算可在上年实际开支水平的基础上，结合本年预算情况来编制。

预计制造费用＝变动制造费用预算总额＋固定制造费用预算总额

变动制造费用预算总额＝变动制造费用分配率×直接人工标准总工时

固定制造费用预算总额＝固定制造费用分配率×直接人工标准总工时

预计现金支付的制造费用＝预计制造费用－折旧

【例3－5】诚信达公司2024年的制造费用预算如表3－5所示。

表3－5　制造费用预算　单位：元

季度	一	二	三	四	全年
变动制造费用：					
间接人工（1元/件）	105	155	198	182	640
间接材料（1元/件）	105	155	198	182	640
修理费（2元/件）	210	310	396	364	1280
水电费（1元/件）	105	155	198	182	640
小计	525	775	990	910	3200
固定制造费用：					
修理费	1000	1140	900	900	3940
折旧	1000	1000	1000	1000	4000
管理人员工资	200	200	200	200	800
保险费	75	85	110	190	460
财产税	100	100	100	100	400
小计	2375	2525	2310	2390	9600
合计	2900	3300	3300	3300	12800
减：折旧	1000	1000	1000	1000	4000
现金支出的费用	1900	2300	2300	2300	8800

注：为便于以后编制产品成本预算，需要计算小时费用率。变动制造费用小时费用率＝3200/6400＝0.5（元/小时），固定制造费用小时费用率＝9600/6400＝1.5（元/小时）。为便于以后编制现金预算，需要预计现金支出。制造费用中，除折旧费外都需支付现金，所以根据每个季度制造费用数额扣除折旧费后，即可得出“现金支出的费用”。

（六）产品生产成本预算

产品生产成本预算，是销售预算、生产预算、直接材料预算、直接人工预算、制造费用预算的汇总。其主要内容是产品的单位成本和总成本。单位产品成本的有关数据，来自前述预算。生产量、期末存货量来自生产预算，销售量来自销售预算。生产成本、存货成本和销货成本等数据，根据单位成本和有关数据计算得出。

【例3－6】诚信达公司2024年的产品生产成本预算如表3－6所示。

表 3-6　　产品生产成本预算

项目	单位成本			生产成本（640 件）	期末存货（20 件）	销货成本（630 件）
	元/千克（或小时）	投入量	成本（元）			
直接材料	5	10 千克	50	32000	1000	31500
直接人工	2	10 小时	20	12800	400	12600
变动制造费用	0.5	10 小时	5	3200	100	3150
固定制造费用	1.5	10 小时	15	9600	300	9450
合计			90	57600	1800	56700

（七）销售及管理费用预算

销售费用预算，是指为了实现销售预算所需支付的费用预算。它以销售预算为基础，分析销售收入、销售利润和销售费用的关系，力求实现销售费用的最有效使用。在安排销售费用时，要利用本量利分析方法，费用的支出应能获取更多的收益。在草拟销售费用预算时，要对过去的销售费用进行分析，考察过去销售费用支出的必要性和效果。销售费用预算应和销售预算相配合，应有按品种、地区、用途的具体预算数额。

管理费用是搞好一般管理业务所必需的费用。随着企业规模的扩大，一般管理职能日益重要，其费用也相应增加。在编制管理费用预算时，要分析企业的业务成绩和一般经济状况，务必做到费用合理化。管理费用多属于固定成本，所以一般是以过去的实际开支为基础，按预算期的可预见变化来调整。重要的是，必须充分考察每种费用是否必要，以便提高费用效率。

【例 3-7】诚信达公司 2024 年的销售及管理费用预算如表 3-7 所示。

表 3-7　　销售及管理费用预算　　单位：元

项目	金额
销售费用：	
销售人员工资	2000
广告费	5500
包装、运输费	3000
保管费	2700
折旧	1000
管理费用：	
管理人员薪金	4000
福利费	800
保险费	600
办公费	1400
折旧	1500
合计	22500

续　表

项目	金额
减：折旧	2500
每季度支付现金（20000/4）	5000

（八）财务费用预算

财务费用预算是指对企业将要发生的利息收支、汇兑损益、筹资或结算过程中支付的手续费作出的预算。

【例 3－8】诚信达公司 2024 年 1 月 18 日为获得经营资金发行一项债券，到期日为 2037 年 1 月 18 日，债券面值总额为 200000 元，票面年利率为 8%，在有效期内每年 1 月 18 日支付上一年利息。企业预计年内手续费和汇兑损益发生额非常小，忽略不计。

要求：编制诚信达公司 2024 年的财务费用预算。

诚信达公司 2024 年的财务费用＝200000×8%＝16000(元)

二、现金预算编制

现金预算是以业务预算和专门决策预算为依据编制的，专门反映预算期内预计现金收入与现金支出，以及为满足理想现金余额而进行筹资或归还借款等的预算。现金预算由现金收入、现金支出、现金余缺、现金筹措与运用四部分构成。

（一）现金收入

包括预算期间的期初现金余额，加上本期预计可能发生的现金收入。现金收入的主要来源一般是销售收入和应收账款的收回，可从销售预算中获得该项资料。

（二）现金支出

包括预算期内可能发生的一切现金支出，如支付购料款、直接人工费用、制造费用及销售与管理费用等。此项资料可从直接材料预算、直接人工预算、制造费用预算、销售及管理费用预算中获得。

（三）现金余缺

如现金收入总额大于现金支出总额，即出现剩余；反之为现金短缺。

（四）现金筹措与运用

以现金余缺为出发点，当现金短缺时，通过银行借款、发行债券、发行股票等方式筹措资金，并按期支付利息或股利等；当现金剩余时，用来偿还债务、进行短期投资等。

三、预计财务报表编制

扫码查看
延伸内容

（一）预计利润表的编制

预计利润表是以货币形式综合反映预算期内企业经营活动成果（包括利润总额、净利润）计划水平的一种财务预算。通过编制预计利润表，可以发现企业的总体获利情况，通过获利能力分析，发现企业成本费用以及销售收入的变化，从而采取提高企业利润的有力措施。

（二）预计资产负债表的编制

预计资产负债表的编制以期初实际的资产负债表为基础，并以当期编制的销售预算、生产预算、资本预算、现金预算以及预计利润表等为依据。

思政讲堂

三个案例让你明白全面预算的重要性

企业发展到一定的规模，离不开全面预算的编制和考核。但很多企业负责人对于全面预算的认识不够，不了解全面预算对于公司经营的重要性，因此要么公司没有全面预算，要么有全面预算，却因为重视程度不够而导致形同虚设，没有真正起到全面预算的管控作用。那么如何理解全面预算？全面预算对企业的经营到底有哪些好处？下面通过三个案例让你明白企业推行全面预算的必要性。

案例一：

某大型建筑企业2019年收入10亿元，税后利润为2000万元，企业负责人看到这么多的利润很开心，就决定进行分红，结果在分红时发现，企业账面可供使用的资金只有50万元。2020年该企业的收入仍然是10亿元，当年税后利润只有100万元，但是账面的资金余额却有5000多万元，企业负责人百思不得其解，为什么会出现这样的情况呢？

原因在于该公司虽然规模做大了，但是一直没有推行全面预算，因此企业负责人无法在经营过程中掌控公司一年到头的利润目标实现情况，也无法了解到年末公司的资金情况，最终陷入管理的被动局面。

案例二：

某建筑企业2020年为了降低企业的所得税税负，成立了两家销售公司，利用两家销售公司来采购建筑材料，然后再以不超过15%的市场价格销售给建筑企业。这两家销售公司符合小型微利企业的条件，可以享受小型微利企业的企业所得税税收优惠政策。

想法很好，但是在实际执行的时候，由于缺乏预算和控制，采购部门不了解情况，因此就没有关注材料发票的进出开具问题，这便导致其中一家销售企业的年应纳税所得额远远超过300万元而无法享受小型微利企业的企业所得税税收优惠政策。

案例三：

某建筑企业2020年的销售收入为8亿元，税后利润为1500万元，企业负责人想给公司的高管一定的奖励，但是不知给每个高管奖励多少钱合适，因为无法做出准确的衡量，到底谁对企业的贡献大？

当然实务当中这些案例举不胜举，那么如何规避这种问题的出现呢？最主要的手段当然是推行全面预算。全面预算作为一种全方位、全过程、全员参与编制与实施的预算管理模式，凭借其计划、协调、控制、激励、评价等综合管理功能，优化公司资源配置，提升公司运行效率，从而成为促进实现公司发展战略的重要抓手。

全面预算在编制和执行的过程中，应让公司内部各部门、各岗位，上至最高负责人，下至各部门负责人、各岗位员工都必须参与预算编制与实施。通过全面预算明确每个人在公司整体发展中所处的地位、作用和承担的责任，从而自觉树立成本效益意识，将自身行动有机地融入公司整体发展和目标实现过程中，减少公司内部目标不一致、步调不协调等问题。

全面预算管理就是全方位、全过程和全员参与的预算管理，是公司“经营思路”和“经营责任”的体现，是下级单位对上级单位的业绩“合同”和业绩的“承诺”，是公司内部的一项“管理机制”和“管理控制”的工具。

项目小结

◇ 本章从预算认知、预算的编制方法与程序、预算编制三个任务来介绍预算管理。

◇ 本章通过介绍预算的概念、预算的作用，使大家对预算有了一定认知；阐述了一系列预算编制的方法（固定预算与弹性预算、增量预算与零基预算、定期预算与滚动预算），展现了企业日常业务预算（销售预算、生产预算、直接材料预算、直接人工预算、制造费用预算、产品生产成本预算、销售及管理费用预算和财务费用预算）的编制。

◇ 编制现金预算与预计财务报表，培养学生财务预测观念并提高财务预测的应用能力，能够独立编制财务预算。

技能训练

一、单项选择题

1. 某企业预计前两个季度的销量为 1000 件和 1200 件，期末产成品存货数量一般按下季销量的 10%安排，则第一季度的预算产量为（　　）件。

A. 1020　　B. 980

C. 1100　　D. 1000

2. 以预算期内正常的、最可能实现的某一业务量水平为固定基础来编制预算的方法称为（　　）。

A. 零基预算法　　B. 定期预算法

C. 静态预算法　　D. 滚动预算法

3. 在分析业务量与预算项目之间数量依存关系的基础上，分别确定不同业务量及其相应预算项目所消耗资源的预算编制方法是指（　　）。

A. 固定预算　　B. 弹性预算

C. 增量预算　　D. 滚动预算

4. 已知某企业销售收款政策为：当月收现 50%，下月收现 30%，再下月收现 20%。若该企业预计 2011 年第四季度各月销售收入分别为：50 万元、80 万元、70 万元，则 2011 年预计资产负债表中年末应收账款项目的金额为（　　）万元。

A. 55　　B. 64

C. 51　　D. 46

5. 下列关于全面预算的说法中，不正确的是（　　）。

A. 全面预算的编制起点是销售预算

B. 全面预算的编制终点是预计资产负债表

C. 全面预算的编制终点是预计利润表

D. 全面预算需要根据各种预算之间的勾稽关系来编制，不能将各种预算单独编制

6. 某企业 2009 年第一季度产品生产量预算为 1500 件，单位产品材料用量为 5 千克/件，季初材料库存量为 1000 千克，第一季度还要根据第二季度生产耗用材料的 10%安排季末存量，预计第二季度生产耗用 7800 千克材料。材料采购价格预计为 12 元/千克，则该企业第一季度材料采购的金额为（　　）元。

A. 78000　　B. 87360

C. 92640　　D. 99360

7. 在编制企业预算时应采用的编制程序是（　　）。

A. 编制上报、下达目标、审议批准、审查平衡、下达执行

B. 下达目标、编制上报、审查平衡、审议批准、下达执行

C. 下达目标、编制上报、审议批准、审查平衡、下达执行

D. 编制上报、下达目标、审查平衡、审议批准、下达执行

8. 下列各项中，在销售预算中不涉及的是（　　）。

A. 预计销售量　　B. 销售单价

C. 销售收入　　D. 期末存货库存量

9. 下列各项中，不属于零基预算法的缺点的是（　　）。

A. 预算编制工作量较大

B. 预算编制成本较高

C. 导致无效费用开支无法得到有效控制

D. 准确性受企业管理水平和相关数据标准准确性影响较大

10. 产品成本预算的编制基础不包括（　　）。

A. 生产预算　　B. 直接材料预算

C. 制造费用预算　　D. 销售费用预算

二、多项选择题

1. 与生产预算直接相联系的预算是（　　）。

A. 直接材料预算　　B. 变动制造费用预算

C. 销售及管理费用预算　　D. 直接人工预算

2. 产品生产成本预算，是（　　）的汇总。

A. 销售及管理费用预算　　B. 直接材料预算

C. 直接人工预算　　D. 制造费用预算

3. 预算的编制方法主要有（　　）。

A. 弹性预算　　B. 零基预算

C. 全面预算　　D. 滚动预算

4. 在实际工作中，弹性预算主要适用于编制与业务量有关的各种预算，因而主要用于编制（　　）等。

A. 直接材料预算　　B. 直接人工预算

C. 制造费用预算　　D. 销售管理费用预算

5. 在下列各项中，被纳入现金预算的有（　　）。

A. 经营性现金收入　　B. 经营性现金支出

C. 资本性现金支出　　D. 现金收支差额

6. 财务预算包括（　　）。

A. 现金预算　　B. 业务预算

C. 预计损益表　　D. 预计资产负债表

7. 下列各项中，属于滚动预算优点的有（　　）。

A. 透明度高　　B. 及时性强

C. 连续性　　D. 完整性

8. 财务预算能使决策目标（　　）。

A. 定性化　　B. 定量化

C. 系统化　　D. 具体化

9. 经营性现金支出包括（　　）。

A. 支付各项利息　　B. 缴纳税金

C. 购买设备支出　　D. 股利分配

10. 在下列各项预算中，（　　）是编制产品生产成本预算的基础。

A. 支付各项利息　　B. 生产预算

C. 直接材料消耗及采购预算　　D. 直接人工预算

三、判断题

1. 企业实行预算的目的是限制花钱。（　　）

2. 财务预算是关于企业在未来一定期间内财务状况和经营成果以及现金收支等价值指标的各种预算总称。（　　）

3. 企业预算在执行过程中，对于无合同、无凭证、无手续的项目支出，应当按照预算管理制度规范支付程序。（　　）

4. 预算审计可以采用全面审计或者抽样审计。在特殊情况下，企业也可组织定期的专项审计。（　　）

5. 在编制管理费用预算时，一般是以过去的实际开支为基础，按预算期的可预见变化来调整。（　　）

6. 生产预算是在销售预算的基础上编制的。按照“以销定产”的原则，在产成品期初、期末存货量相等的情况下，生产预算中各季度的预计生产量应该等于各季度的预计销售量。（　　）

7. 制造费用预算通常分为变动制造费用预算和固定制造费用预算两部分。变动制造费用预算以生产预算为基础，固定制造费用需要逐项进行预计。（　　）

8. 滚动预算中的逐月滚动编制方法，是滚动编制的，编制时补充下一月份的预算即

可，不需要对中间月份的预算进行调整。(　　)

9. 由于能够使预算期间与会计期间相对应，定期预算法有利于企业长远打算，有利于企业长期稳定发展。(　　)

10. 在公式 $y=a+bx$ 中，x 可以表示销售量、生产量等，但是不能表示为直接人工工时。(　　)

四、计算题

1. 企业生产 A 产品，年生产能力为 20000 件，每件产品工时定额为 2 小时，2024 年制造费用资料如表 3-8 所示。

表 3-8　制造费用

项目	每小时变动费用率	全年预算固定成本（元）	全年实际费用（元）
间接材料	0.5	10000	28800
间接人工	0.25	2000	10700
电力	0.1	1000	5000
修理费	0.15	3000	7400
折旧		8000	8000
其他		2000	1800
合计		26000	61700

如果产量达到正常生产能力的 120%，则固定成本中的间接材料将增加 2%，修理费用将增加 10%，折旧将增加 5%。

要求：

(1) 根据上列资料，按正常生产能力的 70%、90%、100%、120%分别编制制造费用弹性预算。

(2) 编制弹性预算执行报告。

2. 某企业第三季度销售预算如表 3-9 所示。

表 3-9　销售预算　单位：元

项目	预计销售金额	预期现金收入		
		7 月份	8 月份	9 月份
期初应收账款	52500	(1)	(2)	
7 月份销售收入	100000	(3)	(4)	(5)
8 月份销售收入	150000		(6)	(7)
9 月份销售收入	170000			(8)
期末应收账款	(9)			
合计	(10)	(11)	(12)	(13)

该企业销售货款当月可收回 55%，次月收回 30%，第三个月收回余额。

期初应收账款为52500元，其中5月份销售的应收账款为12000元，6月份销售的应收账款为40500元。

要求：

(1) 计算5月份与6月份的销售收入。

(2) 计算季度的预期现金收入，填入表3-9各栏。

(3) 计算第三季度季末应收账款。

3. 某企业有关预算资料如下：

(1) 该企业3～7月的销售收入分别为40000元、50000元、60000元、70000元和80000元。每月销售收入中，当月收到现金30%，下月收到现金70%。

(2) 各月直接材料采购成本按下月销售收入的60%计算，所购材料款于当月支付现金50%，下月支付现金50%。

(3) 该企业4～6月份的制造费用分别为4000元、4500元和4200元，每月制造费用中包括折旧费1000元。

(4) 该企业4月份购置固定资产，需要现金15000元。

(5) 该企业在现金不足时，向银行借款（为1000元的倍数）；现金有多余时，归还银行借款（为1000元的倍数）。借款在初期，还款在期末，借款年利率为12%，利随本清。

(6) 该企业期末现金余额最低为6000元，其他资料见现金预算。

要求：根据以上资料，完成该企业4～6月份现金预算的编制工作（见表3-10）。

表3-10　现金预算

月份	4	5	6
期初现金余额	7000		
经营现金收入			
直接材料采购支出			
直接工资支出	2000	3500	2800
制造费用支出			
其他费用支出	800	900	750
预缴所得税			8000
购置固定资产			
现金余缺			
向银行借款			
归还银行借款			
支付贷款利息			
期末现金余额			

项目实训

一、实训目的

理解销售预算编制的程序，能灵活运用预算指标。

二、实训资料

诚信达公司编制销售预算的相关资料如下：

资料一：诚信达公司预计每季度销售收入中，有70%在本季度收到现金，30%于下季度收到现金，不存在坏账。2024 年年末应收账款余额为 6000 万元。假设不考虑增值税及其影响。

资料二：诚信达公司 2025 年的销售预算如表 3-11 所示。

表 3-11　诚信达公司 2025 年销售预算

项目	第一季度	第二季度	第三季度	第四季度	全年
预计销售量（万件）	500	600	650	700	2450
预计单价（元/件）	30	30	30	30	30
预计销售收入	15000	18000	19500	21000	73500
预计现金收入					
上年应收账款	*				*
第一季度	*	*			*
第二季度		(B)	*		*
第三季度			*	(D)	*
第四季度				*	*
预计现金收入合计	(A)	17100	(C)	20550	*

注：表内的“*”为省略的数值。

三、实训要求

（1）确定表格中字母所代表的数值（不需要列式计算过程）。

（2）计算 2025 年年末预计应收账款余额。

第三篇

财务活动管理

项目四
筹资管理

【教学目标】

◎ 知识目标

1. 熟悉企业筹资的相关概念。
2. 了解企业筹资的渠道及其优缺点。
3. 掌握企业筹资的基本原则、各类筹资方式及其优缺点。

◎ 技能目标

1. 通过学习企业筹资的相关理论知识，能够对资金需求量进行合理预测。
2. 通过学习不同的筹资方式，能够按照相关的程序做好企业筹资工作。

◎ 素质目标

1. 培养有理想、敢担当、能吃苦、肯奋斗的新时代好青年。
2. 培养自我管理能力和团队合作精神。

【扫码获取教学资料】

课件

微课

思政引领

【项目框架】

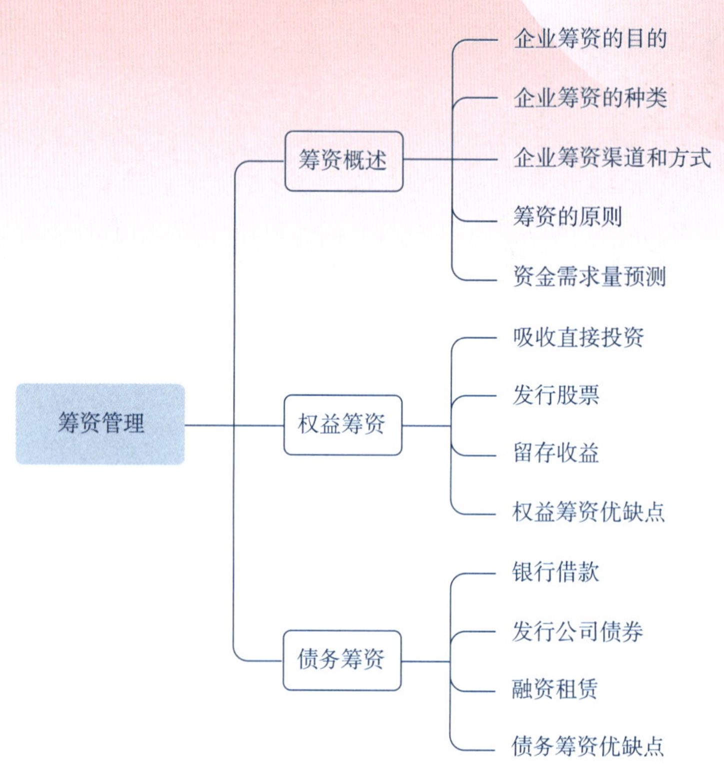
筹资管理
筹资概述
企业筹资的目的
企业筹资的种类
企业筹资渠道和方式
筹资的原则
资金需求量预测
权益筹资
吸收直接投资
发行股票
留存收益
权益筹资优缺点
债务筹资
银行借款
发行公司债券
融资租赁
债务筹资优缺点

重点难点

债券发行价格的计算，融资租赁租金的计算，资金需求量预测的基本方法。

工作任务

探寻企业筹资性质；选择企业筹资类别与程序；确立企业筹资方式。

项目引例

2016 年 8 月，喜茶获得今日投资及 IDG 资本超 1 亿元投资；2018 年 4 月，喜茶又宣布完成 4 亿元人民币 B 轮融资，由黑蚁资本及美团点评旗下的龙珠资本投资；2019 年 7 月，喜茶完成一轮估值达 90 亿元人民币的融资，该轮融资由腾讯、红杉领投。2020 年 3 月，喜茶获得新一轮投资，由高瓴资本及 Coatue 联合领投，预计投资后估值或将超过 160 亿元。

不止于喜茶，近年来还有多家新中式奶茶也获得了资本的青睐。据财经网信息，2019 年 8 月，茶颜悦色宣布完成 A 轮融资，源码资本及元生资本领投，但具体交易金额暂未披露。2019 年 4 月，乐乐茶也完成近 2 亿元 Pre－A 轮融资。与此同时，2016 年 10 月，奈雪的茶获得了天图资本的亿元投资；2018 年 3 月，又获得天图投资 A＋轮融资，估值 60 亿元人民币。

问题：企业筹资的方式有很多种，向风险投资机构筹资是其中一种。那么对企业而言，其优缺点有哪些?

任务一　筹资概述

一、企业筹资的目的

企业筹资是指企业为了满足经营活动、投资活动、资本结构管理和其他需要，运用一定的筹资方式，通过一定的筹资渠道，筹措和获取所需资金的一种财务行为。但每次具体的筹资行为，往往受特定动机的驱动。如为提高技术水平购置新设备而筹资；为对外投资活动而筹资；为产品研发而筹资；为解决资金周转临时需要而筹资等。主要的筹资动机如下。

（一）创立性筹资动机

创立性筹资动机是指企业设立时，为取得资本金并形成开展经营活动的基本条件而产生的筹资动机。资金，是设立企业的第一道门槛。根据《中华人民共和国公司法》《中华人民共和国合伙企业法》《中华人民共和国个人独资企业法》等相关法律的规定，任何一个企业或公司在设立时都要求有符合企业章程或公司章程规定的全体股东认缴的出资额。企业创建时，要按照企业经营规模预计长期资本需要量和流动资金需要量、购建厂房设备需要资金量等，安排铺底流动资金，形成企业的经营能力。这样，就需要筹措注册资本和资本公积等股权资金，不足部分需要筹集银行借款等债务资金。

（二）支付性筹资动机

支付性筹资动机是指为了满足经营业务活动的正常波动所形成的支付需要而产生的筹资动机。企业在开展经营活动过程中，经常会出现超出维持正常经营活动资金需求的季节性、临时性的交易支付需要，如原材料购买的大额支付、员工工资的集中发放、银行借款的提前偿还、股东股利的发放等。这些情况要求除正常经营活动的资金投入以外，还需要通过经常的临时性筹资来满足经营活动的正常波动需求，维持企业的支付能力。

（三）调整性筹资动机

调整性筹资动机是指企业因调整资本结构而产生的筹资动机。资本结构的调整目的在于降低资本成本，控制财务风险，提升企业价值。企业产生调整性筹资动机的具体原因大致有二：一是优化资本结构，合理利用财务杠杆效应。企业现有资本结构不尽合理的原因有：债务资本比例过高，有较大的财务风险；股权资本比例较大，企业的资本成本负担较重。这样可以通过筹资增加股权或债务资金，达到调整、优化资本结构的目的。二是偿还到期债务，债务结构内部调整。如流动负债比例过大，使企业近期偿还债务的压力较大，可以举借长期债务来偿还部分短期债务。又如一些债务即将到期，企业虽然有足够的偿债能力，但为了保持现有的资本结构，可以举借新债以偿还旧债。调整性筹资的目的是调整资本结构，而不是为企业经营活动追加资金，这类筹资通常不会增加企业的资本总额。

（四）扩张性筹资动机

扩张性筹资动机是指企业因扩大经营规模或满足对外投资需要而产生的筹资动机。企业维持简单再生产所需要的资金是稳定的，通常不需要或很少追加筹资。一旦企业扩大再生产，经营规模扩张、开展对外投资，就需要大量追加筹资。具有良好发展前景、处于成长期的企业，往往会产生扩张性的筹资动机。扩张性的筹资活动，在筹资的时间和数量上都要服从于投资决策和投资计划的安排，避免资金的闲置和投资时机的贻误。扩张性筹资的直接结果，往往是企业资产总规模的增加和资本结构的明显变化。

（五）混合性筹资动机

在实务中，企业筹资的目的可能不是单纯和唯一的，通过追加筹资，既满足了经营活动、投资活动的资金需要，又达到了调整资本结构的目的，可以称之为混合性筹资动机。混合性筹资动机一般是基于企业规模扩张和调整资本结构两种目的，兼具扩张性筹资动机和调整性筹资动机的特性，同时增加了企业的资产总额和资本总额，也导致企业的资产结构和资本结构同时发生变化。

二、企业筹资的种类

（一）按所筹资金的权益性划分

企业筹资可分为股权筹资、债务筹资和衍生工具筹资。

1. 股权筹资

股权资本是股东投入的、企业依法长期拥有、能够自主调配运用的资本。股权资本在企业持续经营期间，投资者不得抽回，因而也称为企业的自有资本、主权资本或权益资本。股权资本是企业从事生产经营活动和偿还债务的基本保证，是代表企业基本资信状况的一个主要指标。企业的股权资本通过吸收直接投资、发行股票、内部积累等方式取得。股权资本一般不用偿还本金，形成了企业的永久性资本，因而财务风险小，但付出的资本成本相对较高。

股权资本包括实收资本（股本）、资本公积、盈余公积和未分配利润。其中：实收资本（股本）和其溢价部分形成的资本公积，是外部投资者原始投入的；盈余公积、未分配利润和部分资本公积，是原始投入资本在企业持续经营中形成的经营积累。通常，盈余公积、未分配利润共称为留存收益。股权资本在经济意义上形成了企业的所有者权益。所有者权益是指投资者在企业资产中享有的经济利益，其金额等于企业资产总额减去负债后的余额。

2. 债务筹资

债务资本是企业按合同向债权人取得的，在规定期限内需要清偿的债务。企业通过债务筹资形成债务资金，债务资金通过向金融机构借款、发行债券、融资租赁等方式取得。由于债务资金到期要归还本金和支付利息，债权人对企业的经营状况不承担责任，因而债务资金具有较大的财务风险，但付出的资本成本相对较低。从经济意义上来说，债务资金是债权人对企业的一种投资，债权人依法享有企业使用债务资金所取得的经济利益，因而债务资金形成了企业的债权人权益。

永续债是一种没有明确到期日或者期限非常长，投资者不能在一个确定的时间点得到本金，但是可以定期获取利息的债券。永续债与普通债券的主要区别在于：第一，不设定债券的到期日。第二，票面利率较高，据统计，永续债的利率主要分布在5%～9%，远远高于同期国债收益率。第三，大多数永续债的附加条款中包括赎回条款以及利率调整条款。永续债实质是一种介于债权和股权之间的融资工具。永续债是分类为权益工具还是金融负债，应把“是否能无条件避免交付现金或其他金融资产的合同义务”作为判断永续债分类的关键，结合永续债募集说明书条款，按照经济实质重于法律形式原则判断。目前，国内已发行的永续债债券类型主要有可续期企业债、可续期定向融资工具、可续期公司债等。

3. 衍生工具筹资

衍生工具筹资包括兼具股权与债务筹资性质的混合融资和其他衍生工具融资。我国上市公司目前最常见的混合融资方式是可转换债券融资，最常见的其他衍生工具融资方式是认股权证融资。

（二）按所筹资金的期限划分

企业筹资可分为长期筹资和短期筹资。

1. 长期筹资

长期筹资是指企业筹集使用期限在1年以上的资金。长期筹资的目的主要在于形成和更新企业的生产和经营能力，或扩大企业生产经营规模，或为对外投资筹集资金。长期筹资通常采取吸收直接投资、发行股票、发行债券、长期借款、融资租赁等方式，所形成的长期资金主要用于购建固定资产、形成无形资产、进行对外长期投资、垫支铺底流动资金、产品和技术研发等。从资金权益性质来看，长期资金可以是股权资金，也可以是债务资金。

2. 短期筹资

短期筹资是指企业筹集使用期限在 1 年以内的资金。短期资金主要用于企业的流动资产和资金日常周转，一般需要在短期内偿还。短期筹资经常利用商业信用、短期借款、保理业务等方式来筹集。

（三）按筹资活动是否通过金融机构划分

企业筹资可分为直接筹资和间接筹资。

1. 直接筹资

直接筹资是企业直接与资金供应者协商融通资金的筹资活动。直接筹资不需要通过金融机构来筹措资金，是企业直接从社会取得资金的方式。直接筹资方式主要有发行股票、发行债券、吸收直接投资等。直接筹资方式既可以筹集股权资金，也可以筹集债务资金。相对来说，直接筹资的筹资手续比较复杂，筹资费用较高；但筹资领域广阔，能够直接利用社会资金，有利于提高企业的知名度和资信度。

2. 间接筹资

间接筹资是企业借助银行和非银行金融机构而筹集资金。在间接筹资方式下，银行等金融机构发挥中介作用，预先集聚资金，然后提供给企业。间接筹资的基本方式是银行借款，此外还有融资租赁等方式。通过间接筹资形成的主要是债务资金，主要用于满足企业资金周转的需要。间接筹资手续相对比较简便，筹资效率高，筹资费用较低，但容易受金融政策的制约和影响。

（四）按资金取得的方式划分

企业筹资可分为内部筹资和外部筹资。

1. 内部筹资

内部筹资是指企业通过利润留存而形成的筹资来源。内部筹资数额大小主要取决于企业可分配利润的多少和利润分配政策，一般无须花费筹资费用。

2. 外部筹资

外部筹资是指企业向外部筹措资金而形成的筹资来源。处于初创期的企业，内部筹资的可能性是有限的；处于成长期的企业，内部筹资往往难以满足需要，这就需要企业广泛地开展外部筹资，如发行股票、债券，取得商业信用、银行借款等。企业向外部筹资大多需要花费一定的筹资费用。

三、企业筹资渠道和方式

（一）筹资渠道

筹资渠道是指企业取得资金的来源，即资金从哪里来。目前我国企业筹资渠道主要有：

（1）国家财政资金，指国家以财政拨款或注资的方式投入企业的资金，这种融资渠道主要适用于国有企业。

（2）银行信贷资金，指各商业银行贷给企业的资金，是企业非常重要的债务资金来源。

（3）非银行金融机构资金。非银行金融机构将社会闲散资金集中起来，向需要资金的企业提供借款，也是企业重要的债务资金来源。

（4）其他企业资金。企业有时会有闲置多余的资金，这些资金可用于购买其他企业的股票或债券，将暂时不用的资金提供给需要资金的企业使用。

（5）居民的资金。随着居民收入水平不断提高，居民的理财意识也日益增强，民间资金越来越多地流向资本市场，逐渐成为企业筹资的重要渠道。

（6）企业的留存收益。当企业当年取得利润以后，分红部分可以留给企业使用，等以后取得更多的利润后再一起分配给投资者。

（二）筹资方式

筹资方式是指企业筹集资金的具体方法和手段，即资金如何取得。

1. 吸收直接投资

吸收直接投资，是指企业以投资合同、协议等形式定向地吸收国家、法人单位、自然人等投资主体资金的筹资方式。这种筹资方式不以股票这种融资工具为载体，通过签订投资合同或投资协议规定双方的权利和义务，主要适用于非股份制公司筹集股权资本。吸收直接投资是一种股权筹资方式。

2. 发行股票

发行股票，是指企业以发售股票的方式取得资金的筹资方式，只有股份有限公司才能发行股票。股票是股份有限公司发行的，表明股东按其持有的股份享有权益和承担义务的可转让的书面投资凭证。股票的发售对象，可以是社会公众，也可以是定向的特定投资主体。这种筹资方式只适用于股份有限公司，而且必须以股票作为载体。发行股票是一种股权筹资方式。

3. 发行债券

发行债券，是指企业以发售公司债券的方式取得资金的筹资方式。公司债券是公司依照法定程序发行、约定还本付息期限、标明债权债务关系的有价证券。发行公司债券，适用于向法人单位和自然人两种渠道筹资。发行债券是一种债务筹资方式。

4. 向金融机构借款

向金融机构借款，是指企业根据借款合同从银行或非银行金融机构取得资金的筹资方式。这种筹资方式广泛适用于各类企业，它既可以筹集长期资金，也可以用于短期融通资金，具有灵活、方便的特点。向金融机构借款是一种债务筹资方式。

5. 融资租赁

融资租赁，也称资本租赁或财务租赁，是指企业与租赁公司签订租赁合同，从租赁公司取得租赁物资产，通过对租赁物的占有、使用取得资金的筹资方式。融资租赁方式不直接取得货币性资金，通过租赁信用关系，直接取得实物资产，快速形成生产经营能力，然后通过向出租人分期交付租金方式偿还资产的价款。融资租赁是一种债务筹资方式。

6. 商业信用

商业信用，是指企业之间在商品或劳务交易中，由于延期付款或延期交货所形成的借贷信用关系。商业信用是由于业务供销活动而形成的，它是企业短期资金的一种重要的和经常性的来源。商业信用是一种债务筹资方式。

7. 留存收益

留存收益，是指企业从税后净利润中提取的盈余公积以及从企业可供分配利润中留存的未分配利润。留存收益，是企业将当年利润转化为股东对企业追加投资的过程，是一种股权筹资方式。

（三）筹资渠道与方式的对应关系

筹资渠道讲的是资金来源问题，筹资方式则解决通过何种方式取得资金的问题。筹资渠道与筹资方式两者既有区别又有联系。一定的筹资方式可能只适用于某一特定的资金来源渠道，但同一渠道的资金大多可以采用不同的方式取得。它们之间的对应关系如表 4－1 所示。

表 4－1　筹资渠道与筹资方式的关系

渠道 / 方式	吸收直接投资	发行股票	银行借款	发行债券	商业信用	融资租赁
国家财政资金	√	√				
银行信贷资金	√	√	√	√		
非银行金融机构	√	√	√	√		√
其他企业资金	√	√		√	√	√
居民的资金	√	√		√		
企业内部形成资金	√					

四、筹资的原则

企业筹资管理的基本要求，是要在严格遵守国家法律法规的基础上，分析影响筹资的各种因素，权衡资金的性质、数量、成本和风险，合理选择筹资方式，提高筹资效果。

（一）筹措合法

筹措合法原则是指企业筹资要遵循国家法律法规，合法筹措资金。不论是直接筹资还是间接筹资，企业最终都通过筹资行为向社会获取了资金。企业的筹资活动不仅为自身的生产经营提供了资金来源，也会影响投资者的经济利益，影响着社会经济秩序。企业必须遵循国家的相关法律法规，依法履行法律法规和投资合同约定的责任，合法合规筹资，依法披露信息，维护各方的合法权益。

（二）规模适当

规模适当原则是指要根据生产经营及其发展的需要，合理安排资金需求。企业筹集资金，要合理预测确定资金的需要量。筹资规模与资金需要量应当匹配一致，既要避免因筹资不足，影响生产经营的正常进行；又要防止筹资过多，造成资金闲置。

（三）取得及时

取得及时原则是指要合理安排筹资时间，适时取得资金。企业筹集资金，需要合理预测确定资金需要的时间。要根据资金需求的具体情况，合理安排资金的筹集到位时间，使筹资与用资在时间上相衔接。既避免过早筹集资金形成的资金投放前的闲置，又防止取得资金的时间滞后，错过资金投放的最佳时间。

（四）来源经济

来源经济原则是指要充分利用各种筹资渠道，选择经济、可行的资金来源。企业所筹集的资金都要付出资本成本，进而给企业的资金使用提出了最低收益要求。不同筹资渠道和方式所取得的资金，其资本成本各有差异。企业应当在考虑筹资难易程度的基础上，针对不同来源资金的成本，认真选择筹资渠道，并选择经济、可行的筹资方式，力求降低筹资成本。

（五）结构合理

结构合理原则是指筹资管理要综合考虑各种筹资方式，优化资本结构，保持适当偿债能力，防范企业财务危机。

五、资金需求量预测

资金需求量是筹资的数量依据，应当科学合理地进行预测。筹资数量预测的基本目的是保证筹集的资金既能满足生产经营的需要，又不会产生闲置资金。

（一）因素分析法

因素分析法又称分析调整法，是以有关项目基期年度的平均资金需求量为基础，根据预测年度的生产经营任务和资金周转加速的要求，进行分析调整，来预测资金需求量的一种方法。这种方法计算简便，容易掌握，但预测结果不太精确。它通常用于品种繁多、规格复杂、资金用量较小的项目。因素分析法的计算公式如下：

资金需求量＝(基期资金平均占用额－不合理资金占用额)×
(1＋预测期销售增长率)×(1－预测期资金周转速度增长率)

【例 4-1】甲企业上年度资金平均占用额为 2200 万元，经分析，其中不合理部分 200 万元，预计本年度销售增长 5%，资金周转加速 2%。则：

预测本年度资金需求量=(2200−200)×(1+5%)×(1−2%)=2058(万元)

（二）销售百分比法

1. 销售百分比法的含义

销售百分比法是指根据各个资金项目与销售收入总额之间的依存关系，把资产负债表中随着销售收入的变化而变化的项目，按照其计划销售额的增长情况来预测需要追加资金量的一种定量分析法。基本原理是：假设资产和负债与销售额存在稳定的百分比关系，根据销售与资产的比例关系预计资产额，根据资产额预计相应的负债和所有者权益，进而确定资金需求量。

2. 计算步骤

（1）根据资产负债表中资产负债项目与销售额之间是否同步变动的关系，区分经营性资产和经营性负债项目。

经营性资产是与销售同比变动的资产。其中流动资产项目属于经营性资产项目，包括库存现金、应收账款、存货等项目。

经营性负债是与销售同比变动的负债。经营性负债项目包括应付票据、应付账款、应付费用等项目，不包括短期借款、短期融资债券、长期负债等筹资性负债项目。

（2）确定经营性资产和经营性负债占销售收入的百分比（或确定预计销售收入的增长率）。

（3）确定需要增加的筹资数量。预计由于销售增长而需要的资金需求增长额，扣除利润留存后，即为所需要的外部筹资额。即：

外部资金需要量=增加的资产−增加的负债−增加的留存收益

①增加的资产=增量收入×基期经营性资产占基期销售额的百分比=基期经营性资产的合计数×销售增长率

②增加的负债=增量收入×基期经营性负债占基期销售额的百分比=基期经营性负债的合计数×销售增长率

③增加的留存收益=预计销售收入×销售净利润率×收益留存率

【例 4-2】诚信达公司 2024 年 12 月 31 日的简要资产负债及相关信息如表 4-2 所示。假定诚信达公司 2024 年销售额为 10000 万元，销售净利率为 10%，利润留存率为 40%。2025 年销售额预计增长 20%，公司有足够的生产能力，无须追加固定资产投资。则该公司按照销售百分比法的计算公式，预测 2025 年外部资金需要量为多少万元？

表 4-2 诚信达公司资产负债及相关信息表

2024 年 12 月 31 日

单位：万元

资产	金额	与销售关系	负债与权益	金额	与销售关系
现金	500	5%	短期借款	2500	N
应收账款	1500	15%	应付账款	1000	10%
存货	3000	30%	应付票据	500	5%

续 表

资产	金额	与销售关系	负债与权益	金额	与销售关系
固定资产	3000	N	公司债券	1000	N
			实收资本	2000	N
			留存收益	1000	N
合计	8000	50%	合计	8000	15%

首先，确定有关项目及其与销售额的关系百分比。在表4-2中，N表示不变动，是指该项目不随销售的变化而变化。

其次，确定需要增加的资金量。从表4-2可以看出，销售收入每增加100元，必须增加50元的资金占用，但同时自动增加15元的资金来源。因此，每增加100元的销售收入，公司必须取得35元的资金来源，销售额从10000万元增加到12000万元，增加了2000万元，按照35%的比率可预测将增加700万元的资金需求。

最后，确定外部资金需要量。2025年的净利润为1200万元（12000×10%），利润留存率为40%，则将有480万元利润被留存下来，还有220万元的资金必须从外部筹集。

根据诚信达公司的资料，可求得外部资金需要量：

外部资金需要量＝50%×2000－15%×2000－10%×40%×12000＝220(万元)

推荐阅读

如何理解销售百分比法

销售百分比法的原理比较简单。一般而言，销售额增大，产量也会相应地增加，而产量的扩大必然要求采购更多的原材料。众所周知，产成品、原材料、现金都是流动资产，也就是说，销售收入的增长必然伴随着更多流动资金的追加。如果能确定销售收入与资产的比例关系，而且知道销售收入的增长额，则可据此计算资产的增长额（资产的增长额就是需要追加的资金）。但要注意的是，资产的增长额并不是我们所要求的对外筹资额，虽然资产的增长需要追加资金，但并不意味着所需的资金都要企业去外部筹资，有两项资金无须企业主动向外筹资：①自发性负债。所谓自发性负债就是随着销售收入的增长，会自然增长的负债，如应付账款等。根据前文可知，销售额增长会导致原材料采购量增加，所以应付账款自然也会增长。应付账款是我们无偿占用的资金，当然是一种资金来源。但应付账款和银行借款不一样，如果你不去办理有关手续，银行是不会自动向你提供贷款的，而应付账款的产生则无须我们主动去办理相关手续，只要我们购买材料后不付款就自动产生了，所以称之为"自发性负债"。在流动负债中一般只有"应付账款"和"应付费用"是自发性负债，也称之为敏感负债。②留存收益。企业有了利润要给投资者分配利润，但分配后剩余的利润可以用来满足企业自身资金需要，因此，这一部分资金不属于外部筹资额。

任务二　权益筹资

权益筹资形成企业的股权资金，这是企业最基本的筹资方式。吸收直接投资、发行股票和利用留存收益，是权益筹资的三种基本形式。

一、吸收直接投资

吸收直接投资，是指企业按照“共同投资、共同经营、共担风险、共享收益”的原则，直接吸收国家、法人、个人和外商投入资金的一种筹资方式。吸收直接投资是非股份制企业筹集权益资本的基本方式，采用吸收直接投资的企业，资本不分为等额股份，无须公开发行股票。吸收直接投资的实际出资额中，注册资本部分，形成实收资本；超过注册资本的部分，属于资本溢价，形成资本公积。

（一）吸收直接投资的种类

1. 吸收国家投资

国家投资是指有权代表国家投资的政府部门或机构，以国有资产投入公司，这种情况下形成的资本叫国有资本。吸收国家投资是国有企业筹集权益资本的主要方式。吸收国家投资一般具有以下特点：①产权归属国家；②资金的运用和处置受国家约束较大；③在国有企业中被广泛采用。

2. 吸收法人投资

法人投资是指法人单位以其依法可支配的资产投入公司，这种情况下形成的资本叫法人资本。吸收法人投资一般具有以下特点：①发生在法人单位之间；②以参与公司利润分配或控制为目的；③出资方式灵活多样。

3. 吸收外商投资

外商投资是指外国的自然人、企业或者其他组织（以下称外国投资者）直接或间接在中国境内进行的投资。外商投资企业，是指全部或者部分由外国投资者投资，依照中国法律在中国境内登记注册设立的企业。

4. 吸收社会公众投资

社会公众投资是指社会个人或本公司职工以个人合法财产投入公司，这种情况下形成的资本称为个人资本。吸收社会公众投资一般具有以下特点：①参加投资的人员较多；②每人投资的数额相对较少；③以参与公司利润分配为目的。

（二）吸收直接投资筹资的优缺点

1. 吸收直接投资的优点

（1）能够尽快形成生产经营能力。

吸收直接投资不仅可以取得一部分货币资金，而且能够直接获得所需的先进设备和技术，尽快形成生产经营能力。

（2）容易进行信息沟通。

吸收直接投资的投资者比较单一，股权没有社会化、分散化，投资者甚至可直接担任公司管理层职务，公司与投资者易于沟通。

（3）吸收直接投资的手续相对比较简便，筹资费用较低。

2. 吸收直接投资的缺点

（1）资金成本较高。

相对于股票筹资方式来说，吸收直接投资的资金成本较高。当企业经营较好、盈利较多时，投资者往往要求将大部分盈余作为红利分配，因为向投资者支付的报酬是按其出资数额和企业实现利润的比率来计算的。

（2）公司控制权集中，不利于公司治理。

采用吸收直接投资方式筹资，投资者一般都要求获得与投资数额相适应的经营管理权。如果某个投资者的投资额比例较大，则该投资者对企业的经营管理就会有相当大的控制权，容易损害其他投资者的利益。

（3）不利于进行产权交易。

吸收投入资本由于没有证券为媒介，不利于产权交易，难以进行产权转让。

二、发行股票

股票是股份有限公司为筹措股权资本而发行的有价证券，是持股人拥有公司股份的凭证。

（一）股票的种类

1. 按股票权利的不同

可分为普通股和优先股。

普通股股票简称普通股，是公司发行的代表着股东享有平等的权利、义务，不加特别限制的，股利不固定的股票。普通股是最基本的股票，股份有限公司通常情况下只发行普通股。

优先股股票简称优先股，是公司发行的相对于普通股具有一定优先权的股票。其优先权利主要表现在股利分配优先权和分取剩余财产优先权上。优先股股东在股东大会上无表决权，在参与公司经营管理上受到一定限制，仅对涉及优先股权利的问题有表决权。

2. 按票面是否记名

可分为记名股票和无记名股票。

记名股票是在股票票面上记载有股东姓名或将名称记入公司股东名册的股票，无记名股票不登记股东名称，公司只记载股票数量、编号及发行日期。

公司向发起人、法人发行的股票，应当为记名股票，并应当记载该发起人、法人的名称或者姓名，不得另立户名或者以代表人姓名记名；向社会公众发行的股票，可以为记名股票，也可以为无记名股票。

3. 按发行对象和上市地点的不同划分

可分为A股、B股、H股和S股等。

A股即人民币普通股股票，由我国境内公司发行，在境内上市交易，它以人民币标明面值，以人民币认购和交易。

B股即人民币特种股票，由我国境内公司发行，在境内上市交易，它以人民币标明面值，以外币认购和交易。

H股是注册地在内地、在香港上市的股票，以此类推，在纽约和新加坡上市的股票，就分别称为N股和S股。

（二）普通股股东的权利

股东最基本的权利是按投入公司的股份额，依法享有公司收益获取权、公司重大决策参与权和选择公司管理者的权利，并以其所持股份为限对公司承担责任。

（1）公司管理权。股东对公司的管理权主要体现在重大决策参与权、经营者选择权、财务监控权、公司经营的建议和质询权、股东大会召集权等方面。

（2）收益分享权。股东有权通过股利方式获取公司的税后利润，利润分配方案由董事会提出并经过股东大会批准。

（3）股份转让权。股东有权将其所持有的股票出售或转让。

（4）优先认股权。原有股东拥有优先认购本公司增发股票的权利。

（5）剩余财产要求权。当公司解散、清算时，股东有对清偿债务、清偿优先股股东以后的剩余财产索取的权利。

（三）股票的特征

1. 永久性

公司发行股票所筹集的资金属于公司的长期自有资金，没有期限，无须归还。换言之，股东在购买股票之后，一般情况下不能要求发行企业退还股金。

2. 流通性

股票作为一种有价证券，在资本市场上可以自由流通，也可以继承、赠送或作为抵押品。股票特别是上市公司发行的股票具有很强的变现能力，流动性很强。

3. 风险性

由于股票的永久性，股东成为企业风险的主要承担者。风险的表现形式有：股票价格的波动性、红利的不确定性、破产清算时股东处于剩余财产分配的最后顺序等。

4. 参与性

股东作为股份公司的所有者，拥有参与企业管理的权利，包括重大决策权、经营者选择权、财务监控权、公司经营的建议和质询权等。此外，股东还有承担有限责任、遵守公司章程等义务。

（四）引入战略投资者

1. 战略投资者的概念与要求

我国在新股发行中引入战略投资者，允许战略投资者在公司发行新股中参与配售。

按中国证券监督管理委员会的规则解释，战略投资者是指与发行人具有合作关系或有合作意向，与发行公司业务联系紧密且欲长期持有发行公司股票的法人。从国外风险投资机构对战略投资者的定义来看，一般认为战略投资者是指能够通过帮助公司融资，提供营销与销售支持的业务或通过个人关系增加投资价值的公司或个人投资者。

一般来说，作为战略投资者的基本要求：①要与公司的经营业务联系紧密；②要出于长期投资目的而较长时期地持有股票；③要具有相当的资金实力，且持股数量较多。

2. 引入战略投资者的作用

战略投资者具有资金、技术、管理、市场、人才等方面优势，能够增强企业核心竞争力和创新能力。上市公司引入战略投资者，能够和上市公司之间形成紧密的、伙伴式的合作关系，并由此增强公司的经营实力、提高公司的管理水平、改善公司的治理结构。因此，对战略投资者的基本资质条件要求：拥有比较雄厚的资金、核心的技术、先进的管理等，有较好的实业基础和较强的投融资能力。

（1）提升公司形象，提高资本市场认同度。战略投资者往往都是实力雄厚的境内外大公司、大集团，甚至是国际、国内500强，他们对公司股票的认购，显示了对公司潜在未来价值的认可。

（2）优化股权结构，健全公司法人治理。战略投资者占一定股权份额并长期持股，能够分散公司控制权，吸引战略投资者参与公司管理，改善公司治理结构。战略投资者带来的不仅是资金和技术，更重要的是能带来先进的管理水平和优秀的管理团队。

（3）提高公司资源整合能力，增强公司的核心竞争力。战略投资者往往都有较好的实业基础，能够带来先进的工艺技术和广阔的产品营销市场，并致力长期投资合作，能促进公司的产品结构、产业结构的调整升级，有助于形成产业集群，整合公司的经营资源。

（4）达到阶段性的融资目标，加快实现公司上市融资的进程。战略投资者具有较强的资金实力，并与发行人签订有关配售协议，长期持有发行人股票，能够给新上市的公司提供长期稳定的资本，帮助上市公司用较低的成本融得较多的资金，提高了公司的融资效率。

从现有情况来看，目前我国上市公司确定战略投资者还处于募集资金最大化的实用原则阶段。谁的申购价格高，谁就能够成为战略投资者，管理型、技术型的战略投资者还很少见。资本市场中的战略投资者，目前多是追逐持股价差、有较大承受能力的股票持有者，一般都是大型证券投资机构。

推荐阅读

借壳上市与买壳上市

借壳上市是指一家私人公司通过把资产注入一家市值较低的已上市公司，得到该公司一定程度的控股权，利用其上市公司地位，使母公司的资产得以上市。

买壳上市是指非上市公司购买一家上市公司一定比例的股权来取得上市的地位，然后注入自己有关业务及资产，达到间接上市的目的。

与一般企业相比，上市公司最大的优势是能在证券市场上大规模筹集资金，以此促进公司规模快速增长。因此，上市公司的上市资格已成为一种“稀有资源”，所谓“壳”就是指上市公司的上市资格。由于有些上市公司机制转换不彻底，不善于经营管理，其业绩表现不尽如人意，丧失了在证券市场进一步筹集资金的能力，要充分利用上市公司的这个“壳”资源，就必须对其进行资产重组，买壳上市和借壳上市就是更充分地利用上市资源的两种资产重组形式。而借壳上市是指母公司（集团公司）通过将主要资产注入已上市的子公司中，来实现母公司的上市，借壳上市的典型案例之一是强生集团的“母”借“子”壳。

借壳上市和买壳上市的共同之处在于，它们都是一种对上市公司“壳”资源进行重新配置的活动，都是为了实现间接上市，它们的不同点在于，买壳上市的企业首先需要获得对一家上市公司的控制权，而借壳上市的企业已经拥有了对上市公司的控制权。

从具体操作的角度看，当非上市公司准备进行买壳或借壳上市时，首先碰到的问题便是如何挑选理想的壳公司，一般来说，壳公司具有这样一些特征：所处行业大多为夕阳行业，具体主营业务增长缓慢，盈利水平微薄甚至亏损；此外，公司的股权结构较为单一，以利于对其进行收购控股。

借壳上市和买壳上市一般都涉及大宗的关联交易，为了保护中小投资者的利益，这些关联交易的信息皆需要根据有关的监管要求，充分、准确、及时地予以公开披露。

（五）普通股筹资的优缺点

1. 普通股筹资的优点

（1）普通股筹集的资金没有固定的到期日，是一项永久性的资金来源。普通股也没有固定的费用负担，有盈利才支付股利，无盈利则不必支付股利。甚至在有盈利的情况下，也可不支付或少支付股利。因此，普通股筹资的风险小。

（2）普通股筹资由于从整体上减少了公司财务风险，保障了债权人的利益，会增加公司债券的价值，使债券筹资成本降低。

（3）普通股筹资比债券筹资更容易。这是因为普通股股票的预期收益比债券高，而且普通股代表着对公司一定的控制权，因此特别受某些希望参与管理的投资者欢迎。

2. 普通股筹资的缺点

（1）资本成本较高。投资股票的风险较高，股东相应要求得到较高的报酬率，股利从税后利润中支付，不允许从税前利润中扣除，普通股的发行、上市等方面的费用也很庞大。

（2）可能会分散公司的控制权。利用普通股筹资，发行新股，可能会因分散公司的控制权而遭到现有股东的反对。

（3）公司过度依赖普通股筹资，会被投资者视为消极的信号，从而导致股票价格下跌，进而影响公司的其他筹资手段的使用。

另外，上市交易的普通股股票增加了公司对社会公众股东的责任，其财务状况和成果都要公开，接受公众股东的监督。一旦公司经营出现了问题或遇到财务困难，公司有被他人收购的风险。

三、留存收益

留存收益，又称保留盈余或保留利润，是指留存于企业的税后利润，包括盈余公积与未分配利润两部分。它是普通股所代表的资本的增加额，可以用于未来股利的发放，亦可将其资本化，作为扩大再生产的资金来源。正是从这个意义上，可将留存收益作为一种筹资方式。

（一）留存收益的筹资途径

1. 提取盈余公积

盈余公积，是指有指定用途的留存净利润，其提取基数是抵减年初累计亏损后的本年度净利润。盈余公积主要用于企业未来的经营发展，经投资者审议后也可以用于转增股本（实收资本）和弥补以前年度经营亏损。盈余公积不得用于以后年度的对外利润分配。

2. 未分配利润

未分配利润，是指未限定用途的留存净利润。未分配利润有两层含义：第一，这部分净利润本年没有分配给公司的股东投资者；第二，这部分净利润未指定用途，可以用于企业未来经营发展、转增股本（实收资本）、弥补以前年度经营亏损、以后年度利润分配。

（二）利用留存收益筹资的优缺点

1. 留存收益筹资的优点

（1）不发生实际的现金支出。不同于负债筹资，不必支付定期的利息，也不同于股票筹资，不必支付股利。同时还免去了与负债、权益筹资相关的手续费、发行费等开支。但是这种方式存在机会成本，即股东将资金投放于其他项目上的必要报酬率。

（2）保持企业举债能力。留存收益实质上属于股东权益的一部分，可以作为企业对外举债的基础。先利用这部分资金筹资，减少了企业对外部资金的需求，当企业遇到盈利率很高的项目时，再向外部筹资，而不会因企业的债务已达到较高的水平而难以筹到资金。

（3）企业的控制权不受影响。增加发行股票，原股东的控制权分散，而采用留存收益筹资则不会存在此类问题。

2. 留存收益筹资的缺点

（1）期间限制。企业必须经过一定时期的积累才可能拥有一定数量的留存收益，从而使企业难以在短期内获得扩大再生产所需资金。

（2）与股利政策的权衡。如果留存收益过高，现金股利过少，则可能影响企业的形象，并给今后的筹资增加困难。利用留存收益筹资需要考虑公司的股利政策，不能随意变动。

四、权益筹资优缺点

（一）股权筹资的优点

1. 股权筹资是企业稳定的资本基础

股权资本没有固定的到期日，无须偿还，是企业的永久性资本，除非企业清算时才有可能予以偿还。这对于保障企业对资本的最低需求、促进企业长期持续稳定经营具有重要意义。

2. 股权筹资是企业良好的信誉基础

股权资本作为企业最基本的资本，代表了公司的资本实力，是企业与其他单位组织开展经营业务、进行业务活动的信誉基础。同时，股权资本也是其他方式筹资的基础，尤其可为债务筹资，包括银行借款、发行公司债券等提供信用保障。

3. 企业的财务风险较低

股权资本不用在企业正常营运期内偿还，没有还本付息的财务压力。相对于债务资金而言，股权资本筹资限制少，资本使用上也无特别限制。另外，企业可以根据其经营状况和业绩的好坏，决定向投资者支付报酬的多少。

（二）股权筹资的缺点

1. 资本成本负担较重

一般而言，股权筹资的资本成本要高于债务筹资。这主要是由于投资者投资于股权特别是投资于股票的风险较高，投资者或股东相应要求得到较高的报酬率。从企业成本开支的角度来看，股利、红利从税后利润中支付，而使用债务资金的资本成本允许税前扣除。此外，普通股的发行、上市等方面的费用也十分庞大。

2. 容易分散公司的控制权

利用股权筹资，由于引进了新的投资者或出售了新的股票，必然会导致公司控制权结构的改变，而控制权变更过于频繁，又势必影响公司管理层的人事变动和决策效率，影响公司的正常经营。

3. 信息沟通与披露成本较大

投资者或股东作为企业的所有者，有了解企业经营业务、财务状况、经营成果等的权利。企业需要通过各种渠道和方式加强与投资者的关系管理，保障投资者的权益。特别是上市公司，其股东众多而分散，只能通过公司的公开信息披露了解公司状况，这就需要公司花更多的精力，有些公司还需要设置专门的部门，进行公司的信息披露和投资者关系管理。

任务三　债务筹资

债务筹资形成企业的债务资金，债务资金是企业通过银行借款、向社会发行公司债券、融资租赁等方式筹集和取得的资金。银行借款、发行公司债券和融资租赁是负债筹资的三种基本形式。商业信用也是一种债务资金，但它是由企业间的商品或劳务交易形成的，故在营运资金管理一章中予以介绍。

一、银行借款

银行借款是指从银行或其他金融机构借入的，需要还本付息的款项。期限在一年以上的长期借款，它是企业长期负债的主要来源之一。长期借款主要用于企业的固定资产购置和满足永久性流动资金占用的需要，企业筹集长期借款资金的主要来源包括：银行、保险公司和信托投资公司等各种金融机构。

（一）银行借款的程序

1. 企业提出申请

企业申请借款必须符合借款原则和贷款条件。其中，我国金融部门对贷款规定的原则：按计划发放，择优扶持，有物资保障，按期归还。企业申请贷款应具备的条件主要有：①借款企业实行独立核算，自负盈亏，具有法人资格；②生产经营方向和业务范围符合国家政策，且贷款用途符合银行贷款办法规定的范围；③借款企业具有一定的物资和财产保证，或担保单位具有相应的经济实力；④具有还贷能力；⑤借款企业财务管理和经济核算制度健全，资金使用效益及企业经济效益良好；⑥在银行开立有账户，办理结算。

2. 银行审批

银行按照有关政策和贷款条件，对借款企业进行审查，依据审批权限，核准企业申请的借款金额和用款计划。审查的内容：①企业的财务状况；②企业的信用情况；③企业的盈利稳定性；④企业的发展前景；⑤借款投资项目的可行性；⑥抵押品和担保情况等。

3. 签订合同

借款申请获批准后，银行与借款企业需要进一步协商贷款的具体条件，签订正式的合同，规定贷款的数额、利率、期限和一些约束性条款。

4. 取得借款

借款合同生效后，银行可在核定的贷款指标范围内，根据用款计划和实际需要，一次或分次将贷款转入企业的存款结算户，以便企业支用借款。

（二）银行借款的优缺点

1. 银行借款的优点

（1）筹资速度快。企业利用长期借款筹资，一般所需时间较短，程序较为简单，可以快速获得筹资。

（2）资金成本较低。利用长期借款筹资，其利息可在所得税前列支，故可减少企业实际负担的成本，因此比股票筹资的成本要低得多。由于借款属于间接筹资，筹资费用也极少。

（3）弹性较大。在借款时，企业与银行直接商定贷款的时间、数额和利率等；在用款期间，企业如因财务状况发生某些变化，也可与银行再行协商，变更借款数量及还款期限等。因此，长期借款筹资具有较大的灵活性。

2. 银行借款的缺点

（1）筹资风险较高。借款通常有固定的利息负担和偿付期限，一旦企业经营不善，无力偿还到期债务，就有可能被债权人申请破产，故借款企业的筹资风险较高。

（2）限制条件较多。借款合同中有多种限制性条款，这可能会影响企业以后的筹资、投资和生产经营活动。

（3）筹资数量有限。一般不如股票、债券那样可以一次筹集到大笔资金。

推荐阅读

民间借贷与非法集资

民间借贷，是指自然人、法人、其他组织之间及其相互之间，而非经金融监管部门批准设立的从事贷款业务的金融机构及其分支机构进行资金融通的行为。年息合同成立时一年期 LPR 内受国家法律保护，超过则无效。

民间借贷作为一种资源丰富、操作简捷灵便的融资手段，在一定程度上缓解了银行信贷资金不足的矛盾，促进了经济的发展。但是显而易见，民间借贷的随意性、风险性容易造成诸多社会问题。向私人借钱，大多是半公开甚至秘密进行的资金交易，借贷双方仅靠所谓的信誉维持，借贷手续不完备，缺乏担保抵押，无可靠的法律保障，一旦遇到情况变化，极易引发纠纷乃至刑事犯罪。由此看来，民间借贷也必须规范运作，逐步纳入法治化的轨道。

非法集资又称“非法吸收公众存款”，是指单位或者个人未依照法定程序经有关部门批准，以发行股票、债券、彩票、投资基金证券或者其他债权凭证的方式向社会公众筹集资金，并承诺在一定期限内以货币、实物以及其他方式向出资人还本付息或给予回报的行为。

非法集资的特点：①未经有关部门依法批准，包括没有批准权限的部门批准的集资；有审批权限的部门超越权限批准的集资。②承诺在一定期限内给出资人还本付息。还本付息的形式除以货币形式为主外，也有实物形式和其他形式。③向社会不特定的对象筹集资金。这里“不特定的对象”是指社会公众，而不是指特定少数人。④以合法形式掩盖其非法集资的实质。为掩饰其非法目的，犯罪分子往往与投资人（受害人）签订合同，伪装成正常的生产经营活动，最大限度地实现其骗取资金的最终目的。

非法吸收公众存款罪在客观上的一个重要特征就是企业未经有权批准的机构审批，向社会上不特定的对象（较为广泛的群体）吸收存款。而合法的民间借贷则是企业向特定的公民借款。在这里，“特定的”和“不特定的”对象是区分合法与非法的一个重要界限。

二、发行公司债券

公司债券是公司依照法定程序发行，约定在一定期限还本付息的有价证券。债券是持券人拥有公司债权的书面证书，它代表债券持券人与发债公司之间的债权债务关系。

公司债券可以公开发行，也可以非公开发行。

（一）债券的种类

1. 按发行主体分类

可分为政府债券、金融债券和企业债券。

政府债券是由中央政府或地方政府发行的债券。政府债券风险小、流动性强。

金融债券是银行或其他金融机构发行的债券。金融债券风险不大、流动性较强、利率较高。

企业债券是由各类企业发行的债券。企业债券风险较大、利率较高、流动性差别较大。

2. 按有无抵押担保分类

可分为信用债券、抵押债券和担保债券。

信用债券又称无抵押担保债券，是以债券发行者自身的信誉发行的债券。政府债券属于信用债券，信誉良好的企业也可发行信用债券。企业发行信用债券往往有一些限制条件，如不准企业将其财产抵押给其他债权人，不能随意增发企业债券，未清偿债券之前股利不能分得过多等。

抵押债券是指以一定抵押品作抵押而发行的债券。当企业不能偿还债务时，债权人可将抵押品拍卖以获取债券本息。

担保债券是指由一定保证人作担保而发行的债券。当企业没有足够资金偿还债务时，债权人可以要求保证人偿还。

3. 按是否记名分类

可分为记名公司债券和无记名公司债券。

记名公司债券，应当在公司债券存根簿上载明债券持有人的姓名及住所、债券持有人取得债券的日期及债券的编号等信息。记名公司债券，由债券持有人以背书方式或者法律、行政法规规定的其他方式转让；转让后由公司将受让人的姓名或者名称及住所记载于公司债券存根簿。

无记名公司债券的转让，由债券持有人将该债券交付给受让人后即发生转让的效力。

4. 按是否可转换成公司股权分类

可分为可转换债券和不可转换债券。

可转换债券是指债券持有者可以在规定的时间内按规定的价格转换为发债公司股票的一种债券。这种债券在发行时，对债券转换为股票的价格和比率等都作了详细规定。

不可转换债券是指不能转换为发债公司股票的债券，大多数公司债券属于这种类型。

5. 按是否公开发行分类

可分为公开发行债券和非公开发行债券。

资信状况符合规定标准的公司债券可以向公众投资者公开发行，也可以自主选择仅面向合格投资者公开发行。未达到规定标准的公司债券公开发行应当面向合格投资者。非公开发行的公司债券应当向合格投资者发行。

（二）公司债券的发行程序

国有企业、股份公司、有限责任公司只要具备发行债券的条件，都可以依法申请发行债券。

1. 作出发债决议

拟发行公司债券的公司，需要由公司董事会制定公司债券发行的方案，并由公司股东大会批准，作出决议。

2. 提出发债申请

根据《中华人民共和国证券法》规定，申请公开发行公司债券，应当向国务院授权的部门或者国务院证券监督管理机构报送公司营业执照、公司章程、公司债券募集办法等正式文件及国务院授权的部门或者国务院证券监督管理机构规定的其他文件。按照《中华人民共和国证券法》聘请保荐人的，还应当报送保荐人出具的发行保荐书。

3. 公告募集办法

公司发行债券的申请经批准后，要向社会公告公司债券的募集办法。公司债券募集分为私募发行和公募发行。私募发行是以特定的少数投资者为指定对象发行债券，公募发行是在证券市场上以非特定的广大投资者为对象公开发行债券。

4. 委托证券经营机构发售

按照我国公司债券发行的相关法律规定，公司债券的公募发行采取间接发行方式。在这种发行方式下，发行公司与承销团签订承销协议。承销团由数家证券公司或投资银行组成，承销方式有代销和包销两种。代销是指承销机构代为推销债券，在约定期限内未售出的余额可退还发行公司，承销机构不承担发行风险。包销是由承销团先购入发行公司拟发行的全部债券，然后再出售给社会上的投资者，如果约定期限内未能全部售出，余额要由承销团负责认购。

5. 交付债券，收缴债券款

债券购买人向债券承销机构付款购买债券，承销机构向购买人交付债券。然后，债券发行公司向承销机构收缴债券款，登记债券存根簿，并结算发行代理费。

（三）债券的发行

1. 发行方式

债券的发行方式有委托发行和自行发行。

委托发行是指企业委托银行或其他金融机构承销全部债券，并按总面额的一定比例支付手续费。

自行发行是指债券发行企业不经过金融机构直接把债券配售给投资单位或个人。

2. 发行债券的要素

（1）债券的面值。债券面值包括两个基本内容：币种和票面金额。币种可以是本国货币，也可以是外国货币，这取决于债券发行的地区及对象。票面金额是债券到期时偿还本金的金额。票面金额印在债券上，固定不变，到期必须足额偿还。

（2）债券的期限。债券从发行之日起至到期日之间的时间称为债券的期限。

（3）债券的利率。债券上一般都注明年利率，利率有固定的，也有浮动的。面值与利率相乘即为年利息。

（4）偿还方式。债券的偿还方式有分期付息、到期还本及到期一次还本付息。

（5）发行价格。债券的发行价格有三种：①按债券面值平价发行，平价发行又叫面值发行；②按低于债券面值折价发行；③按高于债券面值溢价发行。

债券之所以会偏离面值发行是因为债券票面利率与金融市场平均利率不一致。如果债券利率大于市场利率，则由于未来利息多计，会导致债券内在价值大而应采用溢价发行。如果债券利率小于市场利率，则由于未来利息少计，会导致债券内在价值小而应采用折价发行。这是基于债券发行价格应该与它的价值贴近。债券溢价、折价可依据资金时间价值原理算出的内在价值确定。

若每年年末支付利息，到期支付面值的债券发行价格计算公式如下：

$$债券发行价格=\frac{债券面值}{(1+市场利率)^t}+\sum_{t=1}^{n}\frac{债券面值\times票面利率}{(1+市场利率)^t}$$

式中，n 为债券利息支付的期数。

依据资金时间价值原理，从公式中可以看出，债券发行价格是按市场利率计算的债券面值的复利现值和各年利息的复利现值之和。

【例 4－3】诚信达公司发行债券筹资，面值 500 元，期限 5 年，发行时市场利率为 10％，每年年末付息，到期还本。请分别按票面利率为 8％、10％、12％计算债券的发行价格。

若票面利率为 8％，

$$\begin{aligned}发行价格&=500\times8\%\times(P/A,10\%,5)+500\times(P/F,10\%,5)\\&=40\times3.7908+500\times0.6209=462.08(元)\end{aligned}$$

若票面利率为 10％，

$$\begin{aligned}发行价格&=500\times10\%\times(P/A,10\%,5)+500\times(P/F,10\%,5)\\&=50\times3.7908+500\times0.6209=499.99(元)\end{aligned}$$

若票面利率为 12％，

$$\begin{aligned}发行价格&=500\times12\%(P/A,10\%,5)+500\times(P/F,10\%,5)\\&=60\times3.7908+500\times0.6209=537.90(元)\end{aligned}$$

从上例结果可见，上述三种情况分别以折价、平价、溢价发行。此类问题的市场利率是复利年利率，当债券以单利计息，到期一次还本付息时，即使票面利率与市场利率相等，也不应按面值发行。

【例 4－4】依【例 4－3】资料，改成单利计息，到期一次还本付息，其余不变。请分别按票面利率为 8％、10％、12％计算债券的发行价格。

若票面利率为 8％，

$$\begin{aligned}发行价格&=500\times(1+5\times8\%)\times(P/F,10\%,5)\\&=700\times0.6209=434.63(元)\end{aligned}$$

若票面利率为10%，

$$发行价格=500\times(1+5\times10\%)\times(P/F,10\%,5)$$
$$=750\times0.6209=465.68(元)$$

若票面利率为12%，

$$发行价格=500\times(1+5\times12\%)\times(P/F,10\%,5)$$
$$=800\times0.6209=496.72(元)$$

（四）债券的偿还

债券偿还时间按其实际发生与规定的到期日之间的关系，分为提前偿还与到期偿还两类，其中后者又包括分批偿还和一次偿还两种。

1. 提前偿还

提前偿还又称提前赎回或收回，是指在债券尚未到期之前就予以偿还。只有在公司发行债券的契约中明确规定了有关允许提前偿还的条款，公司才可以进行此项操作。提前偿还所支付的价格通常要高于债券的面值，并随到期日的临近而逐渐下降。具有提前偿还条款的债券可使公司筹资有较大的弹性。当公司资金有结余时，可提前赎回债券；当预测利率下降时，也可提前赎回债券，而后以较低的利率来发行新债券。

2. 到期分批偿还

如果一个公司在发行同一种债券的当时就为不同编号或不同发行对象的债券规定了不同的到期日，这种债券就是分批偿还债券。因为各批债券的到期日不同，它们各自的发行价格和票面利率也可能不相同，从而导致发行费较高；但由于这种债券便于投资人挑选最合适的到期日，因而便于发行。

3. 到期一次偿还

多数情况下，发行债券的公司在债券到期日，一次性归还债券本金，并结算债券利息。

（五）债券筹资的优缺点

1. 债券筹资的优点

（1）资金成本较低。债券利息作为财务费用在税前列支，而股票的股利需由税后利润发放，利用债券筹资的资金成本较低。

（2）保障所有者对企业的控制权。债券持有人无权干涉企业的经营管理，因而不会减弱原有股东对企业的控制权。

（3）能获得财务杠杆收益。债券利率在发行时就已确定，如遇通货膨胀，则实际减轻了企业负担；如企业盈利情况好，财务杠杆作用导致原有投资者获取更大的收益。

2. 债券筹资的缺点

（1）筹资风险高。债券筹资有固定到期日，要承担还本付息义务。当企业经营不善时，会减少原有投资者的股利收入，甚至会因不能偿还债务而导致企业破产。

（2）限制条件多。债券持有人为保障债权的安全，往往要在债券合同中签订保护条款，这对企业造成较多约束，影响企业财务灵活性。

（3）筹资数量有限。债券筹资的数量比银行借款多，但它筹集的毕竟是债务资金，不可能太多，否则会影响企业信誉，也会因资金结构变差而导致总体资金成本的提高。

三、融资租赁

融资租赁，又称财务租赁、资本租赁，它是承租人为融通资金而向出租人租用由出租人出资按承租人要求购买的租赁物的租赁。它是以融物为形式、融资为实质的经济行为，是出租人为承租人提供信贷的信用业务。

（一）融资租赁的特点

1. 所有权与使用权相分离

租赁资产的所有权与使用权分离是租赁的主要特点之一。银行信用虽然也是所有权与使用权相分离，但载体是货币资金，租赁则是资金与实物相结合基础上的分离。

2. 融资与融物相结合

租赁是以商品形态与货币形态相结合提供的信用活动，出租人在向企业出租资产的同时，解决了企业的资金需求，具有信用和贸易双重性质。它不同于一般的借钱还钱、借物还物的信用形式，而是借物还钱，并以分期支付租金的方式来体现。租赁的这一特点使银行信贷和财产信贷融合在一起，成为企业融资的一种特定形式。

3. 租金的分期支付

在租金的偿还方式上，租金与银行信用到期还本不一样，采取了分期支付方式。出租方的资金一次投入，分期收回。对于承租方而言，通过租赁可以提前获得资产的使用价值，分期支付租金便于分期规划未来的现金流出量。

（二）融资租赁的形式

1. 直接租赁

直接租赁是融资租赁的主要形式，承租方提出租赁申请时，出租方按照承租方的要求选购设备，然后再出租给承租方。

2. 售后回租

售后回租是指承租方由于急需资金等各种原因，将自己的资产售给出租方，然后以租赁的形式从出租方原封不动地租回资产的使用权。

3. 杠杆租赁

杠杆租赁是指涉及承租人、出租人和资金出借人三方的融资租赁业务。一般来说，当所涉及的资产价值昂贵时，出租方自己只投入部分资金，通常为资产价值的20%～40%，其余资金则通过将该资产抵押担保的方式，向第三方（通常为银行）申请贷款解决。然后，出租人将购进的设备出租给承租方，用收取的租金偿还贷款，该资产的所有权属于出租方。出租人既是债权人也是债务人，既要收取租金又要支付债务。

（三）融资租赁的优缺点

1. 融资租赁筹资的优点

（1）能转嫁所有权风险。如果企业要拥有某项资产的所有权，必然要相应地承担该项资产可能变得陈旧过时的风险，特别是那些技术发展迅速的资产，融资租赁也可以避免设备陈旧过时的风险。

（2）避免借款筹资或发行债券筹资对生产经营的种种限制，使得公司的筹资与理财富有弹性。

（3）租金分期支付，且全部可以节税。

（4）迅速获得资产的使用权。

2. 融资租赁筹资的缺点

（1）资本成本较高。由于出租人承受的风险大，要求的回报必然会相应地提高，因此，租赁的实际成本往往会高于借款或债券的成本。

（2）增加固定的债务。租金是一种固定的债务，如果过多地租赁资产，必然会降低公司的偿债能力，加大公司的财务风险。

（3）不利于资产的改良。承租人不能擅自进行技术更新和改造，从而有碍于设备使用效能的提高。

四、债务筹资优缺点

（一）债务筹资的优点

1. 筹资速度较快

与股权筹资相比，债务筹资不需要经过复杂的审批手续和证券发行程序，如银行借款、融资租赁等，可以迅速地获得资金。

2. 筹资弹性较大

发行股票等股权筹资，一方面需要经过严格的政府审批；另一方面从企业的角度出发，由于股权不能退还，股权资本在未来永久性地给企业带来了资本成本的负担。利用债务筹资，可以根据企业的经营情况和财务状况，灵活地商定债务条件，控制筹资数量，安排取得资金的时间。

3. 资本成本负担较轻

一般来说，债务筹资的资本成本要低于股权筹资。一是取得资金的手续费用等筹资费用较低；二是利息、租金等用资费用比股权资本要低；三是利息等资本成本可以在税前支付。

4. 可以利用财务杠杆

债务筹资不改变公司的控制权，因而股东不会出于控制权稀释的原因而反对公司举债。债权人从企业那里只能获得固定的利息或租金，不能参加公司剩余收益的分配。当企业的资本报酬率（息税前利润率）高于债务利率时，会增加普通股股东的每股收益，提高净资产报酬率，提升企业价值。

5. 稳定公司的控制权

债权人无权参加企业的经营管理，利用债务筹资不会改变和分散股东对公司的控制权。在信息沟通与披露等公司治理方面，债务筹资的代理成本也较低。

（二）债务筹资的缺点

1. 不能形成企业稳定的资本基础

债务资本有固定的到期日，到期需要偿还，只能作为企业的补充性资本来源。再加上取得债务往往需要进行信用评级，没有信用基础的企业和新创企业，往往难以取得足额的债务资本。现有债务资本在企业的资本结构中达到一定比例后，往往由于财务风险而不容易再取得新的债务资金。

2. 财务风险较大

债务资本有固定的到期日，有固定的债息负担，通过抵押、质押等担保方式取得的债务，在资本使用上可能会有特别的限制。这些都要求企业必须保证有一定的偿债能力，要保持资产流动性及其资产报酬水平，作为债务清偿的保障，对企业的财务状况提出了更高的要求，否则会带来企业的财务危机，甚至导致企业破产。

3. 筹资数额有限

债务筹资的数额往往受到贷款机构资本实力的制约，除发行债券方式外，一般难以像发行股票那样一次性筹集到大笔资金，无法满足公司大规模筹资的需要。

项目小结

◇ 企业筹集资金是资金运动的起点，它会影响乃至决定企业资金运动的规模及效果。企业筹资的动机主要有筹集企业资本金、扩大经营规模、调整资本结构及偿还债务。

◇ 企业资金总的来说有两种来源：一部分是投资者提供的，称为权益资金；另一部分是债权人提供的，称为债务资金。

◇ 权益筹资包括吸收直接投资、发行普通股、企业留存收益等。权益筹资的优点在于不需要偿还本金、财务风险低、能增强企业实力，缺点在于资金成本高，公司的控制权容易分散。

◇ 债务筹资包括银行借款、发行公司债券、融资租赁等。债务筹资方式优点在于资金成本低，缺点在于会增加企业财务风险。

技能训练

一、单项选择题

1. 吸收直接投资的优点是（　　）。

A. 资金成本低　　　　B. 控制权集中

C. 产权关系明晰　　　　D. 较快形成生产能力

2. 普通股筹资的优点不包括（　　）。

A. 没有固定的股利负担　　　　B. 没有固定的到期日

C. 筹资风险小　　　　D. 资金成本低

3. 根据我国有关规定，股票不得（　　）。

A. 平价发行　　B. 溢价发行

C. 折价发行　　D. 市价发行

4. 下列各项中，属于商业信用的是（　　）。

A. 商业银行贷款　　B. 应交税费

C. 应付账款　　D. 融资租赁

5. 某企业按年利率12%从银行取得贷款100万元，银行要求企业按贷款额的15%保持补偿性余额，贷款的实际利率为（　　）。

A. 12%　　B. 14.12%

C. 10.43%　　D. 13.80%

6. 某公司发行面值为1000元，票面利率为12%，期限为2年，每年年末支付利息的债券，当市场利率为10%时，其发行价格为（　　）元。

A. 1150　　B. 1000

C. 1035　　D. 985

7. 债券的资金成本一般低于普通股，最主要的原因在于（　　）。

A. 债券筹资费用少　　B. 债券发行量少

C. 债券的利息固定　　D. 债券利息有减税作用

8. 根据公司法的规定，累计发行债券总额不得超过公司净资产额的（　　）。

A. 60%　　B. 50%

C. 40%　　D. 30%

9. 企业的筹资渠道有（　　）。

A. 国家资本　　B. 发行股票

C. 发行债券　　D. 银行借款筹资

10. 在各种资金来源中，成本率最高的是（　　）。

A. 长期债券　　B. 银行借款

C. 普通股　　D. 留存收益

二、多项选择题

1. 向银行借款筹资的特点有（　　）。

A. 筹资金额多　　B. 筹资速度快

C. 筹资灵活性大　　D. 筹资成本低

2. 企业的融资租赁形式有（　　）。

A. 售后租回　　B. 直接租赁

C. 服务租赁　　D. 杠杆租赁

3. 吸收直接投资按照投资者分类有（　　）。

A. 国家直接投资　　B. 法人投资

C. 企业内部职工投资　　D. 社会个人投资

4. 企业筹资的基本原则有（　　）。

A. 规模适当原则　　B. 及时原则

C. 来源合理原则　　D. 方式经济原则

5. 下列出资方式中属于权益资金方式的有（　　）。

A. 吸收直接投资　　B. 发行债券

C. 发行股票　　D. 留存收益

6. 影响债券发行价格的因素有（　　）。

A. 债券面值　　B. 债券票面利率

C. 市场利率　　D. 债券期限

7. 债券筹资具有（　　）的优点。

A. 筹资成本低　　B. 可供经营者长期自主使用

C. 能获得财务杠杆利益　　D. 筹资风险低

8. 融资租赁租金的构成内容有（　　）。

A. 租赁设备的价款　　B. 利息

C. 租赁手续费　　D. 租赁设备维修费

9. 下列筹资方式中筹集资金属企业负债的有（　　）。

A. 银行借款　　B. 发行债券

C. 融资租赁　　D. 商业信用

10. 采用销售百分比法预测资金需求时，下列项目中被视为随着销售收入的变动而变动的是（　　）。

A. 库存现金　　B. 应付账款

C. 存货　　D. 公司债券

三、判断题

1. 因为公司债务必须付息，而普通股不一定支付股利，所以普通股资本成本小于债务资本成本。（　　）

2. 当公司解散、清算时，正确的清偿顺序是：债务、优先股、普通股。（　　）

3. 优先股股东在股东大会上没有任何表决权。（　　）

4. 相对于债务资本而言，股权资本的财务风险小，但付出的资本成本相对较高。（　　）

5. 企业在开展经营活动过程中，经常会出现超出维持正常经营活动资金需求的季节性、临时性的交易支付需要，为了满足这些需要而产生的筹资动机属于扩张性筹资动机。（　　）

6. 企业通过合法有效地经营所实现的税后净利润，都属于企业的投资者。（　　）

7. 广义的权证，是持有人有权在一定时间内以约定价格认购该公司发行的一定数量标的资产的期权。（　　）

四、计算分析题

1. 某企业拟发行一批面值为1000元，票面利率为8%，期限为5年期的债券。

要求：计算当市场利率分别为5%、8%、11%时的发行价格。

2. 某企业融资租入一台设备，价款为300万元，租期为6年，到期后设备归企业所有，租赁期间贴现率为10%，采用等额年金方式支付租金。

要求：（1）计算每年年末应付租金。

（2）计算每年年初应付租金。

五、案例分析题

诚信达公司2024年简化资产负债表，如表4－3所示。该企业2024年营业收入为1500万元，利润总额为60万元，2025年该公司预计销售收入为1800万元，假定所得税税率为25%，税后利润留用比例为20%。要求：计算该公司2025年需要追加的外部筹资额。

表4－3 资产负债表

2024年12月31日 单位：万元

资产		负债及所有者权益	
货币资金	7.5	应付账款	264
应收账款	240	其他流动负债	10.5
存货	261	长期负债	55.5
固定资产净值	29.5	实收资本	183
		留存收益	25
资产合计	538	负债及所有者权益合计	538

项目实训

一、实训目的

1. 了解公司上市发行股票的相关法律规定。
2. 了解公开发行债券筹资的相关法律规定。
3. 掌握股票筹资和债券筹资的必要条件。
4. 掌握银行借款的相关限制条款。
5. 掌握筹资方式决策的基本方法。

二、实训资料

诚信达公司是一家科技股份有限公司，公司已发起设立2年，注册资本4000万元，目前公司股东人数为560人，公司净资产为5800万元。近年来该公司经营状况良好，产品供不应求，为抓住机遇，扩大公司规模，公司董事会决定筹措新资金，并提出以下3个方案：

方案一：向国务院授权部门及证券管理部门申请公司上市发行新股，拟发行新股总额为人民币6000万元，每股面值2元。为吸引投资，其中2000万元股份为优先股，优先股股东享有下列权利：

（1）优先股股东可以8.5折购买股票。

（2）预先确定优先股股利为11%，且不论盈亏保证支付。

（3）优先股股东在股东大会上享有表决权。

其余4000万元股份为普通股，溢价发行，并将股票发行溢价收入列入公司利润中。

方案二：公开发行债券。筹措资金为6000万元，期限为3年，债券面值100元，票面核定利率为5%，达到国家规定水平。债券单利计息，到期一次还本付息。目前银行存款利率为6%，债券折价发行。

公司近两年来平均可分配利润为350万元，债券筹措的资金用途符合国家产业政策的规定；公司之前尚未发行过债券。

方案三：向银行借款。公司的投资报酬率为10%，通过询价，已有三家银行愿意提供3年期、总额为6000万元的贷款，其条件如表4－4所示，诚信达公司用款情况时间表如表4－5所示。

表4－4　商业银行贷款条件

商业银行	贷款额（万元）	利率（%）	限制条款
中国工商银行某支行	6000	8	0.5%承诺费率，每年付息一次到期还本
中国建设银行某支行	6000	6.5	10%补偿性余额，一次性全额款，到期一次性还本付息
中国农业银行某支行	6000	7	6000万元信贷额度，每年付息一次，到期还本

表4－5　诚信达公司用款情况时间表　单位：万元

第一年	第二年	第三年	累计
2000			2000
	3600		5600
		400	6000

三、实训要求

1. 试分析诚信达公司申请上市及发行新股能否获得批准。
2. 诚信达公司对优先股的规定是否合法？
3. 新股发行方案中还存在什么问题？
4. 诚信达公司债券筹资方案是否可行？
5. 计算银行借款的资本成本，并做出选择哪家银行的决策。

项目五
资本成本与资本结构

【教学目标】

◎ 知识目标

1. 熟悉资本成本的含义及作用。
2. 了解资金结构相关概念、每股利润无差别点、比较资本成本法。
3. 掌握经营杠杆、财务杠杆、总杠杆的含义、产生原因及计算方法。

◎ 能力目标

1. 通过学习资本成本的理论知识，能够计算不同资本成本。
2. 通过学习资本结构的理论知识，能够选择最优资本结构。

◎ 素质目标

培养学生正确衡量企业财务风险的意识。

【扫码获取教学资料】

课件

微课

【项目框架】

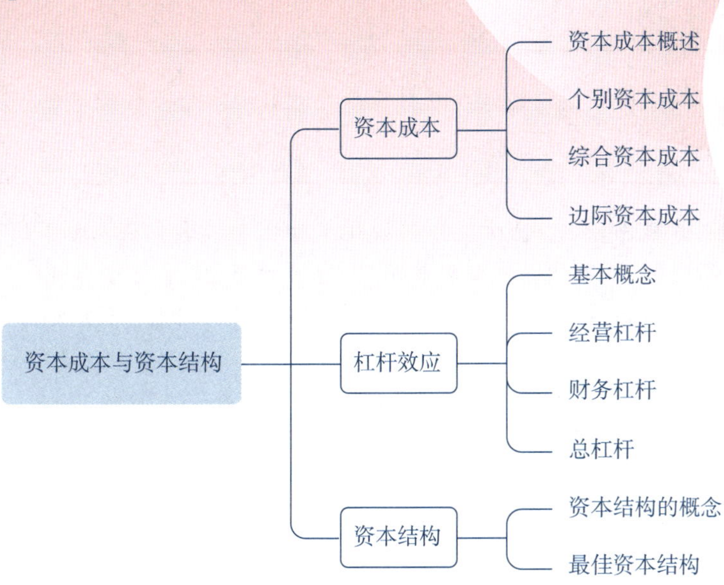
资本成本与资本结构
资本成本
资本成本概述
个别资本成本
综合资本成本
边际资本成本
杠杆效应
基本概念
经营杠杆
财务杠杆
总杠杆
资本结构
资本结构的概念
最佳资本结构

重点难点

各种资本成本的计算，经营杠杆系数、财务杠杆系数的计算，筹资决策。

工作任务

认知资本结构中的负债；协调经营杠杆与经营风险、财务杠杆与财务风险。

项目引例

某企业计划筹集资金150万元，所得税税率为25%。具体资料如下所示：

(1) 向银行借款30万元，借款年利率7%，手续费2%；

(2) 按溢价发行债券，债券面值14万元，溢价发行价格15万元，票面利率9%，期限为5年，每年支付一次利息，其筹资费率3%；

(3) 发行优先股35万元，预计年股利率为12%，筹资费率为4%；

(4) 发行普通股50万元，每股发行价格10元，筹资费率为6%，预计第一年每股股利1.2元，以后每年按8%递增；

(5) 其余所需资金通过留存收益取得。

问题：

企业的资本成本是什么？如何计算企业综合资本成本？

任务一 资本成本

一、资本成本概述

(一) 资本成本的概念

资本成本是指企业为筹集和使用资本而付出的代价，包括筹资费和占用费。资本成本是资本所有权与资本使用权分离的结果。对出资者而言，由于让渡了资本使用权，必须要求取得一定的补偿，资本成本表现为让渡资本使用权所带来的投资收益。对筹资者而言，由于取得了资本使用权，必须付出一定代价，资本成本表现为取得资本使用权所付出的代价，主要由以下两个部分构成。

1. 筹资费

筹资费是指企业在资本筹措过程中为获取资本而付出的代价，如向银行支付的借款手续费，因发行股票、公司债券而支付的发行费等。筹资费用通常在资本筹集时一次性发生，在资本使用过程中不再发生，因此，视为筹资数额的一项扣除。

2. 占用费

占用费是指企业在资本使用过程中因占用资本而付出的代价，如向银行等债权人支付的利息，向股东支付的股利等。占用费用是因为占用了他人资金而必须支付的，是资本成本的主要内容。

（二）资本成本的作用

1. 资本成本是比较筹资方式、选择筹资方案的依据

各种资本的资本成本，是比较、评价各种筹资方式的依据。在评价各种筹资方式时，一般考虑的因素包括对企业控制权的影响、对投资者吸引力的大小、融资的难易和风险、资本成本的高低等，而资本成本是其中的重要因素。在其他条件相同时，企业筹资应选择资本成本最低的方式。

2. 平均资本成本是衡量资本结构是否合理的重要依据

企业财务管理目标是企业价值最大化，企业价值是企业资产带来的未来现金流量的贴现值。计算企业价值时，经常采用企业的平均资本成本作为贴现率，当平均资本成本最小时，企业价值最大，此时的资本结构是企业理想的资本结构。

3. 资本成本是评价投资项目可行性的主要标准

任何投资项目，如果它预期的投资报酬率超过该项目使用资金的资本成本，则该项目在经济上就是可行的。因此，资本成本是企业用以确定项目要求达到的投资报酬率的最低标准。

4. 资本成本是评价企业整体业绩的重要依据

一定时期企业资本成本的高低，不仅反映企业筹资管理的水平，还可作为评价企业整体经营业绩的标准。企业的生产经营活动，实际上就是所筹集资本经过投放后形成资产的营运，企业的总资产税后报酬率应高于其平均资本成本，这样才能带来剩余收益。

（三）资本成本的表示方法

资本成本可以用绝对数表示，也可以用相对数表示。资本成本用绝对数表示即资本总成本，它是筹资费和占用费之和。由于它不能反映用资多少，所以较少使用。资本成本用相对数表示即资本成本率，它是资金占用费与筹资净额的比率。因而通常所说的资本成本，往往是指资本成本率。

二、个别资本成本

个别资本成本是指单一融资方式本身的资本成本，包括银行借款资本成本、公司债券资本成本、融资租赁资本成本、优先股资本成本、普通股资本成本和留存收益成本等，其中前三类是债务资本成本，后三类是权益资本成本。

（一）个别资本成本的计算模式

个别资本成本的高低，用相对数即资本成本率表达。

1. 一般模式

为了便于分析比较资本成本通常用不考虑货币时间价值的一般通用模型计算。一般通用模型的计算公式为：

$$资本成本率=\frac{年资金占用费}{筹资总额-筹资费用}=\frac{年资金占用费}{筹资总额\times(1-筹资费用率)}$$

2. 贴现模式

对于金额大、时间超过 1 年的长期资本，更为准确一些的资本成本计算方式是采用贴现模式，即将债务未来还本付息或股权未来股利分红的贴现值与目前筹资净额相等时的贴现率作为资本成本率。即：

由：筹资净额现值－未来资本清偿额现金流量现值＝0

得：资本成本率＝所采用的贴现率

（二）银行借款资本成本

银行借款资本成本包括借款利息和借款手续费用，手续费用是筹资费用的具体表现。利息费用在税前支付，可以起抵税作用，使企业实际负担率低于名义利率。一般计算税后资本成本，以便与权益资本成本之间具有可比性。

银行借款资本成本的计算公式：

$$K_b=\frac{I(1-T)}{L(1-f)}=\frac{i(1-T)}{1-f}$$

式中，K_b 为银行借款资本成本，I 为银行借款年利息，L 为银行借款筹资总额，T 为所得税税率，f 为银行借款筹资费率，i 为银行借款年利息率。

对于长期借款，考虑货币时间价值问题，还可以用贴现模式计算资本成本。

【例 5－1】诚信达公司欲从银行取得一笔期限为 5 年的长期借款 200 万元，手续费率为 0.2%，年利率为 10%，每年结息一次，到期一次还本，所得税税率为 25%。该项借款的资本成本率：

$$K_b=\frac{10\%\times(1-25\%)}{1-0.2\%}=7.52\%$$

考虑时间价值，该项长期借款的资本成本计算如下（M 为名义借款额）：

$$M(1-f)=\sum_{i=1}^{n}\frac{I_t(1-T)}{(1+K_b)^t}+\frac{M}{(1+K_b)^n}$$

即：$200\times(1-0.2\%)=200\times10\%\times(1-25\%)\times(P/A,K_b,5)+200\times(P/F,K_b,5)$

按插值法计算，得：$K_b=7.56\%$

（三）债券资本成本

发行公司债券是企业长期负债筹资的主要方式，它具有利息率固定、利息抵税和到期还本的特点。债券的发行费用一般较高，主要包括申请费、注册费、印刷费和上市费等，因此其成本不能忽略不计。债券发行价格有平价、溢价和折价的情况，与债券面值可能存在差异，计算其成本时要按预计的发行价格确定其筹资总额。

债券资本成本的计算公式：

$$K_b=\frac{I(1-T)}{B_0(1-f)}=\frac{B\times i(1-T)}{B_0(1-f)}$$

式中，K_b 为债券资本成本；I 为债券年利息；B_0 为债券筹资额，按发行价格计算；T 为所得税税率；f 为筹资费率；B 为债券本金；i 为债券年利息率。

【例 5－2】诚信达公司发行面值 1000 元的 10 年期债券，票面利率为 12%，筹资费率为 4%（按发行价格计算），所得税税率为 25%，每年年末付息一次，到期一次还本。计算该公司债券的资本成本。

解析：

（1）若发行价格为 1000 元（按面值发行），则：

$$K_b=\frac{1000\times12\%\times(1-25\%)}{1000\times(1-4\%)}=9.38\% \text{或} K_b=\frac{12\%\times(1-25\%)}{(1-4\%)}=9.38\%$$

（2）若发行价格为 950 元（折价发行），其他条件不变，则：

$$K_b=\frac{1000\times12\%\times(1-25\%)}{950\times(1-4\%)}=9.87\%$$

（3）若发行价格为 1050 元（溢价发行），其他条件不变，则：

$$K_b=\frac{1000\times12\%\times(1-25\%)}{1050\times(1-4\%)}=8.93\%$$

由计算结果可以看出，与平价发行相比，债券溢价发行能降低公司债券成本，而折价发行则会使债券成本升高。

（四）优先股资本成本

优先股的资本成本主要是向优先股股东支付的各期股利。对于固定股息率优先股而言，如果各期股利是相等的，优先股的资本成本按一般模式计算为：

$$K_s=\frac{D}{P_n(1-f)}$$

式中，K_s 为优先股资本成本，D 为优先股年股利额，P_n 为优先股筹资总额，f 为优先股筹资费率。

【例 5-3】诚信达公司准备发行一批优先股，每股发行价格为 6 元，每股发行费用为 0.4 元，预计年股利为 0.6 元。其资本成本的计算如下：

$$K_s=\frac{0.6}{6-0.4}=10.71\%$$

（五）普通股资本成本

普通股资本成本主要是向股东支付的各期股利。由于各期股利并不一定固定，随企业各期收益波动，因此普通股的资本成本只能按贴现模式计算，并假定各期股利的变化呈一定规律性。如果是上市公司普通股，其资本成本还可以根据该公司股票收益率与市场收益率的相关性，按资本资产定价模型法估计。

1. 股利增长模型法

假定资本市场有效，股票市场价格与价值相等。假定某股票本期支付的股利为 D。未来各期股利按 g 速度永续增长。目前股票市场价格为 P_0，则普通股资本成本为：

$$K_s=\frac{D_0(1+g)}{P_0(1-f)}+g=\frac{D_1}{P_0(1-f)}+g$$

【例 5-4】诚信达公司准备增发普通股，最近一年发放股利 1 元/股，预计每年按 6%递增，当前公司普通股市价为 10 元/股，发行费用率为 4%。则：

$$K_s=\frac{1\times(1+6\%)}{10\times(1-4\%)}+6\%=17.04\%$$

2. 资本资产定价模型法

资本资产定价模型的含义可以简单地描述为：普通股投资的必要报酬率等于无风险报酬率加上风险报酬率。用公式表示如下：

$$K_s = R_f + \beta(R_m - R_f)$$

式中，R_f 为无风险报酬率，β 为某种股票的贝塔系数，R_m 为市场报酬率。

【例 5－5】诚信达公司普通股 β 值为 1.5，政府发行的国库券利率为 5%，市场平均报酬率为 14%，则该普通股资本成本：

$$K_s = 5\% + 1.5 \times (14\% - 5\%) = 18.5\%$$

（六）留存收益资本成本

留存收益是由企业税后净利润形成的，是一种所有者权益，其实质是所有者向企业的追加投资。企业利用留存收益筹资无须筹资费用。如果企业将留存收益用于再投资，所获得的收益率低于股东自己进行一项风险相似的投资项目的收益率，企业就应该将其分配给股东。留存收益的资本成本率，表现为股东追加投资要求的报酬率，其计算与普通股成本相同，不同点在于不考虑筹资费用。

【例 5－6】诚信达普通股市价为 10 元/股，发行费用率为 4%，最近一年发放股利 1 元/股，预计每年按 6%递增，则留存收益的资本成本：

$$K_s = \frac{1 \times (1 + 6\%)}{10} + 6\% = 16.6\%$$

三、综合资本成本

在实际工作中，企业筹措资金往往同时采用几种不同的方式。综合资本成本就是指一个企业各种不同筹资方式总的平均资本成本，它是以各种资本所占的比重为权数，对各种资本成本进行加权平均计算出来的，所以又称加权平均资本成本。其计算公式：

$$K_w = \sum_{j=1}^{n} K_j W_j$$

式中，K_w 为综合资本成本（加权平均资本成本）；K_j 为第 j 种资金的资本成本；W_j 为第 j 种资金占全部资金的比重。

平均资本成本的计算，存在着权数价值的选择问题，即各项个别资本按什么权数来确定资本比重。通常，可供选择的价值形式有账面价值、市场价值、目标价值等。

四、边际资本成本

（一）边际资本成本的概念

随着企业规模的扩大，企业需要追加筹资，然而企业按照原来的综合资本成本是不可能无限度获得资金的。当其筹集的资金超过一定限度时，原来的资本成本就会增加。边际资本成本是指资金每增加一个单位而增加的成本，是追加筹资时所使用的加权平均资本成本。

（二）边际资本成本的计算步骤

扫码查看
延伸内容

（1）确定目标资本结构。

（2）测算个别资本成本。

（3）计算筹资总额的分界点（突破点）。筹资总额分界点是指在保持某一资本成本的条件下可以筹集到的资金总限额。在筹资总额分界点范围内筹资，原来的资本成本不会改变；一旦筹资额超过筹资总额分界点，即使维持现有的资本结构，其资本成本也会增加。筹资总额分界点的计算公式如下：

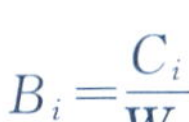

$$B_i=\frac{C_i}{W_i}$$

式中，B_i 为筹资总额分界点，C_i 为第 i 种筹资方式的成本分界点，W_i 为目标资本结构中第 i 种筹资方式所占比例。

（4）重新划分筹资区间。根据计算出的分界点，可得出若干组新的筹资范围。

（5）计算边际资本成本。对各筹资范围分别计算加权平均资本成本，即可得到各种筹资范围的边际资本成本。

任务二　杠杆效应

财务管理中存在着类似于物理学中的杠杆效应，表现为：由于特定固定支出或费用的存在，当某一财务变量以较小幅度变动时，另一相关变量会以较大幅度变动。财务管理中的杠杆效应，包括经营杠杆、财务杠杆和总杠杆三种效应形式。杠杆效应既可以产生杠杆利益，也可能带来杠杆风险。

一、基本概念

（一）成本习性

成本习性是指成本总额与业务量之间在数量上的依存关系。成本按习性可划分为固定成本、变动成本和混合成本三类。

1. 固定成本

固定成本是指其总额在一定时期和一定业务量范围内不随业务量发生任何变动的那部分成本。属于固定成本的主要有按直线法计提的折旧费、保险费、管理人员工资、办公费等。其特点为总额不变，单位固定成本将随产量的增加而逐渐变小。

2. 变动成本

变动成本是指其总额随着业务量成正比例变动的那部分成本。直接材料、直接人工等都属于变动成本。其特点是总额随着业务量成正比例变动，单位变动成本保持不变。

3. 混合成本

有些成本虽然也随业务量的变动而变动，但不成同比例变动，这类成本称为混合成本。

因此，总成本习性模型如下：

$$y=a+bx$$

式中，y 为总成本，a 为固定成本，b 为单位变动成本，x 为业务量。

（二）边际贡献

边际贡献是从销售收入中减去变动成本之后的余额。其计算方法：

边际贡献＝销售收入－变动成本
＝（销售单价－单位变动成本）×产销量
＝单位边际贡献×产销量

用字母表示：

$$M=px-bx=(p-b)x=mx$$

式中，M 为边际贡献，p 为销售单价，b 为单位变动成本，m 为单位边际贡献。

【例 5－7】诚信达公司 2024 年某产品的销量是 10 万件，销售单价是 500 元，单位变动成本为 350 元，求边际献。

$$M=(500-350)\times 10=1500(\text{万元})$$

（三）息税前利润

息税前利润（Earnings Before Interest and Tax，EBIT）是指不支付利息和所得税之前的利润。其计算公式：

息税前利润＝边际贡献－固定成本＝销售收入－变动成本－固定成本

用字母表示如下：

$$EBIT=px-bx-a=(p-b)x-a=M-a$$

【例 5－8】求【例 5－7】中当固定成本分别为 500 万元、1500 万元、2000 万元时的息税前利润。

（1）当固定成本为 500 万元时，$EBIT=1500-500=1000$ 万元。

（2）当固定成本为 1500 万元时，$EBIT=1500-1500=0$ 万元。

（3）当固定成本为 2000 万元时，$EBIT=1500-2000=-500$ 万元。

二、经营杠杆

（一）经营杠杆的概念

经营杠杆是指由于固定性经营成本的存在，而使得企业的资产收益（息税前利润）变动率大于业务量变动率的现象。经营杠杆反映了资产收益的波动性，用以评价企业的经营风险。用息税前利润（$EBIT$）表示资产总收益，则：

$$EBIT=S-V-F=(P-V_c)Q-F=M-F$$

式中，$EBIT$ 表示息税前利润；S 表示销售额；V 表示变动性经营成本；F 表示固定性经营成本；Q 表示产销业务量；P 表示销售单价；V_c 表示单位变动成本；M 表示边际贡献。

上式中，影响 $EBIT$ 的因素包括产品售价、产品需求、产品成本等因素。当产品成本中存在固定成本时，如果其他条件不变，产销业务量的增加虽然不会改变固定成本总额，但会降低单位产品分摊的固定成本，从而提高单位产品利润，使息税前利润的增长率大于产销业务量的增长率，进而产生经营杠杆效应。当不存在固定性经营成本时，所有成本都是变动性经营成本，边际贡献等于息税前利润，此时息税前利润变动率与产销业务量的变动率完全一致。

（二）经营杠杆系数

只要企业存在固定性经营成本，就存在经营杠杆效应。但以不同产销业务量为基础，其经营杠杆效应的大小程度是不一致的。测算经营杠杆效应程度，常用指标为经营杠杆系数。经营杠杆系数（DOL）是息税前利润变动率与产销业务量变动率的比值，计算公式为：

$$DOL=\frac{\Delta EBIT}{EBIT_0}\Big/\frac{\Delta Q}{Q_0}=\frac{\text{息税前利润变动率}}{\text{产销业务量变动率}}$$

式中，DOL 表示经营杠杆系数；$\Delta EBIT$ 表示息税前利润变动额；ΔQ 表示产销业务量变动值。

上式经整理，经营杠杆系数的计算也可以简化为：

$$DOL=\frac{M_0}{M_0-F_0}=\frac{EBIT_0+F_0}{EBIT_0}=\frac{\text{基期边际贡献}}{\text{基期息税前利润}}$$

（三）经营杠杆与经营风险

经营风险是指企业由于生产经营上的原因导致的资产收益波动的风险。引起企业经营风险的主要原因是市场需求和生产成本等因素的不确定性，经营杠杆本身并不是资产收益不确定的根源，只是资产收益波动的表现。但是，经营杠杆放大了市场和生产等因素变化对利润波动的影响。经营杠杆系数越高，表明息税前利润受产销量变动的影响程度越大，经营风险也就越大。根据经营杠杆系数的计算公式，有：

$$DOL=\frac{EBIT_0+F_0}{EBIT_0}=1+\frac{\text{基期固定成本}}{\text{基期息税前利润}}$$

上式表明，在息税前利润为正的前提下，经营杠杆系数最低为 1，不会为负数；只要有固定性经营成本存在，经营杠杆系数总是大于 1。

从上式可知，影响经营杠杆的因素包括：企业成本结构中的固定成本比重；息税前利润水平。其中，息税前利润水平又受产品销售数量、销售价格、成本水平（单位变动成本和固定成本总额）高低的影响。固定成本比重越高、成本水平越高、产品销售数量和销售价格水平越低，经营杠杆效应越大，反之则相反。

【例 5－9】某企业生产 A 产品，固定成本为 100 万元，变动成本率为 60％，当销售额分别为 1000 万元、500 万元、250 万元时，经营杠杆系数分别为：

$$DOL_{250}=\frac{250-250\times60\%}{250-250\times60\%-100}\to\infty$$

$$DOL_{1000}\frac{1000-1000\times60\%}{1000-1000\times60\%-100}=1.33$$

$$DOL_{500}=\frac{500-500\times60\%}{500-500\times60\%-100}=2$$

上例计算结果表明：在其他因素不变的情况下，销售额越小，经营杠杆系数越大，经营风险也就越大，反之则相反。如销售额为 1000 万元，*DOL* 为 1.33，销售额为 500 万元，*DOL* 为 2，显然后者的不稳定性大于前者，经营风险也大于前者。在销售额处于盈亏平衡点（250 万元）时，经营杠杆系数趋于无穷大，此时企业销售额稍有减少便会导致更大的亏损。

三、财务杠杆

（一）财务杠杆的概念

财务杠杆，是指由于固定性资本成本的存在，而使得企业的普通股收益（或每股收益）变动率大于息税前利润变动率的现象。财务杠杆反映了权益资本收益的波动性，用以评价企业的财务风险。用普通股收益或每股收益表示普通股权益资本收益，则：

$$EPS=[(EBIT-I)(1-T)-D]/N$$

式中，*EPS* 表示每股收益；*I* 表示债务资金利息；*D* 表示优先股股利；*T* 表示所得税税率；*N* 表示普通股股数。

上式中，影响普通股收益的因素包括资产收益、资本成本、所得税税率等因素。当有利息费用等固定性资本成本存在时，如果其他条件不变，息税前利润的增加虽然不改变固定利息费用总额，但会降低每元息税前利润分摊的利息费用，从而提高每股收益，使得普通股收益的增长率大于息税前利润的增长率，进而产生财务杠杆效应。当不存在固定利息、股息等资本成本时，息税前利润就是利润总额，此时利润总额变动率与息税前利润变动率完全一致。

（二）财务杠杆系数

只要企业融资方式中存在固定性资本成本，就存在财务杠杆效应。测算财务杠杆效应程度，常用指标为财务杠杆系数。财务杠杆系数（*DFL*）是普通股收益变动率与息税前利润变动率的比值，计算公式为：

$$DFL=\frac{\text{普通股收益变动率}}{\text{息税前利润变动率}}$$

如果企业既存在固定利息的债务，也存在固定股息的优先股，则财务杠杆系数的计算为：

$$DFL=\frac{EBIT_0}{EBIT_0-I_0-\dfrac{D_p}{1-T}}$$

【例 5－10】有甲、乙、丙三个公司，资本总额均为 5000 万元，所得税税率均为 25%，每股面值均为 1 元。甲公司资本全部由普通股组成；乙公司债务资金为 2000 万元（利率 10%），普通股筹资 3000 万元；丙公司债务资金为 2500 万元（利率 10.8%），普通股筹资 2500 万元。三个公司 2024 年 *EBIT* 均为 1000 万元，2025 年 *EBIT* 均为 1500 万元，*EBIT* 增长了 50%。有关财务指标如表 5－1 所示。

表 5-1　普通股收益及财务杠杆的计算

		甲公司	乙公司	丙公司
普通股股数（万股）		5000	3000	2500
利润总额	2024 年（万元）	1000	800	730
	2025 年（万元）	1500	1300	1230
	增长率（%）	50.00	62.50	68.49
净利润	2024 年（万元）	750	600	547.50
	2025 年（万元）	1125	975	922.50
	增长率（%）	50.00	62.50	68.49
普通股收益	2024 年（万元）	750	600	547.50
	2025 年（万元）	1125	975	922.50
	增长率（%）	50.00	62.50	68.49
每股收益	2024 年（元）	0.15	0.20	0.219
	2025 年（元）	0.225	0.325	0.369
	增长率（%）	50.00	62.50	68.49
财务杠杆系数		1.00	1.25	1.37

甲公司财务杠杆系数为：50.00%/50.00%=1.00

乙公司财务杠杆系数为：62.50%/50.00%=1.25

丙公司财务杠杆系数为：68.49%/50.00%=1.37

可见，资本成本固定型的资本所占比重越高，财务杠杆系数就越大。甲公司由于不存在有固定资本成本的资本，没有财务杠杆效应；乙公司存在债务资本，其普通股收益增长幅度是息税前利润增长幅度的 1.25 倍；丙公司不仅存在债务资本，而且债务资本的比重比 B 公司高，其普通股收益增长幅度是息税前利润增长幅度的 1.37 倍。

（三）财务杠杆与财务风险

引起企业财务风险的主要原因是资产收益的不利变化和资本成本的固定负担。由于财务杠杆的作用，当企业的息税前利润下降时，企业仍然需要支付固定的资本成本，导致普通股剩余收益以更快的速度下降。

财务杠杆放大了资产收益变化对普通股收益的影响，财务杠杆系数越高，表明普通股收益的波动程度越大，财务风险也就越大。在不存在优先股股息的情况下，根据财务杠杆系数的计算公式，有：

$$DFL=1+\frac{\text{基期利息}}{\text{基期息税前利润}-\text{基期利息}}$$

上面公式中，分子是企业筹资产生的固定性资本成本负担，分母是归属于股东的收益。上式表明，在企业有正的税后利润的前提下，财务杠杆系数最低为 1，不会为负数；只要有固定性资本成本存在，财务杠杆系数总是大于 1。

从上式可知，影响财务杠杆的因素包括：企业资本结构中的债务资金比重；普通股收益水平；所得税税率水平。其中，普通股收益水平又受息税前利润、固定性资本成本高低的影响。债务成本比重越高、固定的资本成本支付额越高、息税前利润水平越低，财务杠杆效应越大，反之则相反。

四、总杠杆

（一）总杠杆的概念

经营杠杆和财务杠杆可以独自发挥作用，也可以综合发挥作用，总杠杆是用来反映二者之间共同作用结果的，即权益资本收益与产销业务量之间的变动关系。由于固定性经营成本的存在，产生经营杠杆效应，导致产销业务量变动对息税前利润变动有放大作用；同样，由于固定性资本成本的存在，产生了财务杠杆效应，导致息税前利润变动对普通股每股收益变动有放大作用。两种杠杆共同作用，将导致产销业务量稍有变动，就会引起普通股每股收益更大的变动。

总杠杆是指由于固定经营成本和固定资本成本的存在，导致普通股每股收益变动率大于产销业务量变动率的现象。

（二）总杠杆系数

只要企业同时存在固定性经营成本和固定性资本成本，就存在总杠杆效应。产销量变动通过息税前利润的变动，传导至普通股收益，使得每股收益发生更大的变动。用总杠杆系数（DTL）表示总杠杆效应程度，可见，总杠杆系数是经营杠杆系数和财务杠杆系数的乘积，是普通股收益变动率与产销量变动率的倍数，计算公式为：

$$DTL=\frac{\text{普通股收益变动率}}{\text{产销量变动率}}$$

在不存在优先股股息的情况下，上式经整理，总杠杆系数的计算也可以简化为：

$$DTL=DOL\times DFL=\frac{\text{基期边际贡献}}{\text{基期利润总额}}=\frac{\text{基期税后边际贡献}}{\text{基期税后利润}}$$

总杠杆系数与经营杠杆系数和财务杠杆系数之间的关系也可用图 5 - 1 表示。

图 5 - 1　总杠杆原理

【例 5 - 11】丁公司有关资料如表 5 - 2 所示，可以分别计算其经营杠杆系数、财务杠杆系数和总杠杆系数。

表 5 - 2　杠杆效应计算表

项目	2024 年（万元）	2025 年（万元）	变动率（%）
销售额（售价 10 元）	5000	6000	20.00
边际贡献（单位 4 元）	2000	2400	20.00
固定成本	1000	1000	—

续　表

项目	2024 年（万元）	2025 年（万元）	变动率（%）
息税前利润	1000	1400	40.00
利息	250	250	—
利润总额	750	1150	53.33
净利润（税率 25%）	562.50	862.50	53.33
每股收益（1000 万股，元）	0.5625	0.8625	53.33

$$丁公司经营杠杆系数=\frac{40.00\%}{20.00\%}=2$$

$$丁公司财务杠杆系数=\frac{53.33\%}{40.00\%}=1.33$$

$$丁公司总杠杆系数=2\times1.33=2.66$$

（三）总杠杆与公司风险

公司风险包括经营风险和财务风险，反映其整体风险。总杠杆系数反映了经营杠杆和财务杠杆之间的关系，用以评价企业的整体风险水平。在总杠杆系数一定的情况下，经营杠杆系数与财务杠杆系数此消彼长。总杠杆效应的意义在于：第一，能够说明产销业务量变动对普通股收益的影响，据以预测未来的每股收益水平；第二，揭示了财务管理的风险管理策略，即要保持一定的风险状况水平，需要维持一定的总杠杆系数，经营杠杆和财务杠杆可以有不同的组合。

一般来说，固定资产比重较大的资本密集型企业，经营杠杆系数高，经营风险大，企业筹资主要依靠权益资本，以保持较小的财务杠杆系数和财务风险；变动成本比重较大的劳动密集型企业，经营杠杆系数低，经营风险小，企业筹资可以主要依靠债务资金，保持较大的财务杠杆系数和财务风险。

一般来说，在企业初创阶段，产品市场占有率低，产销业务量小，经营杠杆系数大，此时企业筹资主要依靠权益资本，在较低程度上使用财务杠杆；在企业扩张成熟期，产品市场占有率高，产销业务量大，经营杠杆系数小，此时，企业资本结构中可扩大债务资本比重，在较高程度上使用财务杠杆。

任务三　资本结构

一、资本结构的概念

资本结构是指企业各种来源的长期资金的构成及其比例关系。在筹资管理中，资本结构概念有广义和狭义之分。广义资本结构是指全部债务与股东权益的构成比例。狭义的资本结构则是指长期负债与股东权益的构成比例。这是由于短期资金的需求与筹集经常处于变化中，在整个资金中比重也不稳定，因而不将其纳入资本结构范畴，而是作为营运资金来进行管理。现代财务理论大多是以狭义资本结构为研究对象，本书也是如此。对于现代意义上的企业而言，融资已然成为一项重要的财务内容，而在融资过程中如何选择长期债务资本与股权资本的合理比例就显得尤为重要。资本结构如图 5-2 所示。

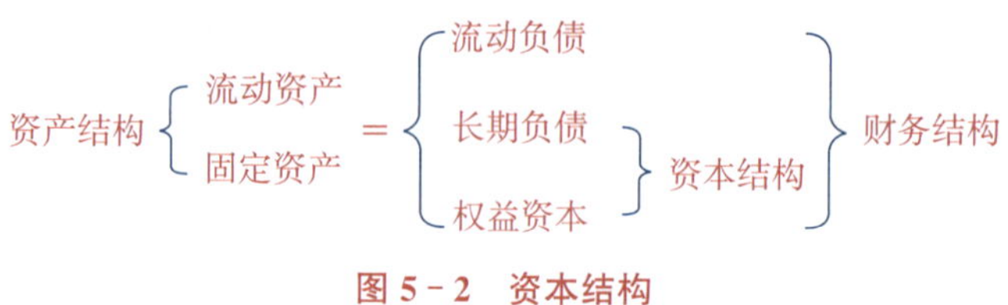

图 5-2 资本结构

二、最佳资本结构

所谓最佳资本结构是指企业在适度财务风险的条件下，使其预期的加权平均资本成本最低，同时使企业价值最大的资本结构。毫无疑问，最佳资本结构是任何一个理性理财者所追求的目标，因此又称为目标资本结构。企业应综合考虑有关影响因素，运用适当的方法确定最佳资本结构，并在以后追加筹资时继续保持。确定最佳资本结构的方法通常有比较资本成本法、每股收益分析法和公司价值分析法。

（一）比较资本成本法

当企业对不同筹资方案作选择时，可采用比较综合资本成本的方法选定一个资本结构较优的方案。比较资本成本法是指通过计算和比较各种可能的筹资组合方案的平均资本成本，选择平均资本成本率最低的方案。

【例 5-12】诚信达公司需筹集 1000 万元长期资本，可以银行借款、发行债券、发行普通股三种方式筹集，其个别资本成本已分别测定，如表 5-3 所示。

表 5-3 个别资本成本 单位：万元

筹资方式	方案 A			方案 B			方案 C		
	数额	比重	资本成本	数额	比重	资本成本	数额	比重	资本成本
长期借款	60	6%	6%	120	12%	6.5%	180	18%	7%
公司债券	240	24%	9%	180	18%	8%	220	22%	9%
优先股	100	10%	13%	200	20%	13%	100	10%	13%
普通股	600	60%	16%	500	50%	15%	500	50%	15%
合计	1000	100%	—	1000	100%	—	1000	100%	—

各方案的综合平均资本成本为：

方案 A：$K_w=6\%\times6\%+9\%\times24\%+13\%\times10\%+16\%\times60\%=13.42\%$。

方案 B：$K_w=6.5\%\times12\%+8\%\times18\%+13\%\times20\%+15\%\times50\%=13.62\%$。

方案 C：$K_w=7\%\times18\%+9\%\times22\%+13\%\times10\%+15\%\times50\%=12.04\%$。

计算结果表明方案 C 的综合平均资本成本最低，在其他有关因素大致相同时，方案 C 是最优的筹资方案。

（二）每股收益分析法

1. 每股收益无差别点的含义

每股收益分析法，又称每股收益无差别点分析法或 EBIT－EPS 分析法，是财务管理常用的分析资本结构和进行融资决策的方法，它通过分析息税前利润、负债比率和每股收益的关系，为确定最优资本结构提供依据。可以用每股收益的变化来判断资本结构是否合理，即能够提高普通股每股收益的资本结构，就是合理的资本结构。

每股收益分析法的核心是确定每股收益无差别点。所谓每股收益无差别点，是指不同筹资方式下每股收益都相等时的息税前利润或业务量水平。根据每股收益无差别点，可以分析判断在什么样的息税前利润水平或产销业务量水平前提下，适于采用何种筹资组合方式，进而确定企业的资本结构安排。

2. 每股收益无差别点的计算步骤

每股收益的计算公式：

$$EPS=\frac{(EBIT-I)(1-T)-D_P}{N}$$

式中，I 为债务年利息额，N 为流通在外的普通股股数，T 为所得税税率，D_P 为优先股股利。

第一步，列出不同筹资方式下每股收益计算式。

假设有两个方案，分别为方案 1 和方案 2，则其每股收益分别为：

$$EPS_1=\frac{(EBIT_1-I_1)(1-T)-D_{P1}}{N_1}$$

$$EPS_2=\frac{(EBIT_2-I_2)(1-T)-D_{P2}}{N_2}$$

第二步，令两种筹资方式的每股收益相等，式中将息税前利润设为未知数：

$$\frac{(\overline{EBIT}-I_1)(1-T)-D_{P1}}{N_1}=\frac{(\overline{EBIT}-I_2)(1-T)-D_{P2}}{N_2}$$

第三步，解出上式中的息税前利润（$\overline{EBIT}$），即为每股收益无差别点。

3. 每股收益分析法的决策标准

根据上述步骤求出$\overline{EBIT}$，可以参照以下标准进行判断：

（1）当企业的预期息税前利润或业务量水平大于$\overline{EBIT}$，利用负债筹资较为有利。

（2）当企业的预期息税前利润或业务量水平小于$\overline{EBIT}$，利用权益筹资较为有利。

（3）当企业的预期息税前利润或业务量水平等于$\overline{EBIT}$，利用两者均可。

EBIT－EPS 分析除用上述代数法外，也可用图解法，如图 5－3 所示：

由 EBIT－EPS 分析图可见，在每股收益无差别点上，无论是采用债务或股权筹资方案，每股收益都是相等的。当预期息税前利润大于每股收益无差别点时，应当选择债务筹资方案，反之选择股权筹资方案。

【例 5－13】诚信达公司目前资本总额为 7000 万元，其中债务资本为 2000 万元，每年需支付 120 万元的利息；普通股总股数为 500 万股，每股面值 10 元，普通股总额为

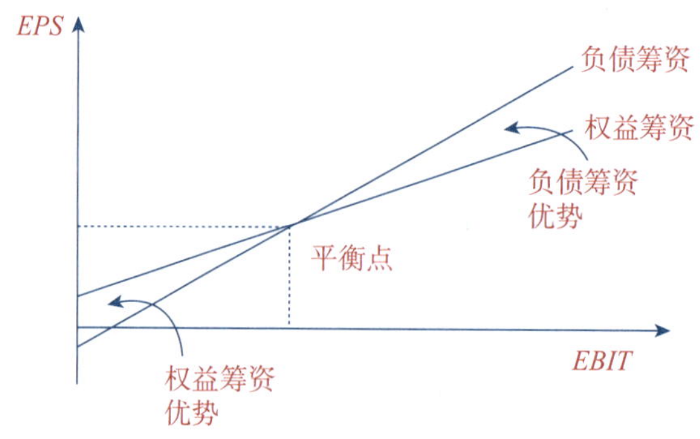

图 5-3 *EBIT*-*EPS* 分析

5000 万元。公司拟扩大生产，准备追加筹资 3000 万元。现有两个方案：

（1）增发普通股 300 万股，每股面值 10 元，平价发行。

（2）发行债券 3000 万元，债券年利率为 7%。

该公司所得税税率为 25%。请用 *EBIT*-*EPS* 分析法判断在何种情况下选择哪种筹资方案更合理？

增发普通股后的每股收益：

$$EPS_1 \frac{(\overline{EBIT}-120)\times(1-25\%)}{300+500}$$

增发债券后的每股收益：

$$EPS_2 \frac{(\overline{EBIT}-120-3000\times7\%)\times(1-25\%)}{500}$$

令 $EPS_1=EPS_2$，解得 $\overline{EBIT}=680$ 万元。

在此点，$EPS_1=EPS_2=0.525$ 元/股。

判断如下：

①当企业的预期息税前利润大于 680 万元时，利用负债筹资较为有利。

②当企业的预期息税前利润小于 680 万元时，利用权益筹资较为有利。

③当企业的预期息税前利润等于 680 万元时，利用两者均可。

（三）公司价值分析法

以上两种方法都是从账面价值的角度进行资本结构优化分析，没有考虑市场反应，亦即没有考虑风险因素。公司价值分析法是在考虑市场风险的基础上以公司市场价值为标准，进行资本结构优化。即能够提升公司价值的资本结构，就是合理的资本结构。这种方法主要用于对现有资本结构进行调整，适用于资本规模较大的上市公司资本结构的优化分析。同时，在公司价值最大的资本结构下，公司的平均资本成本也是最低的。

设：V 表示公司价值，B 表示债务资金价值，S 表示权益资本价值。公司价值应该等于资本的市场价值，即：

$$V=S+B$$

为简化分析，假设公司各期的 *EBIT* 保持不变，债务资金的市场价值等于其面值，权益资本的市场价值可通过下式计算：

$$S=\frac{(EBIT-I)(1-T)}{K_s}$$

且：$K_s=R_f-\beta\ (R_m-R_f)$

此时，$K_w=K_B\times\frac{B}{V}+K_S\times\frac{S}{V}$　其中，K_w表示加权平均资本成本，K_B表示债务资本成本。

项目小结

◇ 资本成本是企业筹资决策的主要依据，是企业为筹集和使用资金而付出的代价，分为个别资本成本、综合资本成本和边际资本成本三大类。

◇ 经营杠杆是因固定成本而导致的息税前利润变动，用经营杠杆系数衡量，经营杠杆系数越大，企业的经营风险越大。

◇ 财务杠杆是指企业对资本成本固定的债务资金和优先股的利用，用财务杠杆系数来衡量，财务杠杆系数越大，企业的财务风险越大。

◇ 总杠杆系数衡量企业总风险，是经营杠杆系数与财务杠杆系数的乘积。

◇ 资本结构一般指企业长期资本的构成及其比例关系，最优资本结构的确定方法有比较资本成本法和每股收益分析法等。

技能训练

一、单项选择题

1. 在计算资金成本时，与所得税有关的资金来源是下述情况中的（　　）。

A. 优先股　　B. 普通股

C. 银行借款　　D. 留存收益

2. 在计算资本成本时，与所得税有关的资金来源是下述情况中的（　　）。

A. 不变的固定成本　　B. 不变的产销量

C. 不变的债务利息　　D. 不变的销售单价

3. 息税前利润变动率相对于销售量变动率的倍数，即为（　　）。

A. 经营杠杆系数　　B. 财务杠杆系数

C. 综合杠杆系数　　D. 边际资金成本

4. 债券的资本成本一般低于股票的资本成本，其主要原因是（　　）。

A. 债券的筹资费用较少　　B. 债券的发行量少

C. 债券的利息率固定　　D. 债券利息在税前支付

5. 息税前利润变动率一般比产销量变动率（　　）。

A. 小　　B. 大

C. 相等　　D. 不一定

6. 当经营杠杆系数是 3，财务杠杆系数是 2.5，则综合杠杆系数是（　　）。

A. 5.5　　B. 0.5

C. 1.2　　D. 7.5

7. 每股利润变动率相对于息税前利润变动率的倍数，即为（　　）。

A. 经营杠杆系数　　B. 财务杠杆系数

C. 综合杠杆系数　　D. 边际资本成本

8. 甲公司某项长期借款的筹资净额为 95 万元，筹资费率为筹资总额的 5%。年利率为 4%，所得税税率为 25%。假设用一般模式计算，则该长期借款的筹资成本为（　　）。

A. 3%　　B. 3.16%

C. 4%　　D. 4.21%

9. 如果企业的资金来源全部为自有资金，且没有固定融资租赁费的存在，则企业的财务杠杆系数（　　）。

A. 等于 0　　B. 等于 1

C. 大于 1　　D. 小于 1

10. 企业财务风险的最大承担者是（　　）。

A. 债券持有者　　B. 企业职工

C. 国家　　D. 普通股股东

二、多项选择题

1. 影响财务杠杆系数的因素有（　　）。

A. 息税前利润　　B. 利息费用

C. 优先股股利　　D. 所得税税率

2. 财务杠杆效应产生的原因是（　　）。

A. 不变的债务利息　　B. 不变的固定成本

C. 不变的优先股股利　　D. 不变的销售单价

3. 计算综合资本成本时的权数，可选择（　　）。

A. 账面价值　　B. 票面价值

C. 市场价值　　D. 目标价值

4. 同总杠杆系数成正比例变化的是（　　）。

A. 销售额变动率　　B. 每股利润变动率

C. 经营杠杆系数　　D. 财务杠杆系数

5. 资金筹集费是指企业为筹集资金付出的代价，下列属于资金筹集费的有（　　）。

A. 发行广告费　　B. 股票、债券印刷费

C. 债券利息　　D. 股票股利

6. 计算个别资本成本时，必须考虑所得税影响的有（　　）。

A. 普通股成本　　B. 债券成本

C. 留存收益成本　　D. 银行借款成本

7. 资金结构中的负债比例对企业有重要影响，表现在（　　）。

A. 负债比例影响财务杠杆作用大小　　B. 适度负债有利于降低企业资金成本

C. 负债有利于提高企业净利润　　　　D. 负债比例反映企业财务风险的大小

8. 最佳资本结构是指在一定条件下能使企业达到（　　）状态的资本结构。

A. 企业价值最大化　　　　B. 平均资本成本最低

C. 资本利润率最大化　　　　D. 利润最大化

9. 下列关于利用每股收益分析法进行资本结构决策的正确说法有（　　）。

A. 当预计销售收入小于每股收益无差别点时，采用权益资本筹资方式有利

B. 当预计销售收入大于每股收益无差别点时，采用债务资本筹资方式有利

C. 当预计息税前利润大于每股收益无差别点时，采用债务资本筹资方式有利

D. 当预计息税前利润小于每股收益无差别点时，采用权益资本筹资方式有利

10. 企业资金结构决策比较常用的方法是（　　）。

A. *EBIT*-*EPS* 分析法　　　　B. 因素分析法

C. 本量利分析法　　　　D. 比较资金成本法

三、计算题

1. A 公司计划筹资 8100 万元，所得税税率为 25%。其他有关资料如下：

（1）从银行借款 810 万元，年利率为 7%，手续费率为 2%。

（2）按照溢价发行债券，债券面值为 1134 元，发行价格为 1215 万元，票面利率为 9%，期限 5 年，每年支付一次利息，其筹资费用率为 3%。

（3）发行优先股 2025 万元，年股利率为 12%，筹资费用率为 4%。

（4）发行普通股 3240 万元，每股发行价格为 10 元，筹资费用率为 6%。预计第一年每股股利为 1.20 元，以后每年按 8%递增。

（5）其余所需资金通过留存收益取得。要求：

①分别计算银行借款、债券、优先股、普通股、留存收益的个别资金成本。

②计算该公司的综合资本成本。

2. B 公司拥有资金 100000 万元，其中长期债券为 40000 万元，普通股为 60000 万元。该公司计划筹集新的资金 25000 万元，并维持目前的资金结构不变。随着投资额的增加，各筹资方式的资金成本变化如表 5-4 所示。

表 5-4　　资金成本变化

筹资方式	新筹资额（万元）	资金成本（%）
长期债券	6000 及以下	8
	6000～10000	9
	10000 以上	10
普通股	12000 及以下	14
	12000 以上	16

要求：

（1）计算各筹资总额分界点。

（2）计算各筹资范围内资金的边际成本。

3. C公司只生产和销售甲产品，其总成本习性模型为 $y=10000+3x$，假定该公司2024年度甲产品销售量为10000件，每件售价为5元；按照市场预测，2025年甲产品的销售数量将增长10%。要求：

（1）计算2024年该公司的边际贡献总额。

（2）计算2024年该公司的息税前利润。

（3）计算2024年经营杠杆系数。

（4）计算2025年息税前利润增长率。

（5）假定公司2024年发生负债利息5000元，且无优先股股利，计算2025年总杠杆系数。

4. D公司资产总额为150万元，资产负债率为60%，负债的年均利率为10%，该公司年固定成本总额为14.5万元，全年实现税后利润为15万元，每年还将支付优先股股利5.25万元，所得税税率为25%。要求：

（1）计算该公司息税前利润总额。

（2）计算该公司的经营杠杆系数、财务杠杆系数、总杠杆系数。

5. E公司目前拥有资金1000万元，其中普通股500万元，每股价格为20元；债券300万元，年利率为8%；优先股200万元，年股利率为15%。所得税税率为25%。该公司准备追加筹资1000万元，有下列两种方案可供选择：

（1）发行债券1000万元，年利率为10%。

（2）发行普通股股票1000万元，每股发行价为40元。

要求：

（1）计算两种筹资方案的每股收益无差别点。

（2）如果该公司预计的息税前利润为200万元，确定该公司最佳的筹资方案。

四、案例分析题

1. 富源公司原资金结构如表5-5所示。

表5-5　　资金结构

筹资方式	金额（万元）
债券（年利率8%）	3000
普通股（每股面值1元，发行价12元，共500万股）	6000
合计	9000

目前普通股的每股市价为12元，预期第一年的股利为1.5元，以后每年以固定的增长率3%增长，不考虑证券筹资费用，企业适用的所得税税率为25%。企业目前拟增资2000万元，以投资于新项目，有以下两个方案可供选择：

方案一：按面值发行2000万元债券，债券年利率为10%，同时由于企业风险的增加，所以普通股的市价降为11元/股（股利不变）。

方案二：按面值发行1340万元债券，债券年利率为9%，同时按照11元/股的价格发行普通股股票筹集660万元资金（股利不变）。

要求：

采用比较资金成本法判断企业应采用哪一种方案。

2. 康达公司是一家经营电脑产品的合资企业。由于该企业始终重视开拓新的市场，并保持良好的资本结构，在经过多年打拼之后，终于在市场站稳了脚跟。为了进一步扩大规模，应对激烈的市场竞争，降低经营风险，康达公司准备在上海建立一家全资子公司，转产机床设备以调整产业结构。

该公司目前资本总额为 5000 万元，其中债务资本为 2000 万元，平均利率为 10%；普通股为 3000 万股，每股面值 1 元，预计当年能实现息税前利润 2100 万元。建立该全资子公司需新增投资 3000 万元，预计投产后会为公司增加销售收入 1500 万元，变动成本 600 万元，固定成本 500 万元。该项资金有以下三种筹资方案可供选择。

方案一：发行利率为 12%的债券。

方案二：发行股利率为 14%的优先股。

方案三：按每股 30 元价格发行普通股。

该公司所得税税率为 25%，不享受减免税优惠。要求：

根据上述信息分析康达公司应选择哪一种筹资方案？为什么？

项目实训

一、实训目的

1. 能够用销售百分比法预测资金需要量。
2. 了解资本结构在筹资决策中的重要性。
3. 掌握股权筹资或债权筹资的决策程序。
4. 掌握每股利润无差别点的筹资决策方法。

二、实训资料

1. 诚信达公司 2024 年实现销售收入 500000 元，税后净利为 20000 元，并发放股利 6000 元，厂房设备利用率为 90%，其资产负债表（简表）如表 5－6 所示。2025 年该公司预计实现销售收入 800000 元，并按照 2024 年股利分配率发放股利，计提折旧 20000 元，其中 40%用于厂房设备更新改造；另需要支付零星开支 3200 元。

表 5－6　　诚信达公司资产负债表

2024 年 12 月 31 日　　单位：元

资产		负债及所有者权益	
银行存款	100000	应付账款	50000
应收账款	125000	应交税费	25000
存货	150000	应付债券	100000
固定资产	230000	股本	200000
无形资产	90000	资本公积	250000

续　表

资产		负债及所有者权益	
其他资产	130000	留存收益	200000
资产合计	825000	负债及所有者权益合计	825000

2. 诚信达公司预计 2025 年实现息税前利润 200000 元，公司目前的资本结构如表 5－7 所示（不考虑短期负债）。该公司可以通过发行普通股筹资，也可以通过发行债券筹资。若发行普通股筹资，每股发行价为 25 元；若发行债券筹资，债券年利率为 10%。

表 5－7　　诚信达公司资本结构　　单位：元

筹资方式	筹资金额
公司债券（年利率 8%）	100000
普通股（面值 10 元，20000 股）	200000
资本公积	250000
留存收益	200000
资金总额	750000
普通股股数（股）	20000

三、实训要求

根据上述资料，试分析诚信达公司 2025 年预计新增资金数量，然后按照预计实现息税前利润 200000 元的条件，做出发行普通股筹资还是发行债券筹资的筹资决策。

操作流程：

1. 根据实训资料 1，编制用销售百分比法表示的诚信达公司 2024 年资产负债表（简表），填入表 5－8。

表 5－8　　诚信达公司资产负债表

2024 年 12 月 31 日

资产	百分比（%）	负债及所有者权益	百分比（%）
银行存款		应付账款	
应收账款		应交税费	
存货		应付债券	
固定资产		股本	
无形资产		资本公积	
其他资产		留存收益	
资产合计		负债及所有者权益合计	

2. 计算 2025 年该公司资金追加量。

3. 预测 2025 年该公司内部资金来源，填入表 5－9。

表 5－9　诚信达公司计划期内部资金来源表

计划期内部资金来源	金额
(1) 计划期预计销售收入（元）	
(2) 预计折旧基金剩余（元）	
(3) 股利分配率（%）	
(4) 销售利润率（%）	
(5) 计划期预计实现利润 (1) × (4)（元）	
(6) 计划期预计支付股利 (5) × (3)（元）	
(7) 留存收益 (5) － (6)（元）	

4. 预测 2025 年诚信达公司需要筹集的资金量，填入表 5－10。

表 5－10　2025 年诚信达公司需要筹资量　单位：元

需要筹集资金数量	金额
一、资金需求量	
零星开支资金需求量	
流动资产资金需求量	
固定资产资金需求量	
资金需求量合计	
二、内部资金来源	
留存收益	
折旧基金	
内部资金来源合计	
三、需要筹集的资金	

5. 根据实训资料 2，试分析诚信达公司发行普通股筹资或发行债券筹资后的资本结构，填入表 5－11。

表 5－11　筹资前后资本结构　单位：元

筹资方式	原筹资金额	新筹资金额	
		增发普通股（A）	增发债券（B）
公司债券（利率 8%）	100000		
普通股（面值 10 元）	200000		
资本公积	250000		
留存收益	200000		
资金总额	750000		
普通股股数（股）	20000		

6. 试分析不同资本结构对普通股每股利润的影响，填入表 5－12。

表 5－12　不同资本结构下的每股利润　单位：元

项目	增发普通股	增发债券
预计息税前利润		
减：利息		
税前利润		
减：所得税（25%）		
净利润		
普通股股数（股）		
每股利润		

7. 做出发行普通股筹资还是发行债券筹资的筹资决策。

项目六
投资管理

【教学目标】

◎ 知识目标

1. 理解投资管理相关概念，了解企业投资的目的、分类和一般原则，熟悉企业投资渠道与方式。
2. 熟悉项目投资的方案与决策。
3. 理解并掌握债券投资和股票投资的概念和方法。

◎ 技能目标

1. 能熟悉运用投资的相关基础知识，分析辨识企业投资的渠道与方式存在的问题。
2. 会运用投资分析方法，分析评价企业项目投资和对外投资的合理性，并能够结合企业实际提出新的投资方案。
3. 债券估价的公式与计算；股票估价的公式与计算。

◎ 素质目标

1. 培养社会责任感和创新思维。
2. 培养自我管理能力和团队合作精神。
3. 培养诚信意识，弘扬诚信文化。

【扫码获取教学资料】

课件

微课

思政引领

【项目框架】

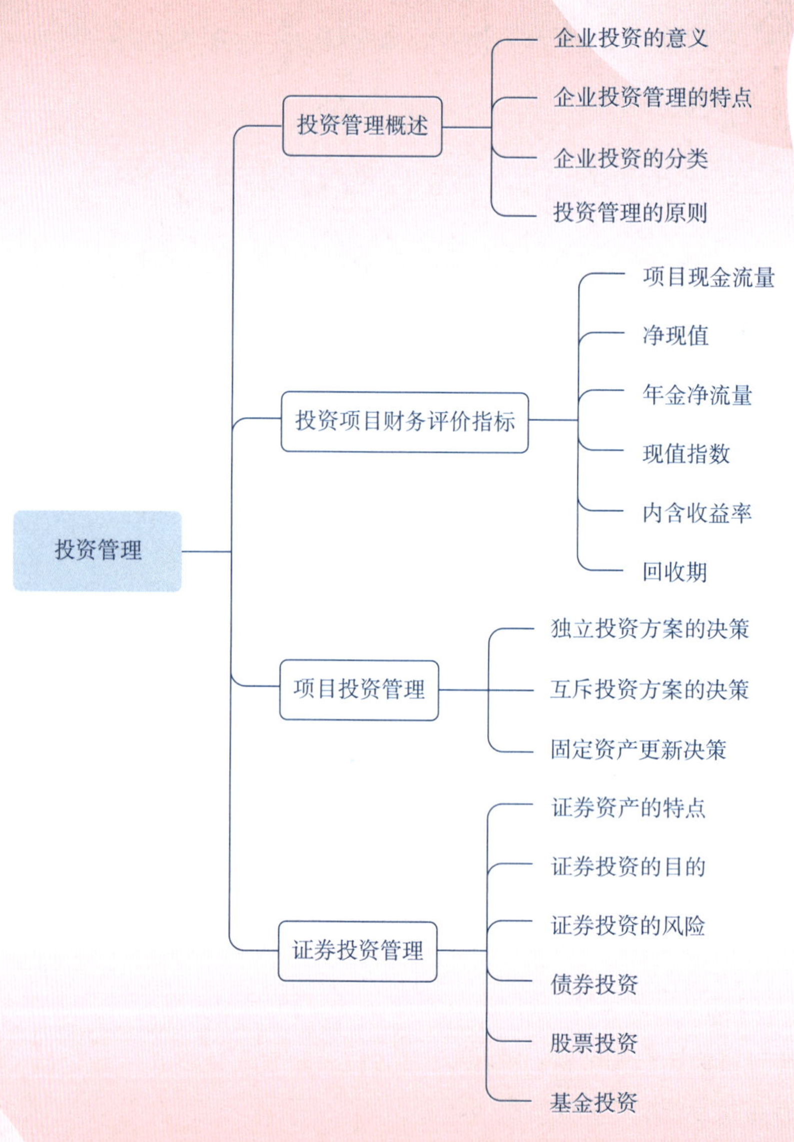
投资管理
投资管理概述
企业投资的意义
企业投资管理的特点
企业投资的分类
投资管理的原则
投资项目财务评价指标
项目现金流量
净现值
年金净流量
现值指数
内含收益率
回收期
项目投资管理
独立投资方案的决策
互斥投资方案的决策
固定资产更新决策
证券投资管理
证券资产的特点
证券投资的目的
证券投资的风险
债券投资
股票投资
基金投资

重点难点

现金流量的构成及估算，项目投资决策折现指标的计算及实际应用；债券和股票的估计公式与计算。

工作任务

认知现金流量的内容；确定现金流量的假设；选择项目投资决策的分析方法。

项目引例

由中国投资有限责任公司投资的欧洲大型物流设施资产组合项目（以下简称 Logicor），为世界各国企业提供了总建筑面积约 6 万平方米的现代化仓储物流设施。总投资 122.5 亿欧元，项目资产组合包含 600 多个物流设施，分布于 17 个欧洲国家，已建成物业面积超过 1300 万平方米……2017 年 11 月，中投公司牵头引领中国多家投融资机构组成投资团，顺利完成 Logicor 项目的收购，作为中投公司单笔资产规模最大的直投项目，Logicor 项目成为对接和服务“一带一路”建设的有效平台。

Logicor 项目运营情况良好，在 2018 年实现了 94%的出租率，租金水平也较 2018 年同期稳步增长，经营指标和收益水平与中投公司在投资时的预期相吻合。同时，项目大量资产位于“一带一路”交通要道附近，有效契合了欧洲制造业和服务业复苏增长所带来的物流产业扩张需求。

中投公司统筹利用国际国内两个市场两种资源，发挥金融资本的纽带和支持功能，推动公司境外投资专业平台与直管企业参与和服务“一带一路”建设，积极探索跨境投资生态圈、双边基金等对外投资合作方式创新。公司有关负责人表示，资金融通是“一带一路”建设“五通”的重要组成部分，在服务和支持“一带一路”建设过程中，中投公司进一步创新对外投资方式，拓展合作空间，助力“一带一路”建设加速推进。

问题：中投公司的投资方式属于哪一种？对建设新时代新经济，助力“一带一路”建设有什么积极作用？

任务一　投资管理概述

投资，广义地讲，是指特定经济主体（包括政府、企业和个人）以本金回收并获利为基本目的，将货币、实物资产等作为资本投放于某一个具体对象，以在未来期间内获取预期经济利益的经济行为。企业投资，简言之，是企业为获取未来收益而向一定对象投放资金的经济行为。例如，购建厂房设备，兴建电站，购买股票、债券、基金等经济行为，均属于投资行为。

一、企业投资的意义

企业需要通过投资配置资产，才能形成生产能力，取得未来的经济利益。

（一）投资是企业生存与发展的基本前提

企业的生产经营，就是企业资产的运用和资产形态的转换过程。投资是一种资本性支出行为，通过投资支出，企业购建流动资产和长期资产，形成生产条件和生产能力。实际上，不论是新建一个企业，还是建造一条生产流水线，都是一种投资行为。通过投资，确立企业的经营方向，配置企业的各类资产，并将它们有机地结合起来，形成企业的综合生产经营能力。如果企业想要进军一个新兴行业，或者开发一种新产品，都需要先进行投资。因此，投资决策的正确与否，直接关系到企业的兴衰成败。

（二）投资是企业获取利润的基本前提

企业投资的目的，是要通过支付一定数量的货币或实物形态的资本，购建和配置形成企业的各类资产，从事某类经营活动，获取未来的经济利益。通过投资形成生产经营能力，企业才能开展具体的经营活动，获取经营利润。那些以购买股票、债券等有价证券方式对其他单位的投资，可以通过取得股利或债息来获取投资收益，也可以通过转让证券来获取资本利得，除购买股票债券外，企业也可通过购买基金的方式获得基金收益。

（三）投资是企业风险控制的重要手段

企业经营面临着各种风险，有来自市场竞争的风险，有资金周转的风险，还有原材料涨价、费用居高不下等成本风险。投资，是企业风险控制的重要手段。通过投资，可以将资金投向企业生产经营的薄弱环节，使企业的生产经营能力配套、平衡、协调。通过投资，可以实现多元化经营，将资金投放于经营相关程度较低的不同产品或不同行业，分散风险，稳定收益来源，降低资产的流动性风险、变现风险，增强资产的安全性。

二、企业投资管理的特点

企业的投资活动与经营活动是不同的，投资活动对企业经济利益有长期影响。企业投资涉及的资金多、经历的时间长，对企业未来的财务状况和经营活动都有较大的影响。与日常经营活动相比，企业投资的主要特点如下。

（一）属于企业的战略性决策

企业的投资活动一般涉及企业未来的经营发展方向、生产能力与规模等问题，如厂房设备的新建与更新、新产品的研制与开发、对其他企业的股权控制等。

（二）属于企业的非程序化管理

企业的投资项目涉及资金数额较大。这些项目的管理，不仅是一个投资问题，也涉及资金筹集问题。特别是对于设备和生产能力的购建、对其他关联企业的并购等，需要大量资金。对于一个产品制造或商品流通的实体性企业来说，这种筹资和投资不会经常发生。

企业的投资项目影响的时间较长。这些投资项目实施后，将形成企业的生产条件和生产能力，这些生产条件和生产能力的使用期限长，将在企业多个经营周期内直接发挥作用，也将间接影响日常经营活动中流动资产的配置与分布。

企业的投资活动涉及企业的未来经营发展方向和规模等重大问题，是不经常发生的。投资经济活动具有一次性和独特性的特点，投资管理属于非程序化管理。每一次投资的背景、特点、要求等可能都不一样，无明显的规律可遵循，管理时更需要周密思考，慎重考虑。

（三）投资价值的波动性大

投资项目的价值，是由投资标的物资产内在获利能力决定的。这些标的物资产的形态是不断转换的，未来收益的获得具有较强的不确定性，其价值也具有较强的波动性。同时，各种外部因素，如市场利率、物价等的变化，也时刻影响着投资标的物资产价值。因此，企业确定投资管理决策时，要充分考虑投资项目的时间价值和风险价值。

企业投资项目的变现能力是不强的，因为其投放的标的物大多是机器设备等变现能力较差的长期资产，持有这些资产的目的也不是变现，并不准备在一年或超过一年的一个营业周期内变现。因此，投资项目的价值也是不易确定的。

三、企业投资的分类

将企业投资进行科学分类，有利于分清投资的性质，按不同的特点和要求进行投资决策，加强投资管理。

（一）直接投资和间接投资

按投资活动与企业本身生产经营活动的关系，企业投资可以划分为直接投资和间接投资。

直接投资，是指将资金直接投放于形成生产经营能力的实体性资产，直接谋取经营利润的企业投资。通过直接投资，购买并配置劳动力、劳动资料和劳动对象等具体生产要素，开展生产经营活动。

间接投资，是指将资金投放于股票、债券等资产上的企业投资。之所以称为间接投资，是因为股票、债券的发行方，在筹集到资金后，再把这些资金投放于形成生产经营能力的实体性资产，获取经营利润。而间接投资方不直接介入具体生产经营过程，通过股票、债券上所约定的收益分配权利，获取股利或利息收入，分享直接投资的经营利润。基金投资也是一种间接投资，通过投资于股票、债券等的投资组合获取收益。

（二）项目投资与证券投资

按投资对象的存在形态和性质，企业投资可以划分为项目投资和证券投资。

企业可以通过投资，购买具有实质内涵的经营资产，包括有形资产和无形资产，形成具体的生产经营能力，开展实质性的生产经营活动，谋取经营利润。这类投资，称为项目投资。项目投资的目的在于改善生产条件、扩大生产能力，以获取更多的经营利润。项目投资属于直接投资。

企业可以通过投资，购买证券资产，通过证券资产上所赋予的权利，间接控制被投资企业的生产经营活动，获取投资收益。这类投资，称为证券投资，即购买属于综合生产要素的权益性权利资产的企业投资。

直接投资与间接投资、项目投资与证券投资，两种投资分类方式的内涵和范围是一致的，只是分类角度不同。直接投资与间接投资强调的是投资的方式性，项目投资与证券投资强调的是投资的对象性。

（三）发展性投资与维持性投资

按投资活动对企业未来生产经营前景的影响，企业投资可以划分为发展性投资和维持性投资。

发展性投资是指对企业未来的生产经营发展全局有重大影响的企业投资。发展性投资也可以称为战略性投资，如企业间兼并合并的投资、转换新行业和开发新产品投资、大幅度扩大生产规模的投资等。发展性投资项目实施后，往往可以改变企业的经营方向和经营领域，或者明显地扩大企业的生产经营能力，或者实现企业的战略重组。

维持性投资是为了维持企业现有的生产经营正常顺利进行，不会改变企业未来生产经营发展全局的企业投资。维持性投资也可以称为战术性投资，如更新替换旧设备的投资、配套流动资金投资等。维持性投资项目所需要的资金不多，对企业生产经营的前景影响不大，投资风险相对也较小。

（四）对内投资与对外投资

按投资活动资金投出的方向，企业投资可以划分为对内投资和对外投资。

对内投资是指在本企业范围内部的资金投放，用于购买和配置各种生产经营所需的经营性资产。

对外投资是指向本企业范围以外的其他单位的资金投放。对外投资多以现金、有形资产、无形资产等资产形式，通过联合投资、合作经营、换取股权、购买证券资产等投资方式，向企业外部其他单位投放资金。

对内投资都是直接投资；对外投资主要是间接投资，也可能是直接投资。

（五）独立投资与互斥投资

按投资项目之间的相互关联关系，企业投资可以划分为独立投资和互斥投资。

独立投资是相容性投资，各个投资项目之间互不关联、互不影响，可以同时存在。例如，建造一个冰饮厂和建造一个钢铁厂，它们之间并不冲突，可以同时进行。对于一个独立投资项目而言，其他投资项目是否被采纳，对本项目的决策并无显著影响。因此，独立投资项目决策考虑的是方案本身是否满足某种决策标准。例如，可以规定凡提交决策的投资方案，其预期投资收益率都要求达到20%才能被采纳。这里，预期投资收益率达到20%，就是一种预期的决策标准。

互斥投资是非相容性投资，各个投资项目之间相互关联、相互替代，不能同时存在。如对企业现有设备进行更新，购买新设备就必须处置旧设备，它们之间是互斥的。对于一个互斥投资项目而言，其他投资项目是否被采纳或放弃，直接影响本项目的决策，其他项目被采纳，本项目就不能被采纳。因此，互斥投资项目决策考虑的是各方案之间的排斥性，也许每个方案都是可行方案，但互斥决策需要从中选择最优方案。

四、投资管理的原则

投资管理程序包括投资计划制订、可行性分析、实施过程控制、投资后评价等。为了适应投资项目的特点和要求，实现投资管理的目标，作出合理的投资决策，需要制定投资管理的基本原则，据以保证投资活动的顺利进行。

（一）可行性分析原则

投资项目的金额大，资金占用时间长，一旦投资后具有不可逆转性，对企业的财务状况和经营前景影响重大。因此，在投资决策之时，必须建立严密的投资决策程序，进行科学的可行性分析。

投资项目可行性分析是投资管理的重要组成部分，其主要任务是对投资项目实施的可行性进行科学的论证，主要包括环境可行性、技术可行性、市场可行性、财务可行性等方面。项目可行性分析将对项目实施后未来的运行和发展前景进行预测，通过定性分析和定量分析比较项目的优劣，为投资决策提供参考。

环境可行性，要求投资项目对环境的不利影响最小，并能带来有利影响，包括对自然环境、社会环境和生态环境的影响。技术可行性，要求投资项目形成的生产经营能力，具有技术上的适应性和先进性，包括工艺、装备、地址等。市场可行性，要求投资项目形成的产品能够被市场所接受，具有市场占有率，进而才能带来财务上的可行性。财务可行性，要求投资项目在经济上具有效益性，这种效益性是明显的和长期的。财务可行性是在相关的环境、技术、市场可行性完成的前提下，着重围绕技术可行性和市场可行性而开展的专门经济性评价。同时，一般也包含资金筹集的可行性。

财务可行性分析是投资项目可行性分析的主要内容，因为投资项目的根本目的是经济效益，市场和技术上可行性的落脚点也是经济上的效益性，项目实施后的业绩绝大部分表现在价值化的财务指标上。

（二）结构平衡原则

由于投资往往是一个综合性的项目，不仅涉及固定资产等生产能力和生产条件的购建，还涉及使生产能力和生产条件正常发挥作用所需要的流动资产的配置。同时，由于受资金来源的限制，投资也常常会遇到资金需求超过资金供应的矛盾。如何合理配置资源，使有限的资金发挥最大的效用，是投资管理中资金投放所面临的重要问题。

可以说，一个投资项目的管理就是综合管理。资金既要投放于主要生产设备，又要投放于辅助设备；既要满足长期资产的需要，又要满足流动资产的需要。投资项目在资金投放时，要遵循结构平衡原则，合理分布资金，具体包括固定资金与流动资金的配套关系、生产能力与经营规模的平衡关系、资金来源与资金运用的匹配关系、投资进度和资金供应的协调关系、流动资产内部的资产结构关系、发展性投资与维持性投资的配合关系、对内投资与对外投资的顺序关系、直接投资与间接投资的分布关系等。

投资项目在实施后，资金就较长期地固化在具体项目上，退出和转向都不太容易。只有遵循结构平衡原则，投资项目实施后才能正常顺利地运行，才能避免资源的闲置和浪费。

（三）动态监控原则

投资的动态监控，是指对投资项目实施过程中的进程控制。特别是对于那些工程量大、工期长的建造项目来说，有一个具体的投资过程，需要按工程预算实施有效的动态投资控制。

任务二　投资项目财务评价指标

投资决策，是对各个可行方案进行分析和评价，并从中选择最优方案的过程。投资项目决策的分析评价，需要采用一些专门的评价指标和方法。常用的财务可行性评价指标有净现值、年金净流量、现值指数、内含收益率和回收期等，围绕这些指标进行投资项目财务评价就产生了净现值法、内含收益率法、回收期法等评价方法。同时，按照是否考虑了货币时间价值来分类，这些评价指标可以分为静态评价指标和动态评价指标。考虑了货币时间价值因素的称为动态评价指标，没有考虑货币时间价值因素的称为静态评价指标。

一、项目现金流量

现金流量是投资项目财务可行性分析的主要分析对象，净现值、内含收益率、回收期等财务评价指标，均是以现金流量为对象进行可行性评价的。利润只是期间财务报告的结果，对于投资方案财务可行性来说，项目的现金流量状况比会计期间盈亏状况更为重要。一个投资项目能否顺利进行，有无经济效益，不一定取决于有无会计期间利润，而在于能否带来正现金流量，即整个项目能否获得超过项目投资的现金回收。

由一项长期投资方案所引起的在未来一定期间所发生的现金收支，叫作现金流量（cash flow）。其中，现金收入称为现金流入量，现金支出称为现金流出量，现金流入量与现金流出量相抵后的余额，称为现金净流量（Net Cash Flow，NCF）。

在一般情况下，投资决策中的现金流量通常指现金净流量（*NCF*）。这里，所谓的现金既指库存现金、银行存款等货币性资产，也可以指相关非货币性资产（如原材料、设备等）的变现价值。

投资项目从整个经济寿命周期来看，大致可分为三个阶段：投资期、营业期、终结期，现金流量的各个项目也可归属于各个阶段之中。

（一）投资期

投资阶段的现金流量主要是现金流出量，即在该投资项目上的原始投资，包括在长期资产上的投资和垫支的营运资金。

1. 长期资产投资

长期资产投资包括在固定资产、无形资产、递延资产等长期资产上的购入、建造、运输、安装、试运行等方面所需的现金支出，如购置成本、运输费、安装费等。对于投资实施后导致固定资产性能改进而发生的改良支出，属于固定资产的后期投资。

2. 营运资金垫支

营运资金垫支是指投资项目形成了生产能力，需要在流动资产上追加的投资。由于扩大了企业生产能力，原材料、在产品、产成品等流动资产规模也随之扩大，需要追加投入日常营运资金。同时，企业营业规模扩充后，应付账款等结算性流动负债也随之增加，自动补充了一部分日常营运资金的需要。因此，为该投资垫支的营运资金是追加的流动资产扩大量与结算性流动负债扩大量的净差额。为简化计算，垫支的营运资金在营业期的流入流出过程可忽略不计，只考虑投资期投入与终结期收回对现金流量的影响。

（二）营业期

营业阶段是投资项目的主要阶段，该阶段既有现金流入量，也有现金流出量。现金流入量主要是营运各年的营业收入，现金流出量主要是营运各年的付现营运成本。

另外，营业期内某一年发生的大修理支出，如果会计处理在本年内一次性作为损益性支出，则直接作为该年付现成本；如果跨年摊销处理，则本年作为投资性的现金流出量，摊销年份以非付现成本形式处理。营业期内某一年发生的改良支出是一种投资，应作为该年的现金流出量，以后年份通过折旧收回。

在正常营业阶段，由于营运各年的营业收入和付现营运成本数额比较稳定，如不考虑所得税因素，营业阶段各年现金净流量一般为：

营业现金净流量（NCF）＝营业收入－付现成本

＝营业利润＋非付现成本

式中，非付现成本主要是固定资产年折旧费用、长期资产摊销费用、资产减值损失等。其中，长期资产摊销费用主要有跨年的大修理摊销费用、改良工程折旧摊销费用、筹建费摊销费用等。

所得税是投资项目的现金支出，即现金流出量。考虑所得税对投资项目现金流量的影响，投资项目正常营运阶段所获得的营业现金净流量，可按下列公式进行测算：

营业现金净流量（NCF）＝营业收入－付现成本－所得税

或：＝税后营业利润＋非付现成本

或：＝收入×（1－所得税税率）－付现成本×（1－所得税税率）＋非付现成本×所得税税率

（三）终结期

终结阶段的现金流量主要是现金流入量，包括固定资产变价净收入、固定资产变现净损益和垫支营运资金的收回。

1. 固定资产变价净收入

投资项目在终结阶段，原有固定资产将退出生产经营，企业对固定资产进行清理处置。固定资产变价净收入，是指固定资产出售或报废时的出售价款或残值收入扣除清理费用后的净额。

2. 固定资产变现净损益对现金净流量的影响

固定资产变现净损益对现金净流量的影响用公式表示如下：

固定资产变现净损益对现金净流量的影响＝（账面价值－变价净收入）×所得税税率

如果（账面价值－变价净收入）＞0，则意味着发生了变现净损失，可以抵税，减少现金流出，增加现金净流量。如果（账面价值－变价净收入）＜0，则意味着实现了变现净收益，应该纳税，增加现金流出，减少现金净流量。

变现时固定资产账面价值指的是固定资产账面原值与变现时按照税法规定计提的累计折旧的差额。如果变现时，按照税法的规定，折旧已经全部计提，则变现时固定资产账面价值等于税法规定的净残值；如果变现时，按照税法的规定，折旧没有全部计提，则变现时固定资产账面价值等于税法规定的净残值与剩余的未计提折旧之和。

3. 垫支营运资金的收回

伴随着固定资产的出售或报废，投资项目的经济寿命结束，企业将与该项目相关的存货出售，应收账款收回，应付账款也随之偿付。营运资金恢复到原有水平，项目开始垫支的营运资金在项目结束时得到回收。

在实务中，对某一投资项目在不同时点上现金流量数额的测算，通常通过编制“投资项目现金流量表”进行。通过该表，能测算出投资项目相关现金流量的时间和数额，以便进一步进行投资项目可行性分析。

【例 6－1】诚信达公司投资项目需要 3 年建成，每年年初投入建设资金 90 万元，共投入 270 万元。建成投产之时，需投入营运资金 140 万元，以满足日常经营活动需要。项目投产后，估计每年可获税后营业利润 60 万元。固定资产使用年限为 7 年，使用后第 5 年预计进行一次改良，估计改良支出为 80 万元，分两年平均摊销。资产使用期满后，估计残值净收入为 11 万元，采用使用年限法折旧。项目期满时，垫支营运资金全额收回。

根据以上资料，编制成投资项目现金流量表如表 6－1 所示。

表 6－1　　投资项目现金流量表　　单位：万元

项目	第 0 年	第 1 年	第 2 年	第 3 年	第 4 年	第 5 年	第 6 年	第 7 年	第 8 年	第 9 年	第 10 年	总计
固定资产价值	(90)	(90)	(90)									(270)
固定资产折旧					37	37	37	37	37	37	37	259
改良支出									(80)			(80)
改良支出摊销										40	40	80
税后营业利润					60	60	60	60	60	60	60	420
残值净收入											11	11
营运资金				(140)							140	0
总计	(90)	(90)	(90)	(140)	97	97	97	97	17	137	288	420

注：带有括号的为现金流出量，表示负值；没有带括号的为现金流入量，表示正值。全章同。

在投资项目管理的实践中，由于所得税的影响，营业阶段现金流量的测算比较复杂，需要在所得税基础上考虑税后收入、税后付现成本，以及非付现成本抵税对营业现金流量的影响。

【例 6－2】诚信达公司计划增添一条生产流水线，以扩充生产能力。现有甲、乙两个方案可供选择。甲方案需要投资 500000 元，乙方案需要投资 750000 元。两方案的预计使用寿命均为5年，折旧均采用直线法，甲方案预计残值为20000元，乙方案预计残值为30000元。甲方案预计年销售收入为1000000元，第1年付现成本为660000元，以后在此基础上每年增加维修费10000元。乙方案预计年销售收入为1400000元，年付现成本为1050000元。项目投入营运时，甲方案需垫支营运资金200000元，乙方案需垫支营运资金250000元。公司所得税税率为25%。

根据上述资料，两方案的现金流量计算如表6－2和表6－3所示。表6－2列示的是甲方案营业期间现金流量的具体测算过程，乙方案营业期间的现金流量比较规则，其现金流量的测算可以用公式直接计算。表6－3列示的是甲、乙两方案投资项目每年的现金流量。

表6－2　　营业期现金流量计算表　　单位：元

项目	第1年	第2年	第3年	第4年	第5年
甲方案：					
销售收入（1）	1000000	1000000	1000000	1000000	1000000
付现成本（2）	660000	670000	680000	690000	700000
折旧（3）	96000	96000	96000	96000	96000
营业利润（4）=(1)－(2)－(3)	244000	234000	224000	214000	204000
所得税（5）=(4)×25%	61000	58500	56000	53500	51000
税后营业利润（6）=(4)－(5)	183000	175500	168000	160500	153000
营业现金净流量（7）=(3)＋(6)	279000	271500	264000	256500	249000

表6－3　　投资项目现金流量计算表　　单位：元

项目	第0年	第1年	第2年	第3年	第4年	第5年
甲方案：						
固定资产投资	(500000)					
营运资金垫支	(200000)					
营业现金流量		279000	271500	264000	256500	249000
固定资产残值						20000
营运资金回收						200000
现金流量合计	(700000)	279000	271500	264000	256500	469000
乙方案：						
固定资产投资	(750000)					
营运资金垫支	(250000)					
营业现金流量		298500	298500	298500	298500	298500
固定资产残值						30000
营运资金回收						250000
现金流量合计	(1000000)	298500	298500	298500	298500	578500

乙方案非付现成本＝乙方案年折旧额＝(750000－30000)/5＝144000(元)

乙方案营业现金净流量＝税后营业利润＋非付现成本

＝(1400000－1050000－144000)×(1－25％)＋144000

＝298500(元)

或：＝收入×(1－所得税税率)－付现成本×(1－所得税税率)＋非付现成本×所得税税率

＝1400000×75％－1050000×75％＋144000×25％

＝298500(元)

二、净现值

一个投资项目，其未来现金净流量现值与原始投资额现值之间的差额，称为净现值(Net Present Value，NPV)。计算公式为：

净现值(*NPV*)＝未来现金净流量现值－原始投资额现值

计算净现值时，要按预定的贴现率对投资项目的未来现金流量和原始投资额进行贴现。预定贴现率是投资者所期望的最低投资收益率。净现值为正，方案可行，说明方案的实际收益率高于所要求的收益率；净现值为负，方案不可取，说明方案的实际投资收益率低于所要求的收益率。

当净现值为零时，说明方案的投资收益刚好达到所要求的投资收益，方案也可行。所以，净现值的经济含义是投资方案收益超过基本收益后的剩余收益。其他条件相同时，净现值越大，方案越好。采用净现值法来评价投资方案，一般有以下步骤：

(1) 测定投资方案各年的现金流量，包括现金流出量和现金流入量。

(2) 设定投资方案采用的贴现率。

确定贴现率的参考标准：

①以市场利率为标准。资本市场的市场利率是整个社会投资收益率的最低水平，可以视为一般最低收益率要求。

②以投资者希望获得的预期最低投资收益率为标准。这就考虑了投资项目的风险补偿因素以及通货膨胀因素。

③以企业平均资本成本为标准。企业投资所需要的资金，都或多或少地具有资本成本，企业筹资承担的资本成本水平，给投资项目提出了最低收益率要求。

(3) 按设定的贴现率，分别将各年的现金流出量和现金流入量折算成现值。

(4) 将未来的现金净流量现值与投资额现值进行比较，若前者大于或等于后者，方案可行；若前者小于后者，方案不可行，说明方案的实际收益率达不到投资者所要求的收益率。

【例6-3】沿用【例6-2】的资料，假设折现率为10％，则：

甲方案的净现值＝469000×(*P*/*F*,10％,5)＋256500×(*P*/*F*,10％,4)＋264000×(*P*/*F*,10％,3)＋271500×(*P*/*F*,10％,2)＋279000×(*P*/*F*,10％,1)－700000

＝469000×0.6209＋256500×0.6830＋264000×0.7513＋271500×0.8264＋279000×0.9091－700000

=442741.30(元)

由于甲方案的净现值大于0，所以，甲方案可行。

乙方案的净现值=578500×(P/F,10%,5)+298500×(P/A,10%,4)-1000000

=578500×0.6209+298500×3.1699-1000000

=305405.80(元)

由于乙方案的净现值大于0，所以，乙方案也可行。

三、年金净流量

投资项目的未来现金净流量与原始投资额的差额，构成该项目的现金净流量总额。项目期间内全部现金净流量总额的总现值或总终值折算为等额年金的平均现金净流量，称为年金净流量（ANCF）。年金净流量的计算公式为：

$$年金净流量=\frac{现金净流量总现值}{年金现值系数}$$

$$=\frac{现金净流量总终值}{年金终值系数}$$

式中，现金净流量总现值即为 NPV。与净现值指标一样，年金净流量指标大于零，说明每年平均的现金流入能抵补现金流出，投资项目的净现值（或净终值）大于零，方案的收益率大于所要求的收益率，方案可行。在两个以上寿命期不同的投资方案比较时，年金净流量越大，方案越好。

【例6-4】诚信达公司有甲、乙两个投资方案，甲方案需一次性投资10000元，可用8年，残值2000元，每年取得税后营业利润3500元；乙方案需一次性投资10000元，可用5年，无残值，第1年获利3000元，以后每年递增10%。如果资本成本为10%，应采用哪种方案？

两项目使用年限不同，净现值是不可比的，应考虑它们的年金净流量。由于：

甲方案营业期每年 NCF=3500+(10000-2000)/8=4500(元)

乙方案营业期各年 NCF：

第1年=3000+10000/5=5000(元)

第2年=3000×(1+10%)+10000/5=5300(元)

第3年=$3000×(1+10\%)^2$+10000/5=5630(元)

第4年=$3000×(1+10\%)^3$+10000/5=5993(元)

第5年=$3000×(1+10\%)^4$+10000/5=6392.30(元)

甲方案净现值=4500×5.335+2000×0.467-10000=14941.50(元)

乙方案净现值=5000×0.909+5300×0.826+5630×0.751+5993×0.683+6392.30×0.621-10000=11213.77(元)

$$甲方案年金净流量=\frac{14941.50}{(P/A,10\%,8)}=2801(元)$$

$$乙方案年金净流量=\frac{11213.77}{(P/A,10\%,5)}=2958(元)$$

尽管甲方案净现值大于乙方案，但它是8年内取得的。而乙方案年金净流量高于甲方案，如果按 8 年计算可取得 15780.93 元（2958×5.335）的净现值，高于甲方案。因此，乙方案优于甲方案。本例中，用终值进行计算也可得出同样的结果。

从投资收益的角度来看，甲方案投资额为 10000 元，扣除残值现值 934 元（2000×0.467），按 8 年年金现值系数 5.335 计算，每年应回收 1699 元（9066/5.335）。这样，每年现金流量 4500 元中，扣除投资回收 1699 元，投资收益为 2801 元。按同样方法计算，乙方案年投资收益为 2958 元。所以，年金净流量的本质是各年现金流量中的超额投资收益额。

年金净流量法是净现值法的辅助方法，在各方案寿命期相同时，实质上就是净现值法。因此它适用于期限不同的投资方案决策。但同时，它也具有与净现值法同样的缺点，不便于对原始投资额不相等的独立投资方案进行决策。

四、现值指数

现值指数（Present Value Index，PVI）是投资项目的未来现金净流量现值与原始投资额现值之比。计算公式为：

$$现值指数=\frac{未来现金净流量现值}{原始投资额现值}$$

从现值指数的计算公式可见，现值指数的计算结果有三种：大于 1、等于 1、小于 1。若现值指数大于或等于 1，方案可行，说明方案实施后的投资收益率高于或等于必要收益率；若现值指数小于 1，方案不可行，说明方案实施后的投资收益率低于必要收益率。现值指数越大，方案越好。

【例 6-5】诚信达公司有两个独立投资方案，有关资料如表 6-4 所示。

表 6-4　净现值计算表　单位：元

项目	方案 A	方案 B
原始投资额现值	30000	3000
未来现金净流量现值	31500	4200
净现值	1500	1200

从净现值的绝对数来看，方案 A 大于方案 B，似乎应采用方案 A；但从投资额来看，方案 A 的原始投资额现值大大超过了方案 B。所以，在这种情况下，如果仅用净现值来判断方案的优劣，就难以作出正确的比较和评价。按现值指数法计算：

$$A\ 方案现值指数=\frac{31500}{30000}=1.05$$

$$B\ 方案现值指数=\frac{4200}{3000}=1.40$$

计算结果表明，方案 B 的现值指数大于方案 A，应当选择方案 B。

现值指数法也是净现值法的辅助方法，在各方案原始投资额现值相同时，实质上就是净现值法。由于现值指数是未来现金净流量现值与所需投资额现值之比，是一个相对数指标，反映了投资效率，所以，用现值指数指标来评价独立投资方案，可以克服净现值指标不便于对原始投资额现值不同的独立投资方案进行比较和评价的缺点，从而对方案的分析评价更加合理、客观。

五、内含收益率

（一）基本原理

内含收益率（Internal Rate of Return，IRR）是指对投资方案未来的每年现金净流量进行贴现，使所得的现值恰好与原始投资额现值相等，从而使净现值等于零时的贴现率。

内含收益率法的基本原理：在计算方案的净现值时，以必要投资收益率作为贴现率计算，净现值的结果往往是大于零或小于零，这就说明方案实际可能达到的投资收益率大于或小于必要投资收益率；而当净现值为零时，说明两种收益率相等。根据这个原理，内含收益率法就是要计算出使净现值等于零时的贴现率，这个贴现率就是投资方案实际可能达到的投资收益率。

1. 未来每年现金净流量相等时

每年现金净流量相等是一种年金形式，通过查年金现值系数表，可计算出未来现金净流量现值，并令其净现值为零，有：

未来每年现金净流量×年金现值系数－原始投资额现值＝0

计算出净现值为零时的年金现值系数后，通过查年金现值系数表，利用插值法即可计算出相应的贴现率，该贴现率就是方案的内含收益率。

【例 6－6】诚信达公司拟购入一台新型设备，购价为 160 万元，使用年限 10 年，无残值。该方案的最低投资收益率要求为 12%（以此作为贴现率）。使用新设备后，估计每年产生现金净流量 30 万元。

要求：用内含收益率指标评价该方案是否可行？

令：300000×年金现值系数－1600000＝0

得：年金现值系数＝5.3333

现已知方案的使用年限为 10 年，查年金现值系数表，可查得：时期 10，系数 5.3333 所对应的贴现率在 12%～14%。采用插值法求得，该方案的内含收益率为 13.46%，高于最低投资收益率 12%，方案可行。

2. 未来每年现金净流量不相等时

如果投资方案的未来每年现金净流量不相等，各年现金净流量的分布就不是年金形式，不能采用直接查年金现值系数表的方法来计算内含收益率，而需采用逐次测试法。

逐次测试法的具体做法：根据已知的有关资料，先估计一次贴现率，来试算未来现金净流量的现值，并将这个现值与原始投资额现值相比较，如净现值大于零，为正数，表示估计的贴现率低于方案实际可能达到的投资收益率，需要重估一个较高的贴现率进行试算；如果净现值小于零，为负数，表示估计的贴现率高于方案实际可能达到的投资收益率，需要重估一个较低的贴现率进行试算。如此反复试算，直到净现值等于零或基本接近于零，这时所估计的贴现率就是希望求得的内含收益率。

【例 6-7】诚信达公司有一投资方案，需一次性投资 120000 元，使用年限为 4 年，每年现金净流量分别为 30000 元、40000 元、50000 元和 35000 元。

要求：计算该投资方案的内含收益率，并据以评价该方案是否可行。

由于该方案每年的现金净流量不相同，需逐次测试计算方案的内含收益率。测算过程如表 6-5 所示。

表 6-5　　净现值的逐次测试　　单位：元

年限	每年现金净流量	第一次测算 8%		第二次测算 12%		第三次测算 10%	
1	30000	0.926	27780	0.893	26790	0.909	27270
2	40000	0.857	34280	0.797	31880	0.826	33040
3	50000	0.794	39700	0.712	35600	0.751	37550
4	35000	0.735	25725	0.636	22260	0.683	23905
未来现金净流量现值合计			127485		116530		121765
减：原始投资额现值			120000		120000		120000
净现值			7485		(3470)		1765

第一次测算，采用折现率 8%，净现值为正数，说明方案的内含收益率高于 8%。第二次测算，采用折现率 12%，净现值为负数，说明方案的内含收益率低于 12%。第三次测算，采用折现率 10%，净现值仍为正数，但已较接近于零。因而可以估算，方案的内含收益率在 10%～12%。进一步运用插值法，得出方案的内含收益率为 10.67%。

（二）对内含收益率法的评价

1. 内含收益率法的主要优点

（1）内含收益率反映了投资项目可能达到的收益率，易于被高层决策人员所理解。

（2）对于独立投资方案的比较决策，如果各方案原始投资额现值不同，可以通过计算各方案的内含收益率，反映各独立投资方案的获利水平。

2. 内含收益率法的主要缺点

（1）计算复杂，不易直接考虑投资风险大小。

（2）在互斥投资方案决策时，如果各方案的原始投资额现值不相等，有时无法作出正确的决策。某一方案原始投资额低，净现值小，但内含收益率可能较高；而另一方案原始投资额高、净现值大，但内含收益率可能较低。

六、回收期

回收期（Payback Period，PP）是指投资项目的未来现金净流量与原始投资额相等时所经历的时间，即原始投资额通过未来现金流量回收所需要的时间。

投资者希望投入的资本能以某种方式尽快地收回来，收回的时间越长，所担风险就越大。因而，投资方案回收期的长短是投资者十分关心的问题，也是评价方案优劣的标准之一。用回收期指标评价方案时，回收期越短越好。

（一）静态回收期

静态回收期没有考虑货币时间价值，直接用未来现金净流量累计到原始投资数额时所经历的时间为静态回收期。

1. 未来每年现金净流量相等时

这种情况是一种年金形式，因此：

$$静态回收期=\frac{原始投资额}{每年现金净流量}$$

【例 6-8】诚信达公司准备从甲、乙两种机床中选购一种。甲机床购价为 35000 元，投入使用后，每年现金净流量为 7000 元；乙机床购价为 36000 元，投入使用后，每年现金流量为 8000 元。

要求：用回收期指标决策该厂应选购哪种机床？

$$甲机床回收期=\frac{35000}{7000}=5(年)$$

$$乙机床回收期=\frac{36000}{8000}=4.5(年)$$

计算结果表明，乙机床的回收期比甲机床短，该工厂应选择乙机床。

2. 未来每年现金净流量不相等时

在这种情况下，应把未来每年的现金净流量逐年加总，根据累计现金流量来确定回收期。可依据如下公式进行计算（设 M 是收回原始投资额的前一年）：

$$静态回收期=M+第 M 年的尚未收回额/第(M+1)年的现金净流量$$

【例 6-9】诚信达公司有一投资项目，需投资 150000 元，使用年限为 5 年，每年的现金流量不相等，资本成本为 5%，有关资料如表 6-6 所示。

要求：计算该投资项目的回收期。

表 6-6　项目现金流量　单位：元

年限	现金净流量	累计净流量	净流量现值	累计现值
1	30000	30000	28560	28560
2	35000	65000	31745	60305
3	60000	125000	51840	112145
4	50000	175000	41150	153295
5	40000	215000	31360	184655

从表 6-6 的累计现金净流量栏中可见，该投资项目的回收期在第 3 年与第 4 年之间。为了计算较为准确的回收期，采用以下方法计算：

$$项目回收期=3+\frac{150000-125000}{50000}=3.5(年)$$

（二）动态回收期

动态回收期需要将投资引起的未来现金净流量进行贴现，以未来现金净流量的现值等于原始投资额现值时所经历的时间为动态回收期。

1. 未来每年现金净流量相等时

在这种年金形式下，假定动态回收期为 n 年，则：

$$(P/A,i,n)=\frac{\text{原始投资额现值}}{\text{每年现金净流量}}$$

计算出年金现值系数后，通过查年金现值系数表，利用插值法，即可推算出动态回收期。

前述【例 6－8】中，假定资本成本为 9%，查表得知当 $i=9\%$时，第 6 年年金现值系数为 4.486，第 7 年年金现值系数为 5.033。这样，由于甲机床的年金现值系数为 5，乙机床的年金现值系数为 4.5，相应的回收期运用插值法计算，得出甲机床动态回收期 $n=6.94$ 年，乙机床动态回收期 $n=6.03$ 年。

2. 未来每年现金净流量不相等时

在这种情况下，应把每年的现金净流量逐一贴现并加总，根据累计现金流量现值来确定回收期。可依据如下公式进行计算（设 M 是收回原始投资额现值的前一年）：

动态回收期$=M+$第 M 年的尚未收回额的现值/第$(M+1)$年的现金净流量现值

前述【例 6－9】中，诚信达公司投资项目的动态回收期为：

$$\text{项目回收期}=3+\frac{150000-112145}{41150}=3.92(\text{年})$$

回收期法的优点是计算简便，易于理解。这种方法是以回收期的长短来衡量方案的优劣，收回投资所需的时间越短，所冒的风险就越小。可见，回收期法是一种较为保守的方法。

回收期法中静态回收期的不足之处是没有考虑货币的时间价值。

【例 6－10】A、B 两个投资方案的相关资料如表 6－7 所示。

表 6－7　　项目现金流量　　金额单位：元

项目	年限	A 方案	B 方案
原始投资额	0	(1000)	(1000)
现金净流量	1	100	600
	2	300	300
	3	600	100
静态回收期（年）	—	3	3

从表 6－7 中的资料看，A、B 两个投资方案的原始投资额相同，回收期也相同，以静态回收期来评价两个方案，似乎并无优劣之分。但如果考虑货币的时间价值，用动态回收期分析，则 B 方案显然要好得多。

静态回收期和动态回收期还有一个共同局限，就是它们计算回收期时只考虑了未来现金净流量（或现值）总和中等于原始投资额（或现值）的部分，没有考虑超过原始投资额（或现值）的部分。显然，回收期长的项目，其超过原始投资额（或现值）的现金流量并不一定比回收期短的项目少。

扫码查看
延伸内容

任务三　项目投资管理

项目投资是指将资金直接投放于生产经营实体性资产，以形成生产能力，如购置设备、建造工厂、修建设施等。项目投资一般是企业的对内投资，也包括以实物性资产投资于其他企业的对外投资。

一、独立投资方案的决策

独立投资方案，是指两个或两个以上项目互不依赖，可以同时存在，各方案的决策也是独立的。独立投资方案的决策属于筛分决策，评价各方案本身是否可行，即方案本身是否达到某种要求的可行性标准。独立投资方案之间比较时，决策要解决的问题是如何确定各种可行方案的投资顺序，即各独立方案之间的优先次序。排序分析时，以各独立方案的获利程度作为评价标准，一般采用内含收益率法进行比较决策。

【例 6－11】诚信达公司有足够的资金准备投资于三个独立投资项目。A 项目投资额 10000 元，期限 5 年；B 项目原始投资额 18000 元，期限 5 年；C 项目原始投资额 18000 元，期限 8 年。贴现率为 10%，其他有关资料如表 6－8 所示。问：如何安排投资顺序？

表 6－8　独立投资方案的可行性指标　金额单位：元

项目	A 项目	B 项目	C 项目
原始投资额	(10000)	(18000)	(18000)
每年净现金流量	4000	6500	500
期限（年）	5	5	8
净现值（*NPV*）	5164	6642	8675
现值指数（*PVI*）	1.52	1.37	1.48
内含收益率（*IRR*）（%）	28.68	23.61	22.28
年金净流量（*ANCF*）	1362	1752	1626

将上述三个方案的各种决策指标加以对比，见表 6－9。从两表数据可以看出：

（1）A 项目与 B 项目比较：两项目原始投资额不同但期限相同，尽管 B 项目净现值和年金净流量均大于 A 项目，但 B 项目原始投资额高，获利程度低。因此，应优先安排内含收益率和现值指数较高的 A 项目。

（2）B 项目与 C 项目比较：两项目原始投资额相等但期限不同，尽管 C 项目净现值和现值指数高，但它需要经历 8 年才能获得。B 项目 5 年项目结束后，所收回的投资可以进一步投资于其他后续项目。因此，应该优先安排内含收益率和年金净流量较高的 B 项目。

（3）A 项目与 C 项目比较：两项目的原始投资额和期限都不相同，A 项目内含收益率较高，但净现值和年金净流量都较低。C 项目净现值高，但期限长；C 项目年金净流量也较高，但它是依靠较大的投资额取得的。因此，从获利程度的角度来看，A 项目是优先方案。

表 6-9　独立投资方案的比较决策

净现值（*NPV*）	C>B>A
现值指数（*PVI*）	A>C>B
内含收益率（*IRR*）	A>B>C
年金净流量（*ANCF*）	B>C>A

综上所述，在独立投资方案比较性决策时，内含收益率指标综合反映了各方案的获利程度，在各种情况下的决策结论都是正确的。本例中，投资顺序应该按 A、B、C 顺序实施投资。现值指数指标也反映了方案的获利程度，除了期限不同的情况外，其结论也是正确的。但在项目的原始投资额相同而期限不同的情况下（如 B 项目和 C 项目的比较），现值指数实质上就是净现值的表达形式。至于净现值指标和年金净流量指标，它们反映的是各方案的获利数额，要结合内含收益率指标进行决策。

二、互斥投资方案的决策

互斥投资方案，方案之间互相排斥，不能并存，因此决策的实质在于选择最优方案，属于选择决策。选择决策要解决的问题是应该淘汰哪个方案，即选择最优方案。从选定经济效益最大的方案角度出发，互斥决策以方案的获利数额作为评价标准。因此，一般采用净现值法和年金净流量法进行选优决策。但由于净现值指标受投资项目寿命期的影响，因而年金净流量法是互斥方案最恰当的决策方法。

（一）项目的寿命期相等时

从【例 6-11】可知，A、B 两项目寿命期相同，而原始投资额不等；B、C 两项目原始投资额相等而寿命期不同。如果【例 6-11】这三个项目是互斥投资方案，可以按以下思路对寿命期相同的 A、B 项目进行决策：

A 项目与 B 项目比较，两项目原始投资额不等。尽管 A 项目的内含收益率和现值指数都较高，但互斥方案应考虑获利数额，因此净现值高的 B 项目是最优方案。两项目的期限是相同的，年金净流量指标的决策结论与净现值指标的决策结论是一致的。

B 项目比 A 项目投资额多 8000 元，按 10%的贴现率水平，分 5 年按年金形式回收，每年应回收 2110 元（8000/3.7908）。但 B 项目每年现金净流量比 A 项目多了 2500 元，扣除增加的回收额 2110 元后，每年还可以多获得投资收益 390 元。这个差额，正是两项目年金净流量指标值的差额（1752 元－1362 元）。所以，在原始投资额不等、寿命期相同的情况下，净现值与年金净流量指标的决策结论一致，应采用年金净流量较大的 B 项目。

事实上，互斥方案的选优决策，各方案本身都是可行的，均有正的净现值，表明各方案均收回了原始投资，并有超额收益。进一步在互斥方案中选优，方案的获利数额成为选优的评价标准。在项目的寿命期相等时，不论方案的原始投资额大小如何，能够获得更大的获利数额，即为最优方案。所以，在项目寿命期相等的互斥投资方案的选优决策中，原始投资额的大小并不影响决策的结论，无须考虑原始投资额的大小。

（二）项目的寿命期不相等时

如果【例 6－11】是互斥投资方案决策，B 项目与 C 项目比较，寿命期不等。尽管 C 项目净现值较大，但它是 8 年内取得的。按每年平均的获利数额来看，B 项目的年金净流量（1752 元）高于 C 项目（1626 元），如果 B 项目 5 年寿命期届满后，所收回的投资重新投入原有方案，达到与 C 项目同样的投资年限，取得的经济效益也高于 C 项目。

在两个寿命期不等的互斥投资项目比较时，可采用以下方法：

方法一，共同年限法。因为按照持续经营假设，寿命期短的项目，收回的投资将重新进行投资。针对各项目寿命期不等的情况，可以找出各项目寿命期的最小公倍数，作为共同的有效寿命期。原理为假设投资项目在终止时进行重置，通过重置使两个项目达到相等的年限，然后应用项目寿命期相等时的决策方法进行比较，即比较两者的净现值大小。

方法二，年金净流量法。用该方案的净现值除以对应的年金现值系数，当两项目资本成本相同时，优先选取年金净流量较大者；当两项目资本成本不同时，还需进一步计算永续净现值，即用年金净流量除以各自对应的资本成本。

【例 6－12】现有甲、乙两个机床购置方案，所要求的最低投资收益率为 10%。甲机床投资额 10000 元，可用 2 年，无残值，每年产生 8000 元现金净流量。乙机床投资额 20000 元，可用 3 年，无残值，每年产生 10000 元现金净流量。问：两个方案何者为优?

将两方案的期限调整为最小公倍数 6 年，即甲机床 6 年内周转 3 次，乙机床 6 年内周转 2 次。未调整之前，两方案的相关评价指标如表 6－10 所示。

表 6－10　互斥投资方案的选优决策　　金额单位：元

项目	甲机床	乙机床
净现值（*NPV*）	3888	4870
年金净流量（*ANCF*）	2238	1958
内含收益率（*IRR*）（%）	38	23.39

尽管甲方案净现值低于乙方案，但年金净流量和内含收益率均高于乙方案。

方法一：共同年限法。

按两方案期限的最小公倍数测算，甲方案经历了 3 次投资循环，乙方案经历了 2 次投资循环。各方案的相关评价指标为：

（1）甲方案。

$$\text{净现值}=8000\times4.3553-10000\times0.6830-10000\times0.8264-10000$$
$$=9748(\text{元})$$

（2）乙方案。

$$\text{净现值}=10000\times4.3553-20000\times0.7513-20000$$
$$=8527(\text{元})$$

上述计算说明，延长寿命期后，两方案投资期限相等，甲方案的净现值 9748 元高于乙方案的净现值 8527 元，故甲方案优于乙方案。

方法二：年金净流量法。

（1）甲方案。

$$年金净流量=2238 元$$

（2）乙方案。

$$年金净流量=1958 元$$

从表 6－10 中数据可得甲方案的年金净流量 2238 元高于乙方案 1958 元，因此甲方案优于乙方案。

内含收益率指标：当 $i=38\%$时，甲方案净现值=0；当 $i=23.39\%$时，乙方案净现值=0。这说明，只要方案的现金流量状态不变，按公倍数年限延长寿命后，方案的内含收益率并不会变化。

同样，只要方案的现金流量状态不变，按最小公倍数年限延长寿命后，方案的年金净流量指标也不会改变。甲方案仍为 2238 元（9748/4.3553），乙方案仍为 1958 元（8527/4.3553）。由于寿命期不同的项目，换算为最小公倍数年限比较麻烦，而按各方案本身期限计算的年金净流量与换算最小公倍数期限后的结果一致。因此，实务中对于期限不等的互斥方案比较，无须换算寿命期限，直接按原始期限的年金净流量指标决策。

综上所述，互斥投资方案的选优决策中，年金净流量全面反映了各方案的获利数额，是最佳的决策指标。净现值指标在寿命期不同的情况下，需要按各方案最小公倍数期限调整计算，在其余情况下的决策结论也是正确的。因此，在互斥方案决策的方法选择上，项目寿命期相同时可采用净现值法，项目寿命期不同时主要采用年金净流量法。

三、固定资产更新决策

固定资产反映了企业的生产经营能力，固定资产更新决策是项目投资决策的重要组成部分。从决策性质上看，固定资产更新决策属于互斥投资方案的决策类型。因此，固定资产更新决策所采用的决策方法是净现值法和年金净流量法，一般不采用内含收益率法。

扫码查看
延伸内容

任务四　证券投资管理

证券资产是企业进行金融投资所形成的资产。证券投资不同于项目投资，项目投资的对象是实体性经营资产，经营资产是直接为企业生产经营服务的资产，如固定资产、无形资产等，它们往往是一种服务能力递减的消耗性资产。证券投资的对象是金融资产，金融资产是一种以凭证、票据或者合同合约形式存在的权利性资产，如股票、债券、基金及其衍生证券等。

一、证券资产的特点

（一）价值虚拟性

证券资产不能脱离实体资产而完全独立存在，但证券资产的价值不完全由实体资本的现实生产经营活动决定，而是取决于契约性权利所能带来的未来现金流量，是一种未来现金流量折现的资本化价值。如债券投资代表的是未来按合同规定收取债息和收回本金的权利，股票投资代表的是对发行股票企业的经营控制权、财务控制权、收益分配权、剩余财产追索权等股东权利，基金投资则代表一种信托关系，是一种收益权。证券资产的服务能力在于它能带来未来的现金流量，按未来现金流量折现即资本化价值，是证券资产价值的统一表达。

（二）可分割性

实体项目投资的经营资产一般具有整体性要求，如购建新的生产能力，往往是厂房、设备、配套流动资产的结合。证券资产可以分割为一个最小的投资单位，如一股股票、一份债券、一份基金，这就决定了证券资产投资的现金流量比较单一，往往由原始投资、未来收益或资本利得、本金回收所构成。

（三）持有目的多元性

实体项目投资的经营资产往往是为消耗而持有，为流动资产的加工提供生产条件。证券资产的持有目的是多元的，既可能是为未来积累现金即为未来变现而持有，也可能是为谋取资本利得即为销售而持有，还有可能是为取得对其他企业的控制权而持有。

（四）强流动性

证券资产具有很强的流动性，其流动性表现在：①变现能力强。证券资产往往都是上市证券，一般都有活跃的交易市场可供及时转让。②持有目的可以相互转换。当企业急需现金时，可以立即将为其他目的而持有的证券资产变现。证券资产本身的变现能力虽然较强，但其实际周转速度取决于企业对证券资产的持有目的。当企业将证券资产作为长期投资持有时，一次周转一般都会经历一个会计年度以上。

（五）高风险性

证券资产是一种虚拟资产，会受到公司风险和市场风险的双重影响，不仅发行证券资产的公司业绩影响着它的投资收益率，资本市场的市场平均收益率变化也会给证券资产带来直接的市场风险。

二、证券投资的目的

（一）分散资金投向，降低投资风险

投资分散化，即将资金投资于多个相关程度较低的项目，实行多元化经营，能够有效地分散投资风险。当某个项目经营不景气而利润下降甚至导致亏损时，其他项目可能会获取较高的收益。将企业的资金分成内部经营投资和对外证券投资两个部分，实现了企业投资的多元化。而且，与对内投资相比，对外证券投资不受地域和经营范围的限制，投资选择面非常广，投资资金的退出和收回也比较容易，是多元化投资的主要方式。

（二）利用闲置资金，增加企业收益

企业在生产经营过程中，由于各种原因有时会出现资金闲置、现金结余较多的情况。这些闲置的资金可以投资于股票、债券、基金等有价证券，谋取投资收益，这些投资收益主要表现在股利收入、债息收入、证券买卖差价、基金收益等方面。同时，有时企业资金的闲置是暂时性的，可以投资于在资本市场上流通性和变现能力较强的有价证券，这类证券能够随时变卖，收回资金。

（三）稳定客户关系，保障生产经营

企业生产经营环节中，供应和销售是企业与市场相联系的重要通道。没有稳定的原材料供应来源，没有稳定的销售客户，都会使企业的生产经营中断。为了保持与供销客户良好而稳定的业务关系，可以对业务关系链的供销企业进行投资，购买其债券或股票，甚至达到控制。这样，能够通过债权或股权对关联企业的生产经营施加影响和控制，保障本企业的生产经营顺利进行。

（四）提高资产流动性，增强偿债能力

资产流动性强弱是影响企业财务安全性的主要因素。除现金等货币资产外，有价证券投资是企业流动性最强的资产，是企业速动资产的主要构成部分。在企业需要支付大量现金，而现有现金储备又不足时，可以通过变卖有价证券迅速取得大量现金，保证企业的及时支付。

三、证券投资的风险

由于证券资产的市价波动频繁，证券投资的风险往往较大。获取投资收益是证券投资的主要目的，证券投资的风险是投资者无法获得预期投资收益的可能性。按风险性质划分，证券投资的风险分为系统性风险和非系统性风险两大类别。

（一）系统性风险

证券投资的系统性风险，是指由于外部经济环境因素变化引起整个资本市场不确定性加强，从而对所有证券都产生影响的共同性风险。系统性风险影响到资本市场上的所有证券，无法通过投资多元化的组合而加以避免，也称为不可分散风险。

系统性风险波及所有证券资产，最终会反映在资本市场平均利率的提高上，所有的系统性风险几乎都可以归结为利率风险。利率风险是由于市场利率变动引起证券资产价值变化的可能性。市场利率反映了社会平均收益率，投资者对证券资产投资收益率的预期总是在市场利率基础上进行的，只有当证券资产投资收益率大于市场利率时，证券资产的价值才会高于其市场价格。一旦市场利率提高，就会引起证券资产价值的下降，投资者就不易得到超过社会平均收益率的超额收益。市场利率的变动会造成证券资产价格的普遍波动，两者呈反向变化：市场利率上升，证券资产价格下跌；市场利率下降，证券资产价格上升。

1. 价格风险

价格风险是指由于市场利率上升，而使证券资产价格普遍下跌的可能性。价格风险

来自资本市场买卖双方资本供求关系的不平衡，资本需求量增加，市场利率上升；资本供应量增加，市场利率下降。

资本需求量增加，引起市场利率上升，也意味着证券资产发行量的增加，引起整个资本市场所有证券资产价格的普遍下降。需要说明的是，这里的证券资产价格波动并不是指证券资产发行者的经营业绩变化而引起的个别证券资产的价格波动，而是由于资本供应关系引起的全部证券资产的价格波动。

当证券资产持有期间的市场利率上升，证券资产价格就会下跌，证券资产期限越长，投资者遭受的损失越大。到期风险附加率，就是对投资者承担利率变动风险的一种补偿，期限越长的证券资产，要求的到期风险附加率就越大。

2. 再投资风险

再投资风险是由于市场利率下降所造成的无法通过再投资而实现预期收益的可能性。根据流动性偏好理论，长期证券资产的收益率应当高于短期证券资产。

为了避免市场利率上升的价格风险，投资者可能会投资于短期证券资产，但短期证券资产又会面临市场利率下降的再投资风险，即无法按预定收益率进行再投资而实现所要求的预期收益。

3. 购买力风险

购买力风险是指由于通货膨胀而使货币购买力下降的可能性。

证券资产是一种货币性资产，通货膨胀会使证券资产投资的本金和收益贬值，名义收益率不变而实际收益率降低。购买力风险对具有收款权利性质的资产影响很大，债券投资的购买力风险远大于股票投资。如果通货膨胀长期延续，投资人会把资本投向实体性资产以求保值，对证券资产的需求量减少，引起证券资产价格下跌。

（二）非系统性风险

证券资产的非系统性风险，是指由特定经营环境或特定事件变化引起的不确定性，从而对个别证券资产产生影响的特有风险。非系统性风险源于每个公司自身特有的营业活动和财务活动，与某个具体的证券资产相关联，同整个证券资产市场无关。非系统性风险可以通过持有证券资产的多元化来抵消，也称为可分散风险。

非系统性风险是公司特有风险，从公司内部管理的角度考察，公司特有风险的主要表现形式是公司经营风险和财务风险。从公司外部的证券资产市场投资者的角度考察，公司经营风险和财务风险的特征无法明确区分，公司特有风险是以违约风险、变现风险、破产风险等形式表现出来的。

1. 违约风险

违约风险是指证券资产发行者无法按时兑付证券资产利息和偿还本金的可能性。有价证券资产本身就是一种契约性权利资产，经济合同的任何一方违约都会给另一方造成损失。违约风险是投资于收益固定型有价证券资产的投资者经常面临的，多发生于债券投资中。违约风险产生的原因可能是证券发行公司产品经销不善，也可能是公司现金周转不灵等。

2. 变现风险

变现风险是指证券资产持有者无法在市场上以正常的价格平仓出货的可能性。持有证券资产的投资者，可能会在证券资产持有期限内出售现有证券资产投资于另一项目，但在短期内找不到愿意出合理价格的买主，投资者就会丧失新的投资机会或面临降价出售的损失。在同一证券资产市场上，各种有价证券资产的变现能力是不同的，交易越频繁的证券资产，其变现能力越强。

3. 破产风险

破产风险是指在证券资产发行者破产清算时投资者无法收回应得权益的可能性。当证券资产发行者由于经营管理不善而持续亏损、现金周转不畅而无力清偿债务或其他原因导致难以持续经营时，可能会申请破产保护。

四、债券投资

（一）债券要素

债券是依照法定程序发行的约定在一定期限内还本付息的有价证券，它反映证券发行者与持有者之间的债权债务关系。债券一般包含以下几个基本要素。

1. 债券面值

债券面值，是指债券设定的票面金额，它代表发行人承诺于未来某一特定日期偿付债券持有人的金额，债券面值包括两方面的内容：

（1）票面币种。即以何种货币作为债券的计量单位，一般而言，在国内发行的债券，发行的对象是国内有关经济主体，则选择本国货币，若在国外发行，则选择发行地国家或地区的货币或国际通用货币作为债券的币种。

（2）票面金额。票面金额对债券的发行成本、发行数量和持有者的分布具有影响，票面金额小，有利于小额投资者购买，从而有利于债券发行，但发行费用可能增加；票面金额大，会降低发行成本，但可能不利于债券发行。

2. 债券票面利率

债券票面利率，是指债券发行者预计一年内向持有者支付的利息占票面金额的比率。票面利率不同于实际利率，实际利率是指按复利计算的一年期的利率，债券的计息和付息方式有多种，可能使用单利或复利计算，利息支付可能半年一次、一年一次或到期一次还本付息，这使得票面利率可能与实际利率发生差异。

3. 债券到期日

债券到期日，是指偿还债券本金的日期，债券一般都有规定到期日，以便到期时归还本金。

（二）债券的价值

将未来在债券投资上收取的利息和收回的本金折为现值，即可得到债券的内在价值。债券的内在价值也称为债券的理论价格，只有债券价值大于其购买价格时，该债券才值得投资。影响债券价值的因素主要有债券的面值、期限、票面利率和所采用的贴现率等因素。

债券价值计量的基本模型：

$$V_b=\sum_{t=1}^{n}\frac{I_t}{(1+R)^t}+\frac{M}{(1+R)^n}$$

式中，V_b表示债券的价值，I_t表示债券各期的利息，M 表示债券的面值，R 表示债券价值评估时所采用的贴现率即所期望的最低投资收益率。一般来说，经常采用市场利率作为评估债券价值时所期望的最低投资收益率。这是票面利率固定，每期支付利息，到期归还本金的债券。

从债券价值基本计量模型中可以看出，债券面值、债券期限、票面利率、市场利率是影响债券价值的基本因素。

【例 6－13】某债券面值 1000 元，期限 20 年，每年支付一次利息，到期归还本金，以市场利率作为评估债券价值的贴现率，目前的市场利率为 10%，如果票面利率分别为 8%、10%和 12%，有：

$$V=80\times(P/A,10\%,20)+1000\times(P/F,10\%,20)=829.69(元)$$

$$V=100\times(P/A,10\%,20)+1000\times(P/F,10\%,20)=999.96(元)$$

$$V=120\times(P/A,10\%,20)+1000\times(P/F,10\%,20)=1170.23(元)$$

综上可知，债券的票面利率可能小于、等于或大于市场利率，因而债券价值就可能小于、等于或大于债券票面价值，因此在债券实际发行时就要折价、平价或溢价发行。折价发行是对投资者未来少获利息而给予的必要补偿；平价发行是因为票面利率与市场利率相等，此时票面价值和债券价值是一致的，所以不存在补偿问题；溢价发行是为了对债券发行者未来多付利息而给予的必要补偿。

推荐阅读

债券价格与市场利率的关系

债券的价格会随着市场利率的变化而变化，当市场利率上升时，债券价格下降，当市场利率下降时，债券价格上升。债券价格是投资者购买债券后未来现金流入的现值。在计算债券现值时，要以当时的市场利率为贴现率，贴现率越高则现值越低，反之，则现值越高。因此，债券的价格与市场利率呈反方向变化。

思政讲堂

创新精神与债券价值

2019 年 10 月，华为首只境内债券发行成功，发行利率堪比超 AAA 级央企。30 亿元债券被近百亿资金疯狂认购，其 3 年期债券发行利率最终仅为 3.48%，可与超 AAA 级中石油、中石化等企业债券相媲美。华为债券受投资者疯抢的背后是市场对于华为以研发为核心，以创新驱动公司可持续发展战略的高度认可。我们透过华为历年年报，揭开其创新的神秘面纱。通过公司财务数据分析，2024 年华为的研发投入占销售收入比例为 20.8%，研发费用占税后利润的比例为 28.1%。这一方面说明华为的账面利润并未完全反映其价值创造能力，另一方面说明华为不存在片面追求利润而透支未来的短视行为。华为基于长远发展考虑，2015—2024 年累计投入了超 12490 亿元的研发费用。截至 2024 年年底，华为在全球共持有有效授权专利超过 15 万件，为可持续发展奠定了坚实的技术基础。

我们应从持续创新的视角解读华为价值，树立创新、创业的远大志向，努力学习，潜心钻研，成为“双创精神”的传承者和实践者。

（三）债券投资的收益率

1. 债券收益的来源

债券投资的收益是投资于债券所获得的全部投资收益，这些投资收益来源于三个方面：

（1）名义利息收益。债券各期的名义利息收益是其面值与票面利率的乘积。

（2）利息再投资收益。

（3）价差收益。它指债券尚未到期时投资者中途转让债券，在卖价和买价之间的价差上所获得的收益，也称为资本利得收益。

2. 债券的内含收益率

债券的内含收益率，是指按当前市场价格购买债券并持有至到期日或转让日所产生的预期收益率，也就是债券投资项目的内含收益率。在债券价值估价基本模型中，如果用债券的购买价格代替内在价值，就能求出债券的内含收益率。也就是说，用该内含收益率贴现所计算出的债券内在价值，刚好等于债券的目前购买价格。

通常，也可以用简便算法对债券投资收益率近似估算，其公式为：

$$R=\frac{I+(B-P)/N}{(B+P)/2}\times 100\%$$

式中，P 表示债券的当前购买价格，B 表示债券面值，N 表示债券持有期限，分母是平均资金占用，分子是平均收益。

五、股票投资

（一）股票的价值

投资于股票预期获得的未来现金流量的现值，即为股票的价值或内在价值、理论价格。股票是一种权利凭证，它之所以有价值，是因为它能给持有者带来未来的收益，这种未来的收益包括各期获得的股利、转让股票获得的价差收益、股份公司的清算收益等。价格小于内在价值的股票，是值得投资者投资购买的。股份公司的净利润是决定股票价值的基础。股票给持有者带来未来的收益一般是以股利形式出现的，因此可以通过股利计算确定股票价值。

1. 股票估价基本模型

从理论上说，如果股东中途不转让股票，股票投资没有到期日，投资于股票所得到的未来现金流量是各期的股利。假定某股票未来各期股利为 D_t（t 为期数），R_s 为估价所采用的贴现率即所期望的最低收益率，股票价值的估价模型为：

$$V_s=\frac{D_1}{1+R_s}+\frac{D_2}{(1+R_s)^2}+\cdots+\frac{D_n}{(1+R_s)^n}+\cdots$$
$$=\sum_{t=1}^{\infty}\frac{D_t}{(1+R_s)^t}$$

优先股是特殊的股票，优先股股东每期在固定的时点上收到相等的股利，优先股没有到期日，未来的现金流量是一种永续年金，其价值计算为：

$$V_s=\frac{D}{R_s}$$

2. 常用的股票估价模式

与债券不同的是，持有期限、股利、贴现率是影响股票价值的重要因素。如果投资者准备永久持有股票，未来的贴现率也是固定不变的，那么未来各期不断变化的股利就成为评价股票价值的难题。为此，我们不得不假定未来的股利按一定的规律变化，从而形成几种常用的股票估价模式。

（1）固定增长模式。

一般来说，公司并没有把每年的盈余全部作为股利分配出去，留存的收益扩大了公司的资本额，不断增长的资本会创造更多的盈余，进一步引起下期股利的增长。如果公司本期的股利为 D_0，未来各期的股利按上期股利的 g 速度呈几何级数增长，根据股票估价基本模型，股票价值 V_s 为：

$$V_s=\sum_{t=1}^{\infty}\frac{D_0(1+g)^t}{(1+R_s)^t}$$

因为 g 是一个固定的常数，当 R_s 大于 g 时，上式可以化简为：

$$V_s=\frac{D_0(1+g)}{R_s-g}$$

【例 6－14】假定某投资者准备购买 A 公司的股票，并且准备长期持有，要求达到 12%的收益率，该公司今年每股股利 0.8 元，预计未来股利会以 9%的速度增长，则 A 股票的价值为：

$$V_s=\frac{0.8\times(1+9\%)}{12\%-9\%}=29.07(\text{元})$$

如果 A 股票目前的购买价格低于 29.07 元，该公司的股票是值得购买的。

（2）零增长模式。

如果公司未来各期发放的股利都相等，并且投资者准备永久持有，那么这种股票与优先股类似。或者说，当固定增长模式中 $g=0$ 时，有：

$$V_s=\frac{D_0}{R_s}$$

【例 6－14】中，如果 $g=0$，A 股票的价值为：

$$V_s=0.8/12\%=6.67(\text{元})$$

（3）阶段性增长模式。

许多公司的股利在某一阶段有一个超常的增长率，其间的增长率 g 可能大于 R_s，而后阶段公司的股利固定不变或正常增长。对于阶段性增长的股票，需要分段计算，才能确定股票的价值。

【例 6－15】假定某投资者准备购买 B 公司的股票，打算长期持有，要求达到 12%的收益率。B 公司今年每股股利为 0.6 元，预计未来 3 年股利以 15%的速度增长，而后以 9%的速度转入正常增长。则 B 股票的价值分两段计算：

首先，计算高速增长期股利的现值：

年数	股利	现值系数（12%）	股利现值
1	0.6×（1+15%）＝0.69	0.893	0.6162
2	0.69×（1+15%）＝0.7935	0.797	0.6324
3	0.7935×（1+15%）＝0.9125	0.712	0.6497
合计：1.8983（元）			

其次，正常增长期股利在第 3 年年末的现值：

$$V_s=\frac{D_4}{R_s-g}=\frac{0.9125\times(1+9\%)}{12\%-9\%}=33.15(\text{元})$$

最后，计算该股票的价值：

$$V_0=33.15\times0.712+1.8983=25.50(\text{元})$$

（二）股票投资的收益率

1. 股票收益的来源

股票投资的收益由股利收益、股利再投资收益、转让价差收益三部分构成。并且，只要按货币时间价值的原理计算股票投资收益，就无须单独考虑再投资收益的因素。

2. 股票的内含收益率

股票的内含收益率，是使股票未来现金流量贴现值等于目前的购买价格时的贴现率，也就是股票投资项目的内含收益率。股票的内含收益率高于投资者所要求的最低收益率时，投资者才愿意购买该股票。在固定增长股票估价模型中，用股票的购买价格 P_0 代替内在价值 V_s，有：

$$R=\frac{D_1}{P_0}+g$$

从上式可以看出，股票投资内含收益率由两部分构成：一部分是预期股利收益率；另一部分是股利增长率。

如果投资者不打算长期持有股票，而将股票转让出去，则股票投资的收益由股利收益和资本利得（转让价差收益）构成。这时，股票内含收益率是使股票投资净现值为零时的贴现率，计算公式为：

$$NPV=\sum_{t=1}^{n}\frac{D_t}{(1+R)^n}+\frac{P_t}{(1+R)^n}-P_0=0$$

【例 6－16】某投资者 2022 年 5 月购入 A 公司股票 1000 股，每股购入价 3.2 元；A 公司 2023 年、2024 年、2025 年分别派分现金股利 0.25 元/股、0.32 元/股、0.45 元/股；该投资者 2025 年 5 月以每股 3.5 元的价格售出该股票，则 A 股票内含收益率的计算为：

$$NPV=\frac{0.25}{1+R}+\frac{0.32}{(1+R)^2}+\frac{0.45}{(1+R)^3}+\frac{3.5}{(1+R)^3}-3.2=0$$

当 $R=12\%$ 时，$NPV=0.0898$

当 $R=14\%$ 时，$NPV=-0.0683$

用插值法计算：$R=12\%+2\%\times\frac{0.0898}{0.0898+0.0683}=13.14\%$

推荐阅读

如何进行股票投资决策

股票投资决策的过程与债券投资决策过程类似，可以通过股票的内在价值与股票市价对比得出决策结论：如果股票价格高于价值，则不投资；如果股票价格低于价值，可以投资。另外一种方法是计算股票的到期收益率，再与目标利率（市场利率、机会成本等）进行对比，高者为优。第一种方法是比较绝对数（价值与价格），第二种方法是比较相对数（收益率与目标利率），实质上也是成本收益对比：收益高于成本时，方才可行。

六、基金投资

投资基金是一种集合投资方式，投资者通过购买基金份额，将众多资金集中起来，由专业的投资者即基金管理人进行管理，通过投资组合的方式进行投资，实现利益共享、风险共担。投资基金按照投资对象的不同可分为证券投资基金和另类投资基金。证券投资基金主要投资于证券交易所或银行间市场上公开交易的有价证券，如股票、债券等；另类投资基金包括私募股权基金、风险投资基金、对冲基金以及投资于实物资产如房地产、大宗商品、基础设施等的基金。其中私募股权基金与风险投资基金均聚焦于未上市企业的股权投资，私募股权基金偏好于成长期的未上市企业，风险投资基金更偏好于初创期的高新技术企业，两者很好地推动了我国创业企业的发展。

本节主要介绍投资基金中的证券投资基金。证券投资基金以股票、债券等金融证券为投资对象，基金投资者通过购买基金份额的方式间接进行证券投资，由基金管理人进行专业化投资决策，由基金托管人对资金进行托管，基金托管人往往为商业银行或其他金融机构。如果说股票反映了所有权关系，债券反映了债权债务关系，那么基金则反映了一种信托关系，它是一种受益凭证，投资者购买基金份额则成为基金的受益人。具体运作模式如图 6－1 所示。

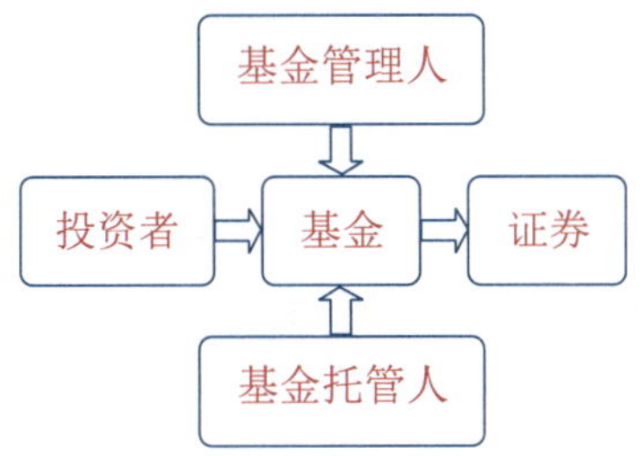

图 6－1　证券投资基金运作模式

扫码查看
延伸内容

项目小结

◇本章主要阐述了项目投资和证券投资，项目投资重点集中在现金流量的测定以及对有关决策指标的理解方面，难点是对现金流量的估算；证券投资管理的核心问题是通过证券价值与价格的对比作出证券买卖或继续持有等决策，难点是对债券估价的计算以及股票估价的计算。

技能训练

一、单项选择题

1. 在互斥投资决策中，如果选择了某一投资项目，就会放弃其他投资项目，其他投资项目可能取得的收益就是本项目的（　　）。

A. 未来成本　　B. 机会成本

C. 差额成本　　D. 无关成本

2. 计算投资方案的增量现金流量时，需考虑的项目是（　　）。

A. 沉没成本　　B. 原始成本

C. 变现价值　　D. 账面价值

3. 在用动态指标对投资项目进行评价时，如果其他因素不变，只有贴现率提高，则下列指标计算结果不会改变的是（　　）。

A. 净现值　　B. 投资回收期

C. 内含收益率　　D. 现值指数

4. 内含收益率能使投资方案的净现值（　　）。

A. 大于零　　B. 等于零

C. 小于零　　D. 大于等于零

5. 丁企业目前的流动资产为100万元，流动负债为30万元，预计进行一项长期资产投资，投资后丁企业的流动资产保持在200万元，流动负债保持在70万元，则丁企业的该项投资所需垫支营运资金为（　　）万元。

A. 60　　B. 70

C. 100　　D. 130

6. 投资组合能分散（　　）。

A. 所有风险　　B. 系统性风险

C. 非系统性风险　　D. 市场风险

7. 假定某项投资风险系数为0.5，无风险收益率为10%，市场平均收益率20%，其期望报酬率为（　　）。

A. 15%　　B. 25%

C. 30%　　D. 20%

8. 在证券投资中，因通货膨胀带来的风险是（　　）。

A. 违约风险　　B. 利息率风险

C. 购买力风险　　D. 流动性风险

9. 企业以债券对外投资，从其产权关系看属于（　　）。

A. 债权投资　　B. 股权投资

C. 证券投资　　D. 实物投资

10. 影响证券投资的主要因素是（　　）。

A. 安全性　　B. 收益性

C. 流动性　　D. 期限性

二、多项选择题

1. 在考虑了所得税因素之后，经营期的现金净流量可按公式（　　）计算。

A. 年现金净流量＝营业收入－付现成本－所得税

B. 年现金净流量＝税后利润－折旧

C. 年现金净流量＝税后收入－税后付现成本＋折旧×所得税税率

D. 年现金净流量＝收入×(1－所得税税率)－付现成本×(1－所得税税率)＋折旧

2. 项目投资决策分析使用的贴现指标主要包括（　　）。

A. 投资利润率　　B. 动态回收期

C. 净现值　　D. 内含收益率

3. 终结阶段的现金流量主要是现金流入量，包括（　　）。

A. 固定资产变价净收入　　B. 固定资产变现净损益的影响

C. 营业收入　　D. 垫支营运资金的收回

4. 下列项目中，既属于原始总投资，又构成项目总投资内容的有（　　）。

A. 固定资产投资　　B. 无形资产投资

C. 资本化利息　　D. 垫支流动资金

5. 下列说法中，正确的有（　　）。

A. 净现值不便于对原始投资额现值不相等的独立方案进行决策

B. 净现值不能对寿命期不同的互斥投资方案进行直接决策

C. 年金净流量法属于净现值法的辅助方法，在各方案原始投资额相同时，实质上就是净现值法

D. 现值指数法属于净现值法的辅助方法，在各方案寿命期相同时，实质上就是净现值法

6. 证券投资的收益包括（　　）。

A. 现价与原价的价差　　B. 股利收益

C. 债券利息收益　　D. 出售收入

7. 债券投资的优点主要有（　　）。

A. 本金安全性高　　B. 收入稳定性强

C. 投资收益高　　D. 市场流动性好

8. 由影响所有公司的因素引起的风险，可以称为（　　）。

A. 可分散风险　　B. 市场风险
C. 不可分散风险　　D. 系统风险

9. 下列关于回收期优点的说法中，错误的有（　　）。

A. 计算简便　　B. 易于理解
C. 静态回收期考虑了货币时间价值　　D. 考虑了项目盈利能力

10. 按照资本资产定价模型，影响特定股票预期收益率的因素有（　　）。

A. 无风险的收益率　　B. 平均风险股票的必要收益率
C. 特定股票的 β 系数　　D. 财务杠杆系数

三、计算题

1. A 公司准备购入一台设备以扩充生产能力。现有甲、乙两个方案可供选择：甲方案需投资 30000 元，使用寿命 5 年，采用直线法计提折旧，5 年后设备无残值，5 年中每年销售收入为 15000 元，每年的付现成本为 5000 元；乙方案需投资 36000 元，采用直线法计提折旧，使用寿命也是 5 年，5 年后有残值 6000 元，5 年中每年销售收入为 17000 元，付现成本第一年为 6000 元，以后随着设备陈旧，逐年将增加修理费 300 元，另需垫支营运资金 3000 元。假设所得税税率为 25%，资金成本为 10%。

要求：

（1）计算两个方案的现金流量。

（2）计算两个方案的净现值。

（3）计算两个方案的现值指数。

（4）计算两个方案的内含收益率。

（5）试判断应选用哪个方案？

2. B 公司拟购置一台自动化设备，价款是 150000 元。该设备可用 8 年，使用期满有残值 8000 元。使用该项设备可为企业每年增加净利润 14000 元，同时按直线法计提折旧。若该公司的资金成本为 12%。

要求：试分别用净现值法、内部报酬率法、回收期法来评价购置方案是否可行。

3. C 公司有一个投资项目，需要投资 6000 元，(其中 5400 元用于购买设备，600 元用于追加流动资金)。预期该项目可使企业销售收入增加：第一年为 4000 元，第二年为 6000 元，第三年为 9000 元，同时也使企业付现成本增加：第一年为 2000 元，第二年为 3000 元，第三年为 4000 元。第三年年末项目结束，收回流动资金 600 元。假设公司适用所得税税率为 25%，固定资产用直线法按 3 年计提折旧并不计残值。公司要求的最低投资报酬率为 10%。

要求：

（1）计算确定该项目的税后现金流量。

（2）计算该项目的净现值。

（3）计算该项目的回收期。

（4）如果不考虑其他因素，你认为该项目是否被接受？

4. D 公司购入一种股票，预计每年股利为 0.5 元，购入该种股票应获得的报酬率为

5%，该股票的价格为多少？

5. 该普通股 2024 年的股利为 2.5 元，估计年股利增长率为 6%，期望的收益率为 15%，打算两年以后转让出去，估计转让价格为 14 元。

要求：计算该股票的内在价值。

项目实训

一、实训目的

1. 理解项目投资的特点。
2. 掌握项目投资决策评价指标的计算及实际运用。
3. 掌握固定资产更新决策方法及应用技巧。

二、实训资料

诚信达公司是一家机械制造企业，适用的企业所得税税率为 25%，该公司要求的最低收益率为 12%。为了节约成本支出，提升运营效率和盈利水平，拟对正在使用的一台旧设备予以更新。其他资料如下：

资料一：新旧设备数据资料如表 6 - 11 所示。

表 6 - 11　新旧设备数据资料　金额单位：万元

项目	使用旧设备	购置新设备
原值	4500	4800
预计使用年限（年）	10	6
已用年限（年）	4	0
尚可使用年限（年）	6	6
税法残值	500	600
最终报废残值	400	600
目前变现价值	1900	4800
年折旧	400	700
年付现成本	2000	1500
年营业收入	2800	2800

资料二：相关货币时间价值系数如表 6 - 12 所示。

表 6 - 12　货币时间价值系数

期限（n）	5	6
(P/F，12%，n)	0.5674	0.5066
(P/A，12%，n)	3.6048	4.1114

已知：(P/A，12%，5) =3.6048，(P/F，12%，6) =0.5066。

三、实训要求

1. 计算与购置新设备相关的下列指标：①税后年营业收入。②税后年付现成本。③每年折旧抵税。④残值变价收入。⑤残值净收益纳税。⑥第 1～5 年现金净流量和第 6 年现金净流量。⑦净现值。

2. 计算与使用旧设备相关的如下指标：①目前账面价值。②目前资产报废损益。③资产报废损益对所得税的影响。④残值报废损失减税金额。

3. 已知使用旧设备的净现值为 943.29 万元，根据上述计算结果，做出固定资产是否更新的决策，并说明理由。

项目七
营运资金管理

【教学目标】

◎ 知识目标

1. 理解营运资金的相关概念与营运资金管理策略。
2. 掌握最佳现金持有量的计算方法、信用政策的制定方法和存货经济批量的决策方法。
3. 理解并掌握现金、应收账款和存货的管理与控制方法。

◎ 技能目标

1. 会准确计算最佳现金持有量，会制定信用政策并能对存货经济批量作出决策。
2. 会管理和控制现金、应收账款和存货。
3. 能针对营运资金管理中存在的问题，结合企业营运资金管理的特点，运用营运资金管理控制的原理与方法，选择与制定适合企业管理要求的营运资金管理方案。

◎ 素质目标

1. 培养遵法守纪、诚实守信和严谨务实的职业品德。
2. 培养社会责任感和创新思维。

【扫码获取教学资料】

课件

微课

思政引领

【项目框架】

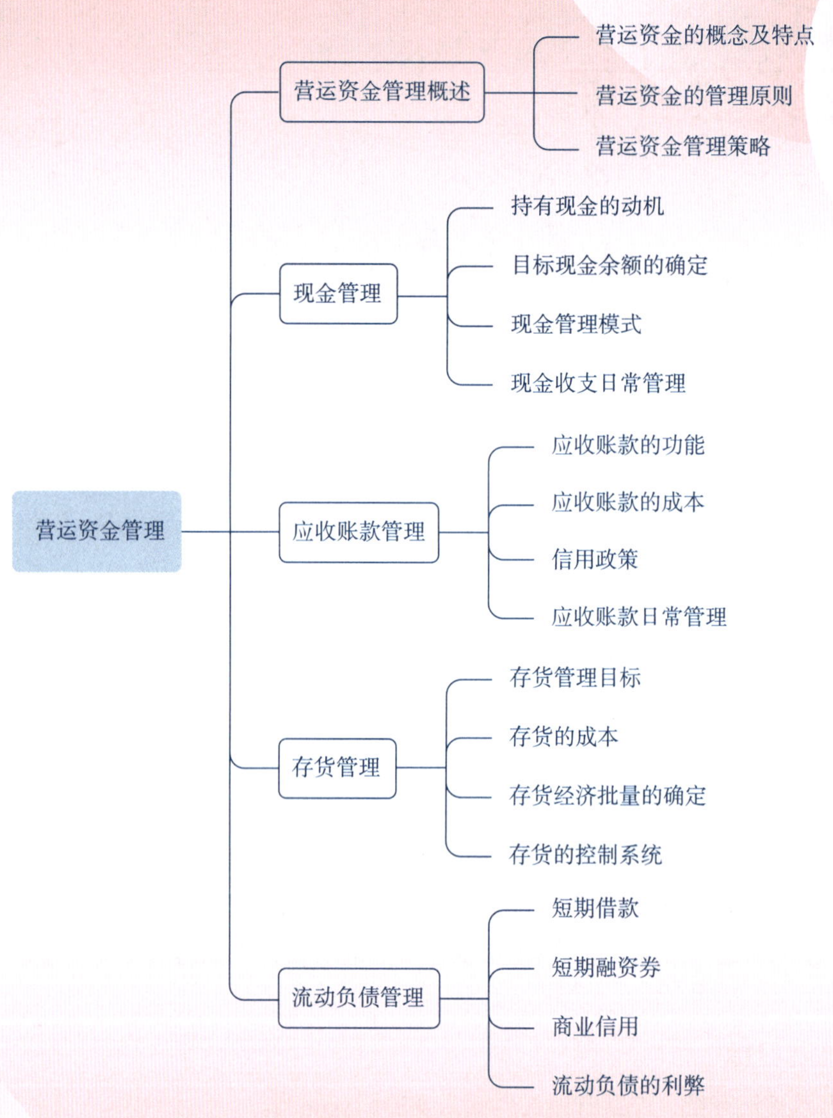
营运资金管理
营运资金管理概述
营运资金的概念及特点
营运资金的管理原则
营运资金管理策略
现金管理
持有现金的动机
目标现金余额的确定
现金管理模式
现金收支日常管理
应收账款管理
应收账款的功能
应收账款的成本
信用政策
应收账款日常管理
存货管理
存货管理目标
存货的成本
存货经济批量的确定
存货的控制系统
流动负债管理
短期借款
短期融资券
商业信用
流动负债的利弊

重点难点

现金日常收支管理、应收账款信用政策的制定、应收账款日常管理、存货成本的计算。

工作任务

探寻存货功能与成本关系；确立存货控制方法；认知存货日常控制与管理体系。

项目引例

OPM 战略与零营运资金管理——以海尔为例

海尔曾提出追求零营运资本管理，以尽可能减少公司在流动资产上的资金占用。这种管理模式在实战中的重点是存货与应收账款。要做到存货最小，措施为 JIT（Just In Time）管理与订单生产；要做到应收账款最小，应拒绝赊销。

海尔强推现款现货实现零坏账目标。除家乐福、麦德龙等信用等级较高的大卖场，海尔很少给客户信用账期。做此流程再造，海尔头几个月销售量下降得很厉害，但张瑞敏未因此松口。与商户僵持数月后，订单还是来了。一旦商户认可了，现款现货的价值凸显，海尔在竞争中占据了主动。现款现货体现的是胆识，也是远见。

经济下滑之际，会计报表上有两个风向标式的科目：主营业务收入与应收账款。因商品卖不动，前者会降低；因货款收不回，后者会上升。这两个科目的反向运动又必然带来一个后果：经营活动净现金流量下降。说白了，企业会缺钱。经济低迷，如同市场进入冬天，企业准备好棉衣了吗？能挨过去的，就会实现凤凰涅槃。

轻资产运营好，还是重资产运营好？从收益率角度看，重资产运营一般优于轻资产运营。但这一结论有个前提，重资产的产能须得到充分利用。企业资金实力弱时，只能轻资产运营。有钱了，要不要转型为重资产运营，要看企业对市场的理解与自身的竞争地位。如果没有争做市场龙头的决心，轻资产可以实现船小好调头。

销售产品时能预收账款，采购时能延期付款，无异于客户、供应商都在给公司提供无息贷款。这种运作商业信用的方法叫 OPM（Other People's Money）模型。公司营运资金管理不妨对标 OPM，“用别人的钱”还是“被别人用钱”，前者不仅减少了资金占用，还可省下不菲的资金成本，甚至有些企业的盈利主要依赖 OPM。

（资料来源：财会信报，2021 年 8 月 15 日）

任务一　营运资金管理概述

一、营运资金的概念及特点

（一）营运资金的概念

营运资金是指在企业生产经营活动中占用在流动资产上的资金。营运资金有广义和狭义之分，广义的营运资金是指一个企业流动资产的总额；狭义的营运资金是指流动资产减去流动负债后的余额。这里指的是狭义的营运资金概念。营运资金的管理既包括流动资产的管理，也包括流动负债的管理。

（二）营运资金的特点

为了有效地管理企业的营运资金，必须研究营运资金的特点，以便有针对性地进行管理。营运资金一般具有如下特点。

（1）营运资金的来源具有多样性。企业筹集长期资金的方式一般较少，只有吸收直接投资、发行股票、发行债券等方式。与筹集长期资金的方式相比，企业筹集营运资金的方式较为灵活多样，通常有银行短期借款、短期融资券、商业信用、应交税费、应付股利、应付职工薪酬等多种内外部融资方式。

（2）营运资金的数量具有波动性。流动资产的数量会随企业内外条件的变化而变化，时高时低，波动很大。季节性企业如此，非季节性企业也如此。随着流动资产数量的变动，流动负债的数量也会相应发生变动。

（3）营运资金的周转具有短期性。企业占用在流动资产上的资金，通常会在 1 年或超过 1 年的一个营业周期内收回，对企业影响的时间比较短。根据这一特点，营运资金可以用商业信用、银行短期借款等短期筹资方式来加以解决。

（4）营运资金的实物形态具有变动性和易变现性。企业营运资金的占用形态是经常变化的，营运资金的每次循环都要经过采购、生产、销售等过程，一般按照现金、材料、在产品、产成品、应收账款、现金的顺序转化。为此，在进行流动资产管理时，必须在各项流动资产上合理配置资金数额，做到结构合理，以促进资金周转顺利进行。同时，以公允价值计量且其变动计入当期损益的金融资产、应收账款、存货等流动资产一般具有较强的变现能力，如果遇到意外情况，企业出现资金周转不灵、现金短缺时，便可迅速变卖这些资产，以获取现金，这对财务上应付临时性资金需求具有重要意义。

二、营运资金的管理原则

企业的营运资金在全部资金中占有相当大的比重，而且周转期短，形态易变，因此，营运资金管理是企业财务管理工作的一项重要内容。企业进行营运资金管理，应遵循以下原则。

（一）满足正常资金需求

企业应认真分析生产经营状况，合理确定营运资金的需要数量。企业营运资金的需求数量与企业生产经营活动有直接关系。一般情况下，当企业产销两旺时，流动资产会不断增加，流动负债也会相应增加；而当企业产销量不断减少时，流动资产和流动负债也会相应减少。因此，企业财务人员应认真分析生产经营状况，采用一定的方法预测营运资金的需要数量，营运资金的管理必须把满足正常合理的资金需求作为首要任务。

（二）提高资金使用效率

营运资金的周转是指企业的营运资金从现金投入生产经营开始，到最终转化为现金的过程。加速资金周转是提高资金使用效率的主要手段之一。提高营运资金使用效率的关键是采取得力措施，缩短营业周期，加速变现过程，加快营运资金周转。因此，企业要千方百计地加速存货、应收账款等流动资产的周转，以便用有限的资金服务于更大的产业规模，为企业取得更优的经济效益提供条件。

（三）节约资金使用成本

在营运资金管理中，必须正确处理保证生产经营需要和节约资金使用成本两者之间的关系。要在保证生产经营需要的前提下，尽力降低资金使用成本。一方面，要挖掘资金潜力，加速资金周转，精打细算地使用资金；另一方面，积极拓展融资渠道，合理配置资源，筹措低成本资金，服务于生产经营。

（四）维持短期偿债能力

偿债能力是企业财务风险高低的标志之一。合理安排流动资产与流动负债的比例关系，保持流动资产结构与流动负债结构的适配性，保证企业有足够的短期偿债能力是营运资金管理的重要原则之一。流动资产、流动负债以及两者之间的关系能较好地反映企业的短期偿债能力。流动负债是在短期内需要偿还的债务，而流动资产则是在短期内可以转化为现金的资产。因此，如果一个企业的流动资产比较多，流动负债比较少，说明企业的短期偿债能力较强；反之，则说明短期偿债能力较弱。但如果企业的流动资产太多，流动负债太少，也不是正常现象，这可能是因流动资产闲置或流动负债利用不足所致。

三、营运资金管理策略

企业需要评估营运资金管理中的风险与收益，制定流动资产的投资策略和融资策略。实际上，财务管理人员在营运资金管理方面必须做两项决策：一是需要拥有多少流动资产；二是如何为需要的流动资产融资。在实践中，这两项决策一般同时进行，且相互影响。

（一）流动资产的投资策略

由于销售水平、成本、生产时间、存货补给时从订货到交货的时间、顾客服务水平、收款和支付期限等方面存在不确定性，流动资产的投资决策至关重要。企业经营的不确定性和风险忍受程度决定了流动资产的存量水平，表现为在流动资产账户上的投资水平。需要说明的是，这里的流动资产通常只包括生产经营过程中产生的存货、应收款项以及现金等生产性流动资产，而不包括股票、债券等金融性流动资产。

一个企业必须选择与其业务需要和管理风格相符合的流动资产投资策略。如果企业管理政策趋于保守，就会保持较高的流动资产与销售收入比率，保证更高的流动性（安全性），但盈利能力也更低；如果管理者偏向于为了更高的盈利能力而愿意承担风险，那么将保持一个低水平的流动资产与销售收入比率。

流动资产的投资策略有两种基本类型。

1. 紧缩的流动资产投资策略

在紧缩的流动资产投资策略下，企业维持低水平的流动资产与销售收入比率。

紧缩的流动资产投资策略可以节约流动资产的持有成本，例如节约持有资金的机会成本。但与此同时可能伴随着更高风险，这些风险表现为更紧的应收账款信用政策和较低的存货占用水平，以及缺乏现金用于偿还应付账款等。但是，只要不可预见的事件没有损坏企业的流动性而导致严重的问题发生，紧缩的流动资产投资策略就会提高企业效益。

2. 宽松的流动资产投资策略

在宽松的流动资产投资策略下，企业通常会维持高水平的流动资产与销售收入比率。也就是说，企业将保持高水平的现金和有价证券、高水平的应收账款（通常给予客户宽松的付款条件）和高水平的存货（通常源于补给原材料或不愿意因为产成品存货不足而失去销售）。在这种策略下，由于较高的流动性，企业的财务与经营风险较小。但是，过多的流动资产投资，无疑会承担较大的流动资产持有成本，提高企业的资金成本，降低企业的收益水平。

（二）流动资产的融资策略

一个企业对流动资产的需求数量，一般会随着产品销售的变化而变化。例如，产品销售季节性很强的企业，当销售处于旺季时，流动资产的需求一般会更旺盛，可能是平时的几倍；当销售处于淡季时，流动资产需求一般会减弱，可能是平时的几分之一；即使当销售处于最低水平时，也存在对流动资产最基本的需求。在企业经营状况不发生大的变化的情况下，流动资产最基本的需求具有一定的刚性和相对稳定性，我们可以将其界定为流动资产的永久性水平。当销售发生季节性变化时，流动资产将会在永久性水平的基础上增加。因此，流动资产可以被分解为两部分：永久性部分和波动性部分。永久性流动资产是指满足企业长期最低需求的流动资产，其占有量通常相对稳定；波动性流动资产或称临时性流动资产，是指那些由于季节性或临时性的原因而形成的流动资产，其占用量随当时的需求而波动。与流动资产的分类相对应，流动负债也可以分为临时性负债和自发性负债。一般来说，临时性负债，又称为筹资性流动负债，是指为了满足临时性流动资金需要所发生的负债，如商业零售企业春节前为满足节日销售需要，超量购入货物而举借的短期银行借款。临时性负债一般只能供企业短期使用。自发性负债，又称为经营性流动负债，是指直接产生于企业持续经营中的负债，如商业信用筹资和日常运营中产生的其他应付款，以及应付职工薪酬、应付利息、应交税费等，自发性流动负债虽然属于流动负债，但是旧的自发性流动负债消失之后，随着经营活动的进行，又会产生新的自发性流动负债，所以属于长期来源，可供企业长期使用。

一般来说，永久性流动资产的水平具有相对稳定性，需要通过长期来源解决；而波动性部分的融资则相对灵活，最经济的办法是通过低成本的短期融资解决，如采用 1 年期以内的短期借款或发行短期融资券等融资方式。

融资决策主要取决于管理者的风险导向，此外它还受短期、中期、长期负债的利率差异的影响。根据资产的期限结构与资金来源的期限结构的匹配程度差异，流动资产的融资策略可以划分为：匹配融资策略、保守融资策略和激进融资策略三种基本类型。这些分析方法如图 7 - 1 所示。图中的顶端方框将流动资产分为永久性和波动性两类，剩下的方框描述了短期融资和长期融资的这三种策略的混合。任何一种方法在特定的时间都可能是合适的，这取决于收益曲线的形状、利率的变化、未来利率的预测等，尤其是管理者的风险承受力。图 7－1 中融资的长期来源包括自发性流动负债、长期负债以及股东权益资本；短期来源主要是指临时性流动负债，如短期银行借款。

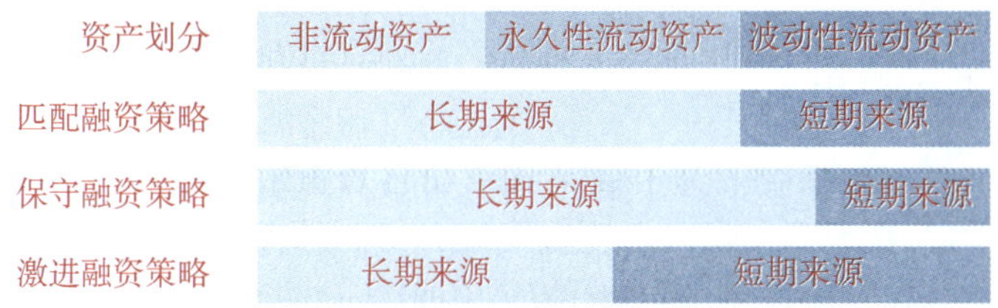

图 7－1　可供选择的流动资产融资策略

1. 匹配融资策略

在匹配融资策略中，永久性流动资产和非流动资产以长期融资方式（负债或股东权益）融通，波动性流动资产用短期来源融通。这意味着，在给定的时间，企业的短期融资数量反映了当时的波动性流动资产的数量。当波动性流动资产扩张时，信贷额度也会增加，以便支持企业的扩张；当波动性流动资产收缩时，就会释放出资金，以偿付短期借款。

2. 保守融资策略

在保守融资策略中，长期融资支持非流动资产、永久性流动资产和部分波动性流动资产。企业通常以长期融资满足波动性流动资产的平均水平需要的资金量，短期融资仅用于融通剩余的波动性流动资产，融资风险较低。这种策略通常最小限度地使用短期融资，但由于长期负债成本高于短期负债成本，就会导致融资成本较高，收益较低。

如果长期负债以固定利率为基础，而短期融资方式以浮动或可变利率为基础，则利率风险可能降低。因此，这是一种风险低、成本高的融资策略。

3. 激进融资策略

在激进融资策略中，企业以长期负债、自发性负债和股东权益资本为所有的非流动资产融资，仅对一部分永久性流动资产使用长期融资方式融资。短期融资方式支持剩下的永久性流动资产和所有的临时性流动资产。这种策略观念下，通常使用更多的短期融资。

任务二　现金管理

现金有广义、狭义之分。广义的现金是指在生产经营过程中以货币形态存在的资金，包括库存现金、银行存款和其他货币资金等。狭义的现金仅指库存现金。这里所讲的现金是指广义的现金。现金是变现能力最强的资产，代表着企业直接的支付能力和应变能力，可以用来满足生产经营的各种需要，也是还本付息和履行纳税义务的保证。

有价证券是企业现金的一种转换形式。有价证券的变现能力强，可以随时兑换成现金。企业有多余现金时，常将现金兑换成有价证券；现金流出量大于流入量，即需要补充现金时，再出让有价证券换回现金。在这种情况下，有价证券就成了现金的替代品。

一、持有现金的动机

持有现金是出于三种需求：交易性需求、预防性需求和投机性需求。

（一）交易性需求

企业的交易性需求是指企业为了维持日常周转及正常商业活动所需持有的现金额。企业每天都在发生许多支出和收入，这些支出和收入在数额上不相等，在时间上不匹配，企业需要持有一定现金来调节，以使生产经营活动能继续进行。

企业业务的季节性，要求企业逐渐增加存货以等待季节性的销售高潮。这时，一般会发生季节性的现金支出，企业现金余额下降，随后又随着销售高潮到来，存货减少，现金又逐渐恢复到原来的水平。

（二）预防性需求

预防性需求是指企业需要持有一定量的现金，以应付突发事件。这种突发事件可能是社会经济环境变化，也可能是企业的某大客户违约导致企业突发性偿付等。尽管财务人员试图利用各种手段来较准确地估算企业需要的现金数额，但这些突发事件会使原本很好的财务计划失去效果。因此，企业为了应对突发事件，有必要维持比日常正常运转所需金额更多的现金。

确定预防性需求的现金数额时，需要考虑以下因素：

（1）企业愿冒现金短缺风险的程度。

（2）企业预测现金收支可靠的程度。

（3）企业临时融资的能力。希望尽可能减少风险的企业倾向于保留大量的现金余额，以应对其交易性需求和大部分预防性资金需求。现金收支预测可靠性程度较高，信誉良好，与银行关系良好的企业，预防性需求的现金持有量一般较低。

（三）投机性需求

投机性需求是企业需要持有一定量的现金以抓住突然出现的获利机会。这种机会大多是一闪即逝的，如证券价格的突然下跌，企业若没有用于投机的现金，就会错过这一机会。

企业的现金持有量一般小于三种需求下的现金持有量之和，因为为某一需求持有的现金可用于满足其他需求。

二、目标现金余额的确定

（一）成本模型

成本模型强调的是，持有现金是有成本的，最佳现金持有量是使得现金持有成本最小化的持有量。成本模型考虑的现金持有总成本包括如下项目。

1. 机会成本

现金的机会成本是指企业因持有一定现金余额丧失的再投资收益。再投资收益是企业不能同时用该现金进行有价证券投资所产生的机会成本，这种成本在数额上等于资金成本。例如，某企业的资本成本为10%，年均持有现金50万元，则该企业每年持有现金的机会成本为5万元（50×10%）。放弃的再投资收益即机会成本属于变动成本，它与现金持有量的多少密切相关，即现金持有量越大，机会成本越大，反之就越小。

2. 管理成本

现金的管理成本是指企业因持有一定数量的现金而发生的管理费用。例如，管理人员工资、安全措施费用等。一般认为这是一种固定成本，这种固定成本在一定范围内和现金持有量之间没有明显的比例关系。

3. 短缺成本

现金的短缺成本是指在现金持有量不足，又无法及时通过有价证券变现加以补充所给企业造成的损失，包括直接损失与间接损失。现金的短缺成本随现金持有量的增加而下降，随现金持有量的减少而上升，即与现金持有量负相关。

成本分析模式是根据持有现金的各项成本，分析预测其总成本最低时现金持有量的一种方法。其计算公式为：

最佳现金持有量下的现金持有总成本＝min(管理成本＋机会成本＋短缺成本)

其中，管理成本属于固定成本，机会成本是正相关成本，短缺成本是负相关成本。

因此，成本分析模式是要找到机会成本、管理成本和短缺成本所组成的总成本曲线中最低点所对应的现金持有量，把它作为最佳现金持有量，可用图7－2表示。

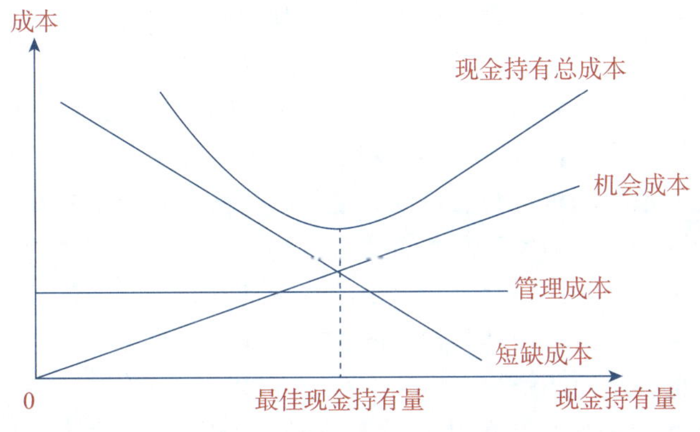

图7－2　成本模型的现金持有总成本

在实际工作中运用成本分析模式确定最佳现金持有量的具体步骤为：

（1）根据不同现金持有量测算并确定现金成本数值；

（2）按照不同现金持有量及其相关成本资料编制最佳现金持有量测算表；

（3）在测算表中找出现金持有总成本最低时的现金持有量，即最佳现金持有量。

【例7－1】诚信达公司有四种现金持有方案，它们各自的持有量（平均）、管理成本、短缺成本如表7－1所示。假设现金的机会成本率为12%。要求确定现金最佳持有量。

表 7-1　　现金持有方案　　单位：元

项目	甲方案	乙方案	丙方案	丁方案
现金持有量	25000	50000	75000	100000
机会成本	3000	6000	9000	12000
管理成本	20000	20000	20000	20000
短缺成本	12000	6750	2500	0

这四种方案的现金持有总成本计算结果如表 7-2 所示。

表 7-2　　现金持有总成本　　单位：元

项目	甲方案	乙方案	丙方案	丁方案
机会成本	3000	6000	9000	12000
管理成本	20000	20000	20000	20000
短缺成本	12000	6750	2500	0
总成本	35000	32750	31500	32000

将以上各方案的总成本加以比较可知，丙方案的总成本最低，故 75000 元是该企业的最佳现金持有量。

（二）存货模型

企业平时持有较多的现金，会降低现金的短缺成本，但也会增加现金占用的机会成本；平时持有较少的现金，则会增加现金的短缺成本，却能减少现金占用的机会成本。如果企业平时只持有较少的现金，在有现金需要时（如手头的现金用尽），通过出售有价证券换回现金（或从银行借入现金），既能满足现金的需要，避免短缺成本，又能减少机会成本。因此，适当的现金与有价证券之间的转换，是企业提高资金使用效率的有效途径。这与企业奉行的营运资金政策有关。采用宽松的流动资产投资政策时，保留较多的现金则转换次数少。如果经常进行大量的有价证券与现金的转换，则会加大转换交易成本，因此，如何确定有价证券与现金的每次转换量，是一个需要研究的问题。这可以应用现金持有量的存货模式解决。

有价证券转换回现金所付出的代价（如支付手续费用），被称为现金的交易成本。现金的交易成本与现金转换次数、每次的转换量有关。假定现金每次的交易成本是固定的，在企业一定时期现金使用量确定的前提下，每次以有价证券转换回现金的金额越大，企业平时持有的现金量便越高，转换的次数便越少，现金的交易成本就越低；反之，每次转换回现金的金额越低，企业平时持有的现金量便越低，转换的次数会越多，现金的交易成本就越高。可见，现金交易成本与持有量成反比。现金的交易成本与现金的机会成本所组成的现金持有总成本曲线，如图 7-3 所示。

在图 7-3 中，现金的机会成本和交易成本是两条随现金持有量呈不同方向发展的曲线，两条曲线交叉点相应的现金持有量，即相关总成本最低的现金持有量。

于是，企业需要合理地确定现金持有量 C，以使现金的相关总成本最低。解决这一问题先要明确三点：

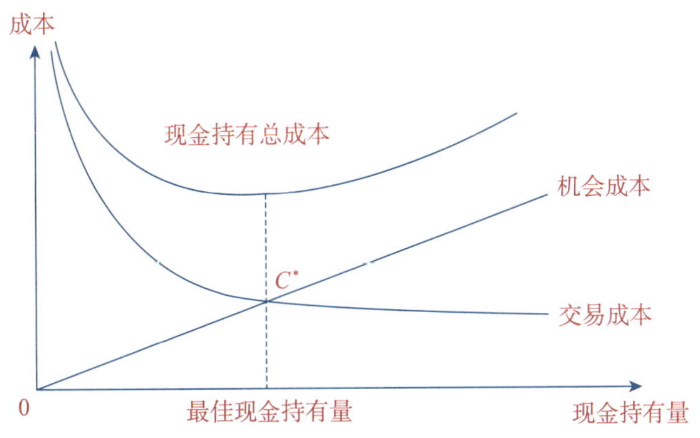

图 7－3　存货模型的现金持有总成本

（1）一定期间的现金需求量，用 T 表示。

（2）每次出售有价证券以补充现金所需的交易成本，用 F 表示；一定时期内出售有价证券的总交易成本为：

$$交易成本=(T/C)\times F$$

（3）持有现金的机会成本率，用 K 表示；一定时期内持有现金的总机会成本表示为：

$$机会成本=(C/2)\times K$$

则：现金持有总成本＝机会成本＋交易成本＝ $(C/2)\times K+(T/C)\times F$

从图 7－3 可知，最佳现金持有量 C^* 是机会成本线与交易成本线交叉点所对应的现金持有量，因此 C^* 应当满足：机会成本＝交易成本，即 $(C^*/2)\times K=(T/C^*)\times F$，整理可知：

$$C^*=\sqrt{(2T\times F)/K}$$

【例 7－2】诚信达公司每年现金需求总量为 5200000 元，每次现金转换的成本为 1000 元，持有现金的机会成本率约为 10%，则该企业的最佳现金持有量可以计算如下：

$$C^*=\sqrt{2\times 5200000\times 1000/10\%}=322490(元)$$

该企业最佳现金持有量为 322490 元，持有超过 322490 元则会降低现金的投资收益率，低于 322490 元则会加大企业正常现金支付的风险。

（三）随机模型

在实际工作中，企业现金流量往往具有很大的不确定性。假定每日现金流量的分布接近正态分布，每日现金流量可能低于也可能高于期望值，其变化是随机的。由于现金流量波动是随机的，只能对现金持有量确定一个控制区域，定出上限和下限。当企业现金余额在上限和下限之间波动时，表明企业现金持有量处于合理的水平，无须进行调整。当现金余额达到上限时，则将部分现金转换为有价证券；当现金余额下降到下限时，则卖出部分证券。

图 7－4 是现金管理的随机模型（米勒—奥尔模型），该模型有两条控制线和一条回归线。最低控制线 L 取决于模型之外的因素，其数额是由现金管理部经理在综合考虑短

缺现金的风险程度、企业借款能力、企业日常周转所需资金、银行要求的补偿性余额等因素的基础上确定的。回归线 R 可按下列公式计算：

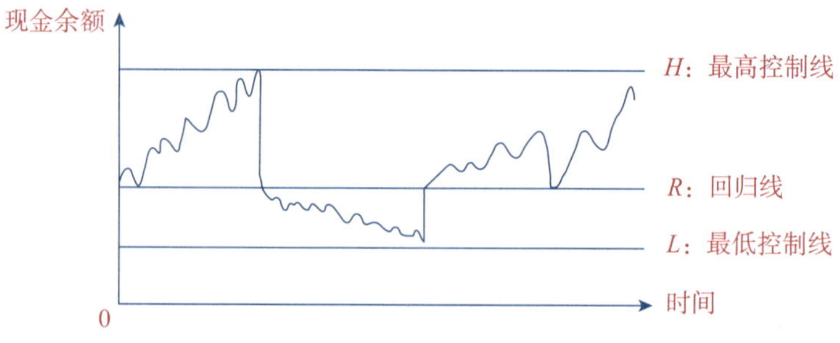

图 7－4　米勒一奥尔模型

$$R=\sqrt[3]{\frac{3b\times\delta^2}{4i}}+L$$

式中，b 表示证券转换为现金或现金转换为证券的成本，δ 表示企业每日现金流量变动的标准差，i 表示以日为基础计算的现金机会成本。

最高控制线 H 的计算公式为：

$$H=3R-2L$$

【例 7－3】诚信达现金部经理决定 L 值应为 10000 元，估计企业现金流量标准差 δ 为 1000 元，持有现金的年机会成本为 14.04％，换算为 i 值是 0.00039，b＝150 元。根据该模型，可求得：

$$R=\sqrt[3]{\frac{3\times150\times1000^2}{4\times0.00039}}+10000=16607(\text{元})$$

$$H=3\times16607-2\times10000=29821(\text{元})$$

该企业目标现金余额为 16607 元。若现金持有额达到 29821 元，则买进 13214 元的证券；若现金持有额降至 10000 元，则卖出 6607 元的证券。

运用随机模型求现金最佳持有量体现的是随机思想，即企业现金支出是随机的，收入是无法预知的，所以，适用于所有企业现金最佳持有量的测算。另外，随机模型建立在企业的现金未来需求总量和收支不可预测的前提下，计算出来的现金持有量比较保守。

三、现金管理模式

（一）“收支两条线”的管理模式

“收支两条线”原本是政府为了加强财政管理和整顿财政秩序对财政资金采取的一种管理模式。当前，企业特别是大型集团企业，也纷纷采用“收支两条线”资金管理模式。

（二）集团企业资金集中管理模式

企业集团下属机构多，地域分布广，如果分子公司多头开户，资金存放分散，会大大降低资金的使用效率。通过资金的集中管理，统一筹集、合理分配、有序调度，能够降低融资成本，提高资金使用效率，确保集团战略目标的实现，实现整体利益的最大化。

资金集中管理，也称司库制度，是指集团企业借助商业银行网上银行功能及其他信息技术手段，将分散在集团各所属企业的资金集中到总部，由总部统一调度、统一管理和统一运用。资金集中管理在各个集团的具体运用可能会有所差异，但一般包括以下主要内容：资金集中、内部结算、融资管理、外汇管理、支付管理等。其中资金集中是基础，其他各方面均建立在此基础之上。目前，资金集中管理模式逐渐被我国企业集团所采用。

四、现金收支日常管理

企业的经营周期是指从取得存货开始到销售存货并收回现金为止的时期。其中，从收到原材料，加工原材料，形成产成品，到将产成品卖出的这一时期，称为存货周转期；产品卖出后到收到顾客支付的货款的这一时期，称为应收账款周转期或收账期。

但是企业购买原材料并不用立即付款，这一延迟的付款时间段就是应付账款周转期或收账期。现金周转期，是指介于企业支付现金与收到现金之间的时间段，它等于经营周期减去应付账款周转期。具体循环过程如图 7－5 所示。

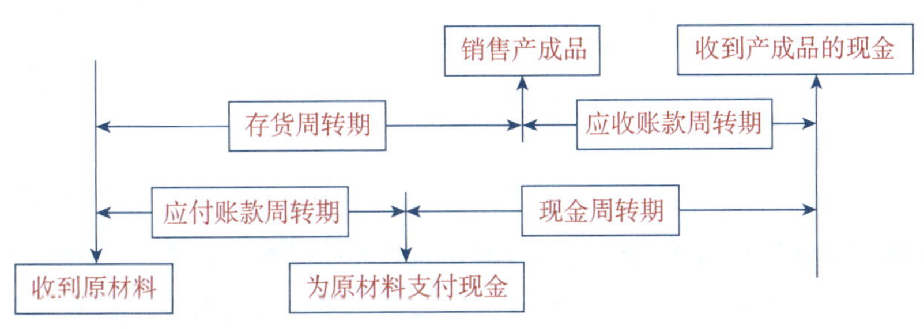

图 7－5　现金周转期

上述周转过程用公式来表示就是：

经营周期＝存货周转期＋应收账款周转期

现金周转期＝经营周期－应付账款周转期

扫码查看
延伸内容

其中：

存货周转期＝存货平均余额/每天的销货成本

应收账款周转期＝应收账款平均余额/每天的销货收入

应付账款周转期＝应付账款平均余额/每天的购货成本

所以，如果要减少现金周转期，可从以下方面着手：加快制造与销售产成品来减少存货周转期；加速应收账款的回收来减少应收账款周转期；减缓支付应付账款来延长应付账款周转期。

任务三　应收账款管理

一、应收账款的功能

企业通过提供商业信用，采取赊销、分期付款等方式可以扩大销售，增强竞争力，获得利润。应收账款作为企业为扩大销售和盈利的一项投资，也会发生一定的成本，所以企业需要在应收账款所增加的盈利和所增加的成本之间作出权衡。应收账款管理就是分析赊销的条件，使赊销带来的盈利增加大于应收账款投资产生的成本费用增加，最终使企业利润增加，企业价值上升。

应收账款的功能指其在生产经营中的作用，主要有以下两方面。

1. 增加销售的功能

在激烈的市场竞争中，通过提供赊销可有效地促进销售。因为企业提供赊销不仅向顾客提供了商品，也在一定时间内向顾客提供了购买该商品的资金，顾客将从赊销中得到好处。所以赊销会带来企业销售收入和利润的增加，特别是在企业销售新产品、开拓新市场时，赊销更具有重要的意义。

提供赊销所增加的产品一般不增加固定成本，因此，赊销所增加的收益等于增加的销量与单位边际贡献的乘积，计算公式如下：

增加的收益＝增加的销售量×单位边际贡献

2. 减少存货的功能

企业持有一定产成品存货会相应地占用资金，形成仓储费用、管理费用等，产生成本；而赊销则可避免这些成本的产生。所以，无论是季节性生产企业还是非季节性生产企业，当产成品存货较多时，一般会采用优惠的信用条件进行赊销，将存货转化为应收账款，减少产成品存货，存货资金占用成本、仓储与管理费用等会相应减少，从而提高企业收益。

二、应收账款的成本

应收账款作为企业为增加销售和盈利进行的投资，会发生一定的成本。应收账款的成本主要有：

1. 应收账款的机会成本

应收账款会占用企业一定量的资金，而企业若不把这部分资金投放于应收账款，便可以用于其他投资并可能获得收益，例如投资债券获得利息收入。这种因投放于应收账款而放弃其他投资所带来的收益，即为应收账款的机会成本。其计算公式如下：

应收账款平均余额＝日销售额×平均收现期

应收账款占用资金＝应收账款平均余额×变动成本率

应收账款占用资金的应计利息(即机会成本)

$$
\begin{aligned}
&=\text{应收账款占用资金}\times\text{资本成本}\\
&=\text{应收账款平均余额}\times\text{变动成本率}\times\text{资本成本}\\
&=\text{日销售额}\times\text{平均收现期}\times\text{变动成本率}\times\text{资本成本}\\
&=(\text{全年销售额}/360)\times\text{平均收现期}\times\text{变动成本率}\times\text{资本成本}\\
&=(\text{全年销售额}\times\text{变动成本率})/360\times(\text{平均收现期}\times\text{资本成本})\\
&=(\text{全年变动成本}/360)\times(\text{平均收现期}\times\text{资本成本})
\end{aligned}
$$

式中，平均收现期为各种收现期的加权平均数。

2. 应收账款的管理成本

应收账款的管理成本主要是指在进行应收账款管理时所增加的费用。主要包括：调查顾客信用状况的费用、收集各种信息的费用、账簿的记录费用、收账费用、数据处理成本、相关管理人员成本和从第三方购买信用信息的成本等。

3. 应收账款的坏账成本

在赊销交易中，债务人由于种种原因无力偿还债务，债权人就有可能因无法收回应收账款而发生损失，这种损失就是坏账成本。可以说，企业发生坏账成本是不可避免的，而此项成本一般与应收账款发生的数量成正比。

坏账成本一般用下列公式测算：

$$\text{应收账款的坏账成本}=\text{赊销额}\times\text{预计坏账损失率}$$

三、信用政策

有许多因素会影响企业的信用政策。在许多行业，信用条件和政策已经成为标准化的惯例，因此，某一家企业很难采取与其竞争对手不同的信用条件。企业还必须考虑提供商业信用对现有贷款契约的影响。因为应收账款的变化可能会影响流动比率，可能会导致违反贷款契约中有关流动比率的约定。

企业的信用条件、销售额和收账方式决定了其应收账款的水平。应收账款的占用必须要有相应的资金来源，因此，企业对客户提供信用的能力与其自身的借款能力相关。不适当地管理应收账款可能会导致顾客延期付款进而导致流动性问题。然而，当应收账款被用于抵押贷款或作为债务担保工具出售时，应收账款也可以成为流动性的来源。

信用政策包括信用标准、信用条件和收账政策三个方面。

（一）信用标准

信用标准是指信用申请者获得企业提供信用所必须达到的最低信用水平，通常以预期的坏账损失率作为判别标准。如果企业执行的信用标准过于严格，可能会降低对符合可接受信用风险标准客户的赊销额，减少坏账损失，减少应收账款的机会成本，但不利于扩大企业销售量甚至会因此限制企业的销售机会；如果企业执行的信用标准过于宽松，可能会对不符合可接受信用风险标准的客户提供赊销，因此，会增加随后还款的风险并增加应收账款的管理成本与坏账成本。

（二）信用条件

信用条件是销货企业要求赊购客户支付货款的条件，由信用期限、折扣期限和现金折扣三个要素组成，折扣期限和现金折扣构成折扣条件。

1. 信用期限

信用期限是企业允许顾客从购货到付款之间的时间，或者说是企业给予顾客的最长付款时间，一般简称为信用期。

信用期的确定，主要是分析改变现行信用期对收入和成本的影响。延长信用期，会使销售额增加，产生有利影响；与此同时，应收账款、收账费用和坏账损失增加，会产生不利影响。当前者大于后者时，可以延长信用期，否则不宜延长。如果缩短信用期，情况则与此相反。

2. 折扣条件

折扣条件包括折扣期限和现金折扣两个方面。折扣期限是为顾客规定的可享受现金折扣的付款时间。现金折扣是在顾客提前付款时给予的优惠。如果企业给顾客提供现金折扣，那么顾客在折扣期付款时少付的金额所产生的“成本”将影响企业收益。当顾客利用了企业提供的现金折扣，而现金折扣又没有促使销售额增长时，企业的净收益则会下降。当然上述收入方面的损失可能会全部或部分地由应收账款持有成本的下降所补偿。

向顾客提供现金折扣的主要目的在于吸引顾客为享受优惠而提前付款，缩短企业的平均收款期。另外，现金折扣也能招揽一些视折扣为减价出售的顾客前来购货，借此扩大销售量。

现金折扣的表示常用如“5/10、3/20、N/30”这样的符号。这三个符号的含义为：5/10 表示 10 天内付款，可享受 5%的价格优惠，即只需支付原价的 95%，如原价为 10000 元，只支付 9500 元；3/20 表示 20 天内付款，可享受 3%的价格优惠，即只需支付原价的 97%，若原价为 10000 元，则只需支付 9700 元；N/30 表示付款的最后期限为 30 天，此时付款无优惠。

企业采用什么程度的现金折扣，要与信用期限结合起来考虑。比如，要求顾客最迟不超过 30 天付款，若希望顾客 20 天、10 天付款，能给予多大折扣？或者给予 5%、3% 的折扣，能吸引顾客在多少天内付款？不论是信用期限还是现金折扣，都可能给企业带来收益，但也会增加成本。现金折扣带给企业的好处前面已经讲过，它使企业增加的成本，则指的是价格折扣损失。当企业给予顾客某种现金折扣时，应当考虑折扣所能带来的收益与成本孰高孰低，权衡利弊。

因为现金折扣是与信用期限结合使用的，所以确定折扣程度的方法与程序实际上与前述确定信用期间的方法与程序一致，只不过要把所提供的延期付款时间和折扣综合起来，计算各方案的延期与折扣能取得多大的收益增量，再计算各方案带来的成本变化，最终确定最佳方案。

（三）收账政策

收账政策是指信用条件被违反时，企业采取的收账策略。企业如果采取较积极的收账政策，可能会减少应收账款投资，减少坏账损失，但要增加收账成本。如果采用较消极的收账政策，则可能会增加应收账款投资，增加坏账损失，但会减少收账费用。企业需要作出适当的权衡。一般来说，可以参照评价信用标准、信用条件的方法来评价收账政策。

四、应收账款日常管理

扫码查看
延伸内容

应收账款的管理难度比较大，在确定合理的信用政策之后，还要做好应收账款的日常管理工作，包括对客户的信用调查和分析评价、应收账款的催收工作等。

任务四　存货管理

一、存货管理目标

存货是指企业在生产经营过程中为销售或者耗用而储备的物资，包括原材料、燃料、低值易耗品、在产品、半成品、协作件、外购商品等。

企业持有存货一方面是为了保证生产或销售的经营需要，另一方面是出于价格的考虑，零购物资的价格往往较高，而整批购买通常能取得价格优惠。但是，过多的存货要占用较多资金，并且会增加包括仓储费、保险费、维护费、管理人员工资在内的各项开支。因此，存货管理的目标，就是在保证生产或销售需要的前提下，最大限度地降低存货成本。具体包括以下几个方面。

（一）保证生产正常进行

生产过程中需要的原材料和在产品，是生产的物质保证。一定量的存货储备，可以有效避免生产中断、停工待料的发生，保证生产的正常进行。

（二）提高销售机动性

一定数量的存货储备能够增加企业适应市场变化的能力，防止在市场需求量激增时，因产品储备不足失去销售良机。同时，由于顾客为节约采购成本和其他费用，一般倾向于成批采购；企业为了达到运输上的最优批量也会组织成批发运，所以保持一定量的存货有利于市场销售。

（三）维持均衡生产，降低产品生产成本

针对季节性产品或需求波动大的产品，若根据需求组织生产，可能导致生产能力有时得不到充分利用，有时又超负荷，使生产成本上升。一定量的原材料和产成品储备可以有效缓解这一问题，实现均衡生产，降低生产成本。

（四）降低存货取得成本

企业大批量集中进货，可以减少订货次数，更容易享受价格折扣，降低购置成本和订货成本，从而使总的进货成本降低。

（五）防止意外事件发生

企业在采购、运输、生产和销售过程中，都可能发生意料之外的事故，保持必要的

存货保险储备，可以避免或减少意外事件带来的损失。

二、存货的成本

（一）取得成本

取得成本是指为取得某种存货而支出的成本，通常用 TC_a 来表示，其又分为订货成本和购置成本。

1. 订货成本

订货成本指取得订单的成本，如办公费、差旅费、邮资、电话费、运输费等支出。订货成本中有一部分与订货次数无关，如常设采购机构的基本开支等，称为订货的固定成本，用 F_1 表示；另一部分与订货次数有关，如差旅费、邮资等，称为订货的变动成本。每次订货的变动成本用 K 表示；订货次数等于存货年需要量 D 与每次进货量 Q 之商。订货成本的计算公式为：

$$\text{订货成本}=F_1+\frac{D}{Q}K$$

2. 购置成本

购置成本指为购买存货本身所支出的成本，即存货本身的价值，经常用数量与单价的乘积来确定。年需要量用 D 表示，单价用 U 表示，于是购置成本为 DU。

订货成本加上购置成本，就等于存货的取得成本。其公式可表达为：

取得成本＝订货成本＋购置成本

＝订货固定成本＋订货变动成本＋购置成本

$$TC_a=F_1+\frac{D}{Q}K+DU$$

（二）储存成本

储存成本指为保持存货而发生的成本，包括存货占用资金所应计的利息、仓库费用、保险费用、存货破损和变质损失等，通常用 TC_c 来表示。

储存成本也分为固定成本和变动成本。固定储存成本与存货数量的多少无关，如仓库折旧、仓库职工的固定工资等，常用 F_2 表示。变动储存成本与存货的数量有关，如存货资金的应计利息、存货的破损和变质损失、存货的保险费用等，单位变动储存成本用 K_c 来表示。用公式表达的储存成本为：

储存成本＝固定储存成本＋变动储存成本

$$TC_c=F_2+K_c\frac{Q}{2}$$

（三）缺货成本

缺货成本指由于存货供应中断而造成的损失，包括材料供应中断造成的停工损失、产成品库存缺货造成的拖欠发货损失和丧失销售机会的损失及造成的商誉损失等。如果生产企业以紧急采购代用材料解决库存材料中断之急，那么缺货成本表现为紧急额外购入成本。缺货成本用 TC_s 表示。

如果以 TC 来表示储备存货的总成本，它的计算公式为：

$$TC=TC_a+TC_c+TC_s=F_1+\frac{D}{Q}K+DU+F_2+K_c\frac{Q}{2}+TC_s$$

使企业存货总成本即上式 TC 值最小的每次进货量就是经济批量。

三、存货经济批量的确定

存货的决策涉及四项内容：决定进货项目、选择供应单位、决定进货时间和决定进货批量。按照存货管理的目的，需要通过合理的进货批量和进货时间，使存货的总成本最低，这个批量就是经济订货量或经济批量，主要采取经济订货模型加以计算。

（一）经济订货基本模型

经济订货基本模型是建立在一系列严格假设基础上的。这些假设包括：①存货总需求量是已知常数；②不存在订货提前期，即可以随时补充存货；③货物是一次性入库；④单位货物成本为常数，无批量折扣；⑤库存储存成本与库存水平呈线性关系；⑥货物是一种有独立需求的物品，不受其他货物影响；⑦不允许缺货，即无缺货成本，TC_s 为零。

设立上述假设后，前述的总成本公式可以简化为：

$$TC=F_1+\frac{D}{Q}K+DU+F_2+K_c\frac{Q}{2}$$

当 F_1、K、D、U、F_2、K 为常数时，TC 的大小取决于 Q。

为了求出 TC 的极小值，对其进行求导演算，根据一阶导数等于 0，可以得出经济订货基本模型，公式如下：

$$EOQ=\sqrt{2KD/K_c}$$

式中，EOQ 表示经济订货批量，D 表示存货年需要量，K 表示每次订货的变动成本，K_c 表示单位变动储存成本。

另外，还可以得出下列结论：

每年最佳订货次数＝存货年需求总量/经济订货批量

最佳订货周期(年)＝1/每年最佳订货次数

由于存货是陆续耗用的，所以：

经济订货量平均占用资金＝经济订货量/2×存货单价

当 F_1、K、D、U、F_2、K_c 为常数时：

与批量相关的存货总成本＝变动订货成本＋变动储存成本＝$\frac{D}{Q}K+K_c\frac{Q}{2}$

把 $EOQ=\sqrt{2KD/K_c}$ 代入 $\frac{D}{Q}K+K_c\frac{Q}{2}$ 可得：

与经济订货批量相关的存货总成本 TC（EOQ）$=\sqrt{2KD/K_c}$

在经济订货批量下，变动订货成本＝变动储存成本＝$\sqrt{2KDK_c}/2$

【例 7－4】假设诚信达公司每年所需的原材料为 80000 千克，单位成本为 15 元/千克。每次订货的变动成本为 20 元，单位变动储存成本为 0.8 元/千克。一年按 360 天计算。则：

经济订货批量$=\sqrt{2\times80000\times20/0.8}=2000$(千克)

每年最佳订货次数$=80000/2000=40$(次)

最佳订货周期$=360/40=9$(天)

经济订货量平均占用资金$=2000/2\times15=15000$(元)

与经济订货批量相关的存货总成本$=\sqrt{2\times80000\times20\times0.8}=1600$(元)

在经济订货批量下，变动订货成本$=40\times20=800$（元），变动储存成本$=2000/2\times0.8=800$（元）。

（二）经济订货基本模型的扩展

放宽经济订货基本模型的相关假设，就可以扩展经济订货模型，以扩大其适用范围。

1. 再订货点

一般情况下，企业的存货不能做到随用随补充，因此需要在没有用完时提前订货。再订货点就是在提前订货的情况下，为确保存货用完时订货刚好到达，企业再次发出订货单时应保持的存货库存量，它的数量等于平均交货时间和每日平均需用量的乘积：

$$R=L\times d$$

式中，R 表示再订货点，L 表示平均交货时间，d 表示每日平均需用量。

例如，订货日至到货期日的时间为 5 天，每日存货需用量为 20 千克，那么：

$$R=L\times d=5\times20=100(\text{千克})$$

企业在尚存 100 千克存货时，就应当再次订货，等到下批订货到达时（再次发出订货单 5 天后），原有库存刚好用完。此时，订货提前期的情形如图 7－6 所示。这就是说，订货提前期对经济订货量并无影响，每次订货批量、订货次数、订货间隔时间等与瞬时补充相同。

2. 存货陆续供应和使用模型

经济订货基本模型是建立在存货一次全部入库的假设之上的。事实上，各批存货一般都是陆续入库，库存量陆续增加。特别是产成品入库和在产品转移，几乎总是陆续供应和陆续耗用的。在这种情况下，需要对经济订货的基本模型做一些修正。

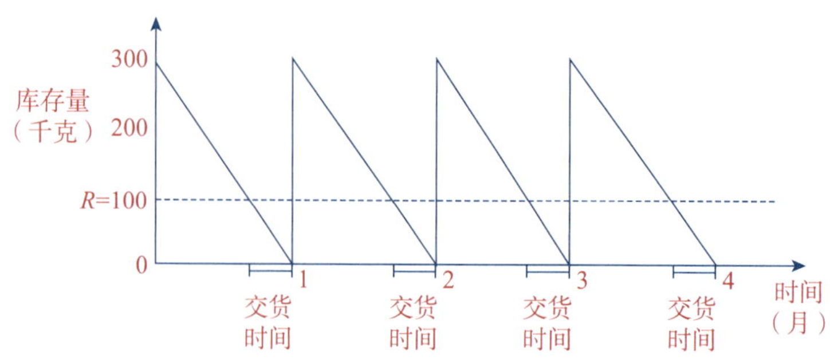

图 7－6　订货提前期

假设每批订货数为 Q，每日送货量为 p，则该批货全部送达所需日数即送货期为：

$$送货期=\frac{Q}{p}$$

假设每日耗用量为 d，则送货期内的全部耗用量为：

$$送货期耗用量=\frac{Q}{p}\times d$$

由于零件边送边用，所以每批送完时，送货期内平均库存量为：

$$送货期内平均库存量=\frac{1}{2}\left(Q-\frac{Q}{p}\times d\right)$$

假设存货年需用量为 D，每次订货费用为 K，单位变动储存成本为 K_c，则与批量有关的总成本为：

$$\begin{aligned}TC(Q)&=\frac{D}{Q}K+\frac{1}{2}\left(Q-\frac{Q}{p}\times d\right)\times K_c\\&=\frac{D}{Q}K+\frac{Q}{2}\left(1-\frac{d}{p}\right)\times K_c\end{aligned}$$

在订货变动成本与储存变动成本相等时，$TC(Q)$ 有最小值，故存货陆续供应和使用的经济订货量公式为：

$$\frac{D}{Q}K=\frac{Q}{2}\left(1-\frac{d}{p}\right)\times K_c$$

$$EOQ=\sqrt{\frac{2KD}{K_c}\times\frac{p}{p-d}}$$

将这一公式代入上述 $TC(Q)$ 公式，可得出存货陆续供应和使用的经济订货量相关总成本公式为：

$$TC(EOQ)=\sqrt{2KDK_c\times\left(1-\frac{d}{p}\right)}$$

【例 7－5】诚信达公司零件年需用量为 21600 件，每日送货量为 120 件，每日耗用量为 60 件，单价为 10000 元，一次订货成本（生产准备成本）为 2000 元，单位储存变动成本为 120 元。要求计算该零件的经济订货量和相关总成本。

将例题中数据代入相关公式，则：

$$EOQ=\sqrt{\frac{2\times2000\times21600}{120}\times\frac{120}{120-60}}=1200(件)$$

$$TC(EOQ)=\frac{21600}{1200}\times2000+\frac{1200}{2}\times\left(1-\frac{60}{120}\right)\times120=72000(元)$$

四、存货的控制系统

存货管理不仅需要各种模型帮助确定适当的存货水平，还需要建立相应的存货控制系统。传统的存货控制系统有定量控制系统和定时控制系统两种。定量控制系统是指当存货下降到一定水平时即发出订货单，订货数量是固定的和事先决定的。定时控制系统是每隔一个固定时期，无论现有存货水平多少，即发出订货申请。这两种系统都较简单和易于理解，但不够精确。

扫码查看
延伸内容

现在许多大型企业都已采用了计算机存货控制系统。当存货数据输入计算机后，计算机即对这批货物开始跟踪。此后，每当有该货物被取出时，计算机就及时作出记录并修正库存余额。当存货下降到订货点时，计算机自动发出订单，并在收到订货时记下所有的库存量。计算机系统能对大量种类的存货进行有效管理，这也是为什么大型企业愿意采用这种系统的原因之一。对于大型企业而言，其存货种类数以十万计，要使用人力及传统方法来对如此众多的库存进行有效管理，及时调整存货水平，避免出现缺货或浪费现象简直是不可能的，但计算机系统对此却能作出迅速有效的反应。

伴随着业务流程重组的兴起以及计算机行业的发展，存货管理系统也得到了很大的发展。从 MRP（物料资源规划）发展到 MRP－Ⅱ（制造资源规划），再到 ERP（企业资源规划），以及后来的柔性制造和供应链管理，甚至是外包（Outsourcing）等管理方法的快速发展，都大大地提高了企业存货管理方法的发展。这些新的生产方式把信息技术革命和管理进步融为一体，提高了企业的整体运作效率。以下将对两个典型的存货控制系统进行介绍。

（一）ABC 控制系统

ABC 控制系统就是把企业种类繁多的存货，依据其重要程度、价值大小或者资金占用等标准分为三大类：A 类高价值存货，品种数量占整个存货的 10％～15％，但价值占全部存货的 50％～70％；B 类中等价值存货，品种数量占全部存货的 20％～25％，价值占全部存货的 15％～20％；C 类低价值存货，品种数量多，占整个存货的 60％～70％，价值占全部存货的 10％～35％。针对不同类别的存货分别采用不同的管理方法，A 类存货应作为管理的重点，实行重点控制、严格管理；而对 B 类和 C 类存货的重视程度则可依次降低，采取一般管理。

（二）适时制库存控制系统

适时制库存控制系统又称零库存管理、看板管理系统。它最早由丰田公司提出并将其应用于实践，是指制造企业事先和供应商及客户协调好：只有当制造企业在生产过程中需要原料或零件时，供应商才会将原料或零件送来；每当产品生产出来就被客户拉走。这样，制造企业的存货持有水平就可以大大下降，企业的物资供应、生产和销售形成连续的同步运动过程。显然，适时制库存控制系统需要的是稳定而标准的生产程序以及诚信的供应商，否则，任何一环出现差错都将导致整个生产线的停止。目前，已有越来越多的企业利用适时制库存控制系统减少甚至消除对存货的需求，即实行零库存管理，如沃尔玛、海尔等。适时制库存控制系统经过进一步的发展，被应用于企业整个生产管理的过程中——集开发、生产、库存和分销于一体，大大提高了企业运营管理效率。

思政讲堂

一个杂货店的故事

在一个小镇上，有一家小小的杂货店，店主叫老王。这个杂货店虽然不大，但里面的存货可是琳琅满目。这就像是一个小小的存货管理世界，背后还藏着不少思政道理呢！

一、以诚信为本，存货质量的坚守

老王的杂货店里，有各种各样的食品、日用品等存货。有一次，一个批发商来找老王，说有一批特别便宜的罐头，价格比老王平时进的货低了一大截。老王心里一动，毕竟低价进货就意味着更高的利润空间。可是，当他仔细查看样品的时候，发现这批罐头的生产日期有点模糊，而且包装看起来也比较粗糙。老王面临着一个艰难的选择：要利润，还是要质量？这就像在商业的道路上遇到了一个道德的岔路口。如果他选择进这批货，可能短期内能赚一笔，但要是顾客吃出问题来，那他辛苦经营多年的口碑可就全毁了。老王果断拒绝了这批罐头。他说："咱做生意，得对得起自己的良心，不能拿质量不过关的存货去糊弄顾客。"这就是存货管理中的诚信原则。企业的存货管理也一样，企业不能为了降低成本，就去购进那些质量不达标的原材料或者商品。就像一些不良企业使用劣质的建筑材料来盖房子，虽然在存货成本上省了钱，但是一旦房子出了问题，不仅损害了消费者的利益，还违背了企业应有的社会责任，最终也会被市场淘汰。

二、合理规划，避免存货积压与短缺

杂货店的生意有淡旺季之分。老王可是个很有经验的店主，他知道在旺季来临之前，要提前增加一些热门商品的存货。比如春节前，他会多进一些糖果、烟酒、春联之类的年货。但是他也不会盲目进货，他会根据往年的销售数据来进行估算。有一年，老王看着隔壁店在春节前进了大量的烟花。他想，烟花虽然在春节期间很畅销，但是自己的店靠近居民区，储存太多烟花不安全，而且万一卖不完就积压了。于是，他只进了适量的烟花。结果那年春节，因为政府加强了对烟花燃放的管制，隔壁店积压了很多烟花，而老王则没有受到太大的影响。这体现了合理规划存货的重要性。企业也是如此，在存货管理中，如果没有合理的规划，盲目生产或者采购，就容易造成存货积压。比如一些服装厂，没有准确预估市场需求，生产了大量过季款式的衣服，最后只能积压在仓库里，占用大量资金，还可能面临贬值的风险。相反，如果存货规划不足，又会导致缺货。就像有些热门电子产品，因为企业低估了市场需求，消费者想买却买不到，企业就会失去赚钱的机会，还会让消费者失望，影响企业的声誉。

三、勤俭节约，存货资源的珍视

老王在管理杂货店存货的时候，非常注重勤俭节约。他经常会检查仓库里的货物，把那些快过期的商品拿出来做促销活动。有一次，他发现仓库里有一批即将过期的小零食。他没有把这些零食就这么扔掉，而是在店门口摆了一个小摊子，写着"特价处理，即将到期但仍美味的小零食"。结果这些小零食很快便被卖完了，既避免了浪费，又回笼了资金。在企业中，存货的勤俭节约同样重要。比如一家大型制造企业，对于生产过程中的边角余料，如果能合理利用，就可以变废为宝。有的企业会把这些边角余料加工成一些小的配件或者装饰品，再次投入市场或者用于企业内部的其他生产环节。这不仅节省了资源，降低了成本，还体现了一种可持续发展的理念。如果企业不重视存货资源的节约，随意浪费原材料，那不仅是对企业自身资金的浪费，也是对社会资源的一种不负责任。老王的小杂货店虽然平凡，但他在存货管理中体现出的诚信、合理规划、勤俭节约等原则。这些道理对于大企业的存货管理同样有着重要的启示意义，让我们明白在商业活动中，不仅要有赚钱的智慧，更要有正确的价值观和社会责任感。

任务五　流动负债管理

流动负债有三种主要来源：短期借款、短期融资券和商业信用，各种来源具有不同的获取速度、灵活性、成本和风险。

一、短期借款

企业的借款通常按其流动性或偿还时间的长短，划分为短期借款和长期借款。短期借款是指企业向银行或其他金融机构借入的期限在 1 年以内（含 1 年）的各种借款。

目前，我国短期借款按照目的和用途分为生产周转借款、临时借款、结算借款、票据贴现借款等。按照国际惯例，短期借款往往按偿还方式不同分为一次性偿还借款和分期偿还借款；按利息支付方式不同分为收款法借款、贴现法借款和加息法借款；按有无担保分为抵押借款和信用借款。

短期借款可以随企业的需要安排，便于灵活使用，但其突出的缺点是短期内要归还，且可能会附带很多附加条件。

（一）短期借款的信用条件

银行等金融机构对企业贷款时，通常会附带一定的信用条件。短期借款所附带的一些信用条件主要如下。

1. 信贷额度

信贷额度即贷款限额，是借款企业与银行在协议中规定的借款最高限额，信贷额度的期限通常为 1 年。一般情况下，在信贷额度内，企业可以随时按需要支用借款。但是，银行并不承担必须支付全部信贷数额的义务。如果企业信誉恶化，即使在信贷限额内，企业也可能得不到借款。此时，银行不会承担法律责任。

2. 周转信贷协定

周转信贷协定是银行具有法律义务地承诺提供不超过某一最高限额的贷款协定。在协定的有效期内，只要企业借款总额未超过最高限额，银行就必须满足企业任何时候提出的借款要求。企业要享用周转信贷协定，通常要对贷款限额的未使用部分付给银行一笔承诺费用。

【例 7－6】诚信达公司与银行商定的周转信贷额度为 5000 万元，年度内实际使用了 2800 万元，承诺费率为 0.5%，该公司应向银行支付的承诺费为：

$$信贷承诺费=(5000-2800)\times0.5\%=11(万元)$$

周转信贷协定的有效期通常超过 1 年，但实际上贷款每几个月发放一次，所以这种信贷具有短期借款和长期借款的双重特点。

3. 补偿性余额

补偿性余额是银行要求借款企业在银行中保持按贷款限额或实际借用额一定比例

（通常为10%～20%）计算的最低存款余额。对于银行来说，补偿性余额有助于降低贷款风险，补偿其可能遭受的风险损失；对借款企业来说，补偿性余额则提高了借款的实际利率，加重了企业负担。

【例7-7】诚信达公司向银行借款800万元，利率为6%，银行要求保留10%的补偿性余额，则该公司实际可动用的贷款为720万元，该借款的实际利率为：

$$借款实际利率=\frac{800\times6\%}{720}=\frac{6\%}{1-10\%}=6.67\%$$

4. 借款抵押

为了降低风险，银行发放贷款时往往需要有抵押品担保。短期借款的抵押品主要有应收账款、存货、应收票据、债券等。银行将根据抵押品面值的30%～90%发放贷款，具体比例取决于抵押品的变现能力和银行对风险的态度。

5. 偿还条件

贷款的偿还有到期一次偿还和在贷款期内定期（每月、季）等额偿还两种方式。一般来讲，企业不希望采用后一种偿还方式，因为这会提高借款的实际年利率；而银行不希望采用前一种偿还方式，是因为这会加重企业的财务负担，增加企业的拒付风险，同时会降低实际贷款利率。

6. 其他承诺

银行有时还会要求企业为取得贷款而作出其他承诺，如及时提供财务报表、保持适当的财务水平（如特定的流动比率）等。如企业违背所作出的承诺，银行可要求企业立即偿还全部贷款。

（二）短期借款的成本

短期借款的成本主要包括利息、手续费等。短期借款成本的高低主要取决于贷款利率的高低和利息的支付方式。短期贷款利息的支付方式有收款法、贴现法和加息法三种，付息方式不同，短期借款成本计算也有所不同。

1. 收款法

收款法是在借款到期时向银行支付利息的方法。银行向企业贷款一般都是采用这种方法收取利息。采用收款法时，短期贷款的实际利率就是名义利率。

2. 贴现法

贴现法又称折价法，是指银行向企业发放贷款时，先从本金中扣除利息部分，到期时借款企业偿还全部贷款本金的一种利息支付方法。在这种利息支付方式下，企业可以利用的贷款只是本金减去利息部分后的差额，因此，贷款的实际利率要高于名义利率。

【例7-8】诚信达公司从银行取得借款200万元，期限1年，利率6%，利息12万元。按贴现法付息，该公司实际可动用的贷款为188万元，该借款的实际利率为：

$$借款实际利率=\frac{200\times6\%}{188}=\frac{6\%}{1-6\%}=6.38\%$$

3. 加息法

加息法是银行发放分期等额偿还贷款时采用的利息收取方法。在分期等额偿还贷款情况下，银行将根据名义利率计算的利息加到贷款本金上，计算出贷款的本息和，要求企业在贷款期内分期偿还本息之和。由于贷款本金分期均衡偿还，借款企业实际上只平均使用了贷款本金的一半，却支付了全额利息。这样企业所负担的实际利率便要高于名义利率大约1倍。

【例7-9】诚信达公司借入（名义）年利率为12%的贷款20000元，分12个月等额偿还本息。该项借款的实际年利率为：

$$实际年利率=\frac{20000\times 12\%}{20000/2}=24\%$$

二、短期融资券

短期融资券是由企业依法发行的无担保短期本票。在我国，短期融资券是指企业在银行间债券市场发行和交易并约定在一定期限内还本付息的有价证券，是企业筹措短期（1年以内）资金的直接融资方式。

（一）短期融资券的种类

（1）按发行人分类，短期融资券分为金融企业的融资券和非金融企业的融资券。在我国，目前发行和交易的是非金融企业的融资券。

（2）按发行方式分类，短期融资券分为经纪人承销的融资券和直接销售的融资券。非金融企业发行融资券一般采用间接承销方式进行，金融企业发行融资券一般采用直接发行方式进行。

（二）短期融资券的筹资特点

（1）短期融资券的筹资成本较低。相对于发行企业债券筹资而言，发行短期融资券的筹资成本较低。

（2）短期融资券筹资数额比较大。相对于银行借款筹资而言，短期融资券一次性的筹资数额比较大。

（3）发行短期融资券的条件比较严格。只有具备一定的信用等级的实力强的企业，才能发行短期融资券筹资。

三、商业信用

商业信用是指企业在商品或劳务交易中，以延期付款或预收货款方式进行购销活动而形成的借贷关系，是企业之间的直接信用行为，也是企业短期资金的重要来源。商业信用产生于企业生产经营的商品、劳务交易之中，是一种“自动性筹资”。

（一）商业信用的形式

1. 应付账款

应付账款是供应商给企业提供的一种商业信用。由于购买者往往在到货一段时间后才付款，商业信用就成为企业短期资金来源。如企业规定对所有账单均见票后若干日付款，商业信用就成为随生产周转而变化的一项内在的资金来源。当企业扩大生产规模时，其进货和应付账款相应增长，商业信用就提供了增产需要的部分资金。

商业信用条件通常包括以下两种：第一，有信用期，但无现金折扣。如“N/30”表示30天内按发票金额全数支付。第二，有信用期和现金折扣，如“2/10，N/30”表示10天内付款享受现金折扣2%，若买方放弃折扣，30天内必须付清款项。供应商在信用条件中规定有现金折扣，目的主要在于加速资金回收。企业在决定是否享受现金折扣时，应仔细考虑。通常，放弃现金折扣的成本是很高的。

（1）放弃现金折扣的信用成本。倘若买方企业购买货物后在卖方规定的折扣期内付款，可以获得免费信用，这种情况下企业没有因为取得延期付款信用而付出代价。例如，某应付账款规定付款信用条件为“2/10，N/30”，是指买方在10天内付款，可获得2%的付款折扣；若在10～30天内付款，则无折扣；允许买方付款期限最长为30天。

【例7-10】诚信达公司按“2/10，N/30”的付款条件购入货物60万元。如果在10天以后付款，便放弃了现金折扣1.2万元（60×2%），信用额为58.8万元（60-1.2）。放弃现金折扣的信用成本率为：

$$\text{放弃折扣的信用成本率}=\frac{\text{折扣百分比}}{1-\text{折扣百分比}}\times\frac{360\text{天}}{\text{付款期}-\text{折扣期}}$$

$$=\frac{2\%}{1-2\%}\times\frac{360}{30-10}=36.73\%$$

公式表明，放弃现金折扣的信用成本率与折扣百分比大小、折扣期长短和付款期长短有关系，与货款额和折扣额没有关系。企业在放弃折扣的情况下，推迟付款的时间越长，其信用成本便会越小，但展期信用的结果是企业信誉恶化导致信用度的严重下降，日后可能招致更加苛刻的信用条件。

（2）放弃现金折扣的信用决策。企业放弃应付账款现金折扣的原因，可能是企业资金暂时的缺乏，也可能是基于将应付的账款用于临时性短期投资，以获得更高的投资收益。如果企业将应付账款额用于短期投资，所获得的投资收益率高于放弃折扣的信用成本率，则应当放弃现金折扣。

2. 应付票据

应付票据是指企业在商品购销活动和对工程价款进行结算中，因采用商业汇票结算方式而产生的商业信用。商业汇票是指由付款人或存款人（或承兑申请人）签发，由承兑人承兑，并于到期日向收款人或被背书人支付款项的一种票据，包括商业承兑汇票和银行承兑汇票。应付票据可以带息，也可以不带息，其利率一般低于银行贷款利率。

3. 预收货款

预收货款是指销货单位按照合同和协议规定，在发出货物之前向购货单位预先收取部分或全部货款的信用行为。购买单位对于紧俏商品往往乐于采用这种方式购货；销货方对于生产周期长、造价较高的商品，往往采用预收货款方式销货，以缓和本企业资金占用过多的矛盾。

4. 应计未付款

应计未付款是企业在生产经营和利润分配过程中已经计提但尚未以货币支付的款项。主要包括应付职工薪酬、应交税费、应付利润或应付股利等。以应付职工薪酬为例，企业通常以半月或月为单位支付职工薪酬，在应付职工薪酬已计但未付的这段时间，就会形成应计未付款。它相当于职工给企业的一个信用。应交税费、应付利润或应付股利也有类似的性质。应计未付款随着企业规模扩大而增加，企业使用这些自然形成的资金无须付出任何代价。但企业不是总能控制这些款项，因为其支付是有一定时间的，企业不能总拖欠这些款项。

（二）商业信用筹资的优缺点

1. 商业信用筹资的优点

（1）商业信用容易获得。商业信用的载体是商品购销行为，企业总有一批既有供需关系又有相互信用基础的客户，所以对大多数企业而言，应付账款和预收账款是自然的、持续的信贷形式。商业信用的提供方一般不会对企业的经营状况和风险作严格的考量，企业无须办理像银行借款那样复杂的手续便可取得商业信用，有利于应对企业生产经营之急需。

（2）企业有较大的机动权。企业能够根据需要，选择决定筹资的金额大小和期限长短，同样要比银行借款等其他方式灵活得多，甚至如果在期限内不能付款或交货时，一般还可以通过与客户的协商，请求延长时限。

（3）企业一般不用提供担保。通常，商业信用筹资不需要第三方担保，也不会要求筹资企业用资产进行抵押。这样，在出现逾期付款或交货的情况时，可以避免像银行借款那样面临抵押资产被处置的风险，企业的生产经营能力在相当长的一段时间内不会受到限制。

2. 商业信用筹资的缺点

（1）商业信用筹资成本高。在附有现金折扣条件的应付账款融资方式下，其筹资成本与银行信用相比较高。

（2）容易恶化企业的信用水平。商业信用的期限短，还款压力大，对企业现金流量管理的要求很高。如果长期和经常性地拖欠账款，会造成企业的信誉恶化。

（3）受外部环境影响较大。商业信用筹资受外部环境影响较大，稳定性较差，即使不考虑机会成本，也是不能无限利用的。一是受商品市场的影响，如当求大于供时，卖方可能停止提供信用。二是受资金市场的影响，当市场资金供应紧张或有更好的投资方向时，商业信用筹资就可能遇到障碍。

思政讲堂

社会信用体系建设

诚信作为中华民族优秀传统美德。改革开放以来，中国正在逐步建立市场经济的经济体制，丰富的物质生产已经足以满足人民群众对物质的需求，然而与市场机制相匹配的精神文明建设却尚不完善。诚信作为人类道德的基本要求，在精神文明建设过程中起着至关重要的作用，加强诚信建设，符合社会主义核心价值观，有利于我国社会主义现代化建设事业。

党的十九届四中全会强调，完善诚信建设长效机制，健全覆盖全社会的征信体系，加强失信惩戒。国家发展改革委于 2020 年发布《关于进一步规范公共信用信息纳入范围、失信惩戒和信用修复 构建诚信建设长效机制的指导意见（征求意见稿）》，旨在进一步推动社会信用的规范化发展。社会信用体系建设是一项庞大工程，只有规范化和法治化，才能使建设中的难点和痛点迎刃而解，实现良法善治。

四、流动负债的利弊

（一）流动负债的优势

流动负债的主要优势包括：容易获得，具有灵活性，能够有效满足企业季节性信贷需求。这创造了需要融资和获得融资之间的同步性。另外，短期借款一般比长期借款具有更少的约束性条款。如果仅在一个短期内需要资金，以短期为基础进行借款可以使企业维持未来借款决策的灵活性。如果一家企业签订了长期借款协议，该协议具有约束性条款、大量的预付成本和（或）信贷合约的初始费用，那么流动负债所具有的那种灵活性通常不适用。

流动负债的一个主要作用是为季节性行业的流动资产进行融资。为了满足增长的需要，一个季节性企业必须增加存货和（或）应收账款。流动负债是为流动资产中的临时性的、季节性的增长进行融资的主要工具。

（二）流动负债的劣势

流动负债的一个劣势是需要持续地重新谈判或滚动安排负债。贷款人由于企业财务状况的变化，或整体经济环境的变化，可能在到期日不愿滚动贷款，或重新设定信贷额度。而且，提供信贷额度的贷款人一般要求，用于为短期营运资金缺口而筹集的贷款，必须每年支付至少 1～3 个月的全额款项，这 1～3 个月被称为结清期。贷款人之所以这么做，是为了确认企业是否在长期负债是合适的融资来源时仍然使用流动负债。许多企业的实践证明，使用短期贷款来为永久性流动资产融资是一件危险的事情。

项目小结

◇ 本章主要介绍了营运资金的含义和特点，并进一步介绍了现金、应收账款、存货管理以及流动负债的理论和方法。

◇ 现金作为企业流动性最强的资产，其管理的目的是在保证企业生产经营所需现金的同时，节约使用资金，使企业闲置的资金得以充分利用以获取收益，始终保持最佳现金持有量，并通过编制现金预算，有效控制财务收支。

◇ 应收账款的管理主要包括企业信用政策的制定和应收账款的日常管理。信用政策包括信用标准、信用条件和收账政策三个部分。

◇ 存货在企业流动资产中也占有较大比重，加强存货的规划与控制，使存货保持在最优水平上，是财务管理的一项重要内容。存货的控制系统主要包括 ABC 控制系统和适时制库存控制系统。

◇ 流动负债主要有两种主要来源：短期借款和商业信用。在短期负债筹资中商业信用是企业之间的直接信用行为，也是企业短期资金的重要来源；短期借款的重要性仅次于商业信用，短期借款可以随企业的需要安排，便于灵活使用，且取得较简便。但其突出的缺点是短期内要归还，特别是在带有诸多附加条件的情况下更使风险加剧。

技能训练

一、单项选择题

1. 信用标准是（　　）的重要内容。

A. 信用条件　　B. 信用政策

C. 收账政策　　D. 信用期限

2. 坏账损失和收账费用是（　　）的考虑要点。

A. 制定收账政策　　B. 制定信用政策

C. 制定信用标准　　D. 确定信用条件

3. 经济订货批量满足（　　）。

A. 变动性订货成本大于变动性储存成本

B. 变动性订货成本小于变动性储存成本

C. 变动性订货成本不等于变动性储存成本

D. 变动性订货成本等于变动性储存成本

4. 下列不属于信用条件的是（　　）。

A. 现金折扣　　B. 数量折扣

C. 信用期间　　D. 折扣期间

5. 在一定时期，当现金需要量一定时，同现金持有量成反比的成本是（　　）。

A. 管理成本　　B. 资金成本

C. 短缺成本　　D. 机会成本

6. 某企业的现金周转率为 6 次，则其现金周转期为（　　）。

A. 30 天　　B. 40 天

C. 50 天　　D. 60 天

7. 在存货 ABC 控制系统中，将存货金额很大，品种数量很少的存货划分为（　　）。

A. A 类　　B. B 类

C. C 类　　D. A、B 类

8. 经济批量是材料的采购量，再订货点是材料的（　　）。

A. 订货时间　　B. 采购量

C. 最低储存量　　D. 安全储存量

9. 下列订货成本中属于变动成本的是（　　）。

A. 采购人员计时工资　　B. 采购部门管理费用

C. 订货业务费　　D. 预付订金的机会成本

10. 现金折扣成本是一项（　　）。

A. 筹资费用　　B. 销售成本

C. 收账成本　　D. 管理成本

二、多项选择题

1. 货币资金包括（　　）。

A. 银行存款　　B. 应收账款

C. 其他货币资金　　D. 库存现金

2. 流动资产投资的特点有（　　）。

A. 变现能力强　　B. 投资风险大

C. 数量波动大　　D. 收益率高

3. 企业持有现金的动机有（　　）。

A. 交易动机　　B. 预防动机

C. 投资动机　　D. 投机动机

4. 存货成本包括（　　）。

A. 取得成本　　B. 储存成本

C. 短缺成本　　D. 销售成本

5. 企业因持有应收账款而发生的成本有（　　）。

A. 机会成本　　B. 管理成本

C. 现金成本　　D. 坏账成本

6. 经济批量模型的假设包括（　　）。

A. 存货单价不变　　B. 不允许缺货

C. 存货消耗均匀　　D. 存货瞬时到达

7. 构成企业信用政策的主要内容有（　　）。

A. 信用标准　　B. 信用条件

C. 信用期限　　D. 收账政策

8. 企业对客户进行资信评估时应当考虑的因素主要包括（　　）。

A. 信用品质　　B. 偿付能力

C. 资本和抵押品　　D. 经济状况

9. ABC 控制系统对存货分类的依据是（　　）。

A. 存货的金额　　B. 存货的类别

C. 存货的大小　　D. 存货的品种数量

10. 确定信用标准时须（　　）。

A. 确定取得信用企业的坏账损失率　　B. 确定提供信用企业的坏账损失率

C. 确定取得信用企业的信用等级　　D. 确定提供信用企业的信用等级

三、判断题

1. 企业销售产品时，采用赊销就难以避免坏账损失，采用现销就不会产生坏账损失。(　　)

2. 营运资金就是流动资产的价值表。(　　)

3. 增加收账费用，就会减少坏账损失，当收账费用增加到一定程度时，就不会发生坏账损失。(　　)

4. 成本分析模式下当机会成本、管理成本和短缺成本之和最小时的货币资金持有量是最佳的。(　　)

5. 现金持有成本中的管理费用与现金持有量的多少无关。(　　)

6. 一般来说，资产的流动性越高，其获利能力就越强。(　　)

7. 企业净营运资金余额越高，说明企业经营状况越好，支付能力越强。(　　)

8. 现金折扣及商品削价，是企业广泛采用的一种促销方法。(　　)

9. 存货管理的目标是以最低的存货成本保证企业生产经营的顺利进行。(　　)

10. 现金持有成本中的管理费用与现金持有量的多少无关。(　　)

四、计算分析题

1. 某企业预计全年需用现金 2000 万元，预计的存货周期为 90 天，应收账款和应付账款周转期均为 60 天。

要求：计算该企业的最佳现金持有量。

2. 某公司预测的年度赊销收入净额为 2400 万元，应收账款周期为 30 天，变动成本率为 75%，资金成本为 8%。

要求：计算该企业应收账款的机会成本。

3. 企业出售甲产品单位售价 100 元，单位变动成本 65 元，应收账款投资年期望报酬率为 24%，现接到一客户 40 件的赊购订单，预计坏账损失率为 22%，平均账款收账期 90 天，收账费用 120 元，请问能否接收此信用订单?

4. 某企业生产甲产品，固定成本总额为 100000 元，变动成本率为 75%，当该企业不对客户提供现金折扣时，该产品的年销售收入为 2000000 元，应收账款的平均回收期为 60 天，坏账损失率为 2%，现考虑是否给客户提供信用条件“2/10，N/30”，估计采用这一新的信用条件后，销售将增加 15%，有 60%的客户将在折扣期内付款，另外 40%的客户的平均收现期为 40 天，坏账损失率降为 1%。该企业生产能力有剩余，企业资金成本为 10%。

要求：确定该企业是否应采用新的信用条件。

5. 某企业全年需要甲材料 3600 千克，每次订货成本为 200 元，每千克甲材料的年平均储存变动成本为 4 元，材料单价 50 元/千克。

要求：计算甲材料的经济订货量、最佳相关总成本、最佳订货批次及经济进货批量平均占用资金。

项目实训

一、实训目的

1. 掌握存货管理的分析与评价方法。
2. 掌握库存商品管理的分析与评价方法。
3. 掌握应收账款管理的分析与评价方法。

二、实训资料

某公司是一家大型家用电器生产制造企业，该公司在流动资产管理方面有其独到之处。科学的经营策略和完善的管理模式，使企业流动资金发挥了最大效用。公司着重在以下几方面进行了规范化管理：

1. 在存货管理中采用了不允许缺货的方法，并对各项指标做了严格规定。公司每年耗用专用材料 72000 千克，每批进货 1200 千克，单位采购成本 200 元，单位储存成本 4 元，每批标准进货费用 40 元。该材料每天最大耗用量为 250 千克。该公司有长期合作的供应商，每次提前 10 天订货，再订货点控制在 2500 千克左右。

2. 公司对产成品入库也制定了严格的管理制度，其主要产品目标库存天数为 150 天，最长库存时间是 200 天，超过 200 天将转为企业负债核算。仓库每年固定储存费为 10000 元，每批成品入库数量为 2500 件，目标利润为 20500 元，单位变动储存费为 43.20 元，单位入库成本为 110 元/件，单位出库价为 150 元/件，平均每天销售 20 件。每批产品应负担的营业税金及附加为 8000 元。公司资本成本为 14.4%。

3. 2023 年公司预计主要产品销售收入 7200 元，全部采用商业信用方式销售，其信用条件为：2/10，1/20，N/30，企业的客户群中有 50%的客户在 10 天内付款，30%在 20 天内付款，20%在 30 天内付款。

4. 公司原应收账款收账政策如表 7－3 所示。公司 2024 年拟对收账政策进行调整，见表 7－4。

表 7－3　原应收账款收账政策表

项目	年收账费用	平均收账期	坏账损失率	年赊销净额	变动成本率	资本成本
原政策	4 万元	60 天	3%	800 万元	60%	14.40%

表 7－4　调整后应收账款收账政策表

项目	年收账费用	平均收账期	坏账损失率	年赊销净额	变动成本率	资本成本
调整政策	6 万元	45 天	2%	800 万元	60%	14.40%

三、实训要求

从以下四个方面对该企业流动资金管理状况进行分析和评价：

1. 公司存货控制方面。

2. 库存商品主要指标分析。

3. 公司应收账款机会成本分析。

4. 调整前后的应收账款收账政策分析和评价，并将其填入表 7－5。

表 7－5　　调整前后应收账款收账政策分析评价表　　单位：万元

项目	原方案	新方案	差额
年赊销净额			
应收账款周转次数（次）			
应收账款平均余额			
应收账款占用资金			
收账成本			
机会成本			
坏账损失			
年收账费用			
收账成本合计			

项目八
成本管理

【教学目标】

◎ 知识目标

1. 熟悉成本管理的意义、目标、原则。
2. 掌握本量利分析法等利润预测的常用方法。

◎ 技能目标

1. 能运用本量利分析法预测企业目标利润。
2. 能运用盈亏平衡分析法对企业产品盈亏平衡及其影响因素进行分析。

◎ 素质目标

1. 培养遵法守纪、诚实守信和严谨务实的职业道德。
2. 培养自我管理能力和团队合作精神。

【扫码获取教学资料】

课件

思政引领

【项目框架】

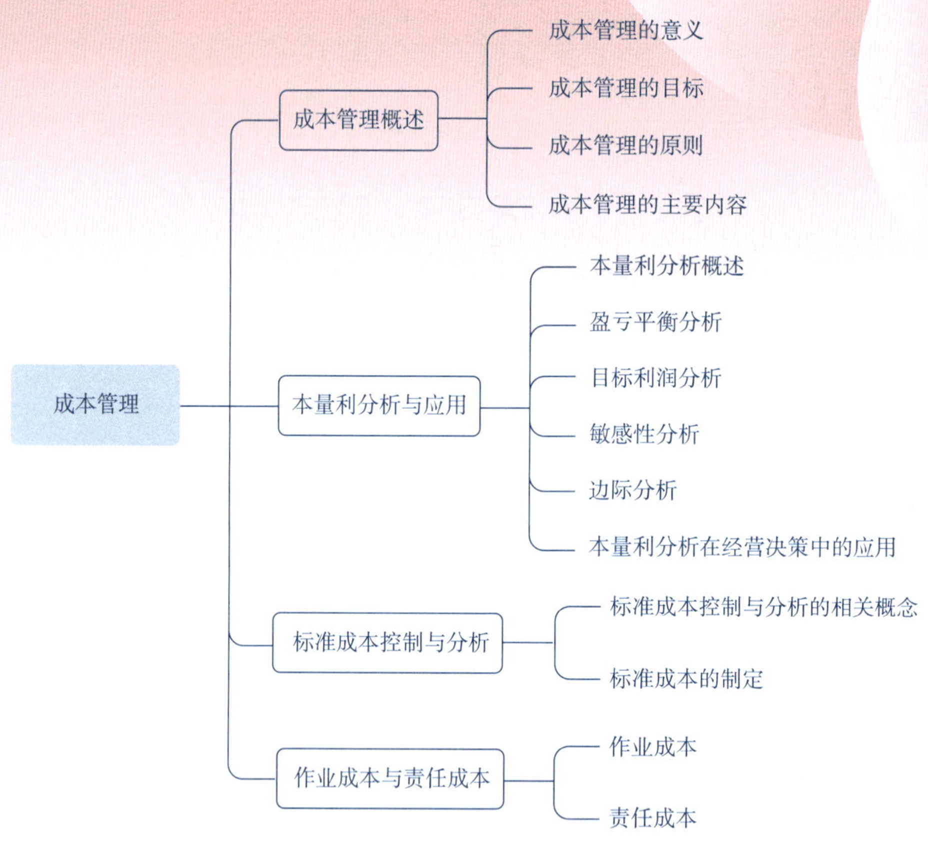
成本管理
成本管理概述
成本管理的意义
成本管理的目标
成本管理的原则
成本管理的主要内容
本量利分析与应用
本量利分析概述
盈亏平衡分析
目标利润分析
敏感性分析
边际分析
本量利分析在经营决策中的应用
标准成本控制与分析
标准成本控制与分析的相关概念
标准成本的制定
作业成本与责任成本
作业成本
责任成本

重点难点

1. 本量利分析法的应用。
2. 标准成本的计算与分析。
3. 作业成本与责任成本。

工作任务

运用盈亏平衡分析法进行产品盈亏分析。

项目引例

蚌明项目部成本管理的经验

一个亏损项目，如何在扭亏的基础上还取得了可观的经济效益？用心做项目，点滴抓效益，蚌明项目经理赵延安介绍说。

把管理做实，把管理做精。面对亏损，蚌明项目部全体参建人员没有退缩，而是勇敢地举起了管理这把利剑向亏损宣战。从点点滴滴做起，实实在在地抓好成本控制，让亏损从他们手中消失，已经成为全体员工的共识。蚌明项目部在扭亏增盈过程中处处精打细算，该花的省着花，不该花的坚决不花，业主的办公机关在市内一家收费站旁边，项目部的人员几乎每天都要去开会或办事，车如果开过去，来回的过路费就要 20 元，为了节省这 20 元，他们的车就停在收费站这边，人下车后走过去，一年下来节省过路费两万多元。队里的购料每天都要到市内去采购，来回的过路费一次就 40 元，有时一天跑好几次，经测算，到项目完工仅过路费就要 4 万多元。得知当地的农用三轮车过收费站不收费时，他们就花 3000 元买了一辆农用三轮车取代队里的购料车，又节省了大笔的开支。

信誉是最有效益的经营。项目部根据业主对进度和质量的要求以及业主在开展劳动竞赛活动中制定的奖罚金额认真进行研究，采取相应对策，一定要把奖金拿回来。在进度上，科学组织施工，精心编制施工计划，人停机不停，24 小时倒班作业，摊铺进度突飞猛进，捷报频传，月月提前完成业主下达的施工计划。在质量上，项目部建起了全线一流的实验室，配备了素质较高的实验员；抓好原材料质量控制，不合格的材料坚决不准入场；材料拌合，计量精确，拌合到位；拌合、运输、摊铺紧密结合，环环相扣，压路机碾压紧跟，严格控制碾压进度，小修人员对局部及时处理，确保了碾压质量和平整度。经省质检站抽样检测，所有技术参数百分之百满足设计要求，尤其对渗水控制高于国标 5 倍以上，业主采用铣刨机对全线的平整度进行了严格检验，唯独该标段没有受到铣刨。良好的信誉得到了丰厚的回报，业主又从其他标段划拨 50 千米单幅单层沥青路面由项目部施工，直接经济效益 200 多万元，在业主开展的 8 次节点劳动竞赛活动中，次次名列第一，获得业主颁发的奖金累计达 300 多万元。可见加强成本管理的重要性！

任务一　成本管理概述

成本是营运过程中的一种耗费，属于商品经济中的一个价值范畴。它是企业为生产商品或提供劳务等所耗费的必要劳动价值的货币表现，是企业再生产过程中的价值补偿。简单来说，成本就是为了获得某种利益或达到一定目标所发生的耗费或支出。

成本管理，是指企业在营运过程中实施成本预测、成本决策、成本计划、成本控制、成本核算、成本分析和成本考核等一系列管理活动的总称。它的目的是充分组织企业全体人员，对营运过程的各个环节进行科学管理，力求以最少的生产耗费取得最多的生产成果。

一、成本管理的意义

成本管理是企业日常经营管理的一项中心工作，对企业营运有着重要的意义。销售收入首先必须能够补偿成本耗费，这样才不至于影响再生产的进行。换言之，在一定的产品数量和销售价格条件下，产品成本水平的高低，不仅影响简单再生产、威胁企业的生存，还可能影响企业扩大再生产、制约企业的发展。企业在努力提高收入的同时，降低成本同样有助于实现目标利润。成本管理的意义主要体现在如下三方面。

1. 通过成本管理降低成本，为企业扩大再生产创造条件

降低成本一般通过两个阶段来实现。第一，在既定的经济规模、技术水平、质量标准等前提条件下，通过合理的组织管理提高生产效率、降低消耗；第二，当成本降低到这些条件许可的极限时，通过改变成本发生的基础条件，如采用新技术设备、新工艺流程、新产品设计、新材料等，使影响成本的结构性因素得到改善，为成本的进一步降低提供新的空间，使原来难以降低的成本在新的基础上进一步降低。

2. 通过成本管理增加企业利润，提高企业经济效益

利润是收入与成本费用匹配后的结果。成本降低与收入增加一样，都是提高企业效益的重要源泉。当成本变动与其他因素的变动相关联时，如何在成本降低与营运需要之间作出权衡取舍，是企业成本管理者无法回避的困难抉择。单纯以成本的降低为标准容易形成误区，成本管理要利用成本、质量、价格、销量等因素之间的相互关系，满足企业为维系质量、调整价格、扩大市场份额等对成本的需要，从而帮助企业最大限度地提高经济效益。

3. 通过成本管理帮助企业取得竞争优势，增强企业的竞争能力和抗风险能力

在竞争激烈的市场环境中，企业为了取得竞争优势，抵抗内外部风险，往往会制定和实施相应的发展战略，常见的有低成本战略和差异化战略。如果实施低成本战略，则通过成本管理降低单位产品成本，能明显且直接提高企业在市场上的主动性和话语权，提升企业的核心竞争力；如果实施差异化战略，则通过成本管理规范成本形成过程，适时进行流程优化或流程再造，在资源既定的前提下，生产出满足客户需求的产品。这些战略措施通常需要成本管理予以配合，不同发展战略下的成本管理需求与企业目标具有高度的一致性。

二、成本管理的目标

从成本管理活动所涉及的层面来看，成本管理的目标可以分为总体目标和具体目标两个方面。

（一）总体目标

成本管理的总体目标服从于企业的整体经营目标。在竞争性经济环境中，成本管理的总体目标主要依据企业竞争战略制定：成本领先战略中，成本管理的总体目标是追求成本水平的绝对降低；差异化战略中，成本管理的总体目标则是在保证实现产品、服务等方面差异化的前提下，对产品全生命周期成本进行管理，实现成本的持续降低。

（二）具体目标

成本管理的具体目标是对总体目标的进一步细分，主要包括成本计算的目标和成本控制的目标。

成本计算的目标是为所有内、外部信息使用者提供成本信息。外部信息使用者关注的信息主要是资产价值和盈亏情况。因此，成本计算的目标之一是确定存货等资产价值和企业盈亏状况，即按照成本会计制度的规定计算成本，满足编制会计报表的需要。内部信息使用者使用成本信息，除了了解资产价值及盈亏情况外，重点用于经营管理。因此，成本计算的目标又包括：通过向管理人员提供成本信息，提高人们的成本意识；通过成本差异分析，评价管理人员的业绩，促进管理人员采取改善措施；通过盈亏平衡分析等方法，提供成本管理信息，有效地满足现代经营决策对成本信息的需求。

成本控制的目标是降低成本水平。在成本管理的发展过程中，成本控制目标经历了通过提高工作效率和减少浪费来降低成本，通过提高成本效益比来降低成本和通过保持竞争优势来降低成本等阶段。在竞争性经济环境中，成本控制目标因竞争战略的不同而有所差异。实施成本领先战略的企业中，成本控制的目标是在保证一定产品质量和服务的前提下，最大限度地降低企业内部成本，表现为对生产成本和经营费用的控制。实施差异化战略的企业中，成本控制的目标则是在保证企业实现差异化战略的前提下，降低产品全生命周期成本，实现持续性的成本节省，表现为对产品所处生命周期不同阶段发生成本的控制，如对研发成本、供应商成本和消费成本等的控制。

三、成本管理的原则

企业进行成本管理，一般应遵循以下原则。

（一）融合性原则

成本管理应以企业业务模式为基础，将成本管理嵌入业务的各领域、各层次、各环节，实现成本管理责任到人、控制到位、考核严格、目标落实。

（二）适应性原则

成本管理应与企业生产经营特点和目标相适应，尤其要与企业发展战略或竞争战略相适应。

（三）成本效益原则

成本管理在应用相关工具方法时，应权衡其为企业带来的收益和付出的成本，避免获得的收益小于其投入的成本。

（四）重要性原则

成本管理应重点关注对成本具有重大影响的项目，对于不具有重要性的项目可以适当简化处理。

四、成本管理的主要内容

企业应用成本管理工具方法，一般按照事前管理、事中管理、事后管理等程序进行，其中事前成本管理阶段，主要是对未来的成本水平及其发展趋势所进行的预测与规划，一般包括成本预测、成本决策和成本计划等步骤；事中成本管理阶段，主要是对营运过程中发生的成本进行监督和控制，并根据实际情况对成本预算进行必要的修正，即成本控制步骤；事后成本管理阶段，主要是在成本发生之后进行的核算、分析和考核，一般包括成本核算、成本分析和成本考核等步骤。因此，成本管理具体包括成本预测、成本决策、成本计划、成本控制、成本核算、成本分析和成本考核七项内容。

（一）成本预测

成本预测是以现有条件为前提，在历史成本资料的基础上，根据未来可能发生的变化，利用科学的方法，对未来的成本水平及其发展趋势进行描述和判断的成本管理活动。成本预测是进行成本管理的第一步，也是组织成本决策和编制成本计划的前提。通过成本预测，掌握未来的成本水平及其变动趋势，有助于把未知因素转化为已知因素，帮助管理者提高自觉性，减少盲目性；作出营运活动中可能出现的有利与不利情况的全面和系统分析，避免成本决策的片面性和局限性。

（二）成本决策

成本决策是在成本预测及有关成本资料的基础上，综合经济效益、质量、效率和规模等指标，运用定性和定量的方法对各个成本方案进行分析并选择最优方案的成本管理活动。成本决策不仅是成本管理的重要职能，还是企业营运决策体系中的重要组成部分。而且由于成本决策所考虑的是价值问题，更具体地讲是资金耗费的经济合理性问题，因而成本决策具有较强的综合性，对其他营运决策起着指导和约束作用。

（三）成本计划

成本计划是以营运计划和有关成本数据、资料为基础，根据成本决策所确定的目标，通过一定的程序，运用一定的方法，针对计划期企业的生产耗费和成本水平进行的具有约束力的成本筹划管理活动。成本计划属于成本的事前管理，是企业营运管理的重要组成部分，通过对成本的计划与控制，分析实际成本与计划成本之间的差异，指出有待加强控制和改进的领域，以此评价有关部门的业绩，推动增产节约，从而促进企业发展。

（四）成本控制

成本控制是成本管理者根据预定的目标，对成本发生和形成过程以及影响成本的各种因素条件施加主动的影响或干预，把实际成本控制在预期目标内的成本管理活动。成本控制的关键是选取适用于本企业的成本控制方法，它决定着成本控制的效果。传统的成本控制基本上采用经济手段，通过实际成本与标准成本之间的差异分析来进行，如标准成本法等；现代成本控制则突破了经济手段的限制，还使用了包括技术和组织手段在内的所有可能的控制手段，如目标成本法、作业成本法以及责任成本法等。

（五）成本核算

成本核算是根据成本核算对象，按照国家统一的会计制度和企业管理要求，对营运过程中实际发生的各种耗费按照规定的成本项目进行归集、分配和结转，取得不同成本核算对象的总成本和单位成本，向有关使用者提供成本信息的成本管理活动。

成本核算分为财务成本核算和管理成本核算。财务成本核算采用历史成本计量，而管理成本核算既可以用历史成本，又可以用现在成本或未来成本。成本核算的关键是核算方法的选择。财务成本核算方法包括品种法等基本方法和其他一些辅助方法，企业可以灵活选择；管理成本核算可以直接利用财务成本核算的结果，或者选择变动成本法、作业成本法等方法来单独核算。目前，两种核算模式所提供的相关信息与企业管理的需求差距都比较大。此外，成本核算的精度与企业发展战略相关，成本领先战略对成本核算精度的要求比差异化战略要高。

（六）成本分析

成本分析是成本管理的重要组成部分，是利用成本核算提供的成本信息及其他有关资料，分析成本水平与构成的变动情况，查明影响成本变动的各种因素和产生的原因，并采取有效措施控制成本的管理活动。通过成本分析，可以深入了解成本变动的规律，寻求成本降低的途径，为有关人员进行成本规划和经营决策提供参考依据。

成本分析的方法主要有对比分析法、连环替代法和相关分析法等。其中：对比分析法是对成本指标在不同时期（或不同情况）的数据进行对比来揭露矛盾，具体包括绝对数比较、增减数比较和指数比较三种形式；连环替代法是确定引起某经济指标变动的各个因素影响程度的一种方法，适用于几个相互联系的因素共同影响某一指标的情况；相关分析法主要利用数学方法对具有依存关系的各种指标进行相关分析，从而找出有关经济指标之间的规律性联系。

（七）成本考核

成本考核是对成本计划及其有关指标实际完成情况进行定期总结和评价，并根据考核结果和责任制的落实情况，进行相应奖励和惩罚，以监督和促进企业加强成本管理责任制，提高成本管理水平的成本管理活动。其目的在于改进原有的成本控制活动并激励约束员工和团体的成本行为，更好地履行经济责任，提高企业成本管理水平。成本考核的关键是评价指标体系的选择和评价结果与约束激励机制的衔接。考核指标可以是财务指标，也可以是非财务指标，例如，实施成本领先战略的企业应主要选用财务指标，而实施差异化战略的企业则大多选用非财务指标。

任务二　本量利分析与应用

一、本量利分析概述

利润是企业某一时期内经营成果的一个重要衡量指标，而企业利润的高低取决于成本和收入的多少，其中收入主要由售价和销售量来决定。企业想获得更多利润，必须尽可能地降低成本，提高售价，增加销售量，显而易见，成本、业务量和利润三者之间存在着密切关系。为了获得最大利润，必须客观分析这三者之间的内在规律，寻找三者之间的均衡点，为企业经营决策和目标控制提供有效的管理信息。

（一）本量利分析的含义

本量利分析，简称CVP分析（Cost - Volume - Profit Analysis），是指以成本性态分析和变动成本法为基础，运用数学模型和图式，对成本、利润、业务量与单价等因素之间的依存关系进行分析，发现变动的规律性，为企业进行预测、决策、计划和控制等活动提供支持的一种方法。其中，“本”是指成本，包括固定成本和变动成本；“量”是指业务量，一般指销售量；“利”一般指营业利润。本量利分析主要包括盈亏平衡分析、目标利润分析、敏感性分析、边际分析等内容。

（二）本量利分析的基本假设

在本量利分析中，成本、业务量和利润之间的数量关系是建立在一系列假设基础上的。这些假设一方面有助于建立简单数学模型来反映成本、业务量和利润之间的关系；另一方面也使得本量利分析方法在实际运用中具有一定的局限性。一般来说，本量利分析主要基于以下四个假设前提。

1. 总成本由固定成本和变动成本两部分组成

该假设要求企业所发生的全部成本可以按其性态区分为变动成本和固定成本，并且变动成本总额与业务量呈正比例变动，固定成本总额保持不变。在进行本量利分析时，最通常的是依据业务量来规划目标利润，因为影响利润的诸因素中，除业务量外，销售单价通常受市场供求关系的影响，而成本则是企业内部可以控制的因素。在相关范围内，固定成本总额和单位变动成本通常是与业务量大小无关的。因此，按成本性态划分成本是本量利分析的基本前提条件，否则，便无法判断成本的升降是由于业务量规模变动引起的还是由于成本水平本身升降引起的。

2. 销售收入与业务量呈完全线性关系

该假设要求销售收入必须随业务量的变化而变化，两者之间应保持完全线性关系。因此，当销售量在相关范围内变化时，产品的单价不会发生变化。而在现实中，销售收入是随着销售量的增长而增长的，但是随着销售量的进一步增长，销售收入的增长速度会放慢。这主要是因为扩大销售量，通常需要通过降价才能实现。

3. 产销平衡

假设当期产品的生产量与业务量相一致，不考虑存货变动对利润的影响。即假定每期生产的产品总量总是能在当期全部售出，产销平衡。假设产销平衡，主要是在盈亏平衡分析时不考虑存货的影响。因为盈亏平衡分析是一种短期决策，仅仅考虑特定时期全部成本的收回，而存货中包含了以前时期的成本，所以不在考虑范围之内。

4. 产品产销结构稳定

假设同时生产销售多种产品的企业，其销售产品的品种结构不变。即在一个生产与销售多种产品的企业，以价值形式表现的产品的产销总量发生变化时，原来各产品的产销额在全部产品的产销额中所占的比重不会发生变化。这是因为在产销多种产品的情况下，盈亏平衡点会受到多种产品贡献和产销结构的影响，只有在产销结构不变的基础上进行的盈亏平衡分析才是有效的。

（三）本量利分析的基本原理

本量利分析所考虑的相关因素主要包括销售量、单价、销售收入、单位变动成本、固定成本、营业利润等。这些因素之间的关系可以用下列基本公式来反映：

利润＝销售收入－总成本
＝销售收入－(变动成本＋固定成本)
＝销售量×单价－销售量×单位变动成本－固定成本
＝销售量×(单价－单位变动成本)－固定成本

这个公式是明确表达本量利之间数量关系的基本关系式，它含有五个相互联系的变量，给定其中四个变量，便可求出另外一个变量的值。本量利分析的基本原理就是在假设单价、单位变动成本和固定成本为常量以及产销一致的基础上，将利润、产销量分别作为因变量与自变量，给定产销量，便可以求出其利润，或者给定目标利润，计算出目标产量。

二、盈亏平衡分析

所谓盈亏平衡分析（也称保本分析），是指分析、测定盈亏平衡点，以及有关因素变动对盈亏平衡点的影响等，是本量利分析的核心内容。盈亏平衡分析的原理是，通过计算企业在利润为零时处于盈亏平衡点的业务量，分析项目对市场需求变化的适应能力等。当企业的业务量等于盈亏平衡点的业务量时，企业处于盈亏平衡状态；当企业的业务量高于盈亏平衡点的业务量时，企业处于盈利状态；当企业的业务量低于盈亏平衡点的业务量时，企业处于亏损状态。通常，盈亏平衡分析包括单一产品的盈亏平衡分析和产品组合的盈亏平衡分析。

（一）单一产品盈亏平衡分析

1. 盈亏平衡点

盈亏平衡分析的关键是盈亏平衡点的确定。盈亏平衡点（又称保本点），是指企业达到盈亏平衡状态的业务量或销售额，即企业一定时期的总收入等于总成本、利润为零时的业务量或销售额。

单一产品的盈亏平衡点有两种表现形式：一种是以实物量来表现，称为盈亏平衡点的业务量（也称保本销售量）；另一种是以货币单位表示，称为盈亏平衡点的销售额（也称保本销售额）。根据本量利分析基本关系式：

$$\text{利润}=\text{销售量}\times\text{单价}-\text{销售量}\times\text{单位变动成本}-\text{固定成本}$$

当利润为零时，求出的销售量就是盈亏平衡点的业务量，即：

$$\text{盈亏平衡点的业务量}=\frac{\text{固定成本}}{\text{单价}-\text{单位变动成本}}=\frac{\text{固定成本}}{\text{单位边际贡献}}$$

若用销售额来表示，则盈亏平衡点的销售额计算公式为：

$$\text{盈亏平衡点的销售额}=\text{盈亏平衡点的业务量}\times\text{单价}$$

或：

$$\text{盈亏平衡点的销售额}=\frac{\text{固定成本}}{1-\text{变动成本率}}$$

或：

$$\text{盈亏平衡点的销售额}=\frac{\text{固定成本}}{\text{边际贡献率}}$$

盈亏平衡分析的主要作用在于使企业管理者在经营活动发生之前，对该项经营活动的盈亏平衡情况做到心中有数。企业经营管理者总是希望企业的盈亏平衡点越低越好，盈亏平衡点越低，企业的经营风险就越小。从盈亏平衡点的计算公式可以看出，降低盈亏平衡点的途径主要有以下三个：

一是降低固定成本总额。在其他因素不变时，盈亏平衡点的降低幅度与固定成本的降低幅度相同。

二是降低单位变动成本。在其他因素不变时，可以通过降低单位变动成本来降低盈亏平衡点，但两者降低的幅度并不一致。

三是提高销售单价。在其他因素不变时，可以通过提高单价来降低盈亏平衡点，同降低单位变动成本一样，销售单价与盈亏平衡点的变动幅度也不一致。

【例 8-1】某企业销售甲产品，单价为 100 元/件，单位变动成本为 50 元，固定成本为 130000 元，要求计算甲产品的边际贡献率、盈亏平衡点的业务量及盈亏平衡点的销售额。

$$\text{边际贡献率}=\text{单位边际贡献}/\text{单价}\times100\%=(100-50)/100\times100\%=50\%$$

$$\text{盈亏平衡点的业务量}=\text{固定成本}/(\text{单价}-\text{单位变动成本})=130000/(100-50)=2600(\text{件})$$

$$\text{盈亏平衡点的销售额}=\text{固定成本}/\text{边际贡献率}=130000/50\%=260000(\text{元})$$

或：

$$\text{盈亏平衡点的销售额}=\text{盈亏平衡点的业务量}\times\text{单价}=2600\times100=260000(\text{元})$$

2. 盈亏平衡作业率

以盈亏平衡点为基础，还可以得到另一个辅助性指标，即盈亏平衡作业率，或称为保本作业率。盈亏平衡作业率是指盈亏平衡点的业务量（或销售额）占正常经营情况下的业务量（或销售额）的百分比，或者是盈亏平衡点的业务量（或销售额）占实际或预计业务量（或销售额）的百分比。其计算公式为：

$$盈亏平衡作业率=\frac{盈亏平衡点的业务量}{正常经营业务量(实际业务量或预计业务量)}\times 100\%$$

$$=\frac{盈亏平衡点的销售额}{正常经营销售额(实际销售额或预计销售额)}\times 100\%$$

由于企业通常应该按照正常的销售量来安排产品的生产，在合理库存的条件下，产品生产量与正常的销售量应该大体相同。所以，该指标也可以提供企业在盈亏平衡状态下对生产能力利用程度的要求。

【例 8－2】沿用【例 8－1】的资料及有关计算结果，并假定该企业正常经营条件下的销售量为 5000 件。要求：计算该企业的盈亏平衡作业率。

$$盈亏平衡作业率=2600/5000\times 100\%=52\%$$

或：　　盈亏平衡作业率＝260000/(5000×100)×100%＝52%

计算结果表明，该企业盈亏平衡作业率为 52%，即正常销售量的 52%用于盈亏平衡，也即企业的生产能力利用程度必须达到 52%，方可达到盈亏平衡。

（二）产品组合盈亏平衡分析

在市场经济环境下，企业可能有多种产品，大多数企业都同时进行着多种产品的生产和经营。由于各种产品的销售单价、单位变动成本、固定成本不一样，从而造成各种产品的边际贡献或边际贡献率不一致。因此，对多种产品进行盈亏平衡分析，在遵循单一产品的盈亏平衡分析的基础上，应根据不同情况采用相应的具体方法来确定。目前，进行多种产品盈亏平衡分析的方法包括加权平均法、联合单位法、分算法、顺序法、主要产品法等。

三、目标利润分析

盈亏平衡分析是假定企业在盈亏平衡、利润为零的状态下进行的本量利分析。虽然它有助于简化本量利分析的过程，了解企业最低生产条件以及评价企业经营的安全程度，并且为企业的经营决策提供有用的信息，但盈亏平衡并不是企业经营的最终目的。在竞争的市场经济中，企业经营的目的是利润最大化，在不断盈利中扩大自身规模，求生存空间、求发展机会。因此，企业不会注重利润为零的盈亏平衡分析，而是注重盈利条件下的本量利分析。

扫码查看
延伸内容

（一）目标利润分析基本原理

目标利润分析是在本量利分析方法的基础上，计算为达到目标利润所需达到的业务量、收入和成本的一种利润规划方法，该方法应反映市场的变化趋势、企业战略规划目标以及管理层需求等。如果企业在经营活动开始之前，根据有关收支状况确定了目标利润，就可以计算为实现目标利润而必须达到的销售数量和销售金额。计算公式为：

目标利润＝销售量×(单价－单位变动成本)－固定成本

实现目标利润销售量＝(固定成本＋目标利润)/(单价－单位变动成本)

实现目标利润销售额＝(固定成本＋目标利润)/边际贡献率

或：　　实现目标利润销售额＝实现目标利润销售量×单价

【例 8－3】某企业生产和销售单一产品，产品的单价为 50 元，单位变动成本为 25

元，固定成本为 50000 元。如果将目标利润定为 40000 元，则有：

实现目标利润的销售量=(50000+40000)/(50−25)=3600(件)

实现目标利润的销售额=(50000+40000)/50%=180000(元)

应该注意的是，目标利润销售量公式只能用于单种产品的目标利润管理；而目标利润销售额既可用于单种产品的目标利润管理，又可用于多种产品的目标利润管理。产品组合的目标利润分析通常采用以下方法。

在单一产品的目标利润分析基础上，依据分析结果进行优化调整，寻找最优的产品组合。基本分析公式如下：

实现目标利润的销售额=(综合目标利润+固定成本)/(1−综合变动成本率)

实现目标利润率的销售额=固定成本/(1−综合变动成本率−综合目标利润率)

企业在应用该工具方法进行优化产品产量结构的策略分析时，在既定的生产能力基础上，可以提高具有较高边际贡献率的产品的产量。

还应注意的是，上述公式中的目标利润一般是指息税前利润。其实，从税后利润来进行目标利润的规划和分析，更符合企业营运的需要。如果企业预测的目标利润是税后利润，则上述公式应作如下调整。

由于：税后利润=（息税前利润−利息）×（1−所得税税率）

因此，

$$实现目标利润的销售量=\frac{固定成本+\dfrac{税后目标利润}{1-所得税税率}+利息}{单位边际贡献}$$

$$实现目标利润的销售额=\frac{固定成本+\dfrac{税后目标利润}{1-所得税税率}+利息}{边际贡献率}$$

（二）实现目标利润的措施

目标利润是本量利分析的核心要素，它既是企业经营的动力和目标，也是本量利分析的中心。如果企业在经营中根据实际情况规划了目标利润，那么为了保证目标利润的实现，需要对其他因素作出相应调整。通常情况下企业要实现目标利润，在其他因素不变时，销售数量或销售价格应当提高，而固定成本或单位变动成本则应下降。

【例 8-4】沿用【例 8-3】的资料，现在假定该公司将目标利润定为 58000 元，问：从单个因素来看，影响目标利润的四个基本要素该做怎样的调整?

调整措施可选择如下方案中的任意一种：

（1）$实现目标利润的销售量=\dfrac{固定成本+目标利润}{单位边际贡献}$

$$=\frac{50000+58000}{50-25}=4320\text{（件）}$$

（2）$实现目标利润的单位变动成本=单价-\dfrac{固定成本+目标利润}{销售量}$

$$=50-\frac{50000+58000}{3600}=20\text{（元）}$$

（3）实现目标利润的固定成本=边际贡献−目标利润

$$=(50-25)\times3600-58000=32000\text{（元）}$$

（4）实现目标利润的单价＝单位变动成本＋$\dfrac{\text{固定成本}+\text{目标利润}}{\text{销售量}}$

$$=25+\frac{50000+58000}{3600}=55\text{（元）}$$

计算结果表明，该公司目标利润定为 58000 元，比原来的目标利润增加 18000 元。为确保现行目标利润的实现，从单个因素来看：销售数量应上升到 4320 件，比原来的销售数量增加 720 件；或单位变动成本下降到 20 元，比原来的单位变动成本降低 5 元；或固定成本应下降到 32000 元，比原来的固定成本降低 18000 元；或销售单价上升为 55 元，比原来的售价增加 5 元。

四、敏感性分析

在计算盈亏平衡点时，假定单价、固定成本、单位变动成本等诸多因素均不变动，但实际上，这种静态平衡不可能维持很久，这些因素也往往会发生变化，如价格波动、成本升降等。所谓利润敏感性分析，就是研究本量利分析中影响利润的诸因素发生微小变化时，对利润的影响方向和程度。

本量利分析的基本内容是确定企业的盈亏平衡点，并规划目标利润。因此，基于本量利分析的利润敏感性分析主要应解决两个问题：一是各因素的变化对最终利润变化的影响程度；二是当目标利润要求变化时允许各因素的升降幅度。

（一）各因素对利润的影响程度

各相关因素变化都会引起利润的变化，但其影响程度各不相同。如有些因素虽然只发生了较小的变动，却导致利润很大的变动，利润对这些因素的变化十分敏感，称这些因素为敏感因素。与此相反，有些因素虽然变动幅度很大，却有可能只对利润产生较小的影响，称之为不敏感因素。反映各因素对利润敏感程度的指标为利润的敏感系数，其计算公式为：

$$\text{敏感系数}=\frac{\text{利润变动百分比}}{\text{因素变动百分比}}$$

（二）目标利润要求变化时允许各因素的升降幅度

当目标利润有所变化时，只有通过调整各因素现有水平才能达到目标利润变动的要求。因此，对各因素允许升降幅度的分析，实质上是各因素对利润影响程度分析的反向推算，在计算上表现为敏感系数的倒数。

五、边际分析

（一）边际贡献分析

边际贡献，又称为边际利润、贡献毛益等。边际贡献分析，是指通过分析销售收入减去变动成本总额之后的差额，衡量产品为企业贡献利润的能力。边际贡献分析主要包括边际贡献和边际贡献率两个指标。边际贡献总额是产品的销售收入扣除变动成本总额后给企业带来的贡献，进一步扣除企业的固定成本总额后，剩余部分就是企业的利润，相关计算公式如下：

$$
\begin{aligned}
\text{边际贡献总额} &= \text{销售收入} - \text{变动成本总额} \\
&= \text{销售量} \times \text{单位边际贡献} \\
&= \text{销售收入} \times \text{边际贡献率}
\end{aligned}
$$

$$
\begin{aligned}
\text{单位边际贡献} &= \text{单价} - \text{单位变动成本} \\
&= \text{单价} \times \text{边际贡献率}
\end{aligned}
$$

边际贡献率，是指边际贡献在销售收入中所占的百分比，表示每 1 元销售收入中边际贡献所占的比重。

$$
\begin{aligned}
\text{边际贡献率} &= \frac{\text{边际贡献总额}}{\text{销售收入}} \times 100\% \\
&= \frac{\text{单位边际贡献}}{\text{单价}} \times 100\%
\end{aligned}
$$

另外，还可以根据变动成本率计算边际贡献率：

$$
\text{变动成本率} = \frac{\text{变动成本总额}}{\text{销售收入}} \times 100\%
$$

$$
\text{边际贡献率} = 1 - \text{变动成本率}
$$

根据本量利基本关系，利润、边际贡献及固定成本之间的关系可以表示为：

$$
\begin{aligned}
\text{利润} &= \text{边际贡献} - \text{固定成本} \\
&= \text{销售量} \times \text{单位边际贡献} - \text{固定成本} \\
&= \text{销售收入} \times \text{边际贡献率} - \text{固定成本}
\end{aligned}
$$

从上述公式可以看出，企业的边际贡献与营业利润有着密切的关系：边际贡献首先用于补偿企业的固定成本，只有当边际贡献大于固定成本时才能为企业提供利润，否则企业将亏损。

【例 8－5】某企业生产甲产品，售价为 60 元/件，单位变动成本 24 元，固定成本总额 100000 元，当年产销量 20000 件。试计算单位边际贡献、边际贡献总额、边际贡献率及利润。

$$
\text{单位边际贡献} = \text{单价} - \text{单位变动成本} = 60 - 24 = 36(\text{元})
$$

$$
\text{边际贡献总额} = \text{产销量} \times \text{单位边际贡献} = 20000 \times 36 = 720000(\text{元})
$$

$$
\text{边际贡献率} = 36/60 \times 100\% = 60\%
$$

或：

$$
\text{边际贡献率} = 720000/(20000 \times 60) \times 100\% = 60\%
$$

$$
\text{利润} = 720000 - 100000 = 620000(\text{元})
$$

（二）安全边际分析

盈亏平衡点是企业经营成果允许下降的下限，作为经营者，总是希望企业在盈亏平衡的基础上获取更多利润。在企业经营活动开始前，根据企业的具体条件，通过分析制订出实现目标利润的销售量（销售额），形成安全边际。安全边际是指实际销售量（销售额）或预期销售量（销售额）超过盈亏平衡点销售量（销售额）的差额，体现企业营运的安全程度。它表明销售量、销售额下降多少，企业仍不至于亏损。

安全边际分析是指通过分析正常销售量（销售额）超过盈亏平衡点销售量（销售

额）的差额，衡量企业在盈亏平衡的前提下，能够承受因销售量（销售额）下降带来的不利影响的程度和企业抵御营运风险的能力。安全边际分析主要包括安全边际和安全边际率两个指标。有关公式如下：

安全边际＝实际销售量（销售额）或预期销售量（销售额）－盈亏平衡点的销售量（销售额）

安全边际率是指安全边际与实际销售量（销售额）或预期销售量（销售额）的比值，公式如下：

$$安全边际率=\frac{安全边际}{实际销售量（销售额）或预期销售量（销售额）}\times100\%$$

安全边际主要用于衡量企业承受营运风险的能力，尤其是销售量（销售额）下降时承受风险的能力，也可以用于盈利预测。一般来讲，安全边际体现了企业在营运中的风险程度大小。由于盈亏平衡点是下限，所以，预期销售量（销售额）或实际销售量（销售额）与盈亏平衡点的销售量（销售额）差距越大，安全边际或安全边际率的数值越大，企业发生亏损的可能性越小，抵御营运风险的能力越强，盈利能力越大；反之则相反。

通常采用安全边际率这一指标来评价企业经营是否安全。表 8－1 为安全边际率与评价企业经营安全程度的一般性标准，该标准可以作为企业评价经营安全与否的参考。

表 8－1　西方国家企业经营安全程度评价标准

安全边际率	40%以上	30%～40%	20%～30%	10%～20%	10%以下
经营安全程度	很安全	安全	较安全	值得注意	危险

【例 8－6】沿用【例 8－2】的资料，计算甲产品的安全边际及安全边际率。

安全边际量＝实际销售量－盈亏平衡点的销售量＝5000－2600＝2400（件）

安全边际额＝实际销售额－盈亏平衡点的销售额＝5000×100－260000＝240000（元）

安全边际率＝安全边际量/实际或预期销售量×100%＝2400/5000×100%＝48%

或：　安全边际率＝安全边际额/实际或预期销售额×100%

＝240000/（5000×100）×100%＝48%

（三）盈亏平衡作业率与安全边际率的关系

盈亏平衡点的销售量＋安全边际量＝实际销售量

上述公式两端同时除以销售量，便得到：

盈亏平衡作业率＋安全边际率＝1

只有安全边际才能为企业提供利润，而盈亏平衡点的销售额扣除变动成本后只为企业收回固定成本。安全边际销售额减去其自身变动成本后成为企业利润，即安全边际中的边际贡献等于企业利润。这个结论可以通过下式推出：

利润＝边际贡献－固定成本

＝销售收入×边际贡献率－盈亏平衡点的销售额×边际贡献率

所以：

利润＝安全边际额×边际贡献率

若将上式两端同时除以销售收入，便得到：

$$销售利润率=安全边际率\times边际贡献率$$

从上述关系式可以看出，要提高企业的销售利润率水平主要有两种途径：一是扩大现有销售水平，提高安全边际率；二是降低变动成本水平，提高边际贡献率。

六、本量利分析在经营决策中的应用

扫码查看
延伸内容

本量利分析在经营决策中得到大量的应用。它可以根据各个备选方案的成本、业务量与利润三者之间的相互依存关系，在特定情况下确定最优决策方案。

任务三　标准成本控制与分析

一、标准成本控制与分析的相关概念

（一）标准成本及其分类

标准成本是指在正常的生产技术水平和有效的经营管理条件下，企业经过努力应达到的产品成本水平。企业在确定标准成本时，可以根据自身的技术条件和经营水平，在以下类型中进行选择。

一是理想标准成本，这是一种理论标准，它是指在现有条件下所能达到的最优成本水平，即在生产过程无浪费、机器无故障、人员无闲置、产品无废品等假设条件下制定的成本标准。

二是正常标准成本，是指在正常情况下，企业经过努力可以达到的成本标准，这一标准考虑了生产过程中不可避免的损失、故障、偏差等。

通常来说，理想标准成本小于正常标准成本。由于理想标准成本要求异常严格，一般很难达到，而正常标准成本具有客观性、现实性、激励性等特点，所以，正常标准成本在实践中得到广泛应用。

标准成本法是指企业以预先制定的标准成本为基础，通过比较标准成本与实际成本，核算和分析成本差异、揭示成本差异动因、实施成本控制、评价成本管理业绩的一种成本管理方法。

企业应用标准成本法的主要目标是通过标准成本与实际成本的比较，揭示与分析标准成本与实际成本之间的差异，并按照例外管理的原则，对不利差异予以纠正，以提高工作效率，不断改善产品成本。

（二）标准成本控制与分析

标准成本控制与分析，又称标准成本管理，是以标准成本为基础，将实际成本与标准成本进行对比，揭示成本差异形成的原因和责任，进而采取措施，对成本进行有效控制的管理方法。标准成本法的流程一般应包括如下五个步骤，即确定应用对象、制定标准成本、实施过程控制、成本差异计算与动因分析以及标准成本的修订与改进。

二、标准成本的制定

制定标准成本时，企业需要设立由采购、生产、技术、营销、财务、人事、信息等有关部门组成的跨部门临时性组织，采用“自上而下，自下而上”的模式，经由企业管理层审批后，制定出产品的标准成本。在制定标准成本时，企业一般应结合经验数据、行业标杆或实地测算的结果，运用统计分析、工程试验等方法，首先，就不同的成本或费用项目，分别确定消耗量标准和价格标准；其次，确定每一成本或费用项目的标准成本；最后，汇总不同成本项目的标准成本，确定产品的标准成本。

扫码查看延伸内容

产品标准成本通常由直接材料标准成本、直接人工标准成本和制造费用标准成本构成。每一成本项目的标准成本应分为用量标准（包括单位产品消耗量、单位产品人工小时等）和价格标准（包括原材料单价、小时工资率、小时制造费用分配率等）。

产品的标准成本＝直接材料标准成本＋直接人工标准成本＋制造费用标准成本

任务四　作业成本与责任成本

一、作业成本

（一）作业成本法的相关概念

作业成本法不仅是一种成本计算方法，更是成本计算与成本管理的有机结合。作业成本法以“作业消耗资源、产出消耗作业”为原则，按照资源动因将资源费用追溯或分配至各项作业，计算出作业成本，然后再根据作业动因，将作业成本追溯或分配至各成本对象，最终完成成本计算的过程。企业每完成一项作业活动，就有一定的资源被消耗，同时通过一定量的产出转移到下一作业，如此逐一进行，直至最终形成产品。因此，作业成本法基于资源耗用的因果关系进行成本分配：根据作业活动耗用资源的情况，将资源耗费分配给作业；再依照成本对象消耗作业的情况，把作业成本分配给成本对象。

在作业成本法下，成本分配时，首先根据作业中心的资源耗费情况，将资源耗费的成本分配到作业中心去，然后再将分配到作业中心的成本，依据作业活动的数量分配到各成本对象上去。要正确理解作业成本法，需要明确以下几个概念。

1. 资源费用

资源费用是指企业在一定期间内开展经济活动所发生的各项资源耗费。资源费用既包括各种房屋及建筑物、设备、材料、商品等各种有形资源的耗费，也包括信息、知识产权、土地使用权等各种无形资源的耗费，还包括人力资源耗费以及其他各种税费支出等。

2. 作业

作业是指企业基于特定目的重复执行的任务或活动，是连接资源和成本对象的桥梁。一项作业既可以是一项非常具体的任务或活动，也可以泛指一类任务或活动。作业贯穿产品生产经营的全过程，从产品设计、原材料采购、生产加工，直至产品的发运销售。在这一过程中，每个环节、每道工序都可以视为一项作业。按消耗对象不同，作业可分为主要作业和次要作业。主要作业是指被产品、服务或顾客等最终成本对象消耗的作业。次要作业是被原材料、主要作业等介于中间地位的成本对象消耗的作业。

3. 成本对象

成本对象是指企业追溯或分配资源费用、计算成本的对象物。成本对象可以是工艺、流程、零部件、产品、服务、分销渠道、客户、作业、作业链等需要计量和分配成本的项目。

4. 成本动因

成本动因也称成本驱动因素，是指诱导成本发生的原因，是成本对象与其直接关联的作业和最终关联的资源之间的中介。按其在资源流动中所处的位置和作用，成本动因可分为资源动因和作业动因。资源动因是引起作业成本变动的驱动因素，反映作业量与耗费之间的因果关系。资源动因被用来计量各项作业对资源的耗用，根据资源动因可以将资源成本分配给各有关作业。按照作业成本计算法，作业量的多少决定着资源的耗用量，但资源耗用量的高低与最终的产品数量没有直接关系。

作业动因是引起产品成本变动的驱动因素，反映产品产量与作业成本之间的因果关系。作业动因计量各种产品对作业耗用的情况，并被用来作为作业成本的分配基础，是沟通资源消耗与最终产出的中介。例如，材料搬运作业的衡量标准是搬运的零件数量，生产调度作业的衡量标准是生产订单数量，加工作业的衡量标准是直接人工工时，自动化设备作业的衡量标准是机器作业小时数等。

5. 作业中心

作业中心又称成本库，是指构成一个业务过程的相互联系的作业集合，用来汇集业务过程及其产出的成本。换言之，按照统一的作业动因，将各种资源耗费项目归结在一起，便形成了作业中心。作业中心有助于企业更清晰地分析一组相关的作业，以便进行作业管理以及企业组织机构和责任中心的设计与考核。

（二）作业成本法的计算

作业成本法的具体步骤分为八步，具体详见右侧二维码内容。

扫码查看
延伸内容

（三）作业成本管理

作业成本管理是基于作业成本法，以提高客户价值、增加企业利润为目的一种新型管理方法。它通过对作业及作业成本的确认、计量，最终计算产品成本，同时将成本计算深入到作业层次，对企业所有作业活动进行追踪并动态反映。此外还要进行成本链分析，包括动因分析、作业分析等，从而为企业决策提供准确的信息，指导企业有效地执行必要的作业，消除和精简不能创造价值的作业，以达到降低成本、提高效率的目的。作业成本管理是一种符合战略管理思想要求的现代成本计算和管理模式。它既是精确的成本计算系统，也是改进业绩的工具。作业成本管理包含两个维度的含义：成本分配观和流程观，如图 8－1 所示。

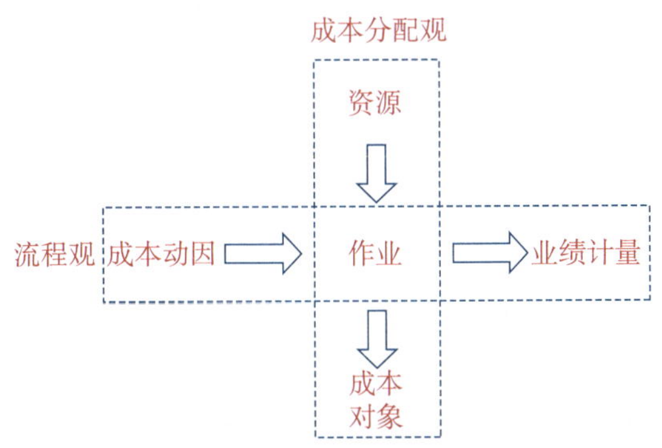

图 8-1　作业成本管理结构

图 8-1 中垂直部分反映了成本分配观，它说明成本对象引起作业需求，而作业需求又引起资源的需求。因此，成本分配是从资源到作业，再从作业到成本对象，而这一流程正是作业成本计算的核心。

图 8-1 中水平部分反映了流程观，它为企业提供引起作业的原因（成本动因）以及作业完成情况（业绩计量）的信息。流程观关注的是确认作业成本的根源、评价已经完成的工作和已实现的结果。企业利用这些信息，可以改进作业链，提高从外部顾客获得的价值。

流程价值分析关心的是作业的责任，包括成本动因分析、作业分析和业绩考核三个部分。其基本思想是，以作业来识别资源，将作业分为增值作业和非增值作业，并把作业和流程联系起来，确认流程的成本动因，计量流程的业绩，从而促进流程的持续改进。

二、责任成本

（一）责任成本管理的含义

责任成本管理是指将企业内部划分成不同的责任中心，明确责任成本，并根据各责任中心的权、责、利关系来考核其工作业绩的一种成本管理模式。其中，责任中心也叫责任单位，是指企业内部具有一定权力并承担相应工作责任的部门或管理层次。责任成本管理的流程如图 8-2 所示。

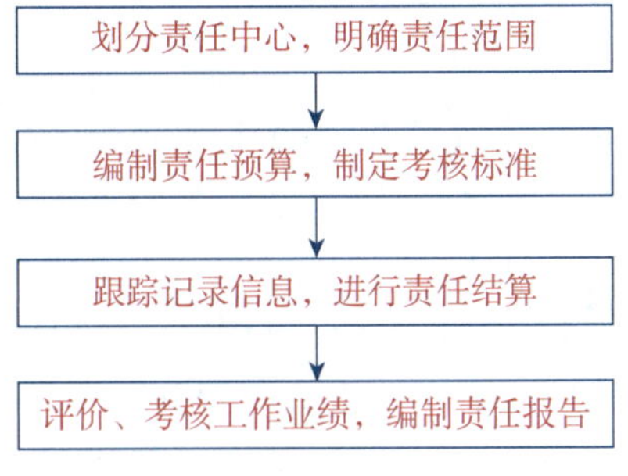

图 8-2　责任成本管理流程

（二）责任中心及其考核

责任中心，是指企业内部独立提供产品（或服务）、资金等的责任主体。按照企业内部责任中心的权责范围以及业务活动的不同特点，责任中心一般可以划分为成本中心、利润中心和投资中心三类。每一类责任中心均对应着不同的决策权力及不同的业绩评价指标。

1. 成本中心

成本中心是指有权发生并控制成本的单位。成本中心一般不会产生收入，通常只计量考核发生的成本。成本中心是责任中心中应用最为广泛的一种形式，只要是对成本的发生负有责任的单位或个人都可以成为成本中心。例如，负责生产产品的车间、工段、班组等生产部门或确定费用标准的管理部门等。成本中心具有以下特点：

（1）成本中心不考核收入，只考核成本。一般情况下，成本中心不能形成真正意义上的收入，故只需衡量投入，而不衡量产出，这是成本中心的首要特点。

（2）成本中心只对可控成本负责，不负责不可控成本。可控成本是指成本中心可以控制的各种耗费，它应具备三个条件：第一，该成本的发生是成本中心可以预见的；第二，该成本是成本中心可以计量的；第三，该成本是成本中心可以调节和控制的。

凡不符合上述三个条件的成本都是不可控成本。可控成本和不可控成本的划分是相对的。它们与成本中心所处的管理层级别、管理权限与控制范围大小有关。对于一个独立企业而言，几乎所有的成本都是可控的。

（3）责任成本是成本中心考核和控制的主要内容。成本中心当期发生的所有可控成本之和就是其责任成本。

成本中心考核和控制主要使用的指标包括预算成本节约额和预算成本节约率。计算公式为：

预算成本节约额＝实际产量预算责任成本－实际责任成本

预算成本节约率＝预算成本节约额/实际产量预算责任成本×100%

【例 8－7】某企业内部某车间为成本中心，生产甲产品，预算产量 3500 件，单位预算成本 150 元，实际产量 4000 件，单位实际成本 145.5 元，那么，该成本中心的考核指标为：

预算成本节约额＝4000×150－4000×145.5＝18000(元)

预算成本节约率＝18000/(150×4000)×100%＝3%

结果表明，该成本中心的成本节约额为 18000 元，节约率为 3%。

2. 利润中心

利润中心是指既能控制成本，又能控制收入和利润的责任单位。它不但有成本发生，而且还有收入发生。因此，它要同时对成本、收入以及收入和成本的差额即利润负责。利润中心有两种形式：一是自然利润中心，它是自然形成的，直接对外提供劳务或销售产品以取得收入的责任中心；二是人为利润中心，它是人为设定的，通过企业内部各责任中心之间使用内部结算价格结算半成品内部销售收入的责任中心。利润中心往往处于企业内部的较高层次，如分店或分厂等。利润中心与成本中心相比，其权利和责任都相对较大，它不仅要降低绝对成本，更要寻求收入的增长使之超过成本的增长，即更要强调相对成本的降低。

在通常情况下，利润中心采用利润作为业绩考核指标，分为边际贡献、可控边际贡献和部门边际贡献。相关公式为：

边际贡献＝销售收入总额－变动成本总额

可控边际贡献＝边际贡献－该中心负责人可控固定成本

部门边际贡献＝可控边际贡献－该中心负责人不可控固定成本

其中，边际贡献是将收入减去随生产能力的使用而变化的成本，反映了该利润中心的盈利能力，但它对业绩评价没有太大的作用。

可控边际贡献也称部门经理边际贡献，它衡量了部门经理有效运用其控制下的资源的能力，是评价利润中心管理者业绩的理想指标。但是，该指标有一个很大的局限，难以区分可控和不可控的与生产能力相关的成本。如果该中心有权处置固定资产，那么相关的折旧费是可控成本；反之，相关的折旧费用就是不可控成本。可控边际贡献忽略了应追溯但又不可控的生产能力成本，不能全面反映该利润中心对整个公司所做的经济贡献。

部门边际贡献，又称部门毛利，它扣除了利润中心管理者不可控的间接成本，因为对于公司最高层来说，所有成本都是可控的。部门边际贡献反映了部门为企业利润和弥补与生产能力有关的成本所做的贡献，它更多地用于评价部门业绩而不是利润中心管理者的业绩。

【例 8－8】某企业内部乙车间是人为利润中心，本期实现内部销售收入 200 万元，变动成本为 120 万元，该中心负责人可控固定成本为 20 万元，不可控但应由该中心负担的固定成本为 10 万元。那么，该利润中心的考核指标为：

边际贡献＝200－120＝80（万元）

可控边际贡献＝80－20＝60（万元）

部门边际贡献＝60－10＝50（万元）

3. 投资中心

投资中心是指既能控制成本、收入和利润，又能对投入的资金进行控制的责任中心，如事业部、子公司等。其经理所拥有的自主权不仅包括制定价格、确定产品和生产方法等短期经营决策权，而且还包括投资规模和投资类型等投资决策权。投资中心是最高层次的责任中心，它拥有最大的决策权，也承担最大的责任。利润中心和投资中心的区别在于，利润中心没有投资决策权，而且在考核利润时也不考虑所占用的资产。

对投资中心的业绩进行评价时，不仅要使用利润指标，还需要计算、分析利润与投资的关系，主要有投资收益率和剩余收益等指标。

（1）投资收益率。

投资收益率是投资中心获得的利润与投资额的比率，其计算公式为：

投资收益率＝息税前利润/平均经营资产

平均经营资产＝（期初经营资产＋期末经营资产）/2

其中，息税前利润是指扣减利息和所得税之前的利润。由于利润是整个期间内实现并累积形成的，属于期间指标，而经营资产属于时点指标，故取其平均数。

投资收益率主要说明了投资中心运用公司的每单位资产对公司整体利润贡献的大

小。它根据现有的会计资料计算，比较客观，可用于部门之间，以及不同行业之间的比较。因此，不仅可以促使经理人员关注经营资产运用效率，而且，尤为重要的是，它有利于资产存量的调整，优化资源配置。然而，过于关注投资利润率也会引起短期行为的产生，追求局部利益最大化而损害整体利益最大化目标，导致经理人员为眼前利益而牺牲长远利益。

（2）剩余收益。

剩余收益是指投资中心的经营收益扣减经营资产按要求的最低投资收益率计算的收益额之后的余额。其计算公式为：

剩余收益＝息税前利润－(平均经营资产×最低投资收益率)

其中，最低投资收益率是根据资本成本来确定的，一般等于或大于资本成本，通常可以采用企业整体的最低期望投资收益率，也可以是企业为该投资中心单独规定的最低投资收益率。

剩余收益指标弥补了投资收益率指标会使局部利益与整体利益相冲突这一不足之处，但由于其是一个绝对指标，故而难以在不同规模的投资中心之间进行业绩比较。另外，剩余收益同样仅反映当期业绩，单纯使用这一指标也会导致投资中心管理者的短视行为。

【例 8－9】某公司的投资收益率如表 8－2 所示。

表 8－2　某公司的投资情况

投资中心	利润（万元）	投资额（万元）	投资收益率（%）
A	280	2000	14
B	80	1000	8
全公司	360	3000	12

假定 A 投资中心面临一个投资额为 1000 万元的投资机会，可获利润 131 万元，投资收益率为 13.1%，假定公司整体的预期最低投资收益率为 12%。

要求：评价 A 投资中心的这个投资机会。

解答：若 A 投资中心接受该投资，则 A、B 投资中心的相关数据计算如表 8－3 所示。

表 8－3　某公司的投资情况

投资中心	利润（万元）	投资额（万元）	投资收益率（%）
A	280＋131＝411	2000＋1000＝3000	13.7
B	80	1000	8
全公司	491	4000	12.275

（1）用投资收益率指标衡量业绩。就全公司而言，接受投资后，投资收益率增加了 0.275%，应接受这项投资。然而，由于 A 投资中心的投资收益率下降了 0.3%，该投资中心可能不会接受这一投资。

（2）用剩余收益指标来衡量业绩。

A 投资中心接受新投资前的剩余收益＝280－2000×12%＝40(万元)

A 投资中心接受新投资后的剩余收益＝411－3000×12%＝51(万元)

以剩余收益作为评价指标，实际上是分析该项投资是否给投资中心带来了更多的超额收入，所以如果用剩余收益指标来衡量投资中心的业绩，投资后剩余收益增加了 11 万元，则 A 投资中心应该接受这项投资。

（三）内部转移价格的制定

内部转移定价是企业内部转移价格的制定和应用方法。内部转移价格，是指企业内部分公司、分厂、车间、分部等责任中心之间相互提供产品（或服务）、资金等内部交易时所采用的计价标准。内部转移价格直接关系到不同责任中心的获利水平，其制定可以有效地防止成本转移引起的责任中心之间的责任转嫁，使每个责任中心都能够作为单独的组织单位进行业绩评价，并且可以作为一种价格信号引导下级采取正确决策，保证局部利益与整体利益的一致。

企业绩效管理委员会或类似机构应根据各责任中心的性质和业务特点，分别确定适当的内部转移定价形式。内部转移定价通常分为价格型、成本型和协商型三种。

1. 价格型

价格型内部转移定价，是指以市场价格为基础制定的、由成本和毛利构成内部转移价格的方法，一般适用于内部利润中心。责任中心所提供的产品（或服务）经常外销且外销比例较大的，或所提供的产品（或服务）有外部活跃市场可靠报价的，可以外销价或活跃市场报价作为内部转移价格。

责任中心一般不对外销售且外部市场没有可靠报价的产品（或服务），或企业管理层和有关各方认为不需要频繁变动价格的，可以参照外部市场价或预测价制定模拟市场价作为内部转移价格。没有外部市场但企业出于管理需要设置为模拟利润中心的责任中心，可以在生产成本基础上加一定比例毛利作为内部转移价格。

2. 成本型

成本型内部转移定价，是指以标准成本等相对稳定的成本数据为基础，制定内部转移价格的方法，一般适用于内部成本中心。采用以成本为基础的转移定价是指所有的内部交易均以某种形式的成本价格进行结算，它适用于内部转移的产品或劳务没有市价的情况，包括完全成本、完全成本加成、变动成本以及变动成本加固定制造费用四种形式。以成本为基础的转移定价方法具有简便、客观的特点，但存在信息和激励方面的问题。金融企业内部转移资金，应综合考虑产品现金流及重定价特点、信息技术手段及管理需求等因素，分析外部金融市场环境，选择适当的资金转移定价和收益率曲线，获取收益率曲线中特定期限的利率，确定资金转移价格。资金转移定价主要包括指定利率法、原始期限匹配法、重定价期限匹配法、现金流匹配定价法等。

3. 协商型

协商型内部转移定价，是指企业内部供求双方为使双方利益相对均衡，通过协商机制制定内部转移价格的方法，主要适用于分权程度较高的情形。协商价的取值范围通常较宽，一般不高于市场价，不低于变动成本。即内部责任中心之间以正常的市场价格为基础，并建立定期协商机制，共同确定双方都能接受的价格作为计价标准。采用该价格的前提是中间产品存在非完全竞争的外部市场，在该市场内双方有权决定是否买卖这种产品。协商价格的上限是市场价格，下限则是单位变动成本。当双方协商陷入僵持时，会导致公司高层的干预。

企业应及时对内部转移定价形成的结果进行汇总分析，作为考核责任中心绩效的依据；同时，应监测内部转移定价体系运行情况，协调、裁决交易中的争议，保障内部转移定价体系运转顺畅。此外，企业应定期开展内部转移定价应用评价工作，根据内外部环境变化及时修订、调整定价策略。

业绩股票激励模式只对公司的业绩目标进行考核，不要求股价的上涨，因此比较适合业绩稳定型的上市公司及其集团公司、子公司。

项目小结

◇ 本量利分析，它是在成本性态分析和变动成本计算模式的基础上，通过研究企业在一定期间内的成本、业务量和利润三者之间的内在联系，揭示变量之间的内在规律性，为企业预测、决策、规划和业绩考评提供必要的财务信息的一种定量分析方法。

◇ 盈亏平衡分析是本量利分析的一项基本内容，盈亏平衡点（保本点）是指企业收入和成本相等的经营状态，即边际贡献等于固定成本时企业所处的既不盈利又不亏损的状态。通常用一定的业务量来表示这种状态。

◇ 标准成本是指通过调查分析、运用技术测定等方法制定的，在有效经营条件下所能达到的目标成本。标准成本就是一种预期，不按照实际的发生额来制定。标准成本是作为控制成本开支，考核评价实际成本，衡量工作效率和尺度的一种目标成本。

◇ 直接材料的标准成本，是由材料的用量标准和价格标准来确定的。直接人工的标准成本，是由直接人工用量和直接人工的价格两项标准决定的。制造费用的标准成本，是由制造费用用量标准和制造费用价格标准两项因素决定的。由于产品的标准成本是一种目标成本，生产过程发生的实际成本可能因各种原因与标准成本不相符，因此二者的差额就是标准成本差异。要查明差异形成的原因和责任者，从而为及时采取有效措施，发展有利差异、消除不利差异提供重要信息。

◇ 从标准成本的制定过程可以看出，任何一项费用的标准成本都是由用量标准和价格标准两个因素决定的。因此，差异分析就应该从这两个方面进行。

技能训练

一、单项选择题

1. 下列关于本量利分析基本假设的表述中，不正确的是（　　）。

A. 产销平衡

B. 产品产销结构稳定

C. 销售收入与业务量呈完全线性关系

D. 总成本由营业成本和期间费用两部分组成

2. 下列各项中不属于成本管理原则的是（　　）。

A. 及时性原则　　B. 成本效益原则

C. 重要性原则　　D. 融合性原则

3. 某企业每月固定制造费用20000元，固定销售费用5000元，固定管理费用50000元。单位变动制造成本50元，单位变动销售费用9元，单位变动管理费用1元。该企业生产一种产品，单价100元，所得税税率为25%，如果保证本年不亏损，则至少应销售（　　）件产品。

A. 22500　　B. 1875

C. 7500　　D. 3750

4. 关于内部转移价格，下列说法不正确的是（　　）。

A. 价格型内部转移定价一般适用于内部利润中心

B. 成本型内部转移定价一般适用于内部成本中心

C. 协商价格的下限是单位变动成本

D. 公司高层不会参与协商型内部转移定价

5. 关于边际贡献式本量利分析图，下列说法中不正确的是（　　）。

A. 边际贡献在弥补固定成本后形成利润

B. 此图的主要优点是可以表示边际贡献的数值

C. 边际贡献随销量增加而减少

D. 当边际贡献超过固定成本后企业进入盈利状态

6. 某企业生产单一产品，年销售收入为100万元，变动成本总额为60万元，固定成本总额为16万元，则该产品的边际贡献率为（　　）。

A. 76%　　B. 60%

C. 24%　　D. 40%

7. 下列计算息税前利润的公式中，不正确的是（　　）。

A. 销售量×（单价－单位变动成本）－固定成本

B. 销售收入×单位边际贡献－固定成本

C. 边际贡献－固定成本

D. 销售收入×（1－变动成本率）－固定成本

8. 下列关于敏感系数的说法中，不正确的是（　　）。

A. 敏感系数＝目标值变动百分比/参量值变动百分比

B. 敏感系数越小，说明利润对该参数的变化越不敏感

C. 敏感系数绝对值越大，说明利润对该参数的变化越敏感

D. 敏感系数为负值，表明因素的变动方向和目标值的变动方向相反

9. 在作业成本法下，引起作业成本变动的驱动因素称为（　　）。

A. 资源动因　　B. 作业动因

C. 数量动因　　D. 产品动因

10. 下列成本差异中，应该由劳动人事部门承担责任的是（　　）。

A. 直接材料价格差异　　B. 直接人工工资率差异

C. 直接人工效率差异
D. 变动制造费用效率差异

二、多项选择题

1. 下列针对有关目标利润的计算公式的说法中，不正确的有（　　）。

A. 目标利润销售量公式只能用于单种产品的目标利润管理

B. 目标利润销售额只能用于多种产品的目标利润管理

C. 公式中的目标利润一般是指息前税后利润

D. 如果预测的目标利润是税后利润，需要对公式进行相应的调整

2. 可以提高销售利润率的措施包括（　　）。

A. 提高安全边际率
B. 提高边际贡献率

C. 降低变动成本率
D. 降低盈亏平衡作业率

3. 某企业生产 A 产品，月标准总工时为 14400 小时，单位产品工时标准为 1.2 小时/件，标准变动制造费用总额为 21600 元，标准固定制造费用总额为 187200 元，下列相关计算中，正确的有（　　）。

A. 变动制造费用标准分配率为 1.5 元/小时

B. 变动制造费用标准成本为 1.8 元/件

C. 固定制造费用标准分配率为 13 元/时

D. 固定制造费用标准成本 14.4 元/件

4. 直接材料标准成本，是指直接用于产品生产的材料标准成本，包括（　　）。

A. 标准单价
B. 标准工时

C. 标准用量
D. 以上都正确

5. 以成本为基础的转移定价中，成本的形式包括（　　）。

A. 完全成本
B. 完全成本加成

C. 变动成本
D. 变动成本加固定制造费用

6. 下列各项中，属于成本管理的意义的有（　　）。

A. 降低成本，为企业扩大再生产创造条件

B. 增加企业利润，提高企业经济效益

C. 增强企业的竞争能力

D. 增强企业的抗风险能力

7. 下列各项中，属于正常标准成本特点的有（　　）。

A. 客观性
B. 现实性

C. 激励性
D. 一致性

8. 下列各项作业中，属于品种级作业的有（　　）。

A. 设备调试
B. 现有产品质量与功能改进

C. 产品检验
D. 新产品设计

9. 成本分析的方法主要包括（　　）。

A. 对比分析法
B. 连环替代法

C. 相关分析法
D. 综合分析法

10. 下列变动成本差异中，可以从生产过程分析中找出原因的有（　　）。

A. 直接人工效率差异　　B. 变动制造费用耗费差异

C. 变动制造费用效率差异　　D. 直接材料价格差异

三、判断题

1. 本量利分析与风险分析相结合，可以为企业提供降低经营风险、财务风险的方法和手段，以保证企业实现既定目标。（　　）

2. 在主要产品法下，可以选择一种或两种最主要的产品进行本量利分析。（　　）

3. 在利润敏感性分析中，对各因素允许升降幅度的分析，在计算上表现为敏感系数的倒数。（　　）

4. 分算法在品种较多时较为简单，而且在选择分配固定成本的标准时不容易出现问题，因此受到基层管理部门的重视与欢迎。（　　）

5. 直接材料的耗用量差异是生产部门导致的。（　　）

6. 在顺序法下，确定固定成本的补偿顺序是固定的。（　　）

7. 差异化战略中，成本管理的总体目标是在保证实现产品、服务等方面差异化的前提下，对产品全生命周期成本进行管理，实现成本的绝对降低。（　　）

8. 在制定标准成本时，一般要考虑价格标准、效率标准和用量标准。（　　）

四、计算分析题

1. 某企业生产甲、乙、丙三种产品，固定成本为600000元，有关资料如表8-4所示：

表8-4　　三种产品有关资料　　单位：元

产品	单价	单位变动成本	销售量（件）
甲	20	8	60000
乙	30	18	40000
丙	40	20	20000

（1）计算各产品的边际贡献。

（2）假设固定成本按边际贡献的比重分配，请用分算法求出各产品的盈亏平衡销售量和盈亏平衡销售额。

2. 甲企业生产A产品，A产品变动制造费用标准成本相关资料如表8-5所示：

表8-5　　A产品变动制造费用标准成本资料

项目	标准
月标准总工时	5000小时
单位产品工时标准	5小时/件
标准变动制造费用总额	4000元

假定甲企业本月实际生产A产品800件，实际耗用总工时4400小时，实际发生变动制造费用4000元。

（1）计算A产品标准变动制造费用分配率和变动制造费用标准成本。

（2）计算A产品变动制造费用成本差异、变动制造费用效率差异和变动制造费用耗费差异，并说明是节约还是超支。

（3）分析一下差异发生的原因。

3. 乙企业生产甲产品，单位产品耗用的直接材料标准成本如表8-6所示：

表8-6　单位产品耗用的直接材料标准成本

成本项目	价格标准	数量标准	标准成本
直接材料	0.5元/千克	6千克/件	3元/件

直接材料实际购进量为4000千克，单价为0.55元/千克；本月生产产品400件，耗用材料2500千克。

要求：

（1）计算该甲产品所耗用直接材料的实际成本与标准成本的差异。

（2）将差异总额进行分解。

4. 丙企业产品年销售收入1亿元，固定成本3200万元，变动成本6000万元，计算该企业盈亏平衡点销售额。

5. 丁企业固定费用为2700万元，产品单价为800元/台，单位变动成本600元/台，计算其盈亏平衡点销售量，当年产量为12万台时，为实现目标利润40万元，最低销售单价应定在多少元？

6. 戊公司生产A产品，A产品标准成本相关资料如下：A产品月标准总工时为21000小时，月标准总工资为420000元，单位产品工时用量标准为2小时/件。假定戊公司实际生产A产品10000件，实际耗用总工时25000小时，实际应付直接人工工资550000元。标准变动制造费用分配率为5元/小时，实际发生变动制造费用为150000元。

要求：

（1）计算A产品标准工资率和直接人工标准成本。

（2）计算A产品直接人工成本差异、直接人工工资率差异和直接人工效率差异。

（3）计算A产品变动制造费用成本差异、效率差异和耗费差异。

7. 庚企业生产甲产品，售价为60元/件，单位变动成本24元，固定成本总额100000元，当年产销量20000件。试计算单位边际贡献、边际贡献总额、边际贡献率及利润。

项目实训

一、实训目的

1. 掌握盈亏平衡分析法。
2. 掌握利润预测法。
3. 掌握敏感分析。

二、实训资料

新浪华语公司下一年度某产品预算资料如表 8－7 所示：

表 8－7　　某产品预算资料　　单位：元

预算资料	总成本	单位成本
直接材料	200000	3.00
直接人工	400000	6.00
变动制造费用	100000	1.50
固定制造费用	500000	7.50
销售费用（全部为变动费用）	300000	4.50
管理费用（全部为固定费用）	778400	11.676
合计	2278400	34.176

假设公司的该产品生产量和销售量达到了平衡，预计下一年可销售 120000 件产品，产品售价定为 30 元，公司适用的所得税税率为 25%。

三、实训要求

（1）计算盈亏平衡点销售量（取整数）。

（2）计算边际贡献率。

（3）计算下一年的预计利润。

（4）计算安全边际率。

（5）判断新浪华语公司的经营安全程度。

（6）计算新浪华语公司利润对销售量和单价的敏感系数。

项目九

收入与分配管理

【教学目标】

◎ 知识目标

1. 熟悉股利政策类型。
2. 了解股利政策的影响因素。
3. 掌握利润分配过程，股利支付形式等。

◎ 技能目标

1. 通过学习销售预测分析和销售定价管理，提高企业产品的市场占有率。
2. 通过学习利润分配的相关知识，做好企业税后利润分配工作。

◎ 素质目标

1. 遵守职业规范，培养公平公正的职业道德观。
2. 培养自我管理能力和团队合作精神。
3. 培养爱国主义精神，坚定中国特色社会主义道路自信。

【扫码获取教学资料】

课件

微课

【项目框架】

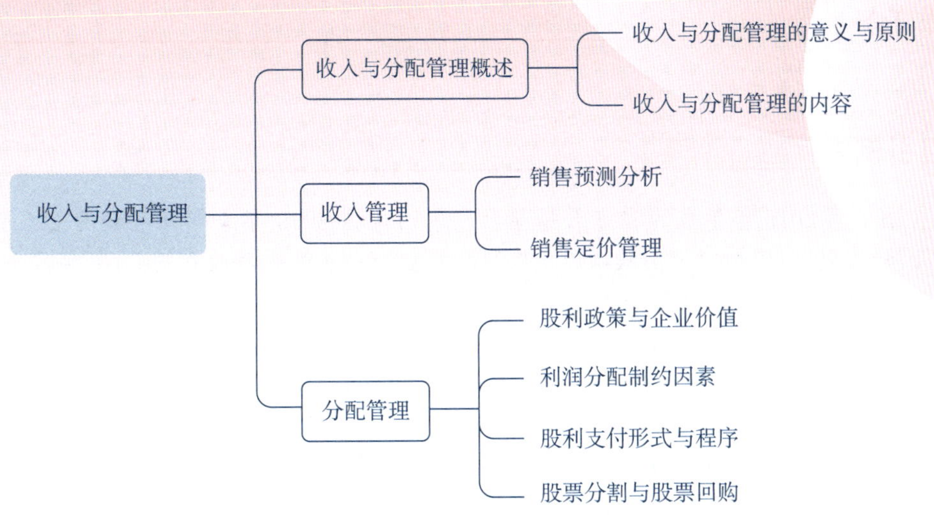

收入与分配管理
收入与分配管理概述
收入与分配管理的意义与原则
收入与分配管理的内容
收入管理
销售预测分析
销售定价管理
分配管理
股利政策与企业价值
利润分配制约因素
股利支付形式与程序
股票分割与股票回购

重点难点

利润分配的顺序，股利政策类型，股票股利和股票分割的区别。

工作任务

探寻股利政策类型。

项目引例

中国电信2019年年报的官方数据显示，中国电信2019年全年净利润为205亿元，同比下降3.3%，较剔除中国铁塔股份有限公司上市一次性税后收益的2018年净利润增长2.0%；经营收入达3757.34亿元，同比下降0.4%；服务收入为3576亿元，同比增长2%。资本开支约为776亿元，其中除5G以外的投资连续4年下降，自由现金流为217亿元。

中国电信经营收入、利润数据双降的背后，是转向5G主战场必经的阵痛期。用户数据方面，中国电信移动用户规模约为3.36亿户，全年移动用户净增近3257万户，净增市场份额达到53.2%，4G用户占移动用户比达到83.8%，有线宽带用户数达到1.53亿户。

从2020年2月开始，中国电信宣布不再公布4G用户数，转而公布5G数据。而此前，中国移动也已经开始公布5G数据。截至2020年2月底，中国电信5G套餐用户规模已达1073万户。

问题：5G布局为社会带来了什么益处？影响企业利润的因素有哪些？

任务一　收入与分配管理概述

一、收入与分配管理的意义与原则

企业通过经营活动取得收入后，要按照补偿成本、缴纳所得税、提取公积金、向投资者分配利润等顺序进行分配。对于企业来说，收入分配不仅是实现资产保值、维持简单再生产的手段，同时也是实现资产增值、实现扩大再生产的工具。通过收入分配还可以满足国家政治职能与经济职能的需要。同时，它也是处理所有者、经营者等各方面物质利益关系的基本手段。

（一）收入与分配管理的意义

收入与分配管理作为现代企业财务管理的重要内容之一，对于维护企业与各相关利益主体的财务关系、提升企业价值具有重要意义。具体而言，企业收入与分配管理的意义表现在以下四个方面。

1. 收入与分配管理集中体现了企业所有者、经营者与劳动者之间的利益关系

企业所有者是企业权益资金的提供者，按照“谁出资，谁受益”的原则，其应得的

投资收益须通过企业的收益分配来实现，而获得投资收入的多少取决于企业盈利状况及利润分配政策。通过收益分配，投资者能实现预期的收益，有利于提高企业的信誉程度，增强企业未来融通资金的能力。

企业的债权人在向企业投入资金的同时也承担了一定的风险。企业的收入分配中应体现出对债权人利益的充分保护，不能伤害债权人的利益。除按时支付到期本金、利息外，企业在进行收入的分配时也要考虑债权人未偿付本金的保障程度，否则将在一定程度上削弱企业的偿债能力，从而降低企业的财务弹性。

职工是价值的创造者，是企业收入和利润的源泉。通过薪资的支付以及各种福利的提供，可以提高职工的工作热情，为企业创造更多价值。因此，为了正确、合理地处理好企业各方利益相关者的需求，就必须对企业所实现的收入进行合理分配。

2. 收入与分配管理是企业维持简单再生产和实现扩大再生产的基本条件

企业在生产经营过程中所投入的各类资金，随着生产经营活动的进行不断地发生消耗和转移，形成成本费用，最终构成商品价值的一部分。销售收入的取得，为企业成本费用的补偿提供了前提，为企业简单再生产的正常进行创造了条件。通过收入与分配，企业能形成一部分自行安排的资金，可以增强企业生产经营的财力，有利于企业适应市场需要扩大再生产。

3. 收入与分配管理是企业优化资本结构、降低资本成本的重要措施

留存收益，是企业重要的权益资金来源。留存收益的多少，影响企业积累的多少，从而影响权益与负债的比例，即资本结构。企业价值最大化的目标要求企业的资本结构最优，而收入与分配便成了优化资本结构、降低资本成本的重要措施。

4. 收入与分配管理是国家财政资金的重要来源之一

生产经营活动中，企业不仅为自己创造了价值，还为社会创造了一定的价值，即利润。利润代表企业的新创财富，是企业收入的重要构成部分。除了满足企业自身的生产经营性积累，通过收入分配，国家税收也能够集中一部分企业利润，由国家有计划地分配使用，实现国家政治职能和经济职能，为社会经济的发展创造良好条件。

（二）收入与分配管理的原则

1. 依法分配原则

收入分配必须依法进行。为了规范企业的收入分配行为，维护各利益相关者的合法权益，国家颁布了相关法规。这些法规规定了企业收入分配的基本要求、一般程序和重要比例，企业应当认真执行，不得违反。

2. 分配与积累并重原则

收入分配必须坚持积累与分配并重的原则。企业通过经营活动获取收入，既要保证企业简单再生产的持续进行，又要不断积累企业扩大再生产的财力基础。恰当处理分配与积累之间的关系，留存一部分净利润，能够增强企业抵抗风险的能力，同时，也可以提高企业经营的稳定性与安全性。

3. 兼顾各方利益原则

收入分配必须兼顾各方面的利益。企业是经济社会的基本单元，企业的收入分配涉

及国家、企业股东、债权人、职工等多方面的利益。正确处理它们之间的关系，协调其矛盾，对企业的生存、发展是至关重要的。企业在进行收入分配时，应当统筹兼顾，维护各利益相关者的合法权益。

4. 投资与收入对等原则

收入分配应当体现“谁投资，谁受益”、收入大小与投资比例相对等的原则。这是正确处理投资者利益关系的关键。企业在向投资者分配收入时，应本着平等一致的原则，按照投资者投资额的比例进行分配，不允许任何一方随意多分多占，从根本上实现收入分配中的公开、公平和公正，保护投资者的利益。但是，公司章程或协议明确规定出资比例与收入分配比例不一致的除外。

二、收入与分配管理的内容

企业通过销售产品、转让资产、对外投资等活动取得收入，而这些收入的去向主要是两个方面：一是弥补成本费用，即为取得收入而发生的资源耗费；二是形成利润，即收入扣除成本费用后的余额。收入、成本费用和利润三者之间的关系可以简单表述为：

收入－成本费用＝利润

可以看出，对企业收入的分配，首先是对成本费用进行补偿，然后，对其余额（即利润）按照一定的程序进行再分配。对成本费用的补偿随着企业再生产的进行自然完成，成本管理的有关内容已在前面章节做了详细介绍，不再赘述。

（一）收入管理

收入是指企业在日常活动中形成的、会导致所有者权益增加的、与所有者投入资本无关的经济利益的总流入，一般包括销售商品收入、提供劳务收入和让渡资产使用权收入等。企业的收入主要来自生产经营活动，企业正常的经营活动主要包括销售商品、提供劳务、让渡本企业资产使用权等。具体表现为：销售商品得到的商品销售收入；提供运输、修理等劳务取得的劳务收入；让渡专利、商标等无形资产使用权而取得的使用费，以及以投资方式供其他企业使用本企业的资产而获得的股利。

销售收入是企业收入的主要构成部分，是企业能够持续经营的基本条件，销售收入的制约因素主要是销量与价格，销售预测分析与销售定价管理构成了收入管理的主要内容。

（二）纳税管理

企业所承担的税负实际上是利益在国家与企业之间的分配，分配结果直接关系到企业未来的发展和股东的利益空间，纳税是企业收入分配过程中的重要环节。纳税管理是对纳税所实施的全过程管理行为，纳税管理的主要内容是纳税筹划，即在合理合法的前提下，对企业经济交易或事项进行事先规划以减少应纳税额或延迟纳税，实现企业的财务目标。企业的筹资、投资、营运和分配活动等日常活动以及企业重组都会产生纳税义务，故这五个环节的纳税管理构成了纳税管理的主要内容。

（三）分配管理

分配管理指的是对利润分配的管理。利润是收入弥补成本费用后的余额。由于成本费用包括的内容与表现的形式不同，利润所包含的内容与形式也有一定的区别。若成本费用不包括利息和所得税，则利润表现为息税前利润；若成本费用包括利息而不包括所得税，则利润表现为利润总额；若成本费用包括了利息和所得税，则利润表现为净利润。

本章所指利润分配是指对净利润的分配。利润分配关系着国家、企业及所有者等各方面的利益，必须严格按照国家的法令和制度执行。根据《中华人民共和国公司法》及相关法律制度的规定，公司净利润的分配应按照下列顺序进行，并构成了分配管理的主要内容。

1. 弥补以前年度亏损

企业在提取法定公积金之前，应先用当年利润弥补以前年度亏损。企业年度亏损可以用下一年度的税前利润弥补，下一年度不足以弥补的，可以在五年之内用税前利润连续弥补，连续五年未弥补的亏损则用税后利润弥补。其中，税后利润弥补亏损可以用当年实现的净利润，也可以用盈余公积转入。

2. 提取法定公积金

法定公积金的提取比例为当年税后利润（弥补亏损后）的10%。当年法定公积金的累积额已达注册资本的50%时，可以不再提取。法定公积金提取后，根据企业的需要，可用于弥补亏损或转增资本，但企业用法定公积金转增资本后，法定公积金的余额不得低于转增前公司注册资本的25%。提取法定公积金的主要目的是为了增加企业内部积累，以利于企业扩大再生产。

3. 提取任意公积金

根据《中华人民共和国公司法》的规定，公司从税后利润中提取法定公积金后，经股东会决议，还可以从税后利润中提取任意公积金。这是为了满足企业经营管理的需要，控制向投资者分配利润的水平，以及调整各年度利润分配的波动。

4. 向股东（投资者）分配股利（利润）

根据《中华人民共和国公司法》的规定，公司弥补亏损和提取公积金后所余税后利润，可以向股东（投资者）分配。其中，有限责任公司股东按照实缴的出资比例分配利润，全体股东约定不按照出资比例分配利润的除外；股份有限公司按照股东所持有的股份比例分配利润，公司章程另有规定的除外。公司持有的本公司股份不得分配利润。

此外，近年来，以期权形式或类似期权形式进行的股权激励在一些大公司中逐渐流行起来。从本质上来说，股权激励是企业对管理层或者员工进行的一种经济利益分配。

任务二　收入管理

企业业务收入的范围包括销售收入、转让收入、投资收入等，销售收入是企业收入的主体，本节所指收入主要指销售收入，即企业在日常经营活动中，由于销售产品、提供劳务等所形成的经济利益流入。

企业销售收入是企业简单再生产和扩大再生产的资金来源，是加速资金周转的前提，所以必须加强企业销售收入的管理。销售收入的制约因素主要是产品的销售数量和销售价格，因此，企业在经营管理过程中一定要做好销售预测分析以及销售定价管理。

一、销售预测分析

销售预测分析是指通过市场调查，以有关的历史资料和各种信息为基础，运用科学的预测方法或管理人员的实际经验，对企业产品在计划期间的销售量或销售额作出预计或估量的过程。企业在进行销售预测时，应充分研究和分析企业产品销售的相关资料，如产品价格、产品质量、售后服务、推销方法等；此外，对企业所处的市场环境、物价指数、市场占有率及经济发展趋势等情况也应进行研究分析。销售预测的方法有很多种，主要包括定性分析法和定量分析法。

（一）销售预测的定性分析法

定性分析法，即非数量分析法，是指由专业人员根据实际经验，对预测对象的未来情况及发展趋势作出预测的一种分析方法。它一般适用于预测对象的历史资料不完备或无法进行定量分析时，主要包括营销员判断法、专家判断法和产品寿命周期分析法。

1. 营销员判断法

营销员判断法又称意见汇集法，是由企业熟悉市场情况及相关变化信息的营销人员对市场进行预测，再将各种判断意见加以综合分析、整理，并得出预测结论的方法。企业营销人员能充分了解市场现状以及本企业的生产、销售情况，因此也就在一定程度上保证了预测的准确性。这种方法的优点在于用时短、成本低、比较实用。但是这种方法单纯靠营销人员的主观判断，具有较多的主观因素和较大的片面性。

2. 专家判断法

专家判断法是由专家根据他们的经验和判断能力对特定产品的未来销售量进行判断和预测的方法。其主要有个别专家意见汇集法、专家小组法、德尔菲法等方法。

3. 产品寿命周期分析法

产品寿命周期分析法是利用产品销售量在不同寿命周期阶段上的变化趋势，进行销售预测的一种定性分析方法。它是对其他预测分析方法的补充。产品寿命周期是指产品从投入市场到退出市场所经历的时间，一般要经过推广期、成长期、成熟期和衰退期四个阶段。在这一发展过程中，产品销售量的变化呈一条曲线，称为产品寿命周期曲线。

判断产品所处的寿命周期阶段，可根据销售增长率指标进行。一般地，推广期增长率不稳定，成长期增长率最大，成熟期增长率稳定，衰退期增长率为负数。了解产品所处的寿命周期阶段，有助于正确选择预测方法，如推广期历史资料缺乏，可以运用定性分析法进行预测；成长期可运用回归分析法进行预测；成熟期销售量比较稳定，适用趋势预测分析法。

（二）销售预测的定量分析法

定量分析法，也称数量分析法，是指在预测对象有关资料完备的基础上，运用一定的数学方法，建立预测模型，作出预测。它一般包括趋势预测分析法和因果预测分析法两大类。

二、销售定价管理

扫码查看
延伸内容

（一）销售定价管理的含义

销售定价管理是指在调查分析的基础上，选用合适的产品定价方法，为销售的产品制定最为恰当的售价，并根据具体情况运用不同价格策略，以实现经济效益最大化的过程。

企业销售各种产品都必须确定合理的产品销售价格。产品价格的高低直接影响到销售量的大小，进而影响企业的盈利水平。单价水平过高，导致销售量降低，如果达不到盈亏平衡点，企业就会亏损；单价水平过低，虽然会起到促销作用，但单位毛利降低，使企业的盈利水平下降。因此，产品销售价格的高低，价格策略运用得恰当与否，都会影响到企业正常的生产经营活动，甚至影响到企业的生存和发展。进行良好的销售定价管理，可以使企业的产品更富有吸引力，扩大市场占有率，改善企业的相对竞争地位。

（二）影响产品价格的因素

1. 价值因素

价格是价值的货币表现，价值的大小决定着价格的高低，而价值量的大小又是由生产产品的社会必要劳动时间决定的。因此，提高社会劳动生产率，缩短生产产品的社会必要劳动时间，可以相对地降低产品价格。

2. 成本因素

成本是影响定价的基本因素。企业必须获得可以弥补已发生成本费用的足够多的收入，才能长期生存发展下去。虽然短期内的产品价格有可能会低于其成本，但从长期来看，产品价格应等于总成本加上合理的利润，即产品售价必须足以补偿全部的生产、管理、营销成本，并为企业提供合理的利润，否则企业无利可图，难以长久生存。

3. 市场供求因素

市场供求变动对价格的变动具有重大影响。当一种产品的市场供应大于需求时，就会对其价格产生向下的压力；而当其供应小于需求时，则会推动价格的提升。市场供求关系是矛盾的两方面，因此，产品价格也会不断地波动。

4. 竞争因素

市场竞争程度的不同，对定价的影响也不同。竞争越激烈，对价格的影响也越大。在完全竞争的市场上，企业几乎没有定价的主动权，只能接受市场价格，其定价管理的核心问题是在产品价格既定的条件下，依据“边际收入与边际成本相等时，企业的利润最大化”的原则，决定预期实现最大化利润的产销水平；在不完全竞争的市场上，竞争的强度主要取决于产品生产的难易和供求形势。为了做好定价决策，企业必须充分了解竞争者的情况，最重要的是竞争对手的定价策略。

5. 政策法规因素

各个国家对市场物价的高低和变动都有限制和法律规定，同时国家会通过生产市场、货币金融等手段间接调节价格。企业在制定定价策略时一定要很好地了解本国及所在国有关方面的政策和法规。

（三）企业的定价目标

定价目标是指企业在一定的经营环境中，制定产品价格，通过价格效用实现企业预期的经营目标。要使销售定价管理卓有成效，企业必须制定与战略目标相匹配、切实可行的定价目标，以明确定价管理的方向，并用于指导选择适合的定价方法和价格运用策略。企业自身的实际情况及所面临的外部环境不同，企业的定价目标也多种多样，主要有以下几种：

1. 实现利润最大化

这种目标通常是通过为产品制定一个较高的价格，从而提高产品单位利润率，最终实现企业利润最大化。它适用于在市场中处于领先或垄断地位的企业，或者在行业竞争中具有很强的竞争优势，并能长时间保持这种优势的企业。

2. 保持或提高市场占有率

市场占有率是指企业产品销售额在同类产品市场销售总额中所占的比重，其大小在一定程度上反映了企业的经营状况和竞争实力。以保持或提高市场占有率为定价目标，其目的是使产品价格有利于销售收入的提高，企业利润得到有效保障，并且可以有效打击竞争对手，这是一种注重企业长期经营利润的做法。企业为了实现这一目标，其产品价格往往需要低于同类产品价格，以较低的价格吸引客户，逐步扩大市场份额，但在短期内可能要牺牲一定的利润空间。因此，这种定价目标要求企业具有潜在的生产经营能力，总成本的增长速度低于总销量的增长速度，商品的需求价格弹性较大，即适用于能够薄利多销的企业。

3. 稳定市场价格

为了长期稳定地占领市场，行业中能左右市场价格的一些大企业，往往希望价格稳定，在稳定的价格中获取稳定的利润。通常做法是由行业中的领导企业制定一个价格，其他企业的价格则与之保持一定的比例关系，无论是大企业，还是中小企业都不会随便降价。其优点是创造了一个相对稳定的市场环境，避免过度竞争产生两败俱伤的负面效应，减少风险，使企业能够以稳定的价格获得比较稳定的利润。这种定价通常适用于产品标准化的行业，如钢铁制造业等。

4. 应对和避免竞争

企业参照对市场有决定性影响的竞争对手的产品价格变动情况，随时调整本企业产品价格。当竞争对手维持原价时，企业也保持原价；竞争对手改变价格时，企业也相应地调整价格，但是企业不会主动调整价格。这种定价方法主要适用于中小型企业。在激烈的价格竞争中，中小型企业没有足够实力对价格进行干预，为了避免在竞争中被淘汰，必须与市场行情保持一致。

5. 树立企业形象及产品品牌

企业形象及产品品牌是企业在经营中创造的重要无形资产。而价格是企业竞争的一种手段，表达了企业产品的定位，在一定程度上反映着企业形象和产品形象。以树立企业形象及产品品牌为定价目标主要有两种情况：一是树立优质高价形象。某些品牌产品具有较高的质量的认知价值，会被某一客户群所认同和接受。企业在定价时，可以不拘泥于实际成本，而是制定一个较高的价格，产生一种品牌的增值效应。采用这种策略，不但可以使企业获得高额利润，而且还能够满足消费者的心理需求。二是树立大众化平价形象。通过大众化的平价定位树立企业形象，吸引大量的普通消费者，以扩大销量，获得利润。

（四）产品定价方法

产品定价方法主要包括以成本为基础的定价方法和以市场需求为基础的定价方法两大类。

扫码查看
延伸内容

（五）价格运用策略

企业之间的竞争在很大程度上表现为企业产品在市场上的竞争。市场占有率的大小是衡量产品市场竞争能力的主要指标。除了提升产品质量之外，根据具体情况合理运用不同的价格策略，可以有效地提高产品的市场占有率和企业的竞争能力。其中，主要的价格运用策略有以下几种。

1. 折让定价策略

折让定价策略是指在一定条件下，以降低产品的销售价格来刺激购买者，从而达到扩大产品销售量的目的。价格的折让主要表现是价格折扣，主要有现金折扣、数量折扣、团购折扣、预购折扣、季节折扣等。现金折扣，是指企业为了提高结算保障，对在一定期限内付款的购买者给予的折扣，即购买方如果在企业规定的期限内付款，企业就给予购买方一定的折扣。数量折扣，是指企业对大量购买或集中购买本企业产品的购买方给予的一种折扣优惠。一般购买量越多、金额越大，折扣也越大。团购折扣，是指通过团购集合足够人数，便可以优惠价格购买或使用第三方公司的物品、优惠券或服务。预购折扣，是指对预先向企业订购或购买产品进行折扣。如提前预订机票，提前预订旅游产品等。季节折扣是企业给予非季节性热销商品的购买者提供的一种价格优惠。

2. 心理定价策略

心理定价策略是指针对购买者的心理特点而采取的一种定价策略，主要有声望定价、尾数定价、双位定价和高位定价等。声望定价，是指企业按照其产品在市场上的知名度和被消费者的信任程度来制定产品价格的一种方法。一般地，声望越高，价格越高，这就是产品的“名牌效应”。尾数定价，即在制定产品价格时，价格的尾数取接近整数的小数（如 199.9 元）或带有一定谐音的数（如 158 元）等。它一般只适用于价值较小的中低档日用消费品定价。双位定价，是指在向市场以挂牌价格销售时，采用两种不同的标价来促销的一种定价方法。例如，某产品标明“原价 158 元，现促销价 99 元”。这种策略适用于市场接受程度较低或销路不太好的产品。高位定价，即根据消费者“价高质优”的心理特点实行高标价促销的方法。但高位定价必须是优质产品，不能弄虚作假。

3. 组合定价策略

组合定价策略是针对相关产品组合所采取的一种方法。它根据相关产品在市场竞争中的不同情况，使互补产品价格有高有低。对于具有互补关系的相关产品，可以采取降低部分产品价格而提高互补产品价格，以促进销售，提高整体利润，如便宜的整车与高价的配件等。对于具有配套关系的相关产品，可以对组合购买进行优惠，比如西服套装中的上衣和裤子等。组合定价策略可以扩大销售量、节约流通费用，有利于企业整体效益的提高。

4. 寿命周期定价策略

寿命周期定价策略是根据产品从进入市场到退出市场的生命周期，分阶段确定不同价格的定价策略。产品在市场中的寿命周期一般分为推广期、成长期、成熟期和衰退期。推广期产品需要获得消费者的认同，进一步占有市场，应采用低价促销策略；成长期的产品有了一定的知名度，销售量稳步上升，可以采用中等价格；成熟期的产品市场知名度处于最佳状态，可以采用高价促销，但由于市场需求接近饱和，竞争激烈，定价时必须考虑竞争者的情况，以保持现有市场销售量；衰退期的产品市场竞争力下降，销售量下滑，应该降价促销或维持现价并辅之以折扣等其他手段，同时，积极开发新产品，保持企业的市场竞争优势。

任务三　分配管理

一、股利政策与企业价值

股利政策是指在法律允许的范围内，企业是否发放股利、发放多少股利以及何时发放股利的方针及对策。

股利政策的最终目标是使公司价值最大化。股利往往可以向市场传递一些信息，如股利发放的多寡、是否稳定、是否增长等，往往是大多数投资者推测公司经营状况、发展前景优劣的依据。因此，股利政策关系到公司在市场上、在投资者中间的形象，成功的股利政策有利于提高公司的市场价值。

（一）股利分配理论

企业的股利分配方案既取决于企业的股利政策，又取决于决策者对股利分配的理解与认识。股利分配理论是指人们对股利分配的客观规律的科学认识与总结，其核心问题是股利政策与公司价值的关系问题。在市场经济条件下，股利分配要符合财务管理目标。人们对股利分配与财务目标之间关系的认识存在不同的流派与观念，还没有一种被大多数人所接受的权威观点和结论。但主要有以下两种较流行的观点。

1. 股利无关论

股利无关论认为，在一定的假设条件限制下，股利政策不会对公司的价值或股票的价格产生任何影响，投资者不关心公司股利的分配。公司市场价值的高低，是由公司所选择的投资决策的获利能力和风险组合所决定的，而与公司的利润分配政策无关。

尽管公司对股东的分红可采取派现或股票回购等不同的方式，但是，在完全有效的资本市场上，股利政策的改变仅仅意味着股东的收益在现金股利与资本利得之间分配上的变化。如果投资者按理性行事的话，这种改变不会影响公司的市场价值以及股东的财富。该理论是建立在完全资本市场理论之上的，假定条件包括：第一，市场具有强式效率，没有交易成本，没有任何一个股东的实力足以影响股票价格；第二，不存在任何公司或个人所得税；第三，不存在任何筹资费用；第四，公司的投资决策与股利决策彼此独立，即投资决策不受股利分配的影响；第五，股东对股利收入和资本增值之间并无偏好。

2. 股利相关理论

与股利无关理论相反，股利相关理论认为，企业的股利政策会影响股票价格和公司价值。主要观点有以下几种。

（1）“手中鸟”理论。“手中鸟”理论认为，用留存收益再投资给投资者带来的收益具有较大的不确定性，并且投资的风险随着时间的推移会进一步加大，因此，厌恶风险的投资者会偏好确定的股利收益，而不愿将收益留存在公司内部去承担未来的投资风险。该理论认为公司的股利政策与公司的股票价格是密切相关的，即当公司支付较高的股利时，公司的股票价格会随之上升，公司价值将得到提高。

（2）信号传递理论。信号传递理论认为，在信息不对称的情况下，公司可以通过股利政策向市场传递有关公司未来获利能力的信息，从而会影响公司的股价。一般来讲，预期未来获利能力强的公司，往往愿意通过相对较高的股利支付水平把自己同预期获利能力差的公司区别开来，以吸引更多的投资者。对于市场上的投资者来讲，股利政策的差异或许是反映公司预期获利能力的有价值的信号。如果公司连续保持较为稳定的股利支付水平，那么，投资者就可能对公司未来的盈利能力与现金流量抱有乐观的预期。另外，如果公司的股利支付水平在过去一个较长的时期内相对稳定，而现在却有所变动，投资者将会把这种现象看作公司管理当局将要改变公司未来收益率的信号，股票市价将会对股利的变动作出反应。

（3）所得税差异理论。所得税差异理论认为，由于普遍存在的税率以及纳税时间的差异，资本利得收益比股利收益更有助于实现收益最大化目标，公司应当采用低股利政策。一般来说，对资本利得收益征收的税率低于对股利收益征收的税率；再者，即使两者没有税率上的差异，由于投资者对资本利得收益的纳税时间选择更具有弹性，投资者仍可以享受延迟纳税带来的收益差异。

（4）代理理论。代理理论认为，股利政策有助于减缓管理者与股东之间的代理冲突，即股利政策是协调股东与管理者之间代理关系的一种约束机制。该理论认为，股利的支付能够有效地降低代理成本。首先，股利的支付减少了管理者对自由现金流量的支配权，这在一定程度上可以抑制公司管理者的过度投资或在职消费行为，从而保护外部投资者的利益；其次，较多的现金股利发放，减少了内部融资，导致公司进入资本市场寻求外部融资，从而公司将接受资本市场上更多的、更严格的监督，这样便通过资本市场的监督减少了代理成本。因此，高水平的股利政策降低了企业的代理成本，但同时增加了外部融资成本，理想的股利政策应当使两种成本之和最小。

（二）股利政策

股利政策是由企业在不违反国家有关法律、法规的前提下，根据本企业具体情况制定的。股利政策既要保持相对稳定，又要符合公司财务目标和发展目标。在实际工作中，通常有以下几种股利政策可供选择。

1. 剩余股利政策

剩余股利政策是指公司在有良好的投资机会时，根据目标资本结构，测算出投资所需的权益资本额，先从盈余中留用，然后将剩余的盈余作为股利来分配，即净利润首先满足公司的权益资金需求，如果还有剩余，就派发股利；如果没有，则不派发股利。剩余股利政策的理论依据是股利无关理论。根据股利无关理论，在完全理想的资本市场中，公司的股利政策与普通股每股市价无关，故而股利政策只需随着公司投资、融资方案的制定而自然确定。因此，采用剩余股利政策时，公司要遵循如下四个步骤：

（1）设定目标资本结构，在此资本结构下，公司的加权平均资本成本将达最低水平。

（2）确定公司的最佳资本预算，并根据公司的目标资本结构预计资金需求中所需增加的权益资本数额。

（3）最大限度地使用留存收益来满足资金需求中所需增加的权益资本数额。

（4）留存收益在满足公司权益资本增加需求后，若还有剩余再用来发放股利。

【例 9－1】诚信达公司 2024 年税后净利润为 1000 万元，2025 年的投资计划需要资金 1200 万元，公司的目标资本结构为权益资本占 60%，债务资本占 40%。

按照目标资本结构的要求，公司投资方案所需的权益资本数额为：

$$1200\times60\%=720(\text{万元})$$

公司当年全部可用于分派的盈利为 1000 万元，除了满足上述投资方案所需的权益资本数额，还有剩余可用于发放股利。2024 年，公司可以发放的股利额为：

$$1000-720=280(\text{万元})$$

假设该公司当年流通在外的普通股为 1000 万股，那么，每股股利为：

$$280/1000=0.28(\text{元/股})$$

剩余股利政策的优点：留存收益优先满足再投资需要的权益资金，有助于降低再投资的资金成本，保持最佳的资本结构，实现企业价值的长期最大化。

剩余股利政策的缺陷：若完全遵照执行剩余股利政策，股利发放额就会每年随着投资机会和盈利水平的波动而波动。在盈利水平不变的前提下，股利发放额与投资机会的多寡呈反方向变动；而在投资机会维持不变的情况下，股利发放额将与公司盈利呈同方向波动。剩余股利政策不利于投资者安排收入与支出，也不利于公司树立良好的形象，一般适用于公司初创阶段。

2. 固定或稳定增长的股利政策

固定或稳定增长的股利政策是指公司将每年派发的股利额固定在某一特定水平或在此基础上维持某一固定比率逐年稳定增长。公司只有在确信未来盈余不会发生逆转时才会宣布实施固定或稳定增长的股利政策。在这一政策下，应首先确定股利分配额，而且该分配额一般不随资金需求的波动而波动。

固定或稳定增长股利政策的优点：①稳定的股利向市场传递着公司正常发展的信息，有利于树立公司的良好形象，增强投资者对公司的信心，稳定股票的价格。②稳定的股利额有助于投资者安排股利收入和支出，有利于吸引那些打算进行长期投资并对股利有很高依赖性的股东。③固定或稳定增长的股利政策可能会不符合剩余股利理论，但考虑到股票市场会受多种因素影响（包括股东的心理状态和其他要求），为了将股利或股利增长率维持在稳定的水平上，即使推迟某些投资方案或暂时偏离目标资本结构，也可能比降低股利或股利增长率更为有利。

固定或稳定增长股利政策的缺点：股利的支付与企业的盈利相脱节，即不论公司盈利多少，均要支付固定的或按固定比率增长的股利，这可能会导致企业资金紧缺，财务状况恶化。此外，在企业无利可分的情况下，若依然实施固定或稳定增长的股利政策，是违反《中华人民共和国公司法》的行为。

因此，采用固定或稳定增长的股利政策，要求公司对未来的盈利和支付能力能作出准确的判断。一般来说，公司确定的固定股利额不宜太高，以免陷入无力支付的被动局面。固定或稳定增长的股利政策通常适用于经营比较稳定或正处于成长期的企业，但很难被长期采用。

3. 固定股利支付率政策

固定股利支付率政策是指公司将每年净利润的某一固定百分比作为股利分派给股东。这一百分比通常称为股利支付率，股利支付率一经确定，一般不得随意变更。在这一股利政策下，只要公司的税后利润一经计算确定，所派发的股利也就相应确定了。固定股利支付率越高，公司留存的净利润越少。

固定股利支付率政策的优点：①采用固定股利支付率政策，股利与公司盈余紧密地配合，体现了“多盈多分、少盈少分、无盈不分”的股利分配原则。②由于公司的获利能力在年度间是经常变动的，因此，每年的股利也应当随着公司收益的变动而变动。采用固定股利支付率政策，公司每年按固定的比例从税后利润中支付现金股利，从企业的支付能力的角度看，这是一种稳定的股利政策。

固定股利支付率政策的缺点：①大多数公司每年的收益很难保持稳定不变，导致年度间的股利额波动较大，由于股利的信号传递作用，波动的股利很容易给投资者带来经营状况不稳定、投资风险较大的不良印象，成为影响股价的不利因素。②容易使公司面临较大的财务压力。这是因为公司实现的盈利多，并不能代表公司有足够的现金流用来支付较多的股利额。③合适的固定股利支付率的确定难度比较大。

由于公司每年面临的投资机会、筹资渠道都不同，而这些都可以影响公司的股利分派，所以，一成不变地奉行固定股利支付率政策的公司在实际中并不多见，固定股利支付率政策只是较适用于那些处于稳定发展且财务状况也较稳定的公司。

【例 9－2】诚信达公司长期以来用固定股利支付率政策进行股利分配，确定的股利支付率为 30％。2024 年税后净利润为 1500 万元，如果仍然继续执行固定股利支付率政策，公司 2024 年度将要支付的股利为：

$$1500\times30\%=450(\text{万元})$$

但公司 2025 年度有较大的投资需求，因此，准备 2024 年度采用剩余股利政策。如果公司 2025 年度的投资预算为 2000 万元，目标资本结构为权益资本占 60％。按照目标资本结构的要求，公司投资方案所需的权益资本额为：

$$2000\times60\%=1200(万元)$$

公司2024年度可以发放的股利为：

$$1500-1200=300(万元)$$

4. 低正常股利加额外股利政策

低正常股利加额外股利政策，是指公司事先设定一个较低的正常股利额，每年除了按正常股利额向股东发放股利外，还在公司盈余较多、资金较为充裕的年份向股东发放额外股利。但是，额外股利并不固定化，不意味着公司永久地提高了股利支付额。可以用以下公式表示：

$$Y=a+bX$$

式中，Y 表示每股股利；X 表示每股收益；a 表示每股低正常股利；b 表示额外股利支付比率。

低正常股利加额外股利政策的优点：①赋予公司较大的灵活性，使公司在股利发放上留有余地，并具有较大的财务弹性。公司可根据每年的具体情况，选择不同的股利发放水平，以稳定和提高股价，进而实现公司价值的最大化。②使那些依靠股利度日的股东每年至少可以得到虽然较低但比较稳定的股利收入，从而吸引住这部分股东。

低正常股利加额外股利政策的缺点：①由于各年度之间公司盈利的波动使得额外股利不断变化，造成分派的股利不同，容易给投资者造成收益不稳定的感觉。②当公司在较长时间持续发放额外股利后，可能会被股东误认为“正常股利”，一旦取消，传递出的信号可能会使股东认为这是公司财务状况恶化的表现，进而导致股价下跌。

相对来说，对那些盈利随着经济周期而波动较大的公司或者盈利与现金流量很不稳定时，低正常股利加额外股利政策也许是一种不错的选择。

二、利润分配制约因素

企业的利润分配涉及企业相关各方的切身利益，受众多不确定因素的影响，在确定分配政策时，应当考虑各种相关因素的影响，主要包括法律、公司、股东及其他因素。

（一）法律因素

为了保护债权人和股东的利益，相关法律法规就公司的利润分配作出了如下规定。

1. 资本保全约束

规定公司不能用资本（包括实收资本或股本和资本公积）发放股利，目的在于维持企业资本的完整性，防止企业任意减少资本结构中的所有者权益的比例，保护企业完整的产权基础，保障债权人的利益。

2. 资本积累约束

规定公司必须按照一定的比例和基数提取各种公积金，股利只能从企业的可供股东分配利润中支付。此处可供股东分配利润包含公司当期的净利润按照规定提取各种公积金后的余额和以前累积的未分配利润。另外，在进行利润分配时，一般应当贯彻“无利不分”的原则，即当企业出现年度亏损时，一般不进行利润分配。

3. 超额累积利润约束

由于资本利得与股利收入的税率不一致，如果公司为了股东避税而使得盈余的保留大大超过了公司目前及未来的投资需要时，将被加征额外的税款。

4. 偿债能力约束

偿债能力是企业按时、足额偿付各种到期债务的能力。如果当期没有足够的现金派发股利，则不能保证企业在短期债务到期时有足够的偿债能力，这就要求公司考虑现金股利分配对偿债能力的影响，确定在分配后仍能保持较强的偿债能力，以维持公司的信誉和借贷能力，从而保证公司正常的资金周转。

（二）公司因素

公司基于短期经营和长期发展的考虑，在确定利润分配政策时，需要关注以下因素。

1. 现金流量

由于会计规范的要求和核算方法的选择，公司盈余与现金流量并非完全同步，净收入的增加不一定意味着可供分配的现金流量的增加。公司在进行利润分配时，要保证正常的经营活动对现金的需求，以维持资金的正常周转，使生产经营得以有序进行。

2. 资产的流动性

企业现金股利的支付会减少其现金持有量，降低资产的流动性，而保持一定的资产流动性是企业正常运转的必备条件。

3. 盈余的稳定性

企业的利润分配政策在很大程度上会受盈利稳定性的影响。一般来讲，公司的盈余越稳定，其股利支付水平也就越高。对于盈利不稳定的公司，可以采用低股利政策。

4. 投资机会

如果公司的投资机会多，对资金的需求量大，那么它就很可能会考虑采用低股利支付水平的分配政策；相反，如果公司的投资机会少，对资金的需求量小，那么它就很可能倾向于采用较高的股利支付水平的分配政策。此外，如果公司将留存收益用于再投资所得报酬低于股东个人单独将股利收入投资于其他投资机会所得的报酬时，公司就不应多留留存收益，而应多发放股利，这样有利于股东价值的最大化。

5. 筹资因素

如果公司具有较强的筹资能力，随时能筹集到所需资金，那么它会具有较强的股利支付能力。另外，留存收益是企业内部筹资的一种重要方式，它同发行新股或举债相比，不需花费筹资费用，同时增加了公司权益资本的比重，降低了财务风险，便于以低成本取得债务资本。

6. 其他因素

由于股利的信号传递作用，公司不宜经常改变其利润分配政策，应保持一定的连续性和稳定性。此外，利润分配政策还会受其他因素的影响，如不同发展阶段、不同行业的公司股利支付比例会有差异，这就要求公司在进行政策选择时要考虑发展阶段以及所处行业状况。

（三）股东因素

股东在控制权、收入和避税方面的考虑也会对公司的利润分配政策产生影响。

1. 控制权

现有股东往往将股利政策作为维持其控制地位的工具。公司支付较高的股利会导致留存收益减少，当公司为有利可图的投资机会筹集所需资金时，发行新股的可能性增大，新股东的加入必然稀释现有股东的控制权。所以，股东会倾向于较低的股利支付水平，以便从内部的留存收益中取得所需资金。

2. 稳定的收入

如果股东依赖现金股利维持生活，他们往往要求公司能够支付稳定的股利，而反对留存过多的利润。还有一些股东认为通过增加留存收益引起股价上涨而获得的资本利得是有风险的，而目前的股利是确定的，即便是现在较少的股利，也强于未来的资本利得，因此他们往往也要求较多的股利支付。

3. 避税

政府对企业利润征收所得税以后，还要对自然人股东征收个人所得税，股利收入的税率要高于资本利得的税率。一些高股利收入的股东出于避税的考虑，往往倾向于较低的股利支付水平。

（四）其他因素

1. 债务契约

一般来说，股利支付水平越高，留存收益越少，公司的破产风险加大，就越有可能损害债权人的利益。因此，为了保证自己的利益不受侵害，债权人通常都会在债务契约、租赁合同中加入关于借款公司股利政策的限制条款。

2. 通货膨胀

通货膨胀会带来货币购买力水平下降，导致固定资产重置资金不足，此时，企业往往不得不考虑留用一定的利润，以便弥补由于购买力下降而造成的固定资产重置资金缺口。因此，在通货膨胀时期，企业一般会采取偏紧的利润分配政策。

三、股利支付形式与程序

（一）股利支付形式

1. 现金股利

现金股利是以现金支付的股利，它是股利支付最常见的方式。公司选择发放现金股利除了要有足够的留存收益，还要有足够的现金，而现金充足与否往往会成为公司发放现金股利的主要制约因素。

2. 财产股利

财产股利是以现金以外的其他资产支付的股利，主要是以公司所拥有的其他公司的有价证券，如债券、股票等，作为股利支付给股东。

3. 负债股利

负债股利是以负债方式支付的股利，通常以公司的应付票据支付给股东，有时也以发放公司债券的方式支付股利。财产股利和负债股利实际上是现金股利的替代，但这两种股利支付形式在我国公司实务中很少使用。

4. 股票股利

股票股利是公司以增发股票的方式所支付的股利，我国实务中通常也称其为“红股”。发放股票股利对公司来说，并没有现金流出企业，也不会导致公司的财产减少，而只是将公司的未分配利润转化为股本和资本公积。但股票股利会增加流通在外的股票数量，同时降低股票的每股价值。它不改变公司股东权益总额，但会改变股东权益的构成。

【例 9－3】诚信达上市公司在 2024 年发放股票股利前，其资产负债表上的股东权益账户情况如表 9－1 所示。

表 9－1　股东权益账户情况　单位：万元

股本（面值 1 元，发行在外 2000 万股）	2000
资本公积	3000
盈余公积	2000
未分配利润	3000
股东权益合计	10000

假设该公司宣布发放 10％的股票股利，现有股东每持有 10 股即可获赠 1 股普通股。若该股票当时市价为 5 元，那么随着股票股利的发放，需从“未分配利润”项目划转出的资金为：

$$2000\times10\%\times5=1000(\text{万元})$$

由于股票面值（1 元）不变，发放 200 万股，“股本”项目应增加 200 万元，其余的 800 万元（1000－200）应作为股本溢价转至“资本公积”项目，而公司的股东权益总额并未发生改变，仍是 10000 万元，股票股利发放后资产负债表上的股东权益部分如表 9－2 所示。

表 9－2　股票股利发放后股东权益账户情况　单位：万元

股本（面值 1 元，发行在外 2200 万股）	2200
资本公积	3800
盈余公积	2000
未分配利润	2000
股东权益合计	10000

假设一位股东派发股票股利之前持有公司的普通股为 10 万股，那么，他所拥有的股权比例为：

$$10/2000\times100\%=0.5\%$$

派发股利之后，他所拥有的股票数量和股份比例为：

$$10\times(1+10\%)=11(\text{万股})$$

$$11/2200\times100\%=0.5\%$$

可见，发放股票股利，不会对公司股东权益总额产生影响，但会引起资金在各股东权益项目间的再分配。而且股票股利派发前后每一位股东的持股比例也不会发生变化。需要说明的是，本例中股票股利以市价计算价格的做法，是很多西方国家所通行的，但在我国，股票股利价格则是按照股票面值来计算的。

发放股票股利虽不直接增加股东的财富，也不增加公司的价值，但对股东和公司都有特殊意义。

对股东来讲，股票股利的优点主要有：

（1）理论上，派发股票股利后，每股市价会成反比例下降，但实务中这并非必然结果。因为市场和投资者普遍认为，发放股票股利往往预示着公司会有较大的发展和成长，这样的信息传递会稳定股价或使股价下降比例减小甚至不降反升，股东便可以获得股票价值相对上升的好处。

（2）由于股利收入和资本利得税率的差异，如果股东把股票股利出售，还会给他带来资本利得纳税上的好处。

对公司来讲，股票股利的优点主要有：

（1）发放股票股利不需要向股东支付现金，在再投资机会较多的情况下，公司就可以为再投资提供成本较低的资金，从而有利于公司的发展。

（2）发放股票股利可以降低公司股票的市场价格，既有利于促进股票的交易和流通，又有利于吸引更多的投资者成为公司股东，进而使股权更为分散，有效地防止公司被恶意控制。

（3）股票股利的发放可以传递公司未来发展前景良好的信息，从而增强投资者的信心，在一定程度上稳定股票价格。

（二）股利支付程序

公司股利的发放必须遵守相关的要求，按照日程安排来进行。一般情况下，先由董事会提出分配预案，然后提交股东大会决议，股东大会决议通过才能进行分配。股东大会决议通过分配预案后，要向股东宣布发放股利的方案，并确定股利宣告日、股权登记日、除息日和股利发放日。

股利宣告日，即股东大会决议通过并由董事会将股利支付情况予以公告的日期。公告中将宣布每股应支付的股利、股权登记日、除息日以及股利支付日。

股权登记日，即有权领取本期股利的股东资格登记截止日期。凡是在此指定日期收盘之前取得公司股票，成为公司在册股东的投资者都可以作为股东享受公司本期分派的股利。在这一天之后取得股票的股东则无权领取本次分派的股利。

除息日，即领取股利的权利与股票分离的日期。在除息日之前购买股票的股东才能领取本次股利，而在除息日当天或以后购买股票的股东，则不能领取本次股利。由于失去了“收息”的权利，除息日的股票价格会下跌。除息日是股权登记的下一个交易日。

股利发放日，即公司按照公布的分红方案向股权登记日在册的股东实际支付股利的日期。

【例 9－4】诚信达上市公司于 2024 年 4 月 10 日公布 2023 年度的最后分红方案，其公告如下："2024 年 4 月 9 日在北京召开的股东大会，通过了董事会关于每股分派 0.15 元的 2023 年股息分配方案。股权登记日为 4 月 25 日，除息日为 4 月 26 日，股东可在 5 月 10 日至 25 日通过深圳证券交易所按交易方式领取股息。特此公告。"

那么，该公司的股利支付程序如图 9－1 所示。

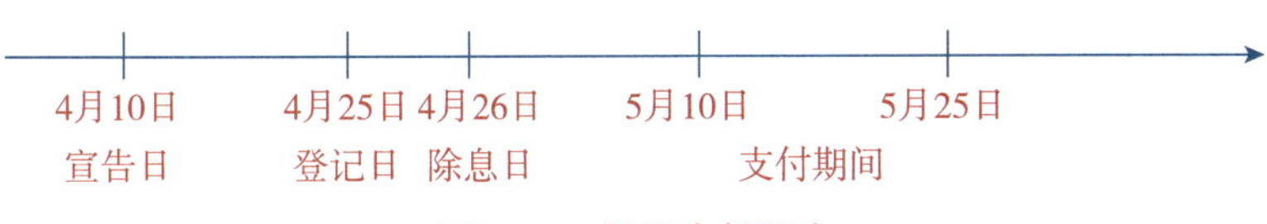

图 9－1　股利支付程序

四、股票分割与股票回购

（一）股票分割

1. 股票分割的概念

股票分割，又称拆股，即将一股股票拆分成多股股票的行为。股票分割一般只会增加发行在外的股票总数，但不会对公司的资本结构产生任何影响。股票分割与股票股利非常相似，都是在不增加股东权益的情况下增加了股份的数量，所不同的是，股票股利虽不会引起股东权益总额的改变，但股东权益的内部结构会发生变化，而股票分割之后，股东权益总额及其内部结构都不会发生任何变化，变化的只是股票面值。

2. 股票分割的作用

（1）降低股票价格。股票分割会使每股市价降低，买卖该股票所需资金量减少，从而可以促进股票的流通和交易。流通性的提高和股东数量的增加，会在一定程度上加大对公司股票恶意收购的难度。此外，降低股票价格还可以为公司发行新股做准备，因为股价太高会使许多潜在投资者力不从心而不敢轻易对公司股票进行投资。

（2）向市场和投资者传递"公司发展前景良好"的信号，有助于提高投资者对公司股票的信心。

3. 反分割

与股票分割相反，如果公司认为其股票价格过低，不利于其在市场上的声誉和未来的再筹资时，为提高股票的价格，会采取反分割措施。反分割又称为股票合并或逆向分割，是指将多股股票合并为一股股票的行为。反分割显然会降低股票的流通性，提高公司股票投资的门槛，它向市场传递的信息通常是不利的。

（二）股票回购

1. 股票回购的含义

股票回购是指上市公司出资将其发行在外的普通股以一定价格购买回来予以注销或作为库存股的一种资本运作方式。我国《中华人民共和国公司法》规定，公司有下列情形之一的，可以收购本公司股份：

（1）减少公司注册资本；

（2）与持有本公司股份的其他公司合并；

（3）将股份用于员工持股计划或者股权激励；

（4）股东因对股东会作出的公司合并、分立决议持异议，要求公司收购其股份；

（5）将股份用于转换公司发行的可转换为股票的公司债券；

（6）上市公司为维护公司价值及股东权益所必需。

公司不得接受本公司的股份作为质权的标的。

2. 股票回购的动机

在证券市场上，股票回购的动机多种多样，主要有以下几点：

（1）现金股利的替代。现金股利政策会对公司产生未来的派现压力，而股票回购不会。当公司有富余资金时，通过购回股东所持股票将现金分配给股东，这样，股东就可以根据自己的需要选择继续持有股票或出售以获得现金。

（2）改变公司的资本结构。无论是现金回购还是举债回购股份，都会提高公司的财务杠杆水平，改变公司的资本结构。公司认为权益资本在资本结构中所占比例较大时，为了调整资本结构而进行股票回购，可以在一定程度上降低整体资本成本。

（3）传递公司信息。由于信息不对称和预期差异，证券市场上的公司股票价格可能被低估，而过低的股价将会对公司产生负面影响。一般情况下，投资者会认为股票回购意味着公司认为其股票价值被低估而采取的应对措施。

（4）基于控制权的考虑。控股股东为了保证其控制权不被改变，往往采取直接或间接的方式回购股票，从而巩固既有的控制权。另外，股票回购使流通在外的股份数变少，股价上升，从而可以有效地防止敌意收购。

3. 股票回购的影响

股票回购对上市公司的影响主要表现在以下几个方面：

（1）符合股票回购条件的多渠道回购方式允许公司选择适当时机回购本公司股份，将进一步提升公司调整股权结构和管理风险的能力，提高公司整体质量和投资价值。

（2）因实施持股计划和股权激励的股票回购，形成资本所有者和劳动者的利益共同体，有助于提高投资者回报能力；将股份用于转换上市公司发行的可转换为股票的公司债券实施的股票回购，也有助于拓展公司融资渠道，改善公司资本结构。

（3）当市场不理性，公司股价严重低于股票内在价值时，为了避免投资者损失，适时进行股份回购，减少股份供应量，有助于稳定股价，增强投资者信心。

（4）股票回购若用大量资金支付回购成本，一方面，容易造成资金紧张，降低资产流动性，影响公司的后续发展；另一方面，在公司没有合适的投资项目又持有大量现金的情况下，回购股份，也能更好地发挥货币资金的作用。

（5）上市公司通过履行信息披露义务和公开的集中交易方式进行股份回购有利于防止操纵市场、内幕交易等利益输送行为。

项目小结

◇ 收入与分配管理的意义、收入与分配管理应遵循的原则以及利润分配的顺序。

◇股利支付形式及支付程序。股票支付形式有：现金股利、财产股利、负债股利和股票股利。现金股利是最常见的股利形式。我国目前实务中很少使用负债股利和财产股利。股票股利目前对我国企业和投资者具有特殊的重要意义。股票股利只影响股东权益内部结构变化。股利的发放必须遵守相关的要求，按照日程安排来进行。

◇股利分配理论和四大常见的股利政策。

◇股票分割与回购，介绍了股票分割的概念和作用。股票分割与股票股利有何不同，还列示了股票回购的含义、动机以及股票回购的影响。

技能训练

一、单项选择题

1. 下列销售预测方法中，不属于定性分析法的是（　　）。

A. 德尔菲法　　B. 营销员判断法

C. 因果预测分析法　　D. 产品寿命周期分析法

2. 适用于能够薄利多销的企业的定价目标是（　　）。

A. 保持或提高市场占有率　　B. 稳定市场价格

C. 实现利润最大化　　D. 应付和避免竞争

3. 有种观点认为，企业支付高现金股利可以减少管理者对自由现金流量的支配，从而在一定程度上抑制管理者的在职消费，持这种观点的股利分配理论是（　　）。

A. “手中鸟”理论　　B. 信号传递理论

C. 所得税差异理论　　D. 代理理论

4. 某企业生产A产品，本期计划销售量为10000件，应负担的固定成本总额为250000元，单位产品变动成本为70元，适用的消费税税率为5%，根据上述资料，运用保本点定价法测算的A产品的单价应为（　　）元。

A. 70　　B. 95

C. 25　　D. 100

5. 甲公司以其所拥有的其他公司的债券作为股利支付给股东，甲公司这种股利支付形式为（　　）。

A. 负债股利　　B. 现金股利

C. 股票股利　　D. 财产股利

6. 一般而言，适用于采用固定或稳定增长的股利政策的公司是（　　）。

A. 处于初创阶段的公司

B. 经营比较稳定或正处于成长期的公司

C. 盈利水平波动较大的公司

D. 处于稳定发展阶段且财务状况也较稳定的公司

7. 某商业企业销售 A 商品，已知单位产品的制造成本为 200 元，单位产品的期间费用为 50 元，销售利润率不能低于 15%，该产品适用的消费税税率为 5%，那么，运用销售利润率定价法，该企业的单位产品价格为（　　）元。

A. 250　　B. 312.5

C. 62.5　　D. 302.6

8. 按照剩余股利政策，假定某公司的最佳资本结构是权益资金占 60%，债务资金占 40%，明年计划投资 1000 万元，该公司本年的净利润是 900 万，法定盈余公积的计提比例是 10%，那么本年应该留存的利润是（　　）万元。

A. 540　　B. 510

C. 690　　D. 600

9. 企业权益资金的提供者是（　　）。

A. 债权人　　B. 债务人

C. 企业所有者　　D. 股东

二、多项选择题

1. 下列股利政策中，属于先确定股利的数额，后确定留存收益的数额的有（　　）。

A. 剩余股利政策　　B. 固定或稳定增长的股利政策

C. 固定股利支付率政策　　D. 低正常股利加额外股利政策

2. 以下属于股票回购对上市公司的影响的有（　　）。

A. 可以有效地防止敌意收购

B. 容易造成资金紧张，降低资产流动性，影响公司后续发展

C. 有助于稳定股价，增强投资者信心

D. 提高公司整体质量和投资价值

3. 下列各项中，表明公司具有较强股利支付能力的有（　　）。

A. 筹资能力较强

B. 企业的资产有较强的变现能力，现金较充裕

C. 净利润金额较大

D. 投资机会较多

4. 下列关于利润分配制约因素的说法中，正确的有（　　）。

A. 资本保全约束规定公司可以用实收资本或资本公积发放股利，目的在于维持企业资本的完整性

B. 如果企业的资产有较强的流动性，现金来源较宽裕，则公司具有较强的股利支付能力

C. 在通货膨胀时期，企业一般采用偏紧的利润分配政策

D. 具有控制权的股东往往主张限制股利的支付

5. 以市场需求为基础的产品定价方法，包括（　　）。

A. 目标利润法　　B. 需求价格弹性系数定价法

C. 边际分析定价法　　D. 销售利润率定价法

6. 下列有关因果预测分析法的说法中，正确的有（　　）。

A. 回归分析法是因果预测分析法最常用的方法

B. 一元回归分析法是因果预测分析法最常用的方法

C. 一元回归分析法使用的是最小二乘法原理

D. 回归分析法是一种定量分析法

7. 下列有关信号传递理论的说法中，正确的有（　　）。

A. 信号传递理论认为，公司无法通过股利政策影响公司的股价

B. 一般来讲，预期未来获利能力强的公司，往往愿意通过相对较高的股利支付水平把自己同预期获利能力差的公司区别开来，以吸引更多的投资者

C. 对于市场上的投资者来讲，股利政策的差异反映公司预期获利能力的大小

D. 如果公司现在的股利支付水平与过去相比有所变动，股票市价将会对股利的变动作出反应

三、判断题

1. 相对来说，对那些盈利水平随着经济周期波动较大的公司，“低正常股利加额外股利政策”也许是一种不错的选择。（　　）

2. 股利分配理论的最终目标是使公司价值最大化。（　　）

3. 以发行公司债券的方式支付股利属于支付财产股利。（　　）

4. 股票回购会改变公司的资本结构，而股票分割后股东权益总额及其内部结构都不会发生任何变化。（　　）

5. 某企业有闲置资金 800 万元，打算近期进行投资。其面临两种选择，一种是国债投资，国债年利率为 4%；另一种是投资债券，年利率为 5%，企业所得税税率为 25%。则应该采取的投资方式是投资国债。（　　）

6. 内部资金与外部股权筹资相比，其资本成本更低，与债务筹资相比，提高了企业的财务风险。（　　）

7. 在销售预测的定量分析法中，移动平均法应用比较广泛，需要很好的代表性。（　　）

8. 销售折扣可以减少增值税纳税义务，也可以提高企业资金周转效率。（　　）

9. 平滑指数法中，采用较大的平滑指数，预测值可以反映样本值变动的长期趋势。（　　）

四、计算分析题

1. 某股份公司 2024 年的税后利润为 800 万元，目前的负债比率为 50%，该公司想继续保持这一比例，预计明年将有一个良好的投资机会，需要资金 700 万元，假设该公司采取剩余股利政策。

要求：

（1）计算明年对外筹资额。

（2）计算 2024 年可发放的股利额及股利发放率。

2. 某公司年终利润分配前的股东权益项目资料如表 9－3 所示。

表 9－3　股东权益项目资料　单位：万元

项目	金额
普通股股本（每股面值 10 元，流通在外 1000 万股）	10000
资本公积	20000
盈余公积	4000
未分配利润	5000
股东权益合计	39000

要求：

（1）假设该公司宣布发放 20%的股票股利，即现有普通股每持有 10 股，即可获得赠送的 2 股普通股。股票股利按面值计价，发放股票股利后，股东权益各项目有何变化？每股净资产是多少？

（2）假设该公司按照 1∶2 的比例进行股票分割，股票分割后，股东权益各项目有何变化？每股净资产是多少？

3. 正大公司生产甲、乙、丙三种产品，预计甲产品的单位制造成本为 100 元，计划销售 10000 件，计划期的期间费用总额为 900000 元；乙产品的计划销售量为 8000 件（设计生产能力为 10000 件），应负担的固定成本总额为 220000 元，单位变动成本为 65 元；丙产品本期计划销售量为 12000 件，目标利润总额为 280000 元，完全成本总额为 540000 元；公司要求成本利润率必须达到 20%，这三种产品适用的消费税税率均为 5%。

（1）运用全部成本费用加成定价法计算单位甲产品的价格。

（2）运用保本点定价法计算乙产品的单位价格。

（3）运用目标利润法计算丙产品的单位价格。

（4）运用变动成本定价法计算乙产品的单位价格。

（5）如果接到一个额外订单，订购 2000 件乙产品，单价 120 元，回答是否应该接受这个订单，并说明理由。

项目实训

一、实训目的

1. 熟悉企业收入分配的过程。
2. 认识股利政策的影响因素。
3. 灵活运用股利政策。

二、实训资料

某公司成立于 2023 年 1 月 1 日。2023 年度实现的净利润为 1000 万元，分配现金股利 550 万元，提取盈余公积 450 万元（所提盈余公积均已指定用途）。2024 年度实现的净利润为 900 万元（不考虑计提法定盈余公积的因素）。2025 年计划增加投资，所需资金为 700 万元。假定公司目标资本结构为自有资金占 60%，借入资金占 40%。

三、实训要求

（1）在保持目标资本结构的前提下，计算 2025 年投资方案所需的自有资金金额和需要从外部借入的资金金额。

（2）在保持目标资本结构的前提下，如果公司执行剩余股利政策，计算 2024 年度应分配的现金股利。

（3）在不考虑目标资本结构的前提下，如果公司执行固定股利政策，计算 2024 年应分配的现金股利、可用于 2025 年投资的留存收益和需要额外筹集的资金额。

（4）在不考虑目标资本结构的前提下，如果公司执行固定股利支付率政策，计算该公司的股利支付率和 2024 年度应分配的现金股利。

（5）假定公司 2025 年面临着从外部筹资的困难，只能从内部筹资，不考虑目标资本结构，计算在此情况下 2024 年度应分配的现金股利。

第四篇
财务分析管理

项目十
财务分析与评价

【教学目标】

◎ 知识目标

1. 熟悉财务分析的含义、意义及内容。
2. 了解财务分析的方法和局限性。
3. 掌握偿债能力、营运能力、盈利能力的指标分析与方法。

◎ 技能目标

1. 通过学习财务分析的相关理论知识，能够进行企业财务分析工作。
2. 通过学习偿债能力分析理论知识，能够做好短期偿债能力、长期偿债能力分析工作。

◎ 素质目标

1. 培养有理想、敢担当、能吃苦、肯奋斗、善创新的新时代好青年。
2. 培养自我管理能力和团队合作精神。

【扫码获取教学资料】

课件

思政引领

【项目框架】

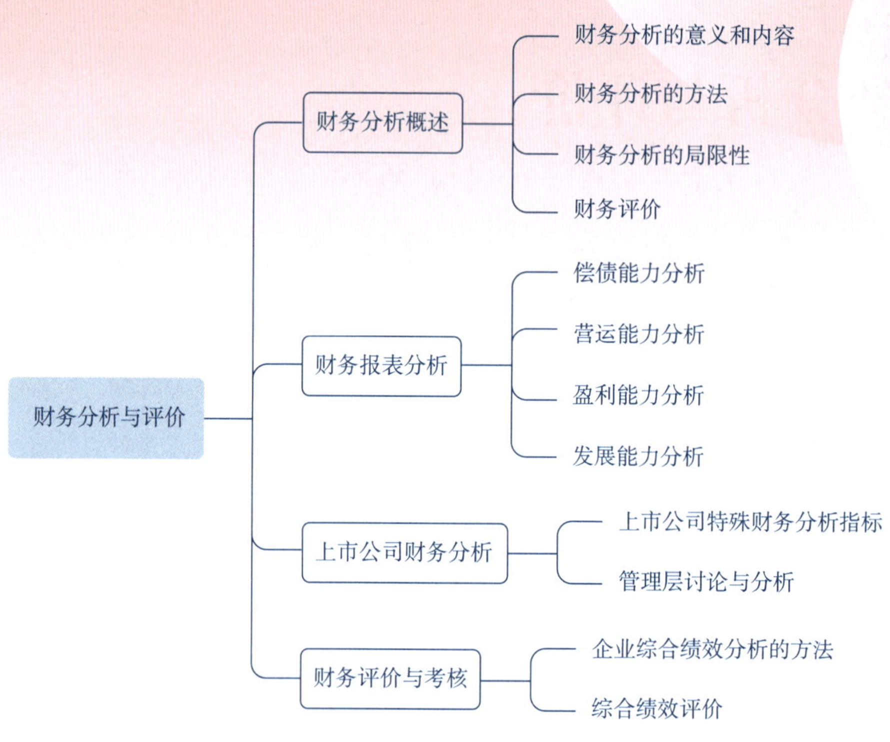
财务分析与评价
财务分析概述
财务分析的意义和内容
财务分析的方法
财务分析的局限性
财务评价
财务报表分析
偿债能力分析
营运能力分析
盈利能力分析
发展能力分析
上市公司财务分析
上市公司特殊财务分析指标
管理层讨论与分析
财务评价与考核
企业综合绩效分析的方法
综合绩效评价

重点难点

偿债能力、营运能力、盈利能力以及发展能力分析的内容，杜邦财务分析体系。

工作任务

探寻企业财务状况；确立财务分析具体方法；认知财务指标分析体系。

项目引例

华为于2020年3月发布2019年年度报告，报告显示，华为整体运营稳健，实现全球销售收入8588亿元人民币，同比增长19.1%，净利润627亿元人民币，经营活动现金流914亿元，同比增长22.4%。2019年华为持续投入技术创新与研究，研发费用达1317亿元人民币，占全年销售收入的15.3%，近十年投入研发费用总计超过6000亿元人民币。

2019年，消费者业务领域保持稳健增长，智能手机发货量超过2.4亿台，PC、平板、智能穿戴、智能屏等以消费者为中心的全声景智慧生态布局进一步完善，实现销售收入4673亿元人民币，同比增长34%。华为轮值董事长徐直军强调："面对未来更趋复杂的外部环境，我们唯有持续提升产品和服务的竞争力，聚焦为客户和社会创造更大价值、开放创新，才能抓住行业数字化、智能化的历史机遇，实现持续稳健的发展。"

问题：2019年的营业净利率是多少？在同行业中有无优势？为何华为在开发方面投入力度如此之大？

任务一　财务分析概述

一、财务分析的意义和内容

财务分析是根据企业财务报表等信息资料，采用专门方法，系统分析和评价企业财务状况、经营成果以及未来发展趋势的过程。

财务分析以企业财务报告及其他相关资料为主要依据，对企业的财务状况和经营成果进行评价和剖析，反映企业在运营过程中的利弊得失和发展趋势，从而为改进企业财务管理工作和优化经济决策提供重要财务信息。

（一）财务分析的意义

财务分析对不同的信息使用者具有不同的意义。具体来说，财务分析的意义主要体现在如下几个方面：

（1）可以判断企业的财务实力。通过对资产负债表和利润表有关资料进行分析，计算相关指标，可以了解企业的资产结构和负债水平是否合理，从而判断企业的偿债能力、营运能力及盈利能力等财务实力，揭示企业在财务状况方面可能存在的问题。

（2）可以评价和考核企业的经营业绩，揭示财务活动存在的问题。通过指标的计算、分析和比较，能够评价和考核企业的盈利能力和资产周转状况，揭示其经营管理的各个方面和各个环节问题，找出差距，得出分析结论。

（3）可以挖掘企业潜力，寻求提高企业经营管理水平和经济效益的途径。企业进行财务分析的目的不仅是发现问题，更重要的是分析问题和解决问题。通过财务分析，应保持和进一步发挥生产经营管理中成功的经验，对存在的问题应提出解决的策略和措施，以达到扬长避短、提高经营管理水平和经济效益的目的。

（4）可以评价企业的发展趋势。通过各种财务分析，可以判断企业的发展趋势，预测其生产经营的前景及偿债能力，从而为企业领导层进行生产经营决策、投资者进行投资决策和债权人进行信贷决策提供重要的依据，避免因决策错误给其带来重大的损失。

（二）财务分析的内容

财务分析信息的需求者主要包括企业所有者、企业债权人、企业经营决策者和政府等。不同主体出于不同的利益考虑，对财务分析信息有着各自不同的要求。

（1）企业所有者作为投资人，关心其资本的保值和增值状况，因此较为重视企业盈利能力指标，主要进行企业盈利能力分析。

（2）企业债权人因不能参与企业剩余收益分享，所以重点关注的是其投资的安全性，因此更重视企业偿债能力指标，主要进行企业偿债能力分析，同时也关注企业盈利能力分析。

（3）企业经营决策者必须对企业经营理财的各个方面，包括营运能力、偿债能力、盈利能力及发展能力的全部信息予以详尽的了解和掌握，进行各方面综合分析，并关注企业财务风险和经营风险。

（4）政府兼具多重身份，既是宏观经济管理者，又是国有企业的所有者和重要的市场参与者，因此政府对企业财务分析的关注点因所具身份不同而异。

为了满足不同需求者的需求，财务分析一般应包括：偿债能力分析、营运能力分析、盈利能力分析、发展能力分析和现金流量分析等方面。

二、财务分析的方法

（一）比较分析法

比较分析法是按照特定的指标系将客观事物加以比较，从而认识事物的本质和规律并作出正确的评价。财务报表的比较分析法，是指对两个或两个以上的可比数据进行对比，找出企业财务状况、经营成果中的差异与问题。

根据比较对象的不同，比较分析法分为趋势分析法、横向比较法和预算差异分析法。趋势分析法的比较对象是本企业的历史；横向比较法比较的对象是同类企业，如行业平均水平或竞争对手；预算差异分析法的比较对象是预算数据。在财务分析中，最常用的比较分析法是趋势分析法。

趋势分析法，是通过对比两期或连续数期财务报告中的相同指标，确定其增减变动的方向、数额和幅度，来说明企业财务状况或经营成果变动趋势的一种方法。采用这种方法，可以分析引起变化的主要原因、变动的性质，并预测企业未来的发展趋势。

比较分析法的具体运用主要有重要财务指标的比较、会计报表的比较和会计报表项目构成的比较三种方式。下面以趋势分析法为例进行进一步阐述。

1. 重要财务指标的比较

这种方法是指将不同时期财务报告中的相同指标或比率进行纵向比较，直接观察其增减变动情况及变动幅度，考察其发展趋势，预测其发展前景。用于不同时期财务指标比较的比率主要有以下两种：

（1）定基动态比率，是以某一时期的数额为固定的基期数额而计算出来的动态比率。其计算公式为：

$$定基动态比率=\frac{分析期数额}{固定基期数额}\times100\%$$

（2）环比动态比率，是以每一分析期的数据与上期数据相比较计算出来的动态比率。其计算公式为：

$$环比动态比率=\frac{分析期数额}{前期数额}\times100\%$$

2. 会计报表的比较

会计报表的比较是指将连续数期的会计报表的金额并列起来，比较各指标不同期间的增减变动金额和幅度，据以判断企业财务状况和经营成果发展变化的一种方法。具体包括资产负债表比较、利润表比较和现金流量表比较等。

3. 会计报表项目构成的比较

这种方法是在会计报表比较的基础上发展而来的，是以会计报表中的某个总体指标作为100%，再计算出各组成项目占该总体指标的百分比，从而比较各个项目百分比的增减变动，以此来判断有关财务活动的变化趋势。

采用比较分析法时，应当注意以下问题：①用于对比的各个时期的指标，其计算口径必须保持一致；②应剔除偶发性项目的影响，使分析所利用的数据能反映正常的生产经营状况；③应运用例外原则对某项有显著变动的指标作重点分析，研究其产生的原因，以便采取对策，趋利避害。

（二）比率分析法

比率分析法是通过计算各种比率指标来确定财务活动变动程度的方法。比率指标的类型主要有构成比率、效率比率和相关比率三类。

1. 构成比率

构成比率又称结构比率，是某项财务指标的各组成部分数值占总体数值的百分比，反映部分与总体的关系。其计算公式为：

$$构成比率=\frac{某个组成部分数值}{总体数值}\times100\%$$

比如，企业资产中流动资产、固定资产和无形资产占资产总额的百分比（资产构成比率），企业负债中流动负债和长期负债占负债总额的百分比（负债构成比率）等。利用构成比率，可以考察总体中某个部分的形成和安排是否合理，以便协调各项财务活动。

2. 效率比率

效率比率是某项财务活动中所费与所得的比率，反映投入与产出的关系。利用效率比率指标，可以进行得失比较，考察经营成果，评价经济效益。

比如，将利润项目与营业成本、营业收入、资本金等项目加以对比，可以计算出成本利润率、营业利润率和资本金利润率等指标，从不同角度观察比较企业盈利能力的高低及其增减变化情况。

3. 相关比率

相关比率是以某个项目和与其有关但又不同的项目加以对比所得的比率，反映有关经济活动的相互关系。利用相关比率指标，可以考察企业相互关联的业务安排是否合理，以保障经营活动顺畅进行。

比如，将流动资产与流动负债进行对比，计算出流动比率，可以判断企业的短期偿债能力；将负债总额与资产总额进行对比，可以判断企业长期偿债能力。

采用比率分析法时，应当注意以下几点：①对比项目的相关性；②对比口径的一致性；③衡量标准的科学性。

（三）因素分析法

因素分析法是依据分析指标与其影响因素的关系，从数量上确定各因素对分析指标影响方向和影响程度的一种方法。

因素分析法具体有两种：连环替代法和差额分析法。

1. 连环替代法

连环替代法是将分析指标分解为各个可以计量的因素，并根据各个因素之间的依存关系，顺次用各因素的比较值（通常为实际值）替代基准值（通常为标准值或计划值），据以测定各因素对分析指标的影响。

【例 10－1】诚信达公司 2024 年 10 月某种原材料费用的实际数是 4620 元，而其计划数是 4000 元。实际比计划增加 620 元。由于原材料费用是由产品产量、单位产品材料消耗量和材料单价三个因素的乘积组成，因此就可以把材料费用这一总指标分解为三个因素，然后逐个来分析它们对材料费用总额的影响程度。现假设这三个因素的数值如表 10－1 所示。

表 10－1　某种原材料计划数与实际数

2024 年 10 月

项目	单位	计划数	实际数
产品产量	件	100	110
单位产品材料消耗量	千克	8	7
材料单价	元	5	6
材料费用总额	元	4000	4620

根据表 10－1 中的资料，材料费用总额实际数较计划数增加 620 元。运用连环替代法，可以计算各因素变动对材料费用总额的影响。

计划指标：100×8×5＝4000（元）　①

第一次替代：110×8×5＝4400（元）　②

第二次替代：110×7×5＝3850（元）　③

第三次替代：110×7×6＝4620（元）　④

实际指标：

②－①＝4400－4000＝400（元）　产量增加的影响

③－②＝3850－4400＝－550（元）　材料节约的影响

④－③＝4620－3850＝770（元）　价格提高的影响

400－550＋770＝620（元）　全部因素的影响

2. 差额分析法

差额分析法是连环替代法的一种简化形式，是利用各个因素的比较值与基准值之间的差额，来计算各因素对分析指标的影响。

【例 10－2】沿用表 10－1 中的资料。可采用差额分析法计算确定各因素变动对材料费用的影响。

（1）由于产量增加对材料费用的影响为：(110－100) ×8×5＝400（元）

（2）由于材料消耗节约对材料费用的影响为：(7－8) ×110×5＝－550（元）

（3）由于价格提高对材料费用的影响为：(6－5) ×110×7＝770（元）

采用因素分析法时，必须注意以下问题：①因素分解的关联性。构成经济指标的因素，必须客观上存在着因果关系，并能够反映形成该项指标差异的内在构成原因，否则就失去了应用价值。②因素替代的顺序性。确定替代因素时，必须根据各因素的依存关系，遵循一定的顺序并依次替代，不可随意加以颠倒，否则就会得出不同的计算结果。③顺序替代的连环性。因素分析法在计算每一因素变动的影响时，都是在前一次计算的基础上进行，并采用连环比较的方法确定因素变化的影响结果。④计算结果的假定性。由于因素分析法计算的各因素变动的影响数会因替代顺序不同而有差别，因而计算结果不免带有假定性，即它不可能使每个因素计算的结果都达到绝对的准确。为此，分析时应力求使这种假定合乎逻辑，具有实际经济意义。这样，计算结果的假定性才不至于妨碍分析的有效性。

三、财务分析的局限性

财务分析对于了解企业的财务状况和经营成绩，评价企业的偿债能力和经营能力，帮助制定经济决策，有着显著的作用。但由于种种因素的影响，财务分析也存在着一定的局限性。在分析中，应注意这些局限性的影响，以保证分析结果的正确性。

（一）资料来源的局限性

1. 报表数据的时效性问题

财务报表中的数据，均是企业过去经济活动的结果和总结，用于预测未来发展趋势，只有参考价值，并非绝对合理。

2. 报表数据的真实性问题

在企业形成其财务报表之前，信息提供者往往对信息使用者所关注的财务状况以及对信息的偏好进行仔细分析与研究，并尽力满足信息使用者对企业财务状况和经营成果信息的期望。其结果极有可能使信息使用者所看到的报表信息与企业实际状况相距甚远，从而误导信息使用者的决策。

3. 报表数据的可靠性问题

财务报表虽然是按照会计准则编制的，但不一定能准确地反映企业的客观实际。例如，报表数据未按通货膨胀进行调整；某些资产以成本计价，并不代表其现在的真实价值；许多支出在记账时存在灵活性，既可以作为当期费用，也可以作为资本项目在以后年度摊销；很多资产以估计值入账，但未必客观；偶然事件可能歪曲本期的损益，不能反映盈利的正常水平。

4. 报表数据的可比性问题

根据会计准则的规定，不同的企业或同一个企业的不同时期都可以根据情况采用不同的会计政策和会计处理方法，使得报表上的数据在企业不同时期和不同企业之间的对比在很多时候失去意义。

5. 报表数据的完整性问题

由于报表本身的原因，其提供的数据是有限的。对报表使用者来说，可能有不少需要的信息在报表或附注中根本找不到。

（二）财务分析方法的局限性

对于比较分析法来说，在实际操作时，比较的双方必须具备可比性才有意义。对于比率分析法来说，比率分析是针对单个指标进行分析，综合程度较低，在某些情况下无法得出令人满意的结论；比率指标的计算一般都是建立在以历史数据为基础的财务报表之上的，这使比率指标提供的信息与决策之间的相关性大打折扣。对于因素分析法来说，在计算各因素对综合经济指标的影响额时，主观假定各因素的变化顺序而且规定每次只有一个因素发生变化，这些假定往往与事实不符。并且，无论何种分析法均是对过去经济事项的反映。随着环境的变化，这些比较标准也会发生变化。而在分析时，分析者往往只注重数据的比较，而忽略经营环境的变化，这样得出的分析结论也是不全面的。

（三）财务分析指标的局限性

1. 财务指标体系不严密

每一个财务指标只能反映企业的财务状况或经营状况的某一方面，每一类指标都过分强调本身所反映的方面，导致整个指标体系不严密。

2. 财务指标所反映的情况具有相对性

在判断某个具体财务指标是好还是坏，或根据一系列指标形成对企业的综合判断时，必须注意财务指标本身所反映情况的相对性。因此，在利用财务指标进行分析时，必须掌握好对财务指标的“信任度”。

3. 财务指标的评价标准不统一

比如，对流动比率，人们一般认为指标值为2比较合理，速动比率则认为1比较合适，但许多成功企业的流动比率都低于2，不同行业的速动比率也有很大差别，如采用大量现金销售的企业，几乎没有应收账款，速动比率大大低于1是很正常的。相反，一些应收账款较多的企业，速动比率可能要大于1。因此，在不同企业之间用财务指标进行评价时没有一个统一标准，不便于不同行业间的对比。

4. 财务指标的比较基础不统一

在对财务指标进行比较分析时，需要选择比较的参照标准，包括同业数据、本企业历史数据和计划预算数据。横向比较时需要使用同业标准。同业平均数只有一般性的指导作用，不一定有代表性，也不一定是合理性的标志。选择同行业一组有代表性的企业计算平均数作为同业标准，可能比整个行业的平均数更有意义。近年来，分析人员更重视以竞争对手的数据作为分析基础。不少企业实行多种经营，没有明确的行业归属，对此类企业进行同业比较更加困难。

趋势分析应以本企业历史数据作为比较基础，而历史数据代表过去，并不代表合理性。经营环境变化后，今年比上年利润提高了，并不一定说明已经达到了应该达到的水平，甚至不一定说明管理有了改进。会计标准、会计规范的改变会使财务数据失去直接可比性，而要恢复可比性成本很大，甚至缺乏必要的信息。

实际与计划的差异分析应以预算为比较基础。实际和预算出现差异，可能是执行中有问题，也可能是预算不合理，两者的区分并非易事。

四、财务评价

财务评价是对企业财务状况和经营情况进行的总结、考核和评价。它以企业的财务报表和其他财务分析资料为依据，注重对企业财务分析指标的综合考核。

财务综合评价的方法有很多，包括杜邦分析法、沃尔评分法、经济增加值法等。

运用科学的评价手段对财务绩效实施综合评价，不仅可以真实反映企业经营绩效状况，判断企业的财务管理水平，而且有利于适时揭示财务风险，引导企业持续、快速、健康地发展。

任务二　财务报表分析

财务报表分析方法主要是财务比率分析法，旨在通过财务报表数据的相对关系来揭示企业经营管理的各方面问题。基本的财务报表分析内容包括偿债能力分析、营运能力分析、盈利能力分析、发展能力分析几个方面，以下分别加以介绍。

为便于说明，本任务各项财务指标的计算，将主要采用诚信达公司作为示例，该公司的资产负债表、利润表如表10-2和表10-3所示。

表 10－2　　资产负债表（简表）

编制单位：诚信达公司　　2024 年 12 月 31 日　　单位：万元

资产	年末余额	年初余额	负债和所有者权益	年末余额	年初余额
流动资产：			流动负债：		
货币资金	260	135	短期借款	310	235
交易性金融资产	40	70	交易性金融负债	0	0
衍生金融资产	0	0	衍生金融负债	0	0
应收票据	50	65	应付票据	35	30
应收账款	2000	1005	应付账款	510	555
预付款项	70	30	预收账款	60	30
应收利息	0	0	应付职工薪酬	90	105
应收股利	0	0	应交税费	55	70
其他应收款	120	120	应付利息	0	0
存货	605	1640	应付股利	0	0
持有待售资产	0	0	其他应付款	295	180
一年内到期的非流动资产	345	0	持有待售负债	0	0
其他流动资产	100	65	一年内到期的非流动负债	260	0
流动资产合计	3590	3130	其他流动负债	25	35
非流动资产：			流动负债合计	1640	1240
其他债权投资	0	0	非流动负债：		
持有至到期投资	0	0	长期借款	2260	1235
长期应收款	0	0	应付债券	1210	1310
长期股权投资	160	235	其他非流动负债	360	385
固定资产	6190	4775	非流动负债合计	3830	2930
在建工程	100	185	负债合计	5470	4170
工程物资	0	0	所有者权益：		
无形资产	100	120	实收资本	3000	3000
递延所得税资产	35	85	资本公积	90	60
其他非流动资产	25	70	盈余公积	380	210
非流动资产合计	6610	5470	未分配利润	1260	1160
			所有者权益合计	4730	4430
资产总计	10200	8600	负债和所有者权益总计	10200	8600

表 10－3　利润表（简表）

编制单位：诚信达公司　2024 年度　单位：万元

项目	本年金额	上年金额
一、营业收入	15010	14260
减：营业成本	13230	12525
税金及附加	150	150
销售费用	120	110
管理费用	240	210
研发费用	0	0
财务费用	560	490
资产减值损失	0	0
加：其他收益	0	0
投资收益	210	130
公允价值变动收益	110	190
资产处置收益	0	0
二、营业利润	1030	1095
加：营业外收入	60	95
减：营业外支出	110	35
三、利润总额	980	1155
减：所得税费用	330	385
四、净利润	650	770

一、偿债能力分析

偿债能力是指企业偿还本身所欠债务的能力。对偿债能力进行分析有利于债权人进行正确的借贷决策；有利于投资者进行正确的投资决策；有利于企业经营者进行正确的经营决策；有利于正确评价企业的财务状况。

债务一般按到期时间分为短期债务和长期债务，偿债能力分析也由此分为短期偿债能力分析和长期偿债能力分析。

（一）短期偿债能力分析

企业在短期（一年或一个营业周期）需要偿还的负债主要指流动负债，因此短期偿债能力衡量的是对流动负债的清偿能力。企业的短期偿债能力取决于短期内企业产生现金的能力，即在短期内能够转化为现金的流动资产的多少。所以，短期偿债能力比率也称为变现能力比率或流动性比率，主要考察的是流动资产对流动负债的清偿能力。企业短期偿债能力的衡量指标主要有营运资金、流动比率、速动比率和现金比率。

1. 营运资金

营运资金是指流动资产超过流动负债的部分。其计算公式如下：

营运资金=流动资产-流动负债

根据诚信达公司的财务报表数据：

本年年末营运资金=3590-1640=1950(万元)

上年年末营运资金=3130-1240=1890(万元)

计算营运资金使用的“流动资产”和“流动负债”，通常可以直接取自资产负债表。营运资金越多则偿债越有保障。当流动资产大于流动负债时，营运资金为正，说明企业财务状况稳定，不能偿债的风险较小。反之，当流动资产小于流动负债时，营运资金为负，此时，企业部分非流动资产以流动负债作为资金来源，企业不能偿债的风险很大。因此，企业必须保持正的营运资金，以避免流动负债的偿付风险。

营运资金是绝对数，不便于不同企业之间的比较。例如，甲公司和乙公司有相同的营运资金（见表10-4）。是否意味着它们具有相同的偿债能力呢？

表10-4　甲公司和乙公司营运资金　单位：万元

项目	甲公司	乙公司
流动资产	600	2400
流动负债	200	2000
营运资金	400	400

尽管甲公司和乙公司营运资金都为400万元，但是甲公司的偿债能力明显好于乙公司，原因是甲公司的营运资金占流动资产的比例是2/3，即流动资产中只有1/3用于偿还流动负债；而乙公司的营运资金占流动资产的比例是1/6，即流动资产的绝大部分(5/6)用于偿还流动负债。

因此，在实务中直接使用营运资金作为偿债能力的衡量指标受到局限，偿债能力更多地通过债务的存量比率来评价。

2. 流动比率

流动比率是企业流动资产与流动负债之比。其计算公式为：

流动比率=流动资产/流动负债

流动比率表明每1元流动负债有多少流动资产作为保障，流动比率越大通常短期偿债能力越强。一般认为，生产企业合理的最低流动比率是2。这是因为流动资产中变现能力最差的存货金额约占流动资产总额的一半，剩下的流动性较大的流动资产至少要等于流动负债，企业短期偿债能力才会有保证。但随着企业的经营方式和金融环境的变化，流动比率有下降的趋势，现在有许多成功企业的流动比率低于2。

运用流动比率进行分析时，要注意以下几个问题：

(1) 流动比率高不意味着短期偿债能力一定很强。因为，流动比率假设全部流动资产可变现清偿流动负债。实际上，各项流动资产的变现能力并不相同而且变现金额可能与账面金额存在较大差异。因此，流动比率是对短期偿债能力的粗略估计，还需进一步分析流动资产的构成项目。

(2) 计算出来的流动比率，只有和同行业平均流动比率、本企业历史流动比率进行比较，才能知道这个比率是高还是低。这种比较通常并不能说明流动比率为什么这么高或低，要找出过高或过低的原因还必须分析流动资产和流动负债所包括的内容以及经营上的因素。

一般情况下，营业周期、流动资产中的应收账款和存货的周转速度是影响流动比率的主要因素。营业周期短、应收账款和存货的周转速度快的企业其流动比率低一些也是可以接受的。

根据表 10－2，诚信达公司 2024 年年初与 2024 年年末的流动资产分别为 3130 万元、3590 万元，流动负债分别为 1240 万元、1640 万元，则该公司流动比率为：

年初流动比率＝3130/1240＝2.524

年末流动比率＝3590/1640＝2.189

诚信达公司年初、年末流动比率均大于 2，说明该企业具有较强的短期偿债能力。

流动比率的缺点是该比率比较容易人为操纵，并且没有揭示流动资产的构成内容，只能大致反映流动资产整体的变现能力。但流动资产中包含像存货这类变现能力较差的资产，如能将其剔除，其所反映的短期偿债能力更加可信，这个指标就是速动比率。

推荐阅读

流动比率越高说明企业用于短期偿债能力越强吗?

流动比率是衡量企业短期偿债能力的重要指标，但是并不是说该指标值越高就越好。对于债权人来说，他们希望该指标值越高越好；对于企业而言，流动比率中包括现金、应收款项、存货等，它们的流动性各不相同，而且不同方法的会计处理对计算指标也有影响。尤其是对于存货项目而言，可能存在着存货变质、抵押、流动性差等问题，对流动比率有较大影响，从而可能会出现虽然流动比率高但实质上真正可以随时用来偿债的现金及其等价物严重短缺的情况。因此，分析流动比率时要结合现金流量分析，这样才能够全面反映企业的实际偿债能力。另外，过高的流动比率反映企业在流动资产管理方面的欠缺，使账面上有大量闲置的流动资产，企业的机会成本相应增高，利用资产获利能力下降。因此企业应当加强营运资本的管理，提高资产利用效益。

3. 速动比率

速动比率是企业速动资产与流动负债之比，其计算公式为：

速动比率＝速动资产/流动负债

构成流动资产的各项目，流动性差别很大。其中货币资金、以公允价值计量且其变动计入当期损益的金融资产和各种应收款项，可以在较短时间内变现，称为速动资产；另外的流动资产，包括存货、预付款项、一年内到期的非流动资产和其他流动资产等，属于非速动资产。速动资产主要剔除了存货，原因有以下几点：①流动资产中存货的变现速度比应收账款要慢得多；②部分存货可能已被抵押；③存货成本和市价可能存在差异。由于剔除了存货等变现能力较差的资产，速动比率比流动比率能更准确、可靠地评价企业资产的流动性及偿还短期债务的能力。例如，某公司虽然近几年来的流动比率远低于一般认为的最低流动比率，但其速动比率一直保持在 1 的水平，可见其短期偿债能力并不像单看流动比率时那么弱。

速动比率表明每1元流动负债有多少速动资产作为偿债保障。一般情况下，速动比率越大，短期偿债能力越强。由于通常认为存货占了流动资产的一半左右，因此剔除存货影响的速动比率至少是1。速动比率过低，企业面临偿债风险；但速动比率过高，会因占用现金及应收账款过多而增加企业的机会成本。影响此比率可信性的重要因素是应收账款的变现能力。因为，应收账款的账面金额不一定都能转化为现金，而且对于季节性生产的企业，其应收账款金额存在着季节性波动，根据某一时点计算的速动比率不能客观反映其短期偿债能力。此外，使用该指标应考虑行业的差异性，如大量使用现金结算的企业其速动比率大大低于1是正常现象。

4. 现金比率

现金资产包括货币资金和交易性金融资产等。现金资产与流动负债的比值称为现金比率。现金比率计算公式为：

现金比率＝(货币资金＋交易性金融资产)/流动负债

现金比率剔除了应收账款对偿债能力的影响，最能反映企业直接偿付流动负债的能力，表明每1元流动负债有多少现金资产作为偿债保障。由于流动负债是在一年内（或一个营业周期内）陆续到期清偿，所以并不需要企业时时保留相当于流动负债金额的现金资产。经验研究表明，0.2的现金比率就可以接受。而这一比率过高，就意味着企业过多资源占用在盈利能力较低的现金资产上，从而影响了企业盈利能力。

（二）长期偿债能力分析

长期偿债能力是指企业在较长的期间偿还债务的能力。企业在长期内，不仅需要偿还流动负债，还需要偿还非流动负债，因此，长期偿债能力衡量的是对企业所有负债的清偿能力。企业对所有负债的清偿能力取决于其总资产水平，因此长期偿债能力比率考察的是企业资产、负债和所有者权益之间的关系。其财务指标主要有四项：资产负债率、产权比率、权益乘数和利息保障倍数。

1. 资产负债率

资产负债率是企业负债总额与资产总额之比。其计算公式为：

资产负债率＝负债总额/资产总额×100％

资产负债率反映总资产中有多大比例是通过负债取得的，可以衡量企业清算时资产对债权人权益的保障程度。当资产负债率高于50％时，表明企业资产来源主要依靠的是负债，财务风险较大。当资产负债率低于50％时，表明企业资产的主要来源是所有者权益，财务比较稳健。这一比率越低，表明企业资产对负债的保障能力越高，企业的长期偿债能力越强。

根据表10－2，诚信达公司的资产负债率为：

年初资产负债率＝4170/8600×100％＝48.49％

年末资产负债率＝5470/10200×100％＝53.63％

诚信达公司年初资产负债率为48.49％，年末资产负债率为53.63％，有所上升，表明企业负债水平提高，但偿债能力强弱还需结合行业水平进一步分析。如果诚信达公司所属的行业平均资产负债率为60％，说明尽管诚信达公司资产负债率上升，财务风险有所加大，但相对于行业水平而言其财务风险仍然较低，长期偿债能力较强。企业仍有空间进一步提高负债水平，以发挥财务杠杆效应。

2. 产权比率

产权比率又称资本负债率，是负债总额与所有者权益之比，它是企业财务结构稳健与否的重要标志。其计算公式为：

产权比率＝负债总额/所有者权益×100％

产权比率不仅反映了由债权人提供的资本与所有者提供的资本的相对关系，即企业财务结构是否稳定；而且反映了债权人资本受股东权益保障的程度，或者是企业清算时对债权人利益的保障程度。一般来说，这一比率越低，表明企业长期偿债能力越强，债权人权益保障程度越高。在分析时同样需要结合企业的具体情况加以分析，当企业的资产收益率大于负债利息率时，负债经营有利于提高资金收益率，获得额外的利润，这时的产权比率可适当高些。产权比率高，是高风险、高报酬的财务结构；产权比率低，是低风险、低收益的财务结构。

根据表 10－2，诚信达公司的产权比率为：

年初产权比率＝4170/4430×100％＝94.13％

年末产权比率＝5470/4730×100％＝115.64％

由计算可知，诚信达公司年末的产权比率提高，表明年末该公司举债经营程度提高，财务风险有所加大。但仍然低于行业水平，行业的产权比率是 150％（行业的资产负债率是 60％，因此产权比率是 60％/40％＝1.5，即 150％）。

产权比率与资产负债率对评价偿债能力的作用基本一致，只是资产负债率侧重于分析债务偿付安全性的物质保障程度，产权比率则侧重于揭示财务结构的稳健程度以及自有资金对偿债风险的承受能力。

3. 权益乘数

权益乘数是总资产与股东权益的比值。其计算公式为：

权益乘数＝总资产/股东权益

权益乘数表明股东每投入 1 元钱可实际拥有和控制的金额。在企业存在负债的情况下，权益乘数大于 1。企业负债比例越高，权益乘数越大。产权比率和权益乘数是资产负债率的另外两种表现形式，是常用的反映财务杠杆水平的指标。

根据表 10－2，诚信达公司的权益乘数为：

年初权益乘数＝8600/4430＝1.94

年末权益乘数＝10200/4730＝2.16

4. 利息保障倍数

利息保障倍数是指企业息税前利润与应付利息之比，又称已获利息倍数，用以衡量偿付借款利息的能力。其计算公式为：

利息保障倍数＝息税前利润/应付利息

＝(净利润＋利润表中的利息费用＋所得税)/应付利息

公式中的被除数“息税前利润”是指利润表中扣除利息费用和所得税前的利润。公式中的除数“应付利息”是指本期发生的全部应付利息，不仅包括财务费用中的利息费用，还应包括计入固定资产成本的资本化利息。资本化利息虽然不在利润表中扣除，但仍然是要偿还的。利息保障倍数主要是衡量企业支付利息的能力，没有足够大的息税前利润，利息的支付就会发生困难。

根据表 10－3，假定表中财务费用全部为利息费用，资本化利息为 0，则诚信达公司利息保障倍数为：

上年利息保障倍数＝(1155＋490)/490＝3.36

本年利息保障倍数＝(980＋560)/560＝2.75

从以上计算结果看，诚信达公司的利息保障倍数减少，利息支付能力有所下降，但能支付将近 3 期的利息，有一定的偿债能力，还需要与其他企业特别是本行业平均水平进行比较来分析评价。

（三）影响偿债能力的其他因素

1. 可动用的银行贷款指标或授信额度

当企业存在可动用的银行贷款指标或授信额度时，这些数据不在财务报表内反映，但由于可以随时增加企业的支付能力，因此可以提高企业的偿债能力。

2. 资产质量

在财务报表内反映的资产金额为资产的账面价值，但由于财务会计的局限性，资产的账面价值与实际价值可能存在差异，如资产可能被高估或低估，一些资产无法进入到财务报表等。此外，资产的变现能力也会影响偿债能力。如果企业存在可以很快变现的长期资产，会增加企业的短期偿债能力。

3. 或有事项和承诺事项

如果企业存在债务担保或未决诉讼等或有事项，会增加企业的潜在偿债压力。同样各种承诺支付事项，也会增加企业偿债压力。

4. 经营租赁

当企业存在经营租赁时，意味着企业要在租赁期内分期支付租赁费用，有固定的、经常性的支付义务。但是经营租赁的负债未反映在资产负债表中，因此经营租赁作为一种表外融资方式，会影响企业的偿债能力，特别是经营租赁期限较长、金额较大的情况。因此，如果企业存在经营租赁时，应考虑租赁费用对偿债能力的影响。

二、营运能力分析

营运能力主要指资产运用、循环的效率高低。一般而言，资金周转速度越快，说明企业的资金管理水平越高，资金利用效率越高，企业可以以较少的投入获得较多的收益。因此，营运能力指标是通过投入与产出（主要指收入）之间的关系反映的。企业营运能力分析主要包括：流动资产营运能力分析、固定资产营运能力分析和总资产营运能力分析三个方面。

（一）流动资产营运能力分析

反映流动资产营运能力的指标主要有应收账款周转率、存货周转率和流动资产周转率。

1. 应收账款周转率

应收账款在流动资产中有着举足轻重的地位，及时收回应收账款，不仅增强了企业的短期偿债能力，也反映出企业管理应收账款的效率。反映应收账款周转情况的比率有应收账款周转率（次数）和应收账款周转天数。

应收账款周转次数，是一定时期内商品或产品营业收入与应收账款平均余额的比值，表明一定时期内应收账款平均收回的次数。其计算公式为：

$$\text{应收账款周转次数}=\frac{\text{营业收入}}{\text{应收账款平均余额}}$$
$$=\frac{\text{营业收入}}{(\text{期初应收账款}+\text{期末应收账款})/2}$$

应收账款周转天数指应收账款周转一次（从销售开始到收回现金）所需要的时间，其计算公式为：

$$\text{应收账款周转天数}=\text{计算期天数}/\text{应收账款周转次数}$$
$$=\text{计算期天数}\times\text{应收账款平均余额}/\text{营业收入}$$

通常，应收账款周转次数越高（或周转天数越短）表明应收账款管理效率越高。

根据表 10－2、表 10－3，诚信达公司 2024 年度营业收入为 15010 万元，2024 年应收账款、应收票据年末数分别为 2000 万元和 50 万元，年初数分别为 1005 万元和 65 万元，假设年初、年末坏账准备均为 0。2024 年该公司应收账款周转率指标计算如下：

$$\text{应收账款周转次数}=\frac{15010}{(2000+50+1005+65)}\times 2=9.62(\text{次})$$

$$\text{应收账款周转天数}=360/9.62=37.42(\text{天})$$

运用应收账款周转率指标评价企业应收账款管理效率时，应将计算出的指标与该企业前期、与行业平均水平或其他类似企业相比较来进行判断。

2. 存货周转率

在流动资产中，存货所占比重较大，存货的流动性将直接影响企业的流动比率。存货周转率的分析同样可以通过存货周转次数和存货周转天数反映。

存货周转率（次数）是指一定时期内企业营业成本与存货平均资金占用额的比率，是衡量和评价企业购入存货、投入生产、销售收回等各环节管理效率的综合性指标。其计算公式为：

$$\text{存货周转次数}=\text{营业成本}/\text{存货平均余额}$$

$$\text{存货平均余额}=(\text{期初存货}+\text{期末存货})/2$$

式中，营业成本为利润表中“营业成本”的数值。

存货周转天数是指存货周转一次（即存货取得到存货销售）所需要的时间。计算公式为：

$$\text{存货周转天数}=\text{计算期天数}/\text{存货周转次数}$$
$$=\text{计算期天数}\times\text{存货平均余额}/\text{营业成本}$$

根据表 10－2、表 10－3，诚信达公司 2024 年度营业成本为 13230 万元，期初存货为 1640 万元，期末存货为 605 万元，该公司存货周转率指标为：

$$存货周转次数=\frac{13230}{(1640+605)/2}=11.79(次)$$

$$存货周转天数=360/11.79=30.53(天)$$

一般来讲，存货周转速度越快，存货占用水平越低，流动性越强，存货转化为现金或应收账款的速度就越快，这样会增强企业的短期偿债能力及盈利能力。通过存货周转速度分析，有利于找出存货管理中存在的问题，尽可能降低资金占用水平。在具体分析时，应注意几点：①存货周转率的高低与企业的经营特点有密切联系，应注意行业的可比性。例如，2024 年 A 股零售业公司的平均存货周转次数为 11.15 次，而房地产公司的平均存货周转次数约为 1.34 次。②该比率反映的是存货整体的周转情况，不能说明企业经营各环节的存货周转情况和管理水平。③应结合应收账款周转情况和信用政策进行分析。

3. 流动资产周转率

流动资产周转率是反映企业流动资产周转速度的指标。流动资产周转率（次数）是一定时期营业收入净额与企业流动资产平均占用额之间的比率。其计算公式为：

流动资产周转次数＝营业收入/流动资产平均余额

流动资产周转天数＝计算期天数/流动资产周转次数

＝计算期天数×流动资产平均余额/营业收入净额

流动资产平均余额＝(期初流动资产＋期末流动资产)/2

在一定时期内，流动资产周转次数越多，表明以相同的流动资产完成的周转额越多，流动资产利用效果越好。流动资产周转天数越少，表明流动资产在经历生产销售各阶段所占用的时间越短，可相对节约流动资产，增强企业盈利能力。

根据表 10－2、表 10－3，诚信达公司 2024 年营业收入为 15010 万元，2024 年流动资产期初数为 3130 万元，期末数为 3590 万元，则该公司流动资产周转指标计算如下：

$$流动资产周转次数=\frac{15010}{(3130+3590)/2}=4.47(次)$$

$$流动资产周转天数=360/4.47=80.54(天)$$

（二）固定资产营运能力分析

反映固定资产营运能力的指标为固定资产周转率。固定资产周转率（次数）是指企业年营业收入与固定资产平均额的比率。它是反映企业固定资产周转情况，从而衡量固定资产利用效率的一项指标。其计算公式为：

固定资产周转率＝营业收入/平均固定资产

平均固定资产＝(期初固定资产＋期末固定资产)/2

固定资产周转率高（即一定时期内固定资产周转次数多），说明企业固定资产投资得当，结构合理，利用效率高；反之，如果固定资产周转率不高，则表明固定资产利用效率不高，提供的生产成果不多，企业的营运能力不强。

根据表 10－2、表 10－3，诚信达公司 2023 年、2024 年的营业收入分别为 14260 万元、15010 万元，2024 年年初固定资产为 4775 万元，2024 年年末固定资产为 6190 万元。假设 2023 年年初固定资产为 4000 万元，则固定资产周转率计算如下：

$$2023\text{ 年固定资产周转率}=\frac{14260}{(4000+4775)/2}=3.25(\text{次})$$

$$2024\text{ 年固定资产周转率}=\frac{15010}{(4775+6190)/2}=2.74(\text{次})$$

通过以上计算可知，2024 年固定资产周转率为 2.74 次，2023 年固定资产周转率为 3.25 次，说明 2024 年度周转速度要比上年慢，其主要原因在于固定资产增长幅度要大于营业收入增长幅度，说明企业营运能力有所减弱，这种减弱幅度是否合理，还要视公司目标及同行业水平的比较而定。

（三）总资产营运能力分析

反映总资产营运能力的指标是总资产周转率。总资产周转率（次数）是企业营业收入与企业资产平均总额的比率。计算公式为：

总资产周转次数＝营业收入/平均资产总额

如果企业各期资产总额比较稳定，波动不大，则：

平均总资产＝(期初总资产＋期末总资产)/2

计算总资产周转率时分子分母在时间上应保持一致。

这一比率用来衡量企业资产整体的使用效率。总资产由各项资产组成，在营业收入既定的情况下，总资产周转率的驱动因素是各项资产。因此，对总资产周转情况的分析应结合各项资产的周转情况，以发现影响企业资产周转的主要因素。

根据表 10－2、表 10－3，2023 年诚信达公司营业收入为 14260 万元，2024 年为 15010 万元，2024 年年初资产总额为 8600 万元，2024 年年末为 10200 万元。假设 2023 年年初资产总额为 7800 万元，则该公司 2023 年、2024 年总资产周转率计算如下：

$$2023\text{ 年总资产周转率}=\frac{14260}{(7800+8600)/2}=1.74(\text{次})$$

$$2024\text{ 年总资产周转率}=\frac{15010}{(8600+10200)/2}=1.60(\text{次})$$

从以上计算可知，诚信达公司 2024 年总资产周转速度比上年慢，这与前面计算分析得出的固定资产周转速度减慢结论一致，该公司应扩大销售额，处理闲置资产，以提高资产使用效率。

总之，各项资产的周转率指标用于衡量各项资产赚取收入的能力，经常与企业盈利能力的指标结合在一起，以全面评价企业的盈利能力。

三、盈利能力分析

不论是投资人、债权人还是经理人员，都会非常重视和关心企业的盈利能力。盈利能力是企业获取利润、实现资金增值的能力。因此，盈利能力指标主要通过收入与利润之间的关系、资产与利润之间的关系反映。反映企业盈利能力的指标主要有营业毛利率、营业净利率、总资产净利率和净资产收益率。

（一）营业毛利率

营业毛利率是营业毛利与营业收入之比，其计算公式如下：

营业毛利率＝营业毛利/营业收入×100％

营业毛利＝营业收入－营业成本

营业毛利率反映产品每1元营业收入所包含的毛利润是多少，即营业收入扣除营业成本后还有多少剩余可用于弥补各期费用和形成利润。营业毛利率越高，表明产品的盈利能力越强。将营业毛利率与行业水平进行比较，可以反映企业产品的市场竞争地位。那些营业毛利率高于行业水平的企业意味着实现一定的收入占用了更少的成本，表明它们在资源、技术或劳动生产率方面具有竞争优势。而那些营业毛利率低于行业水平的企业则意味着在行业中处于竞争劣势。此外，将不同行业的营业毛利率进行横向比较，也可以说明行业间盈利能力的差异。

根据表10－3，可计算诚信达公司营业毛利率如下：

2023年营业毛利率＝(14260－12525)/14260×100％＝12.17％

2024年营业毛利率＝(15010－13230)/15010×100％＝11.86％

（二）营业净利率

营业净利率是净利润与营业收入之比，其计算公式为：

营业净利率＝净利润/营业收入×100％

营业净利率反映每1元营业收入最终赚取了多少利润，用于反映产品最终的盈利能力。在利润表上，从营业收入到净利润需要扣除营业成本、期间费用、税金等项目。因此，将营业净利率按利润的扣除项目进行分解可以识别影响营业净利率的主要因素。

根据表10－3，可计算营业净利率如下：

2023年营业净利率＝770/14260×100％＝5.40％

2024年营业净利率＝650/15010×100％＝4.33％

从上述计算分析可以看出，2024年各项营业利润率指标与上年相比有所下降。说明企业盈利能力有所下降，企业应查明原因，采取相应措施，提高盈利水平。

（三）总资产净利率

总资产净利率指净利润与平均总资产的比率，反映每1元资产创造的净利润。其计算公式为：

总资产净利率＝(净利润/平均总资产)×100％

总资产净利率衡量的是企业资产的盈利能力。总资产净利率越高，表明企业资产的利用效果越好。影响总资产净利率的因素是营业净利率和总资产周转率。

$$\text{总资产净利率}=\frac{\text{净利润}}{\text{平均总资产}}=\frac{\text{净利润}}{\text{营业收入}}\times\frac{\text{营业收入}}{\text{平均总资产}}$$

$$=\text{营业净利率}\times\text{总资产周转率}$$

因此，企业可以通过提高营业净利率、加速资产周转来提高总资产净利率。

根据表10－2、表10－3，诚信达公司2023年净利润为770万元，年末总资产为8600万元；2024年净利润为650万元，年末总资产为10200万元。假设2023年年初总资产为7800万元，则诚信达公司总资产净利率计算如下：

2023年总资产净利率＝770/[(7800＋8600)/2]×100％＝9.39％

2024年总资产净利率＝650/[(10200＋8600)/2]×100％＝6.91％

由以上计算结果可知，总资产净利率下降明显，表明企业盈利能力减弱。结合前面计算的营业净利率和总资产周转率发现，营业净利率和资产周转率均下降是总资产净利率下降的原因，表明企业产品的盈利能力和资产运用效率均存在问题。企业应进一步分析产品盈利能力和资产周转能力下降的原因，通过提高营业净利率和资产周转率改善企业整体盈利水平。

（四）净资产收益率

净资产收益率又称权益净利率或权益报酬率，是净利润与平均所有者权益的比值，表示每 1 元权益资本赚取的净利润，反映权益资本经营的盈利能力。其计算公式为：

$$净资产收益率=(净利润/平均所有者权益)\times100\%$$

该指标是企业盈利能力指标的核心，也是杜邦财务指标体系的核心，更是投资者关注的重点。一般来说，净资产收益率越高，所有者和债权人的利益保障程度越高。如果企业的净资产收益率在一段时期内持续增长，说明权益资本盈利能力稳定上升。但净资产收益率不是一个越高越好的概念，分析时要注意企业的财务风险。

$$净资产收益率=\frac{净利润}{平均净资产}=\frac{净利润}{平均总资产}\times\frac{平均总资产}{平均净资产}=资产净利润\times权益乘数$$

通过对净资产收益率的分解可以发现，改善资产盈利能力和增加企业负债都可以提高净资产收益率。而如果不改善资产盈利能力，单纯通过加大举债力度提高权益乘数进而提高净资产收益率的做法则十分危险。因为，企业负债经营的前提是有足够的盈利能力保障偿还债务本息，单纯增加负债对净资产收益率的改善只具有短期效应，最终将因盈利能力无法涵盖增加的财务风险而使企业面临财务困境。因此，只有企业净资产收益率上升同时财务风险没有明显加大，才能说明企业财务状况良好。

例如，某公司 2023 年、2024 年的净资产收益率分别为 30.2%和 32.2%，分析发现这 2%的增长主要是因为资产净利率从 21.55%上升到 23.67%，而权益乘数从 1.4 降到了 1.36，可见其 2024 年的财务状况较好。

根据表 10－2、表 10－3，诚信达公司 2023 年净利润为 770 万元，年末所有者权益为 4430 万元；2024 年净利润为 650 万元，年末所有者权益为 4730 万元。假设 2023 年年初所有者权益为 4000 万元，则诚信达公司净资产收益率为：

$$2023\ 年净资产收益率=\frac{770}{(4000+4430)/2}\times100\%=18.27\%$$

$$2024\ 年净资产收益率=\frac{650}{(4430+4730)/2}\times100\%=14.19\%$$

由于该公司所有者权益的增长快于净利润的增长，2024 年净资产收益率要比上年低，说明权益资本的盈利能力明显降低。由前面的计算结果可以发现，企业权益乘数有所增加，但由于资产盈利能力下降较快导致了净资产收益率的下降。因此，诚信达公司盈利水平下降的同时面临的财务风险加大。公司应尽快改善盈利能力，通过提高产品竞争能力、加快资产周转同时控制财务风险以改善企业所面临的问题。

四、发展能力分析

衡量企业发展能力的指标主要有：营业收入增长率、总资产增长率、营业利润增长率、资本保值增值率和所有者权益增长率等。

（一）营业收入增长率

该指标反映的是相对化的营业收入增长情况，是衡量企业经营状况和市场占有能力、预测企业经营业务拓展趋势的重要指标。在实际分析时应考虑企业历年的销售水平、市场占有情况、行业未来发展及其他影响企业发展的潜在因素，或结合企业前三年的营业收入增长率进行趋势性分析判断。其计算公式为：

营业收入增长率＝本年营业收入增长额/上年营业收入×100％

本年营业收入增长额＝本年营业收入－上年营业收入

计算过程中，营业收入可以使用利润表中的“营业收入”数据。营业收入增长率大于零，表明企业本年营业收入有所增长。该指标值越高，表明企业营业收入的增长速度越快，企业市场前景越好。

根据表 10－3，诚信达公司 2023 年营业收入为 14260 万元，2024 年营业收入为 15010 万元。则诚信达公司营业收入增长率为：

2024 年营业收入增长率＝(15010－14260)/14260×100％＝5.26％

（二）总资产增长率

总资产增长率是企业本年资产增长额同年初资产总额的比率，反映企业本期资产规模的增长情况。其计算公式为：

总资产增长率＝本年资产增长额/年初资产总额×100％

本年资产增长额＝年末资产总额－年初资产总额

总资产增长率越高，表明企业一定时期内资产经营规模扩张的速度越快。但在分析时，需要关注资产规模扩张的质和量的关系，以及企业的后续发展能力，避免盲目扩张。

根据表 10－2，诚信达公司 2024 年年初资产总额为 8600 万元，2024 年年末资产总额为 10200 万元。则诚信达公司总资产增长率为：

2024 年总资产增长率＝（10200－8600）/8600×100％＝18.60％

（三）营业利润增长率

营业利润增长率是企业本年营业利润增长额与上年营业利润总额的比率，反映企业营业利润的增减变动情况。其计算公式为：

营业利润增长率＝本年营业利润增长额/上年营业利润总额×100％

本年营业利润增长额＝本年营业利润－上年营业利润

根据表 10－3，诚信达公司 2023 年营业利润为 1095 万元，2024 年营业利润为 1030 万元。则诚信达公司营业利润增长率为：

2024 年营业利润增长率＝(1030－1095)/1095×100％＝－5.94％

（四）资本保值增值率

资本保值增值率是指扣除客观因素影响后的所有者权益的期末总额与期初总额之比。其计算公式为：

资本保值增值率＝扣除客观因素影响后的期末所有者权益/期初所有者权益×100%

在其他因素不变的情况下，如果企业本期净利润大于0，并且利润留存率大于0，则必然会使期末所有者权益大于期初所有者权益，所以该指标也是衡量企业盈利能力的重要指标。这一指标的高低，除了受企业经营成果的影响，还受企业利润分配政策的影响。

根据前面净资产收益率的有关资料，诚信达公司资本保值增值率计算如下：

2023年资本保值增值率＝4430/4000×100%＝111%

2024年资本保值增值率＝4730/4430×100%＝107%

可见该公司2024年资本保值增值率与上年相比有所降低。

（五）所有者权益增长率

所有者权益增长率是企业本年所有者权益增长额与年初所有者权益的比率，反映企业当年资本的积累能力。其计算公式为：

所有者权益增长率＝本年所有者权益增长额/年初所有者权益×100%

本年所有者权益增长额＝年末所有者权益－年初所有者权益

所有者权益增长率越高，表明企业的资本积累越多，应对风险、持续发展的能力越强。

根据表10－2，诚信达公司2024年年初所有者权益为4430万元，2024年年末所有者权益为4730万元。则诚信达公司所有者权益增长率为：

2024年所有者权益增长率＝(4730－4430)/4430×100%＝6.77%

任务三　上市公司财务分析

一、上市公司特殊财务分析指标

（一）每股收益

每股收益是综合反映企业盈利能力的重要指标，可以用来判断和评价管理层的经营业绩。每股收益概念包括基本每股收益和稀释每股收益。

1. 基本每股收益

基本每股收益的计算公式为：

$$基本每股收益=\frac{归属于公司普通股股东的净利润}{发行在外的普通股加权平均数}$$

其中，发行在外的普通股加权平均数＝期初发行在外普通股股数＋当期新发普通股股数×已发行时间/报告期时间－当期回购普通股股数×已回购时间/报告期时间。

【例10－3】诚信达公司2024年度归属于普通股股东的净利润为25000万元。2023年年末的股数为8000万股，2024年2月8日，经公司2023年度股东大会决议，以截至2023年年末公司总股数为基础，向全体股东发放股利：每10股送红股10股，工商注册登记变更完成后公司总股数变为16000万股。2024年11月29日发行新股6000万股。

$$基本每股收益=\frac{25000}{8000+8000+6000\times\frac{1}{12}}=1.52(元/股)$$

在上面计算中，公司2023年度分配10送10导致股数增加8000万股，由于送红股是将公司以前年度的未分配利润转为普通股，转化与否都一直作为资本使用，因此新增的这8000万股不需要按照实际增加的月份加权计算，可以直接计入分母；而公司发行新股6000万股，这部分股份由于在11月底增加，对全年的利润贡献只有1个月，因此应该按照1/12的权数进行加权计算。

2. 稀释每股收益

企业存在稀释性潜在普通股的，应当计算稀释每股收益。稀释性潜在普通股指假设当期转换为普通股会减少每股收益的潜在普通股。潜在普通股主要包括：可转换公司债券、认股权证和股份期权等。

(1) 可转换公司债券。对于可转换公司债券，计算稀释每股收益时，分子的调整项目为可转换公司债券当期已确认为费用的利息等的税后影响额；分母的调整项目为假定可转换公司债券当期期初或发行日转换为普通股股数的加权平均数。

(2) 认股权证和股份期权。认股权证、股份期权等的行权价格低于当期普通股平均市场价格时，应当考虑其稀释性。

计算稀释每股收益时，作为分子的净利润金额一般不变；分母的调整项目为增加的普通股股数，同时还应考虑时间权数。

对投资者来说，每股收益是一个综合性的盈利概念，在不同行业、不同规模的上市公司之间具有相当大的可比性，因而在各上市公司之间的业绩比较中被广泛应用。人们一般将每股收益视为企业能否成功地达到其利润目标的标志，也可以将其看成一家企业管理效率、盈利能力和股利来源的标志。理论上，每股收益反映了投资者可望获得的最高股利收益，因而是衡量股票投资价值的重要指标。每股收益越高，表明投资价值越大；否则反之。但是每股收益多并不意味着每股股利多，此外每股收益不能反映股票的风险水平。

(二) 每股股利

每股股利是企业股利总额与普通股股数的比值。其计算公式为：

$$每股股利=现金股利总额/期末发行在外的普通股股数$$

【例10-4】诚信达公司2024年度发放普通股股利3600万元，年末发行在外的普通股股数为12000万股。每股股利计算如下：

$$每股股利=\frac{3600}{12000}=0.3(元)$$

每股股利反映的是普通股股东每持有上市公司一股普通股获取的股利大小，是投资者股票投资收益的重要来源之一。由于净利润是股利分配的来源，因此每股股利的多少很大程度取决于每股收益的多少。但上市公司每股股利发放多少，除了受上市公司盈利能力大小影响，还取决于企业的股利分配政策和投资机会。投资者使用每股股利分析上市公司的投资回报时，应比较连续几个期间的每股股利，以评估股利回报的稳定性并作出收益预期。

反映每股股利和每股收益之间关系的一个重要指标是股利发放率，即每股股利分配额与当期的每股收益之比。

$$股利发放率=每股股利/每股收益$$

股利发放率反映每 1 元净利润有多少用于普通股股东的现金股利发放，反映普通股股东的当期收益水平。借助该指标，投资者可以了解一家上市公司的股利发放政策。

（三）市盈率

市盈率是股票每股市价与每股收益的比率，反映普通股股东为获取 1 元净利润所愿意支付的股票价格。其计算公式如下：

$$市盈率=\frac{每股市价}{每股收益}$$

【例 10－5】沿用【例 10－3】的资料，同时假定诚信达公司 2024 年年末每股市价 30.4 元。则该公司 2024 年年末市盈率计算如下：

$$市盈率=\frac{30.4}{1.52}=20(倍)$$

市盈率是股票市场上反映股票投资价值的重要指标，该比率的高低反映了市场上投资者对股票投资收益和投资风险的预期。一方面，市盈率越高，意味着投资者对股票的收益预期越看好，投资价值越大；反之，投资者对该股票评价越低。另一方面，市盈率越高，也说明获得一定的预期利润投资者需要支付更高的价格，因此投资于该股票的风险也越大；市盈率越低，说明投资于该股票的风险越小。

上市公司的市盈率是广大股票投资者进行中长期投资的重要决策指标。

影响企业股票市盈率的因素有：第一，上市公司盈利能力的成长性。如果上市公司预期盈利能力不断提高，说明企业具有较好的成长性，虽然目前市盈率较高，也值得投资者进行投资。第二，投资者所获取收益率的稳定性。如果上市公司经营效益良好且相对稳定，则投资者获取的收益也较高且稳定，投资者就愿意持有该企业的股票，则该企业的股票市盈率会由于众多投资者的普遍看好而相应提高。第三，市盈率也受到利率水平变动的影响。

使用市盈率进行分析的前提是每股收益维持在一定水平之上，如果每股收益很小或接近亏损，但股票市价不会降至零，会导致市盈率极高，此时很高的市盈率不能说明任何问题；此外，以市盈率衡量股票投资价值尽管具有市场公允性，但还存在一些缺陷：第一，股票价格的高低受很多因素影响，非理性因素会使股票价格偏离其内在价值；第二，市盈率反映了投资者的投资预期，但由于市场不完全和信息不对称，投资者可能会对股票做出错误估计。因此，通常难以根据某一股票在某一时期的市盈率对其投资价值做出判断，应该进行不同期间以及同行业不同公司之间的比较或与行业平均市盈率进行比较，以判断股票的投资价值。

（四）每股净资产

每股净资产，又称每股账面价值，是指企业期末普通股净资产与期末发行在外的普通股股数之间的比率。用公式表示为：

$$每股净资产=\frac{期末普通股净资产}{期末发行在外的普通股股数}$$

$$期末普通股净资产=期末股东权益-期末优先股股东权益$$

【例 10－6】诚信达公司 2024 年年末股东权益为 15600 万元，全部为普通股，年末发行在外的普通股股数为 12000 万股。则每股净资产计算如下：

$$每股净资产=\frac{15600}{12000}=1.3(元)$$

每股净资产显示了发行在外的每一普通股股份所能分配的企业账面净资产的价值。这里所说的账面净资产是指企业账面上的总资产减去负债后的余额，即股东权益总额。每股净资产指标反映了在会计期末每一股份在企业账面上到底值多少钱，它与股票面值、发行价格、每股市场价值乃至每股清算价值等往往有较大差距，是理论上股票的最低价值。

（五）市净率

市净率是每股市价与每股净资产的比率，是投资者用以衡量、分析个股是否具有投资价值的工具之一。市净率的计算公式如下：

$$市净率=\frac{每股市价}{每股净资产}$$

【例 10－7】沿用【例 10－6】的资料，同时假定诚信达公司 2024 年年末每股市价为 3.9 元，则该公司 2024 年年末市净率计算如下：

$$市净率=\frac{3.9}{1.3}=3(倍)$$

净资产代表的是全体股东共同享有的权益，是股东拥有公司财产和公司投资价值最基本的体现。一般来说，市净率较低的股票，投资价值较高；反之，则投资价值较低。但有时较低的市净率反映的可能是投资者对公司前景的不良预期，而较高市净率则相反。因此，在判断某只股票的投资价值时，还要综合考虑当时的市场环境以及公司经营情况、资产质量和盈利能力等因素。

二、管理层讨论与分析

管理层讨论与分析是上市公司定期报告中管理层对于本企业过去经营状况的评价分析以及对企业未来发展趋势的前瞻性判断，是对企业财务报表中所描述的财务状况和经营成果的解释，是对经营中固有风险和不确定性的揭示，同时也是对企业未来发展前景的预期。

管理层讨论与分析是上市公司定期报告的重要组成部分。要求上市公司编制并披露管理层讨论与分析的目的在于，使公众投资者能够有机会了解管理层自身对企业财务状况与经营成果的分析评价，以及企业未来一定时期内的计划。这些信息在财务报表及附注中并没有得到充分揭示，对投资者的投资决策却非常重要。

管理层讨论与分析信息大多涉及“内部性”较强的定性型软信息，无法对其进行详细的强制规定和有效监控，因此，西方国家的披露原则是强制与自愿相结合，企业可以自主决定如何披露这类信息。

上市公司“管理层讨论与分析”主要包括两部分：报告期间经营业绩变动的解释与企业未来发展的前瞻性信息。

（一）报告期间经营业绩变动的解释

（1）分析企业主营业务及其经营状况。

（2）概述企业报告期内总体经营情况，列示企业主营业务收入、主营业务利润、净利润的同比变动情况，说明引起变动的主要影响因素。企业应当对前期已披露的企业发展战略和经营计划的实现或实施情况、调整情况进行总结，若企业实际经营业绩较曾公开披露过的本年度盈利预测或经营计划低10%以上或高20%以上，应详细说明造成差异的原因。企业可以结合业务发展规模、经营区域、产品等情况，介绍与企业业务相关的宏观经济层面或外部经营环境的发展现状和变化趋势，以及企业的行业地位或区域市场地位，分析企业存在的主要优势和困难，分析企业经营和盈利能力的连续性和稳定性。

（3）说明报告期企业资产构成、销售费用、管理费用、财务费用、所得税等财务数据同比发生重大变动的情况及主要影响因素。

（4）结合企业现金流量表相关数据，说明企业经营活动、投资活动和筹资活动产生的现金流量的构成情况，若相关数据发生重大变动，应当分析其主要影响因素。

（5）企业可以根据实际情况对企业设备利用情况、订单的获取情况、产品的销售或积压情况、主要技术人员变动情况等与企业经营相关的重要信息进行讨论和分析。

（6）企业主要控股及参股企业的经营情况及业绩分析。

（二）企业未来发展的前瞻性信息

（1）企业应当结合经营回顾的情况，分析所处行业的发展趋势及企业面临的市场竞争格局。产生重大影响的，应给予管理层基本判断的说明。

（2）企业应当向投资者提示管理层所关注的未来企业发展机遇和挑战，披露企业发展战略，以及拟开展的新业务、拟开发的新产品、拟投资的新项目等。若企业存在多种业务的，还应当说明各项业务的发展规划。同时，企业应当披露新年度的经营计划，包括（但不限于）收入、成本费用计划以及新年度的经营目标（如销售额的提升、市场份额的扩大、成本升降、研发计划等），以及为达到上述经营目标拟采取的策略和行动。企业可以编制并披露新年度的盈利预测，该盈利预测必须经过具有证券期货相关业务资格的会计师事务所审核并发表意见。

（3）企业应当披露为实现未来发展战略所需的资金需求及使用计划，以及资金来源情况，说明企业维持当前业务、完成在建投资项目的资金需求、未来重大的资本支出计划等，包括未来已知的资本支出承诺、合同安排、时间安排等。同时，对企业资金来源的安排、资金成本及使用情况进行说明。企业应当就债务融资、表外融资、股权融资、衍生产品融资等项目对企业未来资金来源进行披露。

企业应当结合自身特点对所有风险因素（包括宏观政策风险、市场或经营风险、财务风险、技术风险等）进行风险揭示，披露的内容应当充分、准确、具体。同时企业可以根据实际情况，介绍已（或拟）采取的对策和措施。

任务四　财务评价与考核

财务分析的最终目的在于全面、准确、客观地揭示与披露企业财务状况和经营情况，并借以对企业经济效益优劣作出合理的评价。显然，要达到这样一个分析目的，仅仅测算几个简单、孤立的财务比率，或者将一些孤立的财务分析指标堆砌在一起，彼此毫无联系地考察，不可能得出合理、正确的综合性结论，有时甚至会得出错误的结论。因此，只有将企业偿债能力、营运能力、投资收益实现能力以及发展趋势等各项分析指标有机地联系起来，作为一套完整的体系，相互配合使用，作出系统的综合评价，才能从总体意义上把握企业财务状况和经营情况的优劣。

综合分析的意义在于能够全面、正确地评价企业的财务状况和经营成果，因为局部不能替代整体，某项指标的好坏不能说明整个企业经济效益的高低。除此之外，综合分析的结果在进行企业不同时期比较分析和不同企业之间比较分析时消除了时间上和空间上的差异，使之更具有可比性，有利于总结经验、吸取教训、发现差距、赶超先进。进而，从整体上、本质上反映和把握企业生产经营的财务状况和经营成果。

一、企业综合绩效分析的方法

企业综合绩效分析的方法有很多，常用的方法主要有杜邦分析法、沃尔评分法和经济增加值法等。

（一）杜邦分析法

杜邦分析法又称杜邦财务分析体系，简称杜邦体系，是利用各主要财务比率指标间的内在联系，对企业财务状况及经济效益进行综合系统分析评价的方法。该体系是以净资产收益率为起点，以总资产净利率和权益乘数为基础，重点揭示企业盈利能力及权益乘数对净资产收益率的影响，以及各相关指标间的相互影响和作用关系。因其最初由美国杜邦企业成功应用，故得名。

杜邦分析法将净资产收益率（权益净利率）分解如图 10－1 所示。其分析关系式为：

净资产收益率＝营业净利率×总资产周转率×权益乘数

运用杜邦分析法需要抓住以下几点：

1. 净资产收益率是一个综合性最强的财务分析指标，是杜邦分析体系的起点

财务管理的目标之一是使股东财富最大化，净资产收益率反映了企业所有者投入资本的盈利能力，说明了企业筹资、投资、资产营运等各项财务及其管理活动的效率，而不断提高净资产收益率是使所有者权益最大化的基本保证。所以，这一财务分析指标是企业所有者、经营者都十分关心的。而净资产收益率高低的决定因素主要有三个，即营业净利率、总资产周转率和权益乘数。这样，在进行分解之后，就可以将净资产收益率这一综合性指标发生升降变化的原因具体化，因此比只用一项综合性指标更能说明问题。

2. 营业净利率反映了企业净利润与营业收入的关系，它的高低取决于营业收入与成本总额的高低

要想提高营业净利率，一是要扩大营业收入，二是要降低成本费用。扩大营业收入既有利于提高营业净利率，又有利于提高总资产周转率。降低成本费用是提高营业净利率的一个重要因素，从杜邦财务分析体系（见图 10－1）可以看出成本费用的基本结构是否合理，从而找出降低成本费用的途径和加强成本费用控制的办法。如果企业财务费用支出过高，就要进一步分析其负债比率是否过高；如果企业管理费用过高，就要进一步分析其资产周转情况等。从图 10－1 中还可以看出，提高营业净利率的另一途径是提高其他利润。为了详细地了解企业成本费用的发生情况，在具体列示成本总额时，还可根据重要性原则，将那些影响较大的费用单独列示，以便为寻求降低成本的途径提供依据。

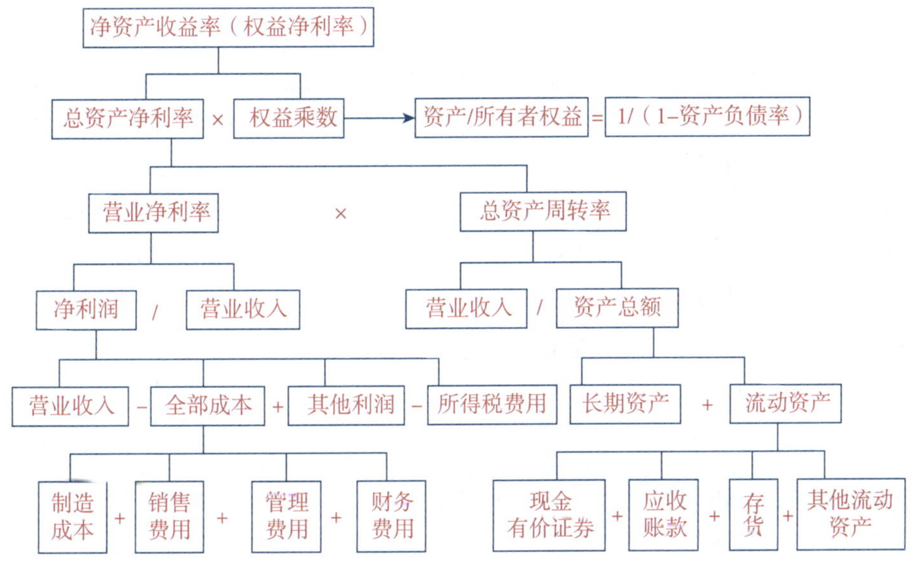

图 10－1　杜邦财务分析体系

注：图中有关资产、负债与权益指标通常用平均值计算。

推荐阅读

如何理解杜邦分析法

杜邦分析法是利用几种主要的财务比率之间的关系来综合地分析企业的财务状况。具体来说，它是一种用来评价公司盈利能力和股东权益回报水平，从财务角度评价企业绩效的一种经典方法。

杜邦分析法有助于企业管理层更加清晰地看到权益资本收益率的决定因素，以及销售净利润与总资产周转率、债务比率之间的相互关联关系，给管理层提供了一张明晰的考察公司资产管理效率和是否最大化股东投资回报的路线图。

扫码查看
延伸内容

杜邦分析法的三大公式包括：

①权益净利率＝资产净利率×权益乘数；

②资产净利率＝销售净利率×资产周转率；

③权益乘数＝1/（1－资产负债率）＝1＋产权比率。

举例来说，假设有两家公司A和B，它们的销售净利率和资产周转率相同，但公司A的权益乘数高于公司B。这意味着公司A更多地利用了债务融资，从而可能实现了更高的权益净利率。然而，这也可能使公司A面临更大的财务风险。通过杜邦分析，我们可以清晰地看到这种差异，并据此做出更明智的投资决策。

杜邦分析法的三大公式为我们提供了一个全面、系统的视角来审视企业的财务状况和盈利能力。通过深入分析这些关键指标，我们可以更好地理解企业的运营状况，并做出更明智的决策。

3. 影响总资产周转率的一个重要因素是资产总额

资产总额由流动资产与长期资产组成，它们的结构合理与否将直接影响资产的周转速度。一般来说，流动资产直接体现企业的偿债能力和变现能力，而长期资产则体现了企业的经营规模、发展潜力。两者之间应该有一个合理的比例关系。如果发现某项资产比重过大，影响资金周转，就应深入分析其原因，例如，企业持有的货币资金超过业务需要，就会影响企业的盈利能力；如果企业占有过多的存货和应收账款，则既会影响盈利能力，又会影响偿债能力。因此，还应进一步分析各项资产的占用数额和周转速度。

4. 权益乘数主要受资产负债率指标的影响

资产负债率越高，权益乘数就越高，说明企业的负债程度比较高，给企业带来了较多的杠杆利益，同时，也带来了较大的风险。

（二）沃尔评分法

企业财务综合分析的先驱者之一是亚历山大·沃尔。他在20世纪初出版的《信用晴雨表研究》和《财务报表比率分析》中提出了信用能力指数的概念，他把若干个财务比率用线性关系结合起来，以此来评价企业的信用水平，被称为沃尔评分法。他选择了七种财务比率，分别给定了其在总评价中所占的比重；然后，确定标准比率，并与实际比率相比较，评出每项指标的得分，求出总评分。

（三）经济增加值法

经济增加值是指税后净营业利润扣除全部投入资本的成本后的剩余收益。由于传统绩效评价方法大多只是从反映某方面的会计指标来度量公司绩效，无法体现股东资本的机会成本及股东财富的变化。而经济增加值是从股东角度去评价企业经营者有效使用资本和为企业创造价值的业绩评价指标。因此，它克服了传统绩效评价指标的缺陷，能够真实地反映公司的经营业绩，是体现企业最终经营目标的绩效评价办法。

经济增加值的计算公式为：

经济增加值＝税后净营业利润－平均资本占用×加权平均资本成本

其中，税后净营业利润衡量的是企业的经营盈利情况；平均资本占用反映的是企业持续投入的各种债务资本和股权资本；加权平均资本成本反映的是企业各种资本的平均成本率。注意在计算经济增加值时，需进行相应的会计科目调整，如营业外收支、递延税金等都要从税后净营业利润中扣除，以消除财务报表中不能准确反映企业价值创造的部分。

【例 10－8】某企业现有 A、B 两个部门，其 2024 年度相关财务数据如表 10－5 所示。假设没有需要调整的项目，计算 A、B 两部门的经济增加值。

表 10－5　　基本财务数据

部门	税后经营利润（万元）	资产总额（万元）	加权平均资本成本（%）
A	700	4000	12
B	740	4200	13

A 部门的经济增加值＝700－4000×12％＝220(万元)

B 部门的经济增加值＝740－4200×13％＝194(万元)

结果表明，虽然 A 部门税后经营利润不如 B 部门高，但其经济增加值更大。因此，从经济增加值的角度来看，A 部门的绩效更好。

尽管经济增加值考虑了所有资本的成本，能够更加真实地反映企业的价值创造，且实现了企业利益、经营者利益和员工利益的统一，但该指标仍存在不足：首先，经济增加值仅能衡量企业当期或预判未来 1～3 年的价值创造情况，无法衡量企业长远发展战略的价值创造；其次，该指标计算主要基于财务指标，无法对企业进行综合评价；再次，由于不同行业、不同规模、不同成长阶段等的公司，其会计调整项和加权平均资本成本各不相同，故该指标的可比性较差；最后，如何计算经济增加值尚存许多争议，这些争议不利于建立一个统一的规范，使该指标往往主要用于一个公司的历史分析以及内部评价。

二、综合绩效评价

扫码查看延伸内容

综合绩效评价是综合分析的一种，一般是站在企业所有者（投资人）的角度进行的。

综合绩效评价，是指运用数理统计和运筹学，通过建立综合评价指标体系，对照相应的评价标准，用定量分析与定性分析相结合的方法，对企业一定经营期间的盈利能力、资产质量、债务风险以及经营增长等经营业绩和努力程度等各方面进行的综合评判。

科学地评价企业绩效可以为出资人行使经营者的选择权提供重要依据；可以有效地加强对企业经营者的监管和约束；可以为有效激励企业经营者提供可靠依据；还可以为政府有关部门、债权人、企业职工等利益相关方提供有效的信息支持。

项目小结

◇ 财务分析就是以财务报表和其他资料为依据和起点，采用专门方法，系统分析和评价企业的财务状况、经营成果和现金流量状况的过程。财务分析是评价财务状况及经营业绩的重要依据，是实现理财目标的重要手段，也是实施正确投资决策的重要步骤。

◇财务分析的内容主要包括以下四个方面：偿债能力分析、营运能力分析、盈利能力分析、发展能力分析。

◇财务综合分析就是将企业营运能力、偿债能力和盈利能力等方面的分析纳入一个有机的分析系统之中，全面地对企业财务状况、经营状况进行解剖和分析，从而对企业经济效益作出较为准确的评价与判断。

◇杜邦财务分析体系是一个多层次的财务比率分解体系，各项财务比率可在每个层次上与本企业历史或同行财务比率比较，逐级向下分解，其中净资产收益率是综合性最强的财务指标，是企业综合财务分析的核心。沃尔评分法是指将选定的财务比率用线性关系结合起来，并分别给定各自的分数比重，确定各项指标的得分及总体指标的累计分数，从而对企业的信用水平作出评价的方法。

技能训练

一、单项选择题

1. 甲公司 2024 年的税后营业利润为 1000 万元，税后净利润为 900 万元，平均资本占用为 5000 万元，加权平均资本为 10%，则经济增加值为（　　）万元。

A. 400　　B. 500

C. 750　　D. 100

2. 下列各项中，不属于财务绩效定量评价指标的是（　　）。

A. 盈利能力指标　　B. 资产质量指标

C. 经营增长指标　　D. 人力资源指标

3. 已知某公司上年的每股收益为 1 元，每股净资产为 2 元。如果目前的市盈率为 20 倍，则该公司的市净率为（　　）。

A. 20　　B. 10

C. 15　　D. 30

4. 下列各项中，计算稀释每股收益时，需要在基本每股收益的基础上同时调整分子分母的是（　　）。

A. 可转换公司债券　　B. 认股权证

C. 股份期权　　D. 以上三种都是

5. 某企业没有优先股，本年利润总额为 1000 万元，所得税税率为 25%，股利支付率为 60%；年末股东权益总额为 5000 万元，每股净资产为 10 元，则每股股利为（　　）元。

A. 1.8　　B. 0.9

C. 1.2　　D. 1

6. 我国上市公司“管理层讨论与分析”信息披露遵循的原则是（　　）。

A. 自愿原则　　B. 强制原则

C. 不定期披露原则　　D. 强制与自愿相结合原则

7. 某公司 20×3 年平均负债为 1000 万元，负债的平均利率为 10%，20×4 年财务杠杆系数为 2，则该公司 20×4 年的利息保障倍数为（　　）。

A. 2　　B. 3

C. 4　　D. 6

8. 下列关于财务分析的说法中，不正确的是（　　）。

A. 以企业财务报告为主要依据

B. 对企业的财务状况和经营成果进行评价和剖析

C. 反映企业在运营过程中的利弊得失和发展趋势

D. 为改进企业财务管理工作和优化经济决策提供重要的财务信息

9. 下列各项中，不属于比率指标主要类型的是（　　）。

A. 构成比率　　B. 动态比率

C. 效率比率　　D. 相关比率

10. 下列对企业盈利能力指标的分析中，错误的是（　　）。

A. 营业毛利率反映产品每 1 元营业收入所包含的毛利是多少

B. 营业净利率反映产品最终的盈利能力

C. 营业净利率反映每 1 元营业收入最终赚取了多少利润

D. 总资产净利率是杜邦财务指标体系的核心

二、多项选择题

1. 企业进行财务综合评价的方法包括（　　）。

A. 杜邦分析法　　B. 沃尔评分法

C. 经济增加值法　　D. 因素分析法

2. 下列各项表述中，属于速动资产的有（　　）。

A. 货币资金　　B. 交易性金融资产

C. 应收账款　　D. 预付账款

3. 下列财务指标中，可以反映长期偿债能力的有（　　）。

A. 总资产周转率　　B. 权益乘数

C. 产权比率　　D. 资产负债率

4. 中大公司无优先股，2024 年实现净利润 100 万元，发行在外普通股加权平均数为 100 万股，年末每股市价为 10 元，公司实行固定股利政策，2023 年每股发放股利 0.2 元，公司净利润增长率为 5%。则下列说法正确的有（　　）。

A. 2024 年每股收益为 1 元　　B. 2024 年每股股利为 0.21 元

C. 2024 年每股股利为 0.2 元　　D. 2024 年年末公司市盈率为 10

5. 下列有关财务分析方法的说法中，正确的有（　　）。

A. 在财务分析的比较分析法中，最常用的是横向比较法

B. 采用比率分析法时，要注意对比项目的相关性、对比口径的一致性以及衡量标准的科学性

C. 因素分析法中的差额分析法是连环替代法的一种简化形式

D. 采用因素分析法时，要注意因素分析的关联性、因素替代的顺序性和计算结果的假定性三个问题

三、判断题

1. 现在，一般认为企业财务评价的内容首先是成长能力，其次是偿债能力，再次是盈利能力。（　　）

2. 计算稀释每股收益时，在任何情况下都需要考虑认股权证的稀释性。（　　）

3. 要求上市公司编制并披露管理层讨论与分析的目的在于，使公众投资者能够有机会了解管理层自身对企业财务状况与经营成果的分析与评价。（　　）

4. 财务报表是按照会计准则编制的，所以能准确地反映企业的客观实际。（　　）

5. 如果企业存在可以很快变现的长期资产，会增加企业的短期偿债能力。（　　）

6. 通过横向和纵向对比，每股净资产指标可以作为衡量上市公司股票投资价值的依据之一。（　　）

7. 定基动态比率是以每一分析期的数据与上期数据相比较计算出来的动态比率。（　　）

项目实训

一、实训目的

1. 掌握偿债能力分析的主要指标。
2. 掌握营运能力分析的主要指标。
3. 掌握盈利能力分析的主要指标。

二、实训资料

戊公司是一家啤酒生产企业，相关资料如下：

资料一：由于戊公司产品生产和销售存在季节性，应收账款余额在各季度的波动幅度很大。2024 年各季度应收账款余额如表 10－6 所示。

表 10－6　**2024 年各季度应收账款余额表**　单位：万元

时间	年初	第一季度末	第二季度末	第三季度末	年末
金额	1380	2480	4200	6000	1260

资料二：戊公司 2024 年年末资产负债表有关项目余额及其与营业收入的关系如表 10－7 所示。

表 10－7　　2024 年资产负债表有关项目期末余额及其与营业收入的关系

资金项目	期末数（万元）	与营业收入的关系	负债与股东权益项目	期末数（万元）	与营业收入的关系
货币资金	2310	11%	短期借款	2000	N
应收账款	1260	6%	应付账款	1050	5%
存货	1680	8%	长期借款	2950	N
固定资产	8750	N	股本	7000	N
			留存收益	1000	N
资产总计	14000	25%	负债与股东权益总计	14000	5%

资料三：2024 年度公司营业收入为 21000 万元，营业成本为 8400 万元，存货周转期为 70 天，应付账款周转期为 66 天，假设一年按 360 天计算。

资料四：公司为了扩大生产能力，拟购置一条啤酒生产线，预计需增加固定资产投资 4000 万元，假设现金、应收账款、存货、应付账款项目与营业收入的比例关系保持不变，增加生产线后预计 2025 年营业收入将达到 28000 万元，税后利润将增加到 2400 万元，预计 2025 年利润留存率为 45%。

资料五：为解决资金缺口，公司打算通过以下两种方式筹集资金：

①按面值发行 4000 万元的债券，期限为 5 年，票面利率为 8%，每年付息一次，到期一次还本，筹资费用率为 2%，公司适用的所得税税率为 25%。

②向银行借款解决其余资金缺口，期限为 1 年，年名义利率为 6.3%，银行要求公司保留 10%的补偿性余额。

三、实训要求

（1）根据资料一和资料三，计算 2024 年度下列指标：①应收账款平均余额；②应收账款周转期；③经营周期；④现金周转期。

（2）根据资料二和资料三，计算下列指标：①2024 年年末的权益乘数；②2024 年度的营业毛利率。

（3）根据资料二、资料三和资料四，计算 2025 年度下列指标：①利润的留存额；②外部融资需求量。

（4）根据资料五，计算下列指标：①发行债券的资本成本（不考虑货币的时间价值）；②短期借款的年实际利率。

参考文献

[1] 财政部会计财务评价中心．财务管理［M］．北京：经济科学出版社，2024.

[2] 中国注册会计师协会．财务成本管理［M］．北京：中国财政经济出版社，2022.

[3] 张超英．财务管理模拟实训［M］．北京：中国人民大学出版社，2011.

[4] 宋秋萍．财务管理［M］．3 版，北京：高等教育出版社，2014.

[5] 张加乐．财务管理［M］．大连：东北财经大学出版社，2017.

[6] 黄海燕，袁峥．财务管理习题与案例［M］．天津：天津大学出版社，2011.

[7]《企业财务通则　金融企业财务规则》编写组．企业财务通则　金融企业财务规则［M］．北京：中国方正出版社，2007.

[8] 小企业会计准则编审委员会．小企业会计准则讲解：2018 年版［M］．上海：立信会计出版社，2018.

[9] 中华人民共和国财政部．企业会计准则应用指南：2018 年版［M］．上海：立信会计出版社，2018.

扫码查看系数表